Meines Vaters Felder

Hans-Jürgen Schmelzer

Meines Vaters Felder

Biografie einer Landwirtsfamilie im Oderbruch

edition q im
be.bra verlag

Den Landsleuten meiner alten Heimat gewidmet

Bibliografische Information der Deutschen Nationalbibliothek
Die Deutsche Nationalbibliothek verzeichnet diese Publikation in der Deutschen Nationalbibliografie; detaillierte bibliografische Daten sind im Internet über http://dnb.d-nb.de abrufbar.

3., durchgesehene Auflage

Berlin-Brandenburg
KulturBrauerei Haus 2,
Schönhauser Allee 37, 10435 Berlin
post@bebraverlag.de
Lektorat: Robert Zagolla, Berlin
Umschlaggestaltung: typegerecht, Berlin
Satz: typegerecht, Berlin
Schrift: Dante 10,5/14,3 pt
Druck und Bindung: GGP Media GmbH, Pößneck
ISBN 978-3-86124-741-8

www.bebraverlag.de

Inhalt

Das Wiedersehen

Wer von Berlin die Bundesstraße 1 Richtung Osten reist, gelangt über Müncheberg nach Seelow, einst Verwaltungsstadt des ehemaligen Landkreises Lebus. Steht man auf der dünenähnlichen Erhebung, die sich Seelower Höhen nennt, kann man den Wanderweg südwärts über Dolgeliner, Libbenicher und Mallnower Höhen fortsetzen. Das möglichst im April, wenn die berühmte Adonisblüte die Grashänge in einen grünen mit goldgelben Sternen besäten Königsmantel verwandelt hat. Oderwärts blickt man auf eine Erhebung gegenüber – den Reitweiner Sporn. Was sich zwischen ihm und dem erwanderten Höhenzug wie eine Wanne etwa zwölf Kilometer breit und 20 Kilometer lang ausdehnt, ist Ackerboden, gesegnet mit einer Güte, von der ein Landmann nur träumen kann.

Um sechs Dörfer ziehe ich eine Luftlinie. Sie ergibt ein flaches Trapez, dessen Längsseiten nach Süden und nach Norden je ein Dreieck aufgesetzt ist. Die Punkte Sachsendorf – Werder – Hathenow – Rathstock – Tucheband – Hackenow ergeben ein Sechseck. Von der Familie, die drei Generationen lang an diesen Orten auf gut 10 000 Morgen Kulturland maßgeblich wirksam war, soll in diesem Buch die Rede sein. Dabei geht es dem Verfasser nicht darum, dieser ein Denkmal zu setzen – ihr Name wird auch ohne die vorgesehene Berichterstattung mit der Geschichte dieses Landstrichs eng verwoben bleiben. Viel eher geht es darum, dem tapferen Menschenschlag dieser Region ein dankbares Zeugnis auszustellen, von seiner Tüchtigkeit, seiner Zähigkeit, seiner Friedsamkeit; von Opfermut und Leidensfähigkeit so vieler Heimgesuchter in Zeiten schicksalhafter Umstürze und Not. Wie viele Beispiele menschlichen Zusammenhalts, menschlicher Bewährung, der Hilfsbereitschaft, des biederen

Anstands, so schwer dies dem Einzelnen auch oft gemacht wurde, lassen sich beschreiben!

Gelingt es dem Buch, davon etwas der Vergessenheit zu entreißen, den Bewohnern dieser stillen Region ein Quäntchen Stolz auf ihre Heimatgeschichte zu vermitteln, dürfte sich die Mühe des Zusammentragens und Darstellens schon gelohnt haben. Wir müssen uns unserer Vergangenheit nicht schämen, wir sollten sie vielmehr würdigen lernen; denn nur so können wir uns ihrer wert erweisen.

Ein sich schlängelnder Hohlweg

Blenden wir zunächst zurück in das Jahr 1989. Sommerferien. Ich reise mit meiner Bonner Familie bei Herleshausen über die innerdeutsche Grenze in Richtung meines Heimatorts Sachsendorf. Seit 44 Jahren, so lange war die Flucht her, hatte ich es nicht wieder gesehen. Man könnte mich mit Recht fragen: Warum nicht früher? Lag dir so wenig an der alten Heimat, dass du den Weg zu ihr so spät fandest? Ganz im Gegenteil. Ich war zwar gerade erst sechs geworden, als es galt, von Sachsendorf Abschied zu nehmen, aber ich hatte mir eine lebhafte Erinnerung bewahrt. Ja, hätte ich es völlig unversehrt wiedersehen dürfen, ich hätte mich in Haus, Hof, Park, ja auch im Dorf – ich war ja noch im Spätsommer 1944 in die Schule gekommen – jederzeit zurecht gefunden, hätte auch den Weg zum Vorwerk Werder einschlagen können.

Meine Eltern trugen schwer an dem Verlust der Heimat. Sie bauten sich im Rheinland eine neue Existenz auf, schlossen sich aber nirgends an. Kam Besuch, waren es ausnahmslos Verwandte, alte Freunde, ehemalige Nachbarn. Halbwüchsige fliehen gewöhnlich solche Kaffeerunden, um lieber draußen unter ihresgleichen zu sein. Anders in meinem Fall. Ich saß mit Vorliebe dabei, spitzte die Ohren, wenn die Alten in Sachsendorfer, Rathstocker, Tuchebander Erinnerungen schwelgten. Was hätte ich drum gegeben, das alles wiederzusehen! Mehr als einmal startete ich den Versuch, nach *drüben* zu reisen, aber der Briefverkehr mit Bewohnern der DDR, die einen ja einladen mussten, wenn man um einen Aufenthalt nachsuchen wollte, scheiterte regelmäßig: Entweder die Mitteilung der Angeschriebenen »Kommt, Ihr seid willkommen!«

oder meine Antwort »Danke! Wir treffen dann und dann ein«, ging aus rätselhaften Gründen immer wieder auf dem Postweg verloren.

Erst viel später, nach der Wiedervereinigung, konnte ich mir erklären, was die Ursache gewesen sein mochte. Seit 1968 war ich Deutschlehrer am Gymnasium. Schon früh beunruhigte es mich, dass der Schulbetrieb in Westdeutschland immer mehr zur Spielwiese von Ideologen zu werden drohte. Erziehung und Bildungsstand, einst in der ganzen Welt bewundert, liefen Gefahr, großen Schaden zu nehmen. In diversen Zeitungsbeiträgen versuchte ich, gegen diese Entwicklung Sturm zu laufen. Sie erschienen überwiegend in der *Welt*, einer Zeitung des Hauses *Springer* also. Dieses war nicht nur den Machthabern in Ostberlin ein rotes Tuch, es wurde auch hierzulande von linksintellektuellen Kreisen angefeindet. Die Jahre, die ich im Bonner Raum unterrichtete, bekam ich das am eigenen Leib zu spüren. Ich fühlte mich in meiner Berufsausübung gemobbt, sah mich laut verunglimpft, gar als *Neonazi* verdächtigt. Nach der Wiedervereinigung hörte der Spuk schlagartig auf.

Erst zehn Jahre später erfuhr ich, warum. In Hubertus Knabes Untersuchung *Die unterwanderte Republik* konnte ich nachlesen, dass sich ein Vater aus der Elternschaft meiner Klasse im Jahr 1966 für die Staatssicherheit der DDR verpflichtet hatte.[1]

Zurück zu meinem ersten Heimatbesuch Ende Juni 1989. Wir fuhren mit unserem Diesel aus Richtung Berlin über Müncheberg und Seelow, nicht ohne Zwischenstopp, um einen Blick auf den Ort Jahnsfelde zu werfen. Hier waren Jahrhunderte lang die berühmten Pfuels zu Hause gewesen. Einer von ihnen, ein Freund des Dichters Heinrich von Kleist, hatte es zum preußischen Ministerpräsidenten gebracht.[2] Der 1945 enteignete letzte Besitzer Curt Christoph von Pfuel wohnte bis zu seinem Tod in unserem Bonner Haus zur Miete.

In Dolgelin bogen wir ab in die Straße nach Sachsendorf. Diese letzte Strecke fuhr ich im Schritttempo, würde sie auch für alle Zukunft im Schritttempo fahren, wann immer mich der Weg in mein Heimatdorf zurückführen sollte. Dieser sich schlängelnde Hohlweg durch die Dolgeliner Berge, über den alten Bahndamm, bis schließlich in der sich öffnenden Ebene links und rechts die Felder meines Vaters sichtbar werden, ist für mich der denkwürdigste, bedeutungsschwerste Weg der Welt. Manchem alten Sachsendorfer mag es ähnlich gehen; denn das war die Straße, auf der sich am 5. Februar 1945 der große Sachsendorfer Treck – 50 Gespanne, 395 Menschen – nach Westen gewälzt hatte, eine blühende Wirtschaft hinter sich lassend.

Was würden die damals Geflüchteten, sofern sie nicht unterwegs den Tod gefunden hatten oder in Gefangenschaft geraten waren, vorfinden, wenn sie hierhin zurückkehrten? Vor der kümmerlichen Kate, die man auf den Grundmauern unseres von den Kommunisten abgerissenen Wohnhauses, wohl zu Bürozwecken, errichtet hatte, sitze ich lange auf einer Bank, von der aus man die Dorfstraße hinunterblicken, aber auch rechter Hand in den Gutshof schauen kann. Aus den in den letzten Kriegstagen völlig niedergebrannten Scheunen und Stallungen sind teils aus den Ziegelresten ein paar niedrige, mausgraue Schuppen erstanden, vor denen ein Halbdutzend LPG-Landmaschinen auf Reparatur warteten. Weit und breit kein Stück Vieh. In den Türen lauernde Menschen. Keiner kommt, mich anzusprechen. Hatte der Pfarrer, bei dem wir übernachteten, also Recht? Gab es gar keine alten Sachsendorfer mehr? Und kannten die nach Kriegsende überwiegend aus Rumänien neu angesiedelten Deutschen die ehemaligen Besitzer nur noch vom Hörensagen?

Wir machen mit der Frau des Sachsendorfer Pfarrers einen Ausflug in die Umgebung. Wir besuchen Lebus, machen Halt am Oderufer. Wo immer wir uns hin begeben, verfolgt uns in gemessenem Abstand ein fremdes Motorrad. Stellen wir uns ans Oderufer, steigt, 50 Meter von uns entfernt, der Motorradfahrer gleichfalls ab, lehnt sich an die parkende Maschine und schaut wie wir nach Polen hinüber. Wir verbringen noch eine Nacht im Pfarrhaus, reisen weiter nach Eisenhüttenstadt, von dort nach Bonn zurück.

Zweiter Heimatbesuch

Ein gutes Jahr später. Deutschland ist wiedervereinigt. Ich erhalte Post von der Sachsendorfer Bürgermeisterin. Sie lädt mich ein, zum 625. Jahresjubiläum des Ortes über den letzten Besitzer von Gut Sachsendorf einen Vortrag zu halten. Erneute Anreise mit Frau und Sohn,

Sachsendorf im Oderbruch – Hofeinfahrt mit Gutshaus und Kirche.

Übernachtung wiederum im Pfarrhaus. Doch welcher Unterschied im Vergleich zu meinem ersten Besuch! Kaum trete ich auf die Straße, schon kommen die Leute aus den Häusern. Einige nennen mich beim Vornamen, kennen mich noch aus dem Kindergarten. Sie fragen nach den älteren Geschwistern, auf deren Ponywagen sie gesessen hatten, mit denen sie in die Schule gegangen waren, in der Strohscheune getobt hatten.

Auf der Straße schleicht ein fabrikneuer PKW mit der Aufschrift *Märkische Oderzeitung*. Ihm entsteigen zwei junge Leute. Ich drücke mich mit meinem Jungen an den Häuserwänden entlang. Vergebens. Die Journalisten haben uns längst entdeckt. Was sie uns fragen, ist freundlich, mitfühlend, ohne Fallen, wie man es von westlichen Reportern gar nicht gewohnt ist.[3] Als sie mich mit meinem Sohn vor der alten Schule fotografieren wollen, kommt eine Frau in Jeans herausgeschossen: »Sie wollen hier fotografieren? Weisen Sie sich erst mal aus!« Eine Sachsendorferin zischelt mir zu: »'ne alte FDJ-Führerin kann eben aus ihrer Haut nicht raus. Was mein'se, wie stark die PDS hier noch ist! Äcker kahl, Leute arbeitslos. Sie glauben gar nicht, wie hier geschimpft wird!« Ich denke an die Abendveranstaltung. »Sie müssen mit Zwischenfragen rechnen«, warnt mich der Pfarrer, »wappnen Sie sich!«

Wir begeben uns am Abend in das Kulturhaus. Man hatte wenige Jahre nach dem Krieg ein Areal des Gutsparkes abgeholzt, um es dort zu errichten. Der Saal knüppelvoll – 120 Personen? 150? Das an einem Montag! Zunächst hat Pfarrer Dr. Krüger das Wort, er referiert über die Geschichte des Dorfes. Das recht ausführlich. Würde das Publikum für einen zweiten Vortrag überhaupt noch aufnahmefähig sein? »Keine Sorge«, tuschelt mir jemand zu, »den Pfarrer können wir jeden Sonntag hören, gekommen sind wir Ihretwegen.« Es gibt eine Pause. Um einen Tisch bilden sich Menschentrauben. Dort sind Sachsendorfer Fotos ausgelegt. Ich hatte sie kopieren und vergrößern lassen. Mein zehnjähriger Sohn verbessert jemanden: »Das ist kein Schloss, das ist ein Gutshaus!« Gutmütiges Schmunzeln. Für die Sachsendorfer ist das 20 Jahre nach dem Krieg von den Kommunisten plattgemachte Wohnhaus der enteigneten Besitzer ein Schloss gewesen. Man mustert mich von der Seite, wirft dann wieder einen Blick auf das Foto meines Vaters. Nickt zustimmend.

Die Bürgermeisterin klatscht in die Hände. Der Gast aus dem fernen Bonn ist dran, blickt in viele ältere Gesichter. Sie werden sich an das Kriegsende noch erinnern. Also beginne ich mit dem Heimattreck. Obwohl damals sechs Jahre alt, habe ich den 5. Februar 1945 noch lebendig vor Augen. Erwachsene behaupteten seinerzeit von mir, ich sei unter den fast 400 Treckenden das einzige strahlende Gesicht gewesen. Das entsprach sicherlich der Wahrheit. Bereits die Tage zuvor war ich vergnügt umhergesprungen. Das lag an dem allgemeinen Durcheinander. Die großen Leute, ganz mit sich beschäftigt, hatten keine Zeit mehr, kleine Jungs zu maßregeln. *Fräulein Lisa*, das Kindermädchen, mein Feldwebel, hatte rigorose Grundsätze: »Bei Tisch Hände falten! Nicht ungefragt quatschen. Keine Widerworte!« In Fräulein Lisas Gegenwart – sie schlief in meinem Kinderzimmer – sich nicht den Rotz hochziehen! Das Wort *Scheiße* durfte man nicht einmal denken ... Jetzt sah ich meinen Anstandspolizisten ziemlich aufgelöst, mit zerzausten Haaren über den Hof hasten. Keine Zeit für den Knirps. Ich hatte frei! Konnte hinlaufen, wohin ich wollte. Als am Morgen des 5. Februar der Treck losging, jubelte es in mir: »Hurra, endlich gibt es was zu erleben!«

Meine älteren Geschwister heulten, als unser Wagen durchs Hoftor rumpelte. Sie wussten, was auf dem Spiel stand. Bei meiner bald 14-jährigen Schwester mochte noch eine zweite Ursache eine Rolle gespielt haben. Sie hatte, wie sie mir sehr viel später gestand, ihr Herz an André verloren, einen der französischen Kriegsgefangenen, die auf Vaters Gut überwiegend als Gespannführer eingesetzt waren, Das hatte am Feierabend vor dem Pferdstall ein Geflachse und Getobe gegeben mit fliegenden Reisigbesen und Wasser verspritzenden Blecheimern! Bruder und Schwester konnten von dem Gedalbere mit dem lustigen Franzosen gar nicht genug kriegen. Das war nun für immer vorbei …

Die Wahrheit über den Sachsendorfer Treck

Kommunistische Zeitungen meldeten nach dem Krieg über Sachsendorf: Die *Herrschaft* sei »mit Sack und Pack in den Westen geflüchtet, ohne sich um die eigenen Leute zu kümmern«.[4] Mit dieser Meldung beginne ich meine Ausführungen. Wie sah es mit der Wahrheit aus? Der Gutsbesitzer war nicht nur bei seinen Leuten geblieben, er war mit dem ganzen Dorf viel zu spät losgetreckt. Die Rote Armee hatte bereits die Oder überquert, stand, nur zwei Dörfer entfernt, in Reitwein. Räumungsbefehl war nicht erteilt worden, ohne diesen durfte nicht aufgebrochen werden. Das war aber nicht das Hauptproblem. Dörfer in der Neumark waren ohne Räumungsbefehl losgezogen – zu spät! Der eigentliche Grund für den verzögerten Aufbruch war, dass der Gutsbesitzer viel zu sehr an der Heimat hing. Er konnte sich an den Gedanken, Sachsendorf verlassen zu müssen, einfach nicht gewöhnen. Er klebte an seinem Grund und Boden.

Darum sind meine Eltern in all den Jahren so gut wie nie länger verreist. Sie kannten weder die Dolomiten noch Mallorca noch das Schwarze Meer. Hin und wieder vergnügte man sich sommers ein paar

Hans-Adolf Schmelzer von 1928–1945 letzter Besitzer von Gut Sachsendorf, Vorwerk Werder und Lehngut Hathenow.

Tage an der Ostsee. In ganz jungen Jahren hatte der Rathstocker Stiefvater dem Erben von Sachsendorf einfach verordnet, eine Kreuzfahrt durchs Mittelmeer anzutreten. Von dieser Reise, die ihn bis an die Jerusalemer Klagemauer geführt hatte, gestand er mir einmal: »Eigentlich ist das ja alles Fremde. Man selbst gehört nirgends hin, und dann der ganz andere Menschenschlag … Ich war froh, als ich wieder Oderbruchboden unter meinen Stiefelsohlen hatte!«

Über den Dorftreck selbst hatte die kommunistische Zeitung *Der freie Bauer* berichtet: »Ihre Landarbeiter mussten alles fortschleppen, was nur die Wagen hielten und die Pferde zogen. Das Volk dagegen durfte nur 15 kg Habe mitnehmen. So sah die Volksgemeinschaft aus.«[5] Mein Vater hat auf dem Treck Tagebuch geführt, so dass wir heute noch genau wissen, wie sich die Wochen zwischen dem 20. Januar und dem 29. April 1945 (dem Tag der Gefangennahme) im Einzelnen für die Sachsendorfer abgespielt haben. Meines Wissens dürfte er einer der ganz wenigen, wenn nicht sogar der einzige Gutsbesitzer in Kreis Lebus gewesen sein, der seine Leute auf dem Treck bis zum bitteren

Ende begleitet hat. Für ihn waren Heimat und ihre ihm anvertrauten Menschen das Wichtigste. Und so schwer ihm der Abschied von Haus und Hof fiel, hatte er doch die Flucht bis ins Kleinste durchgeplant und vorbereitet.

28 Pferde (die besten Gespanne waren von der Wehrmacht eingezogen) und 18 mit Ochsen bespannte Ackerwagen wurden gerüstet. Jedem Fuhrwerk wurden sechs bis acht Personen zugeteilt. Gepäck durfte nur sparsam geladen werden, damit Platz für Viehfutter und Lebensmittel für 14 Tage blieb. In dieser Zeit hoffte mein Vater mit dem gesamten Zug bis jenseits der Elbe zu gelangen, wo er auf befreundeten Gütern Aufnahme finden wollte. Die Gespanne mussten, sobald sie die ihnen zugewiesenen Leute aufgeladen hatten, auf den Hof zurückkehren, um dort vorbereitete Beutel mit Viehfutter, Zucker, Erbsen, Mehl, Kohlen … zu laden, womit jede Fuhre entsprechend ihrer Insassenzahl versehen wurde.[6] Dass die Familie des Gutsbesitzers keine Extrawurst bekam, weiß ich aus der eigenen Erinnerung. Wir drei Kinder teilten den Planwagen mit der Gutsschlosserfamilie Andree sowie Leuten aus Werder.

Die Aufzeichnungen meines Vaters lauten hierüber so: »Da nun der Entschluss gefasst war, gingen wir über Nacht daran, unsere Habe zu packen. Uns stand ein plan- und teppichüberdachter Ackerwagen zur Verfügung, vom Ukrainer Iwanitzki gefahren. An diesen Wagen wurde das Auto gehängt, gesteuert von Paul Böhme. Dazu wurde ein kleiner, leichter Proviantwagen mit Russenpferdchen bespannt, den zu fahren Heini Schmidt übernommen hatte. Meine Frau und Lisa K. sollten den mit dem Braunen Fritz bespannten Einspännerwagen benutzen und die Hunde Asta und Nixe an sich nehmen. Chauffeur Müller bespannte mit den beiden Füchsen den Landauer, in welchem das Kinderfräulein Margot Rielke mit drei Kindern meiner Schwägerin Annelise (aus Westpreußen) Platz finden sollten. Ich selbst wollte das Reitpferd besteigen, damit auch dieses gerettet würde.«[7]

Unterwegs wird der Treck von einem Radfahrer, einem Beamten vom Landratsamt, angehalten und buchstäblich zusammengebrüllt. Habe der Gauleiter doch eisern angeordnet: »Gau Brandenburg treckt nicht!« Wie sich später herausstellte, hatte sich jener selbst längst über alle Berge davongemacht.

Da es dem Sachsendorfer Treck strikt verboten war, den Landkreis Lebus zu verlassen, zog man Richtung Fürstenwalde in den äußersten Südwestzipfel und blieb in Alt-Madlitz hängen. Dort lag man fest bis in den April, wo der sowjetrussische Großangriff und endgültige Durchbruch nach Berlin erfolgten. Für den Gutsbesitzer und viele seiner Leute war das insofern tröstlich, als man noch wochenlang Verbindung mit dem Heimatort unterhalten konnte, ja anfangs täglich dorthin zurückfuhr, um zu retten, was noch zu retten war. Schon am ersten Fluchttag begab sich mein Vater, meiner Mutter die Leitung des Trecks überlassend, in Begleitung von *Fräulein Lisa* von Dolgelin aus nach Sachsendorf zurück. Er fand den Ort tot vor, den Gutshof von der eingerückten Wehrmacht verwüstet, das Wohnhaus ausgeplündert. Erfreulich allein, dass die zurückgebliebenen *Zivilpolen,* ohne dass sie jemand dazu aufgefordert hätte, Wasser aus den Gräben geholt, das in den Ställen zurückgelassene Vieh getränkt und versorgt hatten. Immerhin hatte man 2000 Schafe, 350 Rinder, 300 Schweine und jede Menge Kleinvieh herrenlos zurücklassen müssen.

Eine regelrechte Futterabfuhr nach Madlitz wurde eingerichtet, Nahrungsgüter wie gedroschenes Getreide fortgeschafft. Überdies sorgte der Gutsbesitzer dafür, dass allen 385 Teilnehmern des Trecks regelmäßig die ihnen zustehende Menge an Fleisch aus Schlachtungen und Butter aus dem Ertrag der Kühe ausgegeben werden konnte. Da die Dresdner Bank mit den Gutskonten längst aus Frankfurt (Oder) verlegt worden war, versuchte mein Vater durch Vermittlung des Landrates über die Kreissparkasse Geld zu beschaffen. Auf die Weise konnte er seinen Mitarbeitern selbst in diesen schweren Wochen die Löhnung auszahlen.

Mein Vater wusste aber auch, was er an seinen Leuten hatte. Der Einsatz, den viele in diesen Tagen, oft unter großer Lebensgefahr, leisteten, um kostbare Güter vor der Vernichtung zu retten, war atemberaubend. Er schreibt darüber: »In dieser Zeit der Not und Bedrängnis sieht man so recht, wer von den eigenen Leuten bereit ist, sich für den Betrieb einzusetzen. Als besonders tüchtig erweist sich Aufseher Kaul, der immer tätig ist und mit viel Fleiß und Umsicht die Belange des Betriebes in Madlitz [dort waren die Gespanne zur Feldarbeit eingesetzt] sowie die Bergungsarbeiten in Sachsendorf beaufsichtigt. Auch Aufseher Neitsch bewährt sich durch Umsicht und Fleiß sowie Zuverlässigkeit bei seiner Tätigkeit in Sachsendorf. In Madlitz und [Vorwerk] Wilmersdorf bewähren sich Henschke und Aufseher Wilhelm Schulz sowie Paul Böhme als immer einsatzbereite und umsichtige Menschen, die meine Frau bei der Betreuung der Leute immer gut unterstützen.« Es gibt in den Aufzeichnungen sogar eine Auflistung von Vieh und Nahrungsgütern, die von wagemutigen Menschen oft bei Nacht unter Tieffliegerbeschuss aus Sachsendorf, dessen Hofscheune durch einen Bordwaffentreffer tagelang wie eine Fackel lichterloh brannte, herangeschafft wurden: 2 000 Zentner Weizen, 1 170 Zentner Gerste, 1 000 Zentner Gemenge, 550 Zentner Winterweizen, 270 Zentner Wintergerste, 520 Zentner Hafer, 1 350 Zentner Erbsen. An Vieh: weit über 1 000 Schafe, fast 200 Rinder, 300 Schweine sowie Enten und Gänse.

Dergleichen konnte der Gutsbesitzer natürlich nur in die Wege leiten. Bewerkstelligt haben es die Sachsendorfer Menschen durch unzählige Beweise persönlicher Tapferkeit und großen Opfermuts, für die damals keine Orden verliehen wurden. So führte zum Beispiel der Schäfermeister Schüler, jederzeit feindlicher Tiefflieger gewärtig, in zwei Tagen eine Herde von 850 Tieren aus Sachsendorf 30 bis 40 Kilometer weit in ein Madlitzer Vorwerk, ohne einen einzigen Verlust. Tage später traf die Herde aus Werder mit 650 Schafen ein, ohne einen einzigen Verlust. Als man in Madlitz schon zur Flucht rüstete, in der Nähe von Sachsendorf die ersten Russen auftauchten, notierte mein Vater in seinem Tagebuch: »Über Nacht hat Schlosser Behnisch mit Ernst Böhme per Trecker den Dreschkasten aus Sachsendorf herausgeholt.«[8]

Wie entsetzlich es für den Gutsbesitzer auch gewesen sein mochte, eigene Ställe und Scheunen in nächster Nähe in Flammen aufgehen zu sehen, erfüllte ihn doch immer wieder der Zusammenhalt der Menschen auf dem Treck, ihre Hilfsbereitschaft, ihre Treue, ihr Zusammenstehen mit ihrem Chef. Das zeigte sich besonders, als dieser im April zum Volkssturm einberufen wurde. Er schreibt: »Meine Leute sind zum Kreisbauernführer, um meine Einberufung rückgängig machen zu lassen, da sie sich ohne mich schutzlos fühlen.« Am 14. April verzeichnet er: »Das Wehrmeldeamt ruft mich zum 16.4. ein. Meine Leute sind entsetzt, man möchte sagen – unglücklich. Aufseher Kaul ist von sich aus auf verschiedenen Dienststellen, um mich frei zu bekommen, doch ohne Erfolg. Gegen Abend kommt Landrat Kreuzberger zu mir, um mir mitzuteilen, dass er auf erneutes Drängen meiner Leute sich nochmals bemüht habe, meine Einberufung zurücknehmen zu lassen. Er habe einstweilen nur einen Aufschub bis zum 21. April erreichen können.«[9]

Als auch in Madlitz Militär angerückt ist, Schützengräben ausgehoben sind – zwischen Rathstock und Sachsendorf liegen bereits 17 zerschossene sowjetische Panzer –, werden in den letzten Märztagen Frauen und Kinder verladen und ins Havelland geschafft. Erst jetzt macht sich mein Vater Gedanken über den Verbleib der eigenen Familie. Dass er selbst seine Leute niemals verlassen würde, stand für ihn fest. Auch meine Mutter versuchte nie, ihn davon abzubringen. Es gelingt, ein leer in den Harz fahrendes Wehrmachtsauto aufzutreiben, das meine Mutter, uns Kinder, unsere Kochfrau und das Stubenmädchen Ella mit etwas Habe, ein paar Vorräten ins Magdeburgische schafft. Der auf 30 Fuhrwerke zusammengeschmolzene Sachsendorfer Treck zieht am 20. April Richtung Spreewald, wo man in den russischen Kessel gerät. Was sich mein Vater in den letzten drei Tagen vor der Gefangennahme notierte, lese ich im Kulturhaus den versammelten Zuhörern vor:

»27. April – Da der Aufenthalt hier wegen fast ununterbrochenen Beschusses, dem das Zugvieh ungeschützt ausgesetzt war, immer unerträglicher wurde, versuchten wir abends gegen 21 Uhr weiterzuziehen. Da die 2 km entfernte Brücke, die benutzt werden musste [um dem sich schließenden Kessel noch zu entweichen], kurz ehe wir sie erreichten, zerschossen wurde, scheiterte dieses Unternehmen. Viele,

viele militärische und zivile Fahrzeuge stauten sich an der zerstörten Brücke und rasten wild auseinander, als einige Panzergranaten zwischen sie fuhren. Schreiende Menschen, sich bäumende Pferde, brechende Deichseln, umstürzende Wagen boten ein Bild wüsten Durcheinanders. Der Beschuss setzte aus, alles entwirrte sich und kehrte zum Ausgangspunkt zurück.

28. April – Der Beschuss nahm wesentlich zu, so dass noch während der Dunkelheit die Bunker schleunigst verstärkt wurden. Auf unerklärliche Weise war der alte Hermann Schirm mit seinen Pferden spurlos verschwunden, während sein Treckwagen noch im Walde bei uns stand. Alles Suchen war vergebens. Gegen Abend erging durch Militärs die Aufforderung, um 20 Uhr an bestimmter Stelle zu sein, um auf einer durch Panzer freigekämpften Passage den Ausbruch aus dem Kessel zu erreichen. Bei Dunkelheit trafen wir an jener Stelle ein. Es wurde angeordnet, dass die Fahrzeuge stehen zu bleiben hätten und der Weitermarsch zu Fuß anzutreten sei. Da es sehr zweifelhaft erschien, ob der Ausbruch gelingen und dann am kommenden Tage die Gefangennahme durch die Russen zu erwarten sein würde, baten mich meine Leute dringend, mich vom Treck zu entfernen, da sie Sorge hatten, die Russen würden mich als Gutsbesitzer erkennen und totschlagen. Die älteren Leute trauten sich einen größeren Fußmarsch nicht zu, blieben bei ihren Wagen und kehrten auf den Lagerplatz zurück. Die übrigen tauchten in den Strom Tausender von Fußgängern unter, der sich durch den Wald wälzte.

In meiner Nähe blieben Schlossermeister Behnisch, der aber auch bald abgedrängt wurde, Lisa K., Gerda Schulz [das Gutsküchenmädchen], Mutter und Schwester. Nach etwa einer Stunde Marsch gerieten wir in heftigen Beschuss durch Leuchtspurmunition allmöglicher Art. Der ganze Zug stob, Deckung suchend, in die Schonung auseinander.

29. April – Die Marschkolonne war völlig zerstört und in einzelnen Teilen liegen geblieben. Der Ausbruchsversuch war völlig gescheitert. Einzeln oder in kleinen Gruppen versuchte man weiterzuwandern, soweit das bei allerorts anzutreffendem heftigem Beschuss möglich war, bis alle nach und nach in russische Gefangenschaft gerieten.«[10]

Wiedersehen in der Heimat nach dem Krieg

Der freie Bauer berichtete, die das Ende der Flucht überlebenden Sachsendorfer seien nach der Kapitulation am 8. Mai 1945 in ihr Heimatdorf zurückgekehrt, um es wieder aufzubauen – bis auf die *Herrschaft*. Diese sei in den »rettenden Westen gezogen, um dort als Gutsbesitzer weiterhin ungeschoren Lohnsklaven auszupressen«.[11] Dass das nicht der Wahrheit entsprach, zeigt schon der am 29. April zu Ende gegangene erste Akt der Tragödie.

Was geschah nun in Akt 2 – Gefangennahme? Die Russen schlugen den Gutsbesitzer von Sachsendorf nicht tot. Sie zogen ihm als erstes die Stiefel aus, sperrten ihn darauf in einen Keller. Dieser besaß einen Fensterschacht, so dass die beiden jungen Frauen, die ihn bis zum Schluss begleitet hatten, mit ihm Kontakt aufnehmen und Nahrungspäckchen hinunterwerfen konnten. Auch muss er ihnen noch vor der Gefangennahme das Notizbuch anvertraut haben, aus dessen Quelle ich bis jetzt schöpfen konnte. Die Verhöre verliefen für ihn unblutig, man misshandelte ihn nicht. Möglicherweise lag das daran, dass er den Russen keine Märchen über sich erzählte, vielmehr ohne weiteres zugab, dass er Eigentümer eines größeren landwirtschaftlichen Betriebes gewesen und mit den Leuten, die er dort beschäftigt hatte, bis in den Spreekessel gezogen war. Was er nicht verhindern konnte, war, dass man ihm eine Uniform anzog und ihn, der nie Soldat gewesen war, nun als Kriegsgefangenen führte. Lange Fußmärsche von einem Lager in das andere, miserable Ernährung setzten seiner ohnehin nicht starken Gesundheit zu. Als man ihn im August einem Gefangenentransport nach Russland zugeteilt hatte, konnte er einen der deutschen Wachmänner durch große Versprechungen dazu überreden, dass man ihn in Frankfurt (Oder) als Todkranken auf dem Schotter liegen ließ. Er war in Freiheit. In seinem jämmerlichen Gesundheitszustand muss eine Frau den völlig Hilflosen die ersten Tage bei sich aufgenommen haben. Halbwegs wieder zu Kräften gekommen, trat er schon nach wenigen Tagen zu Fuß den Heimweg nach Sachsendorf an.

Er erzählte uns Söhnen später von einer Zigeunerin, die habe ihm unterwegs aus der Hand gelesen und prophezeit, er werde auf dem

Sachsendorfer Gutshof als erstes seine Frau wiedertreffen. Ein völlig abwegiger Gedanke, wusste er doch seine Familie südlich Magdeburg in einem Bördedorf … Als er am 25. August 1945 durch das Sachsendorfer Hoftor tritt, begegnet er wahrhaftig als erstes – seiner Frau. Sie hatte sich in Begleitung des Stubenmädchens Ella ostwärts auf die Suche nach ihm begeben, hatte in den verschiedenen Lagern bei dem jeweils ortsansässigen Pfarrer nach Totenlisten verlangt, da sie nicht glaubte, dass unser Vater noch am Leben sei. Nachdem nichts zu erfahren war, schlugen sich die beiden Frauen bis nach Sachsendorf durch, um zu erkunden, wie es dort aussah und was es daselbst vielleicht noch zu retten gab. Da die Ernährungslage im Oderbruch katastrophal war, kehrten die beiden Frauen nach kurzem Wiedersehen ins Magdeburgische zurück.

Der heimgekehrte Gutsbesitzer meldet sich beim zuständigen sowjetischen Kommandanten. Der bedeutet ihm in gebrochenem Deutsch: »Ist dein Besitz und musst du wieder bestimmen, was Leute arbeiten, und kontrollieren.«[12] Davon wollen die mit der Leitung des Gutsbetriebs betrauten Kommunisten aber nichts wissen. Dennoch begegnen sie dem Zurückgekehrten freundlich. Der kommunistische Bürgermeister Paul Böhme, früher Dampfpflugführer auf dem Gut, versorgt ihn mit Arbeit und einer Lebensmittelkarte, ja lässt ihn – das Dorf ist zu 80 Prozent zerstört – fürs erste bei sich im Hause wohnen. Die Menschen freuen sich, dass der ehemalige *Chef* zurückgekommen ist. Bei Dunkelheit bringen sie ihm Milch, Butter, Kartoffeln, Tabak, obwohl sie selbst hungern.

Er erlebt, wie das ganze Dorf im Esszimmer des früheren Gutshauses mit Theaterschwank und Tanzmusik Weihnachten feiert und berichtet darüber der fernen Familie: »Glaubt Ihr, es wäre besser gewesen, die Leute hätten Weihnachten in ihren dunklen, kalten Kellern gehockt, um über alte Zeiten und verlorene Angehörige nachzugrübeln? Hier konnten sie sich müde tanzen und am nächsten Tag ausruhen. Auch ich habe getanzt und mich über die Leute gefreut, die endlich wieder gelacht haben.«[13]

Er trifft auf viele Flüchtlinge aus dem Osten, Rumäniendeutsche, die im Dorf neu Fuß fassen sollen. Sie hausen in Viehställen und haben auf seinem Grund und Boden gesiedelt. Sie fragen den früheren Besitzer um Rat, wie sie den schweren Acker behandeln und düngen sollen; denn es stellt sich schnell heraus, dass er mehr von Landwirtschaft versteht als die Funktionäre der Siedlergemeinschaft. Da er keine Parzelle zugeteilt bekommt, lässt er sich ein wenig Gartenland geben, auf dem er Gemüse, Tabak und Blumen zieht. Das ganze Dorf bewundert diesen Garten, weil nirgends die Beete so gut tragen, kein Stück Land weit und breit so mustergültig gehalten ist. Neun Monate bleibt der enteignete Gutsbesitzer in seinem Heimatdorf, obwohl die ihm von oben zugeteilte Arbeit lebensgefährlich ist: Minenräumen.

Schon im Frühherbst 1946 ist der von sachunkundigen Parteileuten verwaltete Gutsbetrieb so heruntergekommen, dass er an die Besatzungsmacht das Ablieferungssoll nicht erfüllen kann. Die Verantwortlichen werden von dem angereisten Kommandanten eigenhändig verprügelt, der ehemalige Besitzer ausgewiesen; denn die Leute, die für den Winter eine Hungersnot befürchten, wollen wieder unter ihm arbeiten.

Laut Meldung der SED-Presse hat es sich der heimatlos gewordene Gutsbesitzer »unter dem Schutz Adenauers und der Amerikaner im Westen wohlsein lassen und daselbst ungestört Lohnsklaven ausgepresst«. Was ist von dieser Nachricht zu halten? In der Tat floh der ausgewiesene Gutsbesitzer, um einer Abkommandierung in den sächsischen Uranbergbau zu entgehen, ins Rheinland. Dort fand er in einer frischgegründeten Stahlfensterfabrik einen Job als Hilfsarbeiter. Als Landwirt nirgends gebraucht, musste er ohne Rücksicht auf körperliche Eignung jede Arbeit annehmen: Sauerstoffflaschen ausladen, Nieten bohren, Metall entrosten, verbogene Stahlschienen richten … Erst als die Belegschaft wuchs, durfte er im Büro aushelfen. Fleiß, Zuverlässigkeit, Redlichkeit trugen ihm so hohes Ansehen ein, dass ihn die Firmenleitung schließlich mit der Lohnbuchhaltung betraute. Immer mehr Lehrlinge und Hilfskräfte arbeiteten unter seiner Anleitung. Trotzdem war die Last der Aufgaben, die auf ihn fiel, unter einer 70-Stunden-Woche nicht zu bewältigen, zumal ein Zweigwerk entstand, für das er gleichfalls die Löhnung zu besorgen hatte. Dennoch verdiente der enteignete Gutsbesitzer so wenig, dass er ohne Ganztagsbüroarbeit seiner Frau die Familie gar nicht hätte ernähren können. Zwar leitete er in Eigenverantwortung eine ganze Büroabteilung, hatte obendrein die Führung der Kasse übernommen, dennoch wurde er nach wie vor als ungelernte Hilfskraft bezahlt, ohne dass sich daran etwas änderte.

Was also die SED-Zeitung zu Unrecht über den Gutsbesitzer behauptet hatte, das erfuhr er am eigenen Leib: Seine Arbeitskraft wurde schamlos ausgebeutet. Diesen Punkt verschweige ich meinen Zuhörern, weil ich sie für die Zukunft nicht entmutigen will, auch verdient solche Erfahrung keine Verallgemeinerung.

»Gutsbesitzer« kehrt in die Heimat zurück

Mein Vortrag hatte über eine Stunde gedauert. Im Saal nicht ein Muckser. In den Augen der Älteren Tränen. Viele kommen auf mich zu, schütteln mir die Hand: »Genauso war's, wir wissen es. Ihr Vater hat uns beraten, wie wir unseren Acker bestellen sollten ...« Unter den Zuhörern auch viele Jüngere. Mit großen Augen, sprachlos. Wann hatten sie jemals eine solche Lebensgeschichte über einen *Gutsherrn* gehört! »Kommen Sie zurück? Ist doch alles Ihr's. Und was die hier draus gemacht haben, ist doch alles nischt.«

Mein *Zurückkommen* beschränkte sich bis heutigentags auf die Pflege von Kontakten mit noch lebenden alten Sachsendorfern sowie auf gelegentliche Besuche in der Heimat. Das Gehalt eines Oberstudienrates reicht zu einer kostspieligen Pacht nicht aus, erst recht nicht für den Rückkauf väterlichen Bodens. Eine Rückerstattung auch nur eines kleinen Teils davon blieb den Nachkommen per Gesetz verwehrt.

Was das Verhältnis des letzten Eigentümers zu den Nationalsozialisten betrifft, so drohte ihm vor Kriegsende ein Prozess. Zur angesetzten Gerichtsverhandlung kam es nur deswegen nicht, weil sich in Riesenschritten der totale Zusammenbruch näherte. Der Prozess sollte folgende Anklage enthalten: Es war obersten Stellen zu Ohren gekommen, dass der Besitzer Gut Sachsendorfs sowohl französischen als auch russischen und polnischen Kriegsgefangenen, die in ansehnlicher Zahl auf seinem Betrieb arbeiteten, die gleiche Fürsorge und gleiche Zuteilung an Lebensmitteln und Kleidung zukommen ließ wie einheimischen Gutsangestellten.

Als 1995, 17 Jahre nach meines Vaters Tod, meine Mutter gestorben war, bedrängten mich Verwandte, alte Freunde, einen längst gefassten Vorsatz endlich wahrzumachen, die Urnen beider Eltern nach Sachsendorf umzubetten. Die Grabmäler des Baath-Schmelzerschen Erbbegräbnisses waren zwar durch zwei Granattreffer beschädigt worden, aber sonst erhalten geblieben, ihre Gräber von Bewohnern des Dorfes all die Jahrzehnte hindurch liebevoll gepflegt worden. Ich begab mich nun häufig nach Sachsendorf, um die Umbettung in die Wege zu leiten. Dazu gewann ich den Libbenichener Pfarrer Olaf Schmidt, der in jener Zeit die Gemeinde Sachsendorf betreute. *Gutsbesitzer kehrt zurück nach Sachsendorf* titelte die Märkische Oderzeitung das Ereignis am 28. April 2000. Der Pfarrer hielt eine würdige Feier. Der in den Grabstein gemeißelte Fontane-Spruch schien mir dem Toten auf den Leib geschrieben: »Der ist in tiefster Seele treu, / Wer die Heimat liebt wie du«.

Aus allen Teilen Deutschlands, aus Städten und Dörfern des Umkreises waren die Menschen gekommen. Verwandte, alte und neue Nachbarn, Freunde, ehemalige Angehörige der Schmelzerschen Betriebe. »Wir waren ihm das schuldig«, erklärten sie, wenn man sie darauf ansprach. Aber auch solche waren gekommen, die die Schmelzers nur vom Hörensagen kannten. Denn zwei Figuren waren längst Legende geworden – der alte Amtsrat und der, dessen Urne in die Erde gesenkt worden war. Man brauchte nur in Seelow aufs Amt zu gehen, schon fing ein junger Kerl zu erzählen an: »Dieser Amtsrat, das war ein Kerl! Ließ sich übers Feld fahren. Wehe auf dem weiten Acker entdeckte der auch nur ein Hälmchen Unkraut. Halt! Aussteigen! Das Pflänzchen rausgerupft!« Oder die Geschichte von dem letzten Besitzer. Eine Dorfbewohnerin will es selbst mit angesehen haben: »Raus aus dem Gefangenenlager, kehrt er gleich auf seinen Hof zurück. Was tut sein alter Gutsschlosser, pfeift ihn vom Hof runter …«. Legenden, wie gesagt. In Wahrheit hat der damals Heimgekehrte über die Behandlung

Dungfahren auf dem Sachsendorfer Gutshof.

durch die von den Sowjets eingesetzten neuen Chefs nicht zu klagen gehabt. Er wurde vom Hof nicht verjagt, er durfte sogar dort wohnen.

Die rege, mich selbst ergreifende Anteilnahme bei der Beisetzung des letzten Gutsbesitzers ermutigte mich dazu, zwei Jahre später im erhalten gebliebenen Pfarrhaus seinen 100. Geburtstag feiern zu lassen. Frauen aus dem Dorf bereiteten die Tische, kochten Kaffee, backten Kuchen. Es wurde mir mit meiner Lebenspartnerin gestattet, ein kleines Museumszimmer einzurichten, dessen Wände wir mit vergrößerten Fotos ausschmückten. Die Sachsendorfer selbst schleppten alte bäuerliche Gerätschaften herbei – Butterfass, Zaumzeug, Pferdekumt, Sense, Kartoffelkralle … Alte Nachbarn, manche wieder ansässig, kamen zu der Feier – Frau von der Marwitz, Günther von Wittich, Herr von Stünzner-Karbe, Woldemar Schulz-Wulkow …, Nachkommen des früheren Pfarrers Georg Dürr, des Buchhalters Heinrich Scharnagel.

Nicht nur die alte Generation hörte mir zu, auch junge Leute. Ich las aus den Briefen vor, die der enteignete, im Dorf noch immer verbliebene Gutsbesitzer vom November 1945 bis zu seiner Ausweisung durch den russischen Kommandanten am 7. September 1946 an die Familie geschrieben hatte. Über das Weihnachtsfest. Er erlebt, wie die Leute am Ersten Weihnachtsfeiertag in seinem ehemaligen Esszimmer tanzen. Er hat noch einen Platz erwischt, hinterm Ofen, wo man von dem, was vorne an kleinen Lustbarkeiten geboten wird, kaum etwas mitbekommt. Er beobachtet die Menschen, macht sich Gedanken über sie, väterlich, als sei er noch immer für ihr Wohl verantwortlich: »Mir war es interessant zu beobachten, wie so ganz allmählich die Starre und Steife von den Menschen abfiel. Zuerst sah man auf, wenn man ein Lachen hörte oder ein übermütiges Wort. Allmählich aber kam eine Art Erntefeststimmung auf, in die sich auch die Alten hineinfanden … Man sah den Leuten an, wie gut ihnen diese Belustigung tat. Wie sie wirklich mal frei wurden, die Ruinen, den Druck, den Russen und alles vergaßen, was ihr Leben seit Mai und noch länger beherrschte. Da tanzte eine Mutter ganz still vergnügt mit ihrem Kleinstkind auf dem Arm durch den Saal, oder Bauer Günter saß gemütlich da, die Ziehharmonika spielend. So manches Nette konnte man beobachten und ich kann nur sagen, diese ganze Feier war etwas durchaus Gutes für die Leute …«

Polnisches Zwischenspiel

Jahre nach der Wiedervereinigung erhielt ich Post aus Polen. Fünf Familien aus Rybka baten mich darum, ihnen für ihre Rente zu bescheinigen, dass sie zwischen 1940 und 1944 Arbeiter auf Gut Sachsendorf gewesen waren. Wie sollte ich das bezeugen können, der ich mit sechs Jahren die Heimat verließ und keinen *unserer* Polen namentlich kannte? Aber ich hatte ja Vaters Fluchttagebuch gelesen. Wusste also, dass die zurückgebliebenen Polen, ohne dass sie jemand aufgefordert hatte und ohne etwas dafür zu bekommen, das im Stall verbliebene Vieh getränkt und gefüttert hatten. Ja ich wusste aus Erzählungen meines Vaters sogar, dass sie sich von Angehörigen der Wehrmacht hatten prügeln lassen, nur weil sie die wertvollen Zuchtböcke nicht zum Schlachten herausgeben wollten. Ich ging also zu meinem Notar,

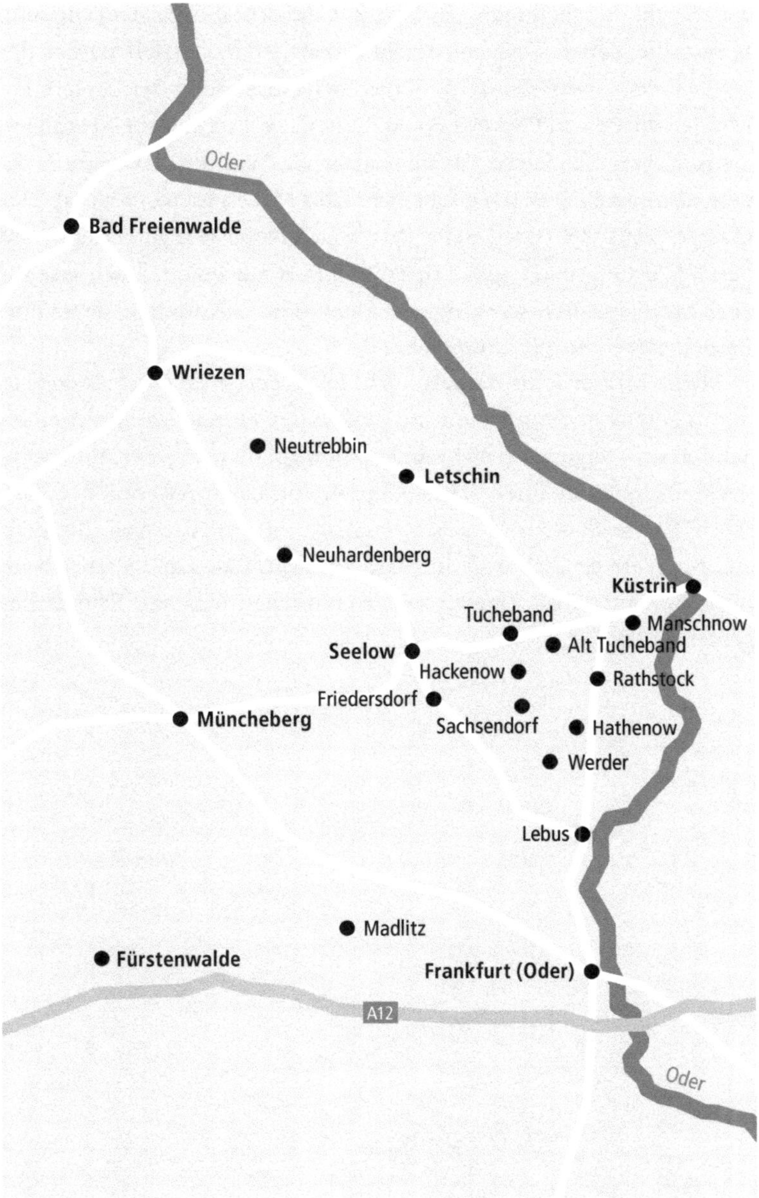

Das Oderbruch und die umliegenden Orte.

der mir die Bescheinigung für wenig Geld anstandslos beurkundete. Verwandte, denen ich davon erzählte, warnten mich, ziehen mich des Leichtsinns. Und siehe da, 14 Tage nach Absendung der Papiere bekam ich wiederum Post aus Polen. Diesmal waren es sieben Familien, die mich um die gleiche Gefälligkeit baten. Was tun? Ich hatte A gesagt, also sagte ich B. Ich ging ein zweites Mal zu meinem Notar. Der machte nicht viel Federlesens. Setzte aufs Neue sein Amtssiegel und basta! Wochen später zum dritten Mal Post aus Polen. Doch was für eine! Fröhliche, überschwängliche Dankespost. »Kommen Sie zu uns! Besuchen Sie uns mit Ihrem Sohn!«

Meine Mutter lebte damals noch. Ich besuche sie eines Abends in ihrem Altenstift Augustinum zu gewohnter Stunde. Sie kann einen Schrieb vom Finanzamt nicht finden. »Kannst du mal in der Akte nachgucken?« Ich öffne ihren Schrank, greife mir einen Aktenordner. Aufschrift *Sachsendorf*, also falsch. Ich schlage ihn zur Kurzweil trotzdem auf. Mein erster Blick trifft auf Vaters Schrift. Eine handgeschriebene Liste. Sie enthält die Namen seiner polnischen Arbeiter. Es hat alles gestimmt.

Die Ära der bahnbrechenden Landwirte

Als Friedrich der Große in den vierziger Jahren des 18. Jahrhunderts seinem Königreich durch Entwässerung und Eindeichung des Oderabschnitts nördlich von Küstrin bis Oderberg, genannt *Niederoderbruch*, eine neue Provinz eroberte, ohne auch nur einen Soldaten zu opfern, war das südlich von Küstrin anstoßende, bis Frankfurt reichende *Oberoderbruch* längst unter Kultur. Dies galt auch für die Dörfer des anfangs abgesteckten Sechsecks. »Das Bruch ist ein Bauernland«, so schreibt Theodor Fontane in seinen berühmten *Wanderungen durch die Mark Brandenburg*, »eine Art Dithmarschen, aber adlige Güter blicken rundum, wie von hoher Warte, in das schöne, fruchtbare Bruchland hinein«.[1] In Reitwein finden wir die Finckensteins, auf Kunersdorf die Lestwitze und Itzenplitze, auf Rathstock die Burgsdorffs, in Gorgast die Rosenstiels … Wer mag sie alle aufzählen! Es gab Staatsgüter, sogenannte *Domänen*, mit dem Ehrgeiz, sich zu landwirtschaftlichen Musterbetrieben zu entfalten. Ihre Pächter kamen meist aus dem Westen, hatten die Fortschritte englischer Ackerkultur studiert, brachten neue Ideen mit in Sachen Bodenbearbeitung, Feldbestellung, Viehhaltung – allen voran der berühmte eigentliche Begründer der modernen Agrarwissenschaft: Albrecht Daniel Thaer (1752–1828). Der spätere preußische Staatskanzler von Hardenberg warb ihn an: »Eröffnen Sie mir freimütig Ihre Wünsche und Bedingungen, die Sie verlangen würden.«[2]

Thaer vertauschte seinen Heimatort Celle mit dem Oderbruch. Der König bot ihm die Erbpacht der Domäne Wollup nahe dem Ort Letschin an mit der Berechtigung, diese gegebenenfalls für den Erwerb eigenen Landbesitzes zu veräußern. So gelangte Wollup an Thaers Gehilfen und Wirtschaftsleiter Johann Gottlieb Koppe (1782–1863). Dieser, selbst ein großer Landwirt und Verfasser bahnbrechender

Fachbücher, machte Wollup berühmt, während Thaer sich mitten in dem vom großen König zur landwirtschaftlichen Nutzung erschlossenen Niederbruchland auf Möglin ankaufte, um an Ort und Stelle neue Maßstäbe in Ackerbau und Schafzüchtung zu setzen. Gut Möglin gliederte er ein Lehrinstitut an, für das er auch seinen bewährten Wolluper Mitarbeiter heranzog. Über 700 junge Landwirte sollten hier bis zur Schließung im Jahr 1863 ausgebildet werden. Johann Gottlieb Koppes Nachfahren blieben auf Domäne Wollup sowie auf dem wenige Kilometer entfernten Amt Kienitz bis zur Vertreibung bei Kriegsende 1945 nahezu anderthalb Jahrhunderte ansässig.

Gut Sachsendorf war 1651, drei Jahre nach dem Dreißigjährigen Krieg, Eigentum des Großen Kurfürsten Friedrich Wilhelm geworden, stellte aber noch kein eigenständiges Domänenamt dar. Es unterstand dem Amt Lebus, später Golzow. Erst unter dem Soldatenkönig wurde Sachsendorf mit dem Vorwerk Werder 1737 zu einer selbstständigen Domäne, auch *Amt* genannt. Dem Inhaber kam je nach Rang der Titel *Amtmann, Oberamtmann* oder *Amtsrat* zu. Sachsendorf wechselte fünfmal den Pächter, bis es mit dem Königlichen Oberamtmann Carl Friedrich Baath an eine Familie geriet, die für drei Generationen bis 1863 die Geschicke der Domäne bestimmen sollte. Die Baaths kamen nicht aus dem Westen, sie waren in der Mark zu Hause, hatten als Schafs- und Gutspächter zwischen Rhin und oberer Havel der Krone gedient.

Carl Friedrich Baath (1756–1816)

Carl Friedrich Baath zählte wie Johann Gottlieb Koppe zu Albrecht Thaers engsten Mitarbeitern. Für Sachsendorf wirkte sich das zweifellos zum Segen aus. In diesem Zusammenhang darf die Frage erlaubt sein: Was lernte man von Daniel Albrecht Thaer? Bis ins achtzehnte Jahrhundert hinein betrieb man in Mitteleuropa die sogenannte Dreifelderwirtschaft: Der Bauer bestellte seinen Grund und Boden nur zu zwei Dritteln, ließ indes das letzte Drittel ein Jahr lang brach liegen, damit der Acker sich erholen sollte. Schon Friedrich der Große hinterfragte solche ihm wenig rentabel erscheinende Methode: »Seh' er doch nur sein Gartenbeet an, wie das alljährlich trägt.«[3] Thaer war durch eigene Versuche zu dem Ergebnis gekommen, dass der Acker nicht dadurch ausgesogen wird, dass man ihn alljährlich tragen lässt, sondern viel eher dadurch, dass man ihm nicht das zu tragen gab, dessen er zur Wiederherstellung seiner Kräfte bedurfte. Thaer ersetzte die Brachwirtschaft durch den Fruchtwechsel. Will heißen: Das, was dem Acker etwa durch Getreideeinsaat an Nährstoffen entzogen wurde, führte der Reformer ihm beispielsweise durch Anbau von Hülsenfrüchten, Kartoffeln oder Futterluzerne wieder zu. Überdies untersuchte Thaer den Ackerboden auf seine chemische Zusammensetzung und gelangte zu der Erkenntnis, dass man einem Feld zwar allerlei abverlangen konnte, doch keinesfalls alles. »Ein Landwirt«, so seine Worte, »der alles baut, was er braucht, ist ein Schneider, der seine Schuhe selber macht.«[4]

Thaer sammelte seine gewonnenen Erkenntnisse, leitete aus ihnen Gesetze ab und kam zu dem Schluss: Selbst der schlechteste Boden lässt sich, sofern man seiner Beschaffenheit gerecht wird, für den Menschen nutzbar machen. Auch in Sachen Viehaufzucht brachte Baath auf Gut Möglin gewonnene Forschungsergebnisse nach Sachsendorf mit. So hatte Thaer bei seinen Merinoschafen ein neues Kreuzungsprinzip entwickelt, durch das er auf dem Wollmarkt zu Berlin Vliese von einer Qualität anbieten konnte, die in ganz Europa ihresgleichen suchte.

Es war kein Zufall, dass vor der Familie Baath die Pächter von Sachsendorf so häufig gewechselt hatten. Ihnen allen war kein Glück beschieden, sie hatten buchstäblich Bankrott gemacht. Das lag an dem Sachsendorfer Ackerboden, dessen *stauende Nässe* dem Landmann ein Kreuz war. Carl Friedrich Baath ließ Gräben anlegen, die das ganze Land durchzogen, damit das sich ansammelnde Wasser abfließen konnte. Das ergab zwar kleinere Ackerflächen, dafür wesentlich ertragreichere. Domäne Sachsendorf war nun in den Stand gesetzt, sich langsam, aber stetig zu einer Goldgrube zu entwickeln.[5]

Carl Friedrich Baaths Ruf als wegweisender Landwirt dringt bald über den Landkreis Lebus hinaus. Fontane würdigt ihn in einem Er-

Mahnmal für den am 8. Juli 1852 bei Werder ermordeten Julius Baath.

gänzungsband der *Wanderungen durch die Mark Brandenburg.*[6] Baath führt den Kartoffelanbau im Oderbruch ein. Es scheint ihm finanziell vortrefflich zu gehen, denn 1802 wird er Erb- und Gerichtsherr des südlich Jahnsfelde erworbenen Gutes Behlendorf. Das liegt zwar nicht mehr im Bruch, doch weiß der neue Eigentümer, geschult an Albrecht Thaers Bodenbehandlungstheorien, selbst hier auf lehmigem Sand Erträge zu erwirtschaften, die sich sehen lassen konnten. Er darf es sich leisten, marode Hofgebäude samt Wohnhaus total abzureißen, um nach Plänen des jungen Baumeisters Carl Friedrich Schinkel in Achteckform einen nagelneuen Mustergutshof erstehen zu lassen, der zu den schönsten in der Mark Brandenburg zählen wird.

Als Carl Friedrich Baath 1816 in Sachsendorf verstirbt, wird er in Behlendorf beigesetzt. Im Gutspark setzt die Familie ihm ein Denkmal mit dem Spruch: »Was gut und edel, was der Menschheit nützt, war seines Herzens, seines Strebens unverrücktes Ziel.«

Die Baaths haben schmale, fein geschnittene Gesichter und scheinen bei aller ihnen innewohnenden Willensstärke und Tatkraft von

Carl Wilhelm Eduard Baath.

eher zarter Gesundheit, so dass ihnen meist kein hohes Lebensalter beschieden ist. Als Carl Friedrich mit kaum 60 die Augen schließt, folgt ihm auf Sachsendorf der 25-jährige zweite Sohn Ferdinand Ludwig (1789–1826) nach. Ihm bleiben für die Pachtführung lediglich zehn Jahre vergönnt.[7]

Der Betrieb Werder gerät unter ihm zu einer eigenständigen Wirtschaft, so dass man sie Ferdinands ältestem Sohn Carl Julius (1819–1852), als dieser erwachsen ist und ausgelernt hat, überlassen kann. Julius, Jahrgangsgenosse des Neuruppiner Dichters Fontane, zieht mit seiner Familie dort hin. 33-jährig wird er auf einem Feldgang ermordet. Wer der Täter war, welches Motiv ihn geleitet hat, ist nicht überliefert. Ein Gedenkstein, versteckt in einem Feldgehölz nahe der Straße von Sachsendorf nach Werder, erinnert noch heute an Tag und Ort des Verbrechens.

Für den verstorbenen Ferdinand Ludwig Baath hatte die Witwe Wilhelmine Baath geb. Herold die Verwaltung beider Oderbruchbetriebe zunächst übernommen, ihrem Ältesten Julius schließlich Wer-

Die Sachsendorfer Zuckerfabrik, gegründet 1852 von Carl Wilhelm Eduard Baath.

der abgetreten, bis sie nach dessen unerwartetem Tod beide Wirtschaften 1852 dem inzwischen erwachsen gewordenen zweiten Sohn Carl Wilhelm Eduard (1821–1863) übergeben konnte. Über diesen letzten Sachsendorfer Baath erfährt man wertvolle Details aus dem erhalten gebliebenen Tagebuch der Ehefrau Anna geb. von Gansauge.

Noch ganz im Banne des Trauergottesdienstes, hat sie den Wortlaut der Leichenpredigt für den allzu früh Verstorbenen festgehalten. Wir wissen, dass *Eduard* – so wollen wir ihn im Folgenden, wie Anna selbst es tat, kurz nennen – am 5. Februar 1821 in Sachsendorf geboren wurde, mit fünf Jahren bereits den Vater verlor und ganz unter der Obhut der Mutter aufwuchs. Als der ältere Bruder ermordet wurde, war Eduard von den sechs Kindern das einzige, das noch nicht unter der Erde lag. Der Gymnasiast erreichte in Berlin den Schulabschluss, daraufhin warf er sich auf das Studium der Rechtswissenschaft. Doch Julius' Tod und die ihn nicht verlassende schwächliche Gesundheit durchkreuzten seine Berufspläne. Er kehrte nach Hause zurück, wandte sich der Landwirtschaft zu und trat die Nachfolge des ums Leben gekommenen großen Bruders an. Während der ihm verbleibenden elf Jahre lief die Pacht ab, sie wurde erneut an den Meistbietenden vergeben. Eduard erwarb sie für das Doppelte der Pachtsumme. Er muss sehr erfolgreich gewesen sein. Schon 1852, dem Jahr seines Amtsantritts, wurde am Ort eine Zuckerfabrik gegründet. In der Viehhaltung brachte er es so weit, dass er die Prachtexemplare seiner Hammel- und Ochsenzucht auf Ausstellungen bis nach Paris mitführte. In seinem Todesjahr erlaubte es ihm die finanzielle Lage, dass er das nahe gelegene Rittergut Hackenow hinzukaufen konnte.

Eduard Baath ist viel gereist, weil ihm das die beste Möglichkeit bot, sich fortzubilden. Die Menschen trauerten über seinen frühen Tod, weil er sich sehr um das Wohlergehen seiner Untergebenen und Mitarbeiter bemüht hatte, ohne deswegen um die eigene Person viel Aufhebens zu machen. Er war religiös, nahm in der Kirche sein Patronat wahr, ließ sich am Vorabend seines Sterbetages von seiner Frau Anna alle zwölf Strophen des Paul-Gerhardt-Liedes *Befiehl du deine Wege* vorlesen.

Anna von Gansauge (1835–1925)

Annas Familie, die Gansauges, sind kein alter Adel, doch zählen sie zu den herausragenden Landwirtsfamilien der Mark Brandenburg. Ihre Heimat ist die alte Bischofsstadt Lebus, wo der Vater eine Domäne bewirtschaftete und bis nach 1945 eine Straße den Namen der Familie trug. Anna schreibt von sich selbst: »Mein Vater als königlicher Amtsrat und Pächter der Domäne Lebus war pekuniär in einer vollständig sorgenfreien Lage, meine Mutter, eine geborene Hildebrand aus Berlin, hatte sich von Jugend auf nur in Kreisen bewegt, die sich durch bedeutende geistige Bildung auszeichneten«.[8] Der bekannte Berliner Maler Ernst Hildebrand wird Annas Schwager. Sie hat zwei Schwestern und sieben Halbgeschwister. Der Vater, in erster Ehe mit einer Kühne-Wanzleben verheiratet, ein Name, der in der Magdeburger Börde bis heute nichts von seinem Klang eingebüßt hat. Annas Halbschwester Minna ehelicht den Kienitzer Amtsrat Otto Koppe. Annas ältere Schwester Gertrud heiratet Moritz von Rosenstiel auf Marienwalde. So waren die großen Landwirtsfamilien untereinander vielfach verwandt und verschwägert.

Die Lebuser Kinder, wie das auf dem Land üblich war, bekommen einen Hauslehrer: Herrn Bernhardt. Anna behält von dessen Tyrannei ein Trauma zurück, muss aber einräumen, dass sie viel bei ihm gelernt hat. Klavierlehrer kommen und gehen. Anna ist musisch begabt. Sie muss recht gut Klavier gespielt haben. Sie komponiert Lieder, die im Druck erscheinen. Große Fertigkeit erwirbt sie sich im Aquarellmalen und Zeichnen – Blumen, Landschaften, Stadtansichten, Dorfidyllen ... Manches davon hat sich erhalten. Sie liebt Goethe, dichtet Verse, entwirft Bühnenszenen für Kinder, schreibt einen guten Stil. Ihre Handschrift ist das Schaustück für den Kalligrafen.

Mit 14 Jahren wird sie mit der jüngeren Schwester Margarete nach Berlin in Pension gegeben. Anna lernt dort Französisch, Englisch und wird im März 1852 in der Nikolaikirche konfirmiert. Sie reist gern und wird dieser Leidenschaft bis ins Alter frönen. Mit 17 fährt sie mit der kränkelnden Mutter nach Bad Kreuth, von dort geht es nach Tirol. Sie lernt Innsbruck kennen, Salzburg, den Königsee, schließlich München. Ein Jahr später begleiten Anna und Margarete die noch immer leidende Mutter nach Bad Pyrmont. Wieder in Berlin, begegnet man auf der Straße Unter den Linden einem Herrn aus der Heimat, der die jungen Damen bisher nur als Kinder erlebt hat: Eduard Baath aus Sachsendorf. Anna ist 18, nach Fotos zu urteilen ein apartes Geschöpf, schwarzhaarig, mit dunkelbraunen Augen, die bis ins hohe Alter ihren Glanz nicht verlieren. Eduard, mit 32 ein gestandener Mann, schlank, gesundheitsbedingt hager, vornehm, begleitet die blutjungen Mädchen zu ihrem Hotel. So viel Aufmerksamkeit schmeichelt ihnen. Die leicht mokante, vielleicht auch ironische Art dieses Mannes von Welt macht sie freilich unsicher und scheu.

Es ist Spätherbst des gleichen Jahres 1853. Nicht weit von Lebus, in Hohenjesar bei den befreundeten Burgsdorffs, erleben Anna und die ältere Schwester Gertrud einen großen Ball. Wen treffen sie? Eduard Baath. Der fordert die Jüngere zu einer Polka-Masurka auf. Anna ist hingerissen. Als Gertrud sich noch im Winter mit Moritz von Rosen-

Anna von Gansauge.

stiel verlobt, findet eine große Jagd statt. Eduard ist dabei und scheint bei den Geselligkeiten nur Augen für Anna zu haben. Er kommt nach Lebus, macht bei Gansauges Besuch. Auch Sachsendorf gibt Gesellschaften, unter der geladenen Nachbarschaft viel junges Blut. Annas Augen sind bei Eduard. Sie schreibt in ihr Tagebuch: »Überall, wo uns der Zufall zusammenführte, war er der Einzige, den ich sah, aus dessen Munde jedes Wort in mein Herz fiel.«[9]

Zu Gertruds Hochzeit soll ein Theaterschwank eingeübt werden. Eine bühnenkundige Dame lässt die Teilnehmer zur Probe nach Sachsendorf kommen. Legt man eine Pause ein? Ist die Einstudierung beendet? Eduard macht jedenfalls mit Anna von Gansauge einen Spaziergang in den Garten, bleibt stehen, fragt, ob sie ihn heiraten wolle. Anna sagt aus vollem Herzen ja. Am folgenden Tag sucht Eduard Annas Eltern auf, um deren Einwilligung einzuholen. Sie schreibt dazu: »O, es war eine glückselige Zeit, diese Brautzeit, denn wir liebten uns herzinnig.«[10] Nach einem prächtigen Polterabend wird am 28. Oktober 1854 die Vermählung gefeiert.

Annas erste Ehe

Noch am Abend des Hochzeitstages will man nach Italien aufbrechen. Da gehen die Pferde durch. Der Aufbruch wird auf den nächsten Tag verschoben. Man reist über Breslau, Wien, den Semmering, Laibach (Ljubljana), Triest, Venedig, Verona, Mailand bis nach Genua. Von dort wieder gen Norden über Mailand, Como, Comersee, Chur Richtung deutsche Grenze. Man besucht den Bodensee, fährt weiter über Augsburg, Leipzig, Berlin zurück ins Oderbruch. Am 23. November trifft man in Lebus ein, am 24. wird in Sachsendorf Einzug gehalten, Annas neues Zuhause. Hier wird sie bis zu ihrem Tod wohnen, 71 Jahre lang. »So war ich denn«, vermerkt sie in ihrem Tagebuch, »im Alter von 19 Jahren fast noch ein Kind im Wesen und Aussehen in den Ehestand getreten, kaum ahnend, welchen Pflichten ich damit entgegen ging, nur geleitet durch meine Liebe zu meinem Mann, durch mein unbedingtes Vertrauen in seinen edlen Charakter«.[11]

Schon im nächsten Jahr, kurz nach ihrem 20. Geburtstag, wird Anna im September von einem ersten Sohn entbunden – Stephan. Im Mai 1857 folgt ein zweiter – Walther. Anna ist rundum glücklich wie vielleicht nie wieder im Leben; harte Proben stehen ihr noch bevor. Schon die Brautzeit hatte ihr angekündigt, dass sie letztlich mit einem kranken Mann den Ring tauschen würde. Ein chronisches Magenleiden verurteilte Eduard zu Kuren und Krankenlager, machte ihn im täglichen Umgang reizbar und schonungsbedürftig. Der Geheimrat Wolf aus Berlin rät schon bald nach der Eheschließung zu einer sechswöchigen Kur ins böhmische Franzensbad. Anna begleitet ihn, lernt weitere böhmische Bäder wie Karlsbad, Marienbad, Teplitz … kennen. Man bereist Prag, die Sächsische Schweiz, Dresden. Doch die Kuren fruchten nicht, die Krämpfe melden sich ungeschwächt von neuem. Der zweijährige Stephan bekommt Scharlach und stirbt. Sein Kindergrab wird das erste auf der Sachsendorfer Begräbnisstätte, die Eduard für die Familie selbst ausgesucht und abgemessen hat. Anna wird von diesem Schlag so krank und geschwächt, dass sie den kleinen Walther nicht weiter selbst nähren kann und zu einer Amme geben muss. Das Unglück hat die junge Frau sehr nachdenklich gemacht: »Bis zu dem Tage, wo Gott meinen Liebling, meinen kleinen Stephan, von mir nahm, war ich stets so sicher im Gefühl meines Glückes, im Besitz meines Mannes und meiner Kinder gewesen, der Gedanke, dass dieses Glück mal könnte getrübt werden, lag mir damals, o Gott, wie fern. Nun war es wie eine Mahnung Gottes an mein Herz, eingedenk zu sein, wie vergänglich jeder Besitz hier auf Erden ist, und dieses Glück – wie lange darfst du dich ihrer noch erfreuen – hat mich seitdem nicht wieder verlassen.«[12] Anna ist gläubig. Sie wird nie versäumen, den Spruch des Pfarrers bei Taufe, Konfirmation, Trauung der Kinder und Enkel im Tagebuch aufzuführen. Sie schreibt sich die Worte des Paulus über die Liebe aus dem 1. Korintherbrief ab: »Wenn ich mit Menschen- und mit Engelszungen redete und hätte die Liebe nicht …«.

Tochter Gertrud, ein Jahr später zur Welt kommend, wird das einzige von sechs im Laufe von neun Ehejahren geborenen Kindern sein, dessen Tod Anna nicht im Tagebuch vermerken muss. Auch Gertruds Geburtsjahr (1858) wird von Sorgen um Eduards Gesundheit verdüstert. Wieder wird ein böhmisches Bad ausprobiert, ohne sichtbaren Erfolg. Als im Februar 1860 abermals ein Junge zur Welt kommt, Ferdinand, bleibt auch dieser Winter durch Eduards Leiden überschattet. Der Patient verzweifelt, glaubt den Ärzten kein Wort mehr. Da erfährt er von einem Kräuterdoktor Langen aus Goslar, von dessen neu eröffneter Heilanstalt man sich Wunder erzählt. Im Mai, einer Zeit also, wo die Ackerwirtschaft den Landmann besonders braucht, begibt sich Eduard – so unerträglich scheinen die Beschwerden – für sechs Wochen nach Goslar. Anna folgt mit dem kleinen Walther, man hängt weitere gemeinsame Wochen an.

Und, o Wunder! Eduard kehrt nach einem Vierteljahr geheilt nach Hause zurück. Bis in das Jahr 1861 ist er wohlauf, fühlt sich leistungsfähig. Am 13. Mai wird Johannes geboren, den der Kaiser einmal adeln wird. Eduard kann die Sachsendorfer Pachtperiode erneuern. Aus Dankbarkeit, eher zur Vorbeugung, weilt der Genesene abermals einige Wochen unter Dr. Langens Obhut in Goslar. Sie tun ihm gleichfalls gut.

Im Jahr 1862 wird im Inneren des Sachsendorfer Wohnhauses ein Ausbau vorgenommen. Zur Einweihung der neuen Einrichtung steigt im Haus ein großer Ball – »strahlend im Kerzenlicht, im Glanz der Toiletten und Uniformen und der Sorglosigkeit des Glücks«.[13]

Doch wie sieht eigentlich der Alltag der jungen Gutspächtersfrau aus? Nimmt das Personal ihr jede Handreichung ab, so dass sie selbst nur ihren Liebhabereien nachgehen kann? Langweilt sie sich zuweilen herzhaft auf dem Land? Anna hat Personal, sie ist *Gnädige Frau*, übernimmt als solche aber auch Verantwortung. Sie kümmert sich in erster Linie um die Erziehung der Kinder. Der kleine Walther ist sechs geworden, er braucht Unterricht. Anna hält Ausschau nach einer *Bonne* zur Beaufsichtigung aller Kinder. Diese könnte nicht nur ihre Spiele leiten, sondern auch Walther und Gertrud, den Ältesten, die Anfänge eines Unterrichts beibringen … Die Suche nach einem geeigneten Hauslehrer gleicht oft einem Lotteriespiel. Die erste Elementarlehrerin schüchtert die Kinder durch Strenge und Lieblosigkeit so ein, dass sie schleunigst entfernt werden muss. Anna schreibt: »Mit Hauslehrern und Erzieherinnen haben wir kein Glück. Frl. Werner verlobte sich heimlich mit dem Aktuarius [Amtsschreiber] Müller und musste infolgedessen ihre Stelle aufgeben. Ihre Nachfolgerin Frau Tillich, ein sehr liebes Mädchen, blieb nur ein Vierteljahr, da sie an plötzlichen Krampfanfällen litt, so konnte ich sie der Kinder wegen nicht behalten. [Hauslehrer] Kruschwitz verließ uns ebenfalls im Oktober und wurde durch einen Herrn Drake ersetzt, welcher uns aber auch nicht zusagte … .«[14]

Anna selbst macht sich viele Gedanken um den gewissenhaften Umgang mit Kindern. Sie wird sich darüber klar, dass Eltern durch eigenes Verhalten das Vorbild abgeben müssen: »Ein Kind kann das Gute von dem Bösen noch nicht trennen, es nimmt im unschuldigen Vertrauen alles, was ihm von den Eltern geboten wird, und wir bereuen zu spät die eigene Unbedachtsamkeit«. So müsse, fährt sie fort, auch im Erwachsenen noch immer das Gute mit dem Bösen ringen. Sie nennt es das »traurige Erbteil, das wir unseren Kindern hinterlassen, das Erbteil unserer eigenen Schwachheit«. Wieder zitiert sie die Heilige Schrift, die vom Kampf des Geistes wider das Fleisch spricht, und geht mit sich selbst ins Gericht: »Ich strebe danach, mich zu vervollkommnen, denn ich fühle, ich muss es meiner Kinder wegen um des Beispiels willen, meines Mannes wegen, denn wie kann ich von ihm Achtung verlangen mit meinen Fehlern und Mängeln, und geht denn Liebe ohne Achtung? … Aber wie viel habe ich noch an mir zu arbeiten …«[15]

Neben der Krankheit des Mannes werden Anna die ersten acht Jahre ihrer Ehe noch aus einem anderen Grund zu einem harten Prüfstein. Sie kam als blutjunge Frau in ein wohlbestelltes Anwesen, in dem der Haushalt ohne ihr Zutun wie am Schnürchen lief. Das bewirkte eine bewährte Wirtschafterin, die hier seit dreißig Jahren unangefochten schaltete. Eine Autorität »voller Vorurteile, fest am Althergebrachten hängend«. Wie sollte da ein unerfahrenes Geschöpf von 19 Jahren auch nur mit einem Vorschlag ankommen? Die Dame einfach feuern ging nicht. Gesetzlich geregelter Kündigungsschutz, hätte es ihn schon gegeben – diese Frau wäre auf ihn gar nicht angewiesen gewesen. Ihr Ansehen stand bei Schwiegermutter und Sohn Eduard so hoch im Kurs, dass beide der braven Person Dank und Rücksicht zu schulden glaubten. Sehr zum Kummer der jungen Hausherrin: »Viele Tränen sind geflossen und doch trotz aller Kämpfe habe ich nicht den Stachel im Herzen überwinden können gegen ein Wesen, durch das mir absichtlich oder unabsichtlich, Gott weiß es, so lange Jahre hindurch mein schönstes Glück getrübt wurde.«[16]

Welch eine Erlösung, als die zu Jahren gekommene Wirtschafterin zu Anfang des Jahres 1863 aus eigenen Stücken den Abschied nimmt! Geschieht es einzig aus Altersgründen oder spürt sie zu deutlich, dass die junge Hausfrau, die es nur dem Namen nach sein durfte, sie zutiefst ablehnte? Anna schweigt darüber und atmet auf: »Nun ist sie fort … Nun bin ich frei, ach so frei und glücklich, wie ich mich noch nie während meiner Ehe gefühlt …«. Erst jetzt beginnt sie das Sachsendorfer Wohnhaus zu lieben, denn sie darf es endlich ihr eigen nennen. Sie stellt es buchstäblich auf den Kopf: »Ach das war ein Vergnügen, vom obersten Boden bis zum tiefsten Keller, alles wurde herumgepoldert, bis aller alter, seit 50 Jahren angesammelter Plunder hinaus war und es so aussah, wie ich es lange schon in meinen Träumen geträumt hatte.«[17]

Und noch etwas macht sie restlos glücklich: Eduard, der die junge Gattin wohl noch lange wie ein Kind angesehen hatte, vertraut ihr nun restlos, scheint sie als gleichwertige Partnerin anerkannt zu haben: »Das vollständige, unbedingte Vertrauen meines Mannes. Ich besitze es jetzt im vollsten Maße. Ob ich es verdient habe und wie, weiß ich nicht, aber das weiß ich, dass es jetzt mein einziges Streben sein wird, mich immer mehr dessen würdig zu machen.«[18]

Carl Wilhelm Eduard Baaths Tod

Dieses glücklichste Ehejahr sollte zugleich Annas unglücklichstes werden. Tagebucheintragung vom 26. Dezember 1863: »Solch ein Glück, es war wohl zu groß für ein unwürdiges Menschenkind, Gott hat es zerstört, er hat mir alles genommen, meinen einzigen teuren Mann! – O Eduard, ohne Dich ist das Leben mir so wertlos. – Ein Sträußchen, das war alles, was ich ihm in der heiligen Christnacht auf sein kaltes Grab legen konnte, das Grab, das alle meine Liebe umschließt … Nach Eduard sehnt sich mein armes verlassenes Herz – o könnte ich bei Dir ruhen, still und friedlich im Schoß der Erde, da wäre mir so wohl … .«[19]

Anfang Mai hatte die Tragödie begonnen. Eduard weilte wiederum in Goslar zum Gebrauch der Langenschen Kur. Diesmal ohne sichtlichen Nutzen. Angegriffen kehrt er nach Hause zurück. Im August unternimmt er in Goslar für zehn Tage einen zweiten Versuch. Es hat ihn gekräftigt. Doch was muss er daheim erleben! Wüster Ärger im Vorwerk Werder. Was war geschehen? Man hatte für den Sommer eine neue technische Errungenschaft eingeführt – eine bewegliche Dampfmaschine mit einem langen dünnen, umklappbaren Schornstein: ein sogenanntes *Lokomobil* zum Ausdreschen des Getreides. Die Sachsendorfer hatten sich mit der revolutionären Arbeitserleichterung schnell angefreundet. Anders die Leute von Werder. Helle Empörung, hartnäckiger Widerstand schlagen dem gesundheitlich noch immer angeschlagenen Chef entgegen. Obendrein trifft ein unfreundliches Schreiben des Landrates von der Marwitz ein … Totenbleich und am ganzen Körper zitternd, sieht Anna ihren Mann im Zimmer liegen. Aufregung ist für dessen Zustand ein lebensgefährliches Gift. Absolute Ruhe tut dem Patienten Not, doch wo ist sie am Ort zu finden? Ein Königsmanöver bringt massenhafte Einquartierungen, und das wochenlang. In

Rittergut Hackenow, 1863 von Carl Wilhelm Eduard Baath erworben.

die Sommermonate fällt auch der Kauf des Rittergutes Hackenow, wo vorläufig noch der älteste Sohn der Besitzerfamilie Boldt schaltet. Am 1. Oktober soll die Übergabe erfolgen. Anna selbst steht vor der Entbindung ihres sechsten Kindes.

Die letzten Tage des Septembers bis in den Oktober hinein bringen Schönwetterlage. Eduard, leidlich hergestellt, sitzt am Bett der Wöchnerin, die noch einmal einen Sohn geboren hat – Eduard. Der Vater bleibt matt, der Schmerzenszug im Gesicht weicht kaum noch. Hat sich das Magenproblem letztlich doch zu einem Krebsleiden entwickelt? Der ganze Körper ist in Mitleidenschaft gezogen durch qualvollen Husten, Fieberanfälle, starken Nachtschweiß. Eduard ahnt, dass es mit ihm zu Ende geht, verschweigt aber den Angehörigen sein Gefühl. Annas Vater, in Egeln südlich Magdeburg zur Jagd geladen, sucht unterwegs eine Koryphäe auf, die dem Schwiegersohn helfen soll. Da stirbt Ludwig von Gansauge unverhofft am Herzschlag. Die Nachricht verschlimmert Eduards Zustand, er hatte sehr an seinem

Schwiegervater gehangen. Die Koryphäe, ein Geheimrat Frerichs aus Berlin, flößt dem Kranken Hoffnung auf Besserung ein. Nichts darf ihn im Geringsten aufregen. Auf ärztliche Verordnung keinerlei geistige Anregung. Nicht einmal die Taufzeremonie für den kleinen Eduard darf bis zu des Kranken Ohr dringen. Anna selbst bleibt der Feier fern, um den Todgeweihten nicht allein zu lassen. Dieser fühlt sich am 1. Dezember so schwach, dass er nicht mehr aufsteht. Er leidet Höllenschmerzen, wirft sich im Bett hin und her, stöhnt bis in den Nachmittag. Gegen vier schlummert er ein, atmet ruhig, sodass Anna wieder Hoffnung schöpft. Doch Eduard erwacht nicht wieder. »Immer schwächer wurde das Atmen, immer matter der Puls, bis er plötzlich stillstand. Gott hatte seine Seele zu sich genommen und mich elend gemacht für mein ganzes Leben.«[20]

Als hätte Anna an Unglück nicht schon genug zu tragen, stirbt eine Woche später der dreijährige Ferdinand an Diphtherie. Eduards Grabplatte, die Leichensteine der beiden Kleinkinder Stephan und Ferdinand haben sich auf der Sachsendorfer Familiengrabstätte bis heute erhalten. Von den sechs Kindern, die Anna geboren hat, sind ihr vier geblieben: Eduard, zwei Monate alt, wird mit 30 durch einen Sturz vom Pferd ums Leben kommen. Walther, sechs Jahre, stirbt 20-jährig an einem Lungenleiden. Johannes, zweijährig, wird als Pasewalker Kürassier Karriere machen, das Leibregiment der Königin kommandieren. Um dieser Stellung überhaupt würdig zu sein, erhält Johannes 1910 den erblichen Adel. Ein Jahr vor Ausbruch des Ersten Weltkriegs wird er mit 52 einen Herzschlag erleiden. Einzig die fünfjährige Tochter Gertrud, dereinst mit einem hohen Militär verheiratet, wird ihre Mutter um ein Vierteljahrhundert überleben und 1950 im gesegneten Alter von 92 Jahren in Berlin sterben.

Anna Baath beendet die Aufzeichnungen über ihren ersten sicherlich glücklichsten Sachsendorfer Lebensabschnitt mit einer Geschichte, die ich, weil sie so schlicht wie bewegend ist, dem Leser nicht vorenthalten möchte: »Im ersten Jahr meiner Verheiratung fand ich eines Tages im Garten am Teich ein vierblättriges Kleeblatt, das erste und einzige, welches ich jemals gefunden habe; eine Verheißung großen Glückes, wie der Volksaberglaube es nennt. Froh über diesen kostbaren Fund, nahm ich es mit und verwahrte es an einem sicheren Ort. – Jahre vergingen, oft wohl kam mir mein Kleeblättchen in Erinnerung, aber ich hatte den Ort vergessen, wo ich es hingelegt, und so blieb es verborgen. Mein Glück mehrte sich von Jahr zu Jahr, es hatte recht geweissagt. – Am Sonntag nach der Beerdigung meines einzig Geliebten will ich zur Kirche gehen; ich nehme mein Gesangbuch zur Hand, und wie ich es aufschlage, siehe da liegt vor mir mein Kleeblättchen – aber zerbrochen! – Es war am Tage des Begräbnisses von meinem Schoß heruntergefallen und hatte dort zu meinen Füßen gelegen, das zerbrochene Kleeblatt nebenbei. So hatte es meine Schwester entdeckt, es aufgenommen und wieder in das Buch hineingelegt, wo ich es dann fand. – Jahrelang war es verborgen gewesen, und an dem Tage, der all mein Glück von mir nahm, erschien es wieder, aber zerbrochen – zerbrochen wie mein Glück.«[21]

Suche nach dem Nachfolger

Um nicht schwermütig zu werden, holt sich Anna eine Gesellschafterin ins Haus. Ein Fräulein Sydow soll die junge Witwe durch anregende Unterhaltung, Vorlesen auf andere Gedanken bringen. Es stellt sich jedoch schnell heraus, dass die Frauen miteinander nicht harmonieren. Fräulein Sydow teilt Annas musische Vorlieben nicht, es gebricht ihr an Feingefühl. Nachdem sie sich gegen die Hausfrau eine große Taktlosigkeit erlaubt hat, versucht Anna sie wieder loszuwerden. Gesundheitlich ist die noch immer tief Vergrämte so angeschlagen, dass Ärzte ihr eine Kur verschreiben. Man schlägt ihr Bad Ems vor. Da sich von den Verwandten niemand findet, der sie begleiten kann, engagiert Anna Miss Stein, eine Engländerin. Eine glückliche Wahl, wie sich herausstellt. Nach vier Wochen fühlt sie sich wohlauf. Louis von Gansauge, Annas Bruder, holt die Genesene nach Hause zurück. Den hat der Familienrat Anna als sogenannten *Amtsassistenten* beigegeben; denn als Frau steht es ihr nicht zu, eine Domäne selbstständig zu leiten. Aber mit Louis gelingt keine befriedigende Zusammenarbeit. Allzu verschieden erscheint der Nachfolger von dem, dessen Verlust die junge

Frau noch nicht verwunden hat. Sie zweifelt an Louis' Befähigung. Als dieser sich schließlich das nicht weit von Werder gelegene Gut Klessin kauft, lässt auch Louis' Interesse für die Domäne Sachsendorf nach. Was soll geschehen?

Schwager Otto Koppe, Anna als Vormund ihrer Kinder zur Seite stehend, redet ihr zu, sich von Louis zu trennen. Stattdessen bringt er einen völlig fremden Herrn ins Spiel. Dieser würde sich als Amtsassistent und Vertreter der Inhaberin für die Fortführung der Wirtschaft aller Wahrscheinlichkeit nach vorzüglich eignen: Adolph Schmelzer aus der Magdeburger Börde. Durch Koppes Vermittlung war dieser erfahrene, in der Güterverwaltung bewährte Landwirt 1864 nach Wollup gekommen, um sich noch fehlende Kenntnisse im Polizeifach anzueignen. Gutsbesitzer waren ja vielfach auch Gerichtsherren in Bezug auf kleinere Delikte, etwa Diebstähle innerhalb des Betriebes oder Wilddieberei auf eigenem Grund und Boden. Im Februar 1865 trifft der fremde Herr in Sachsendorf ein, um sich mit dem gesamten Betrieb vertraut zu machen. Anna bemerkt darüber: »Ich hatte ihn vorher schon dreimal gesehen, und er hatte mir gerade keinen Eindruck gemacht.«

Adolph Schmelzer übernimmt die Leitung der Domäne Sachsendorf mit Werder und wird Hausgenosse der Witwe Anna Baath. Die Forschheit, mit der der neue Mann die Zügel ergreift, die Entschlusskraft, das sichere Urteil, die erstaunlich schnelle Auffassung der für ihn völlig neuartigen Verhältnisse imponieren der Pächterin: »Alle diese Eigenschaften traten umso vorteilhafter hervor, da Louis sie gar nicht besaß.« Der neue Verwalter rührt sie menschlich. Sie erwärmt sich für seinen Charakter: »Auch war er dabei von einer großen Bescheidenheit und einer Tiefe des Gemüts, zart und rücksichtsvoll gegen Frauen, wie man es so selten bei Männern findet.« Annas Herz hat Feuer gefangen. Das bereits nach Ablauf eines Monats: »Ich fühlte mich sehr bald von ihm angezogen umso mehr, da ich sah, dass auch ich ihm nicht gleichgültig blieb. Wir liebten uns bald, und am 30. März reichten wir uns die Hände zum Verlöbnis.«[22]

In Zeiten des Amtsrates

Die Schmelzers stammen aus dem Anhaltinischen. Der Ahnherr war Pfarrer im Dessauer Raum: Christoph Bernhard Gottlieb Schmelzer, der Prediger von Reupzig nahe Köthen, hatte vier Söhne. Die aus den drei jüngeren hervorgehenden Familienzweige scheinen allesamt tatkräftig. Der eine gründet in Haldensleben eine Keramikfabrik, die bis zur dritten Generation besteht. Aus dem zweiten, um Eisenach beheimatet, gehen zahlreiche Soldaten hervor. Einer von ihnen, Kurt Schmelzer, macht sich im Zweiten Weltkrieg als Panzergeneral einen Namen. Der dritte Zweig, vom ältesten der drei jüngeren Söhne ausgehend, treibt Landwirtschaft in der Magdeburger Börde: Carl Friedrich Gustav Schmelzer (1798–1870), der Vater des neuen Lenkers auf Sachsendorf, besorgte im Kreis Wanzleben als Oberamtmann die Domäne Kommende Bergen und machte sich zum Besitzer des dortigen Ordensgutes. Als alter Mann verkaufte er es wieder, um sich in der kleinen Kreisstadt zur Ruhe zu setzen. Er genoss als rühriger Landwirt einen großen Ruf.

Sein Sohn August Karl Adolph, am 29. November 1833 in Bergen geboren, folgt ihm schon früh aufs Feld, beobachtet mit wachen Sinnen alle Arbeitsgänge eines großen Ackerbetriebes. Mit 12 Jahren schickt der Vater ihn nach Magdeburg auf das Domgymnasium. Die Ferien verbringt der Schüler bei einem Onkel mütterlicherseits, der bei Halberstadt den Edelhof Gröningen innehat. Landwirtschaftliche Kultur die Fülle. Er saugt sie ein, ohne zu ahnen, dass er diesen Smaragd einmal zu drei Vierteln erben würde. Der Abiturient studiert nicht, er absolviert in Erxleben, nicht weit von Helmstedt, eine zweijährige landwirtschaftliche Lehre. Er macht sich dabei so vortrefflich, dass er das Vorwerk des Gutes zuletzt völlig selbstständig leiten darf. Mit 20 Jahren wird er nicht weit von seinem Heimatort Verwalter der Domäne Ampfurth. Es folgt Ableistung des Militärjahres bei der Halberstädter Artillerie-Abteilung. Bloß nicht noch den Reserveoffizier anstreben! Das würde ihn zu regelmäßigen Militärübungen verpflichten – auch dann, wenn ihn die Arbeit auf dem Feld gerade besonders braucht![1]

Adolph Schmelzer bleibt dem fruchtbaren Bördeland treu und übernimmt im Kreis Wanzleben für sieben Jahre die Verwaltung des Rittergutes Bleckendorf. Der kränkliche Eigentümer vertraut ihm blind, lässt den umtriebigen jungen Mann selbstständig schalten. Die Feldmarken grenzen an die des Ökonomierates Moritz August Dietrich. Der hatte sich als Sohn eines Halbspänners heraufgearbeitet und im benachbarten Schwaneberg einen einheitlich mit Feldsteinen gemauerten Mustergutshof buchstäblich aus dem Boden gestampft, hunderte Menschen in Arbeit und Brot bringend. Dieser große Unternehmer wird auf den noch nicht 30-jährigen Wirtschafter von Bleckendorf aufmerksam. Man besucht sich, tauscht sich aus. Es kommt zu einer lebenslangen Männerfreundschaft. Adolph Schmelzer, der, wie es heißt, auf Kleines so viel Sorgfalt setzt wie auf Großes, dies mit einer gewaltigen Arbeitsenergie verknüpfend, macht von sich reden. Amtsrat Koppe erfährt von ihm, ebenso die berühmten Kühnes aus dem Kreis Wanzleben. Was liegt solchen Herren näher, als den tatkräftigen, neuerungsbeseelten Geist für die verwaiste Pacht im Oderbruch zu empfehlen. Schmelzer nimmt an. Am 2. März 1865 beginnt für ihn die Arbeit auf Domäne Sachsendorf. Sie wird ihn festhalten. Fast ein halbes Jahrhundert lang.[2]

Start auf Domäne Sachsendorf

Es mag manchen verwundern, dass Anna sich so früh – 15 Monate nach Eduards Tod – und so schnell – nach nur 6-wöchiger Bekanntschaft – für einen neuen Mann entscheiden konnte. Die Verbindung passte ja keineswegs in das Klischee damals üblicher Heiratspolitik, will heißen: Anna wurde nicht à la *Effi Briest* von den Eltern verheiratet, sie durfte wählen. Sie gab Eduard im Sachsendorfer Garten ihr Ja, erst dann wurden die Eltern gefragt. Wie mag man die so schnell erfolgte Entscheidung für Adolph Schmelzer bewerten? War sie das Werk reiner Vernunft? Ohne Beteiligung des Herzens?

Soviel wird sich sagen lassen. Bei allem Bibelernst, aller Vorliebe für Goethe, bildende wie tönende Kunst stand Anna mit beiden Beinen auf dem Boden der Wirklichkeit. Der Verstorbene hatte sie mit vier kleinen Kindern im Alter von zwei Monaten bis sechs Jahren zurückgelassen. Die brauchten ohne langen Verzug einen Vater. Auch stand sie als Domänenpächterin mit Ehemann an ihrer Seite weit besser da als ohne. Um einiges mehr noch mochte der gute Charakter des neuen Hausbewohners den Ausschlag gegeben haben. Ein Ausbund von Energie, aber kein Tyrann. Von Wesen und Gesinnung ein Ritter. Sie brach darüber in höchstes Lob aus: »Du edler, treuer Mann mit Deiner Herzenseinfalt und Gradsinnigkeit«.[3] Die Liebe regte sich in der noch jungen Frau. Er war ja so ganz andersartig, verglichen mit dem zarten, gebrechlichen Vorgänger: Kerngesund, vital, jung, das Prachtexemplar eines Mannsbildes, dem man Bärenkräfte nachsagte. Sie verfiel, so scheint es, seiner blühenden Erscheinung. »Mein Adolph, wie kann ich es Dir je danken, dass Du mich dem Leben wiedergabst.« Dieses Bekenntnis mag für sich sprechen.

Am Morgen nach dem heimlichen Verlöbnis begibt sich Anna nach Werder, um sich der dort wohnenden Schwiegermutter anzuvertrauen. Diese beglückwünscht sie aus vollem Herzen. Der Verlobte selbst drängt die Braut auf vorläufige Geheimhaltung, was der Verliebten entsetzlich schwer fällt. Das zwingt sie ja zur Förmlichkeit gegen ihn, sobald Dritte hinzutreten. Selbst ihrem Schwager Otto Koppe, dem Vormund ihrer Kinder, darf sie zwar gestehen, wie sehr sie in den neuen Verwalter verschossen ist, nicht aber, dass jener ihre Neigung erwidert. Ihr Herz frohlockt dennoch: »So aufregend es für mich in dem darauf folgenden Sommer wurde, so entzückend war es doch gerade, dass wir uns heimlich lieben durften.«[4]

Nach einem Erholungsaufenthalt in Bad Ems kann man es den Vormündern nicht mehr verschweigen. Und als einer von ihnen geschwatzt hat, muss man das Verlöbnis im Oktober öffentlich bekannt machen. Inzwischen erkranken zwei der Söhne – der große (Walther)

Annas zweiter Ehemann, Adolph Schmelzer.

und der ganz kleine (Eduard) – an Scharlach. Walther leidet besonders, ein Anfall von Diphtherie verschlimmert den Zustand. Endlich, am 16. März 1866, fast ein Jahr nach dem heimlichen Verlöbnis, lässt sich das Paar zu Berlin in der Matthäuskirche trauen. Es folgt ein Hochzeitsdiner in der Wohnung der Mutter Gansauge geb. Hildebrand – sie lebt in der preußischen Hauptstadt. Eine schlichte Feier, zu der lediglich die Geschwister geladen sind. Das Paar verlässt die heitere Runde noch am Abend. Das Ziel heißt Magdeburg, wo man die Nacht zubringt. Hochzeitsreise? Man findet nichts darüber verzeichnet. Sehr wahrscheinlich verschob man sie wegen der sich zuspitzenden politischen Ereignisse. Preußen und Österreich kämpften um ihre Vormachstellung. Während des Sommers brach ein Krieg aus. Adolphs einziger Bruder Hermann stand im Felde. Erst zwei Jahre später erfährt man aus Annas Tagebuch von einer Sommerreise mit Adolph nach Wien, von dort ins Salzkammergut. Das Paar besucht Gmunden, Bad Ischl, St. Wolfgang, Salzburg. Von dort geht es nach Berchtesgaden, an den Königsee, nach München.

Die frühen Ehejahre warten mit Sorgen auf. Dem Krieg im Sommer folgt 1866 der Herbst mit einer Choleraseuche, der Tausende zum Opfer fallen und die auch Lücken in die Sachsendorfer Gutsbelegschaft reißt. Hauslehrer flattern an, missfallen, machen neuen Kandidaten Platz. Elementarunterricht allein reicht der Mutter für die Kleinen nicht, es soll auch Musik sein. Walther erhält Geigenstunden. Adolph kümmert sich um die Stiefkinder, als wären es seine leiblichen. Als Walther zwölf ist, fährt er mit ihm nach Bad Freienwalde. Dort will er den Jungen auf dem Gymnasium anmelden. Die mündliche Aufnahmeprüfung klappt, Walther wird in die Quarta aufgenommen. Der Stiefvater bringt ihn in einer Pension unter und kehrt nach Sachsendorf zurück.

Neue Wege für die Wirtschaft Sachsendorf

Das Jahr 1867 war ein äußerst nasses, eine Bestellung kaum möglich, die Ernte miserabel. Der erste der drei Baathschen Vorgänger hatte, um der Überfeuchtung Herr zu werden, Gräben gezogen, die inzwischen fraglos ein malerisches Gitternetz aus Böschungen, Buschwerk und Weiden bildeten. Sie beseitigten dennoch nicht gänzlich die Ackerflächen, die vor Nässe quatschten, also nach wie vor unrentabel blieben. Die Felder um Werder, Hackenow und das unlängst noch hinzugekaufte Lehnschulzengut Hathenow waren dafür berüchtigt. Viehfutter von dort galt als *sauer*. Man musste sich zur Steigerung der Erträge etwas einfallen lassen. Adolph Schmelzer entschied sich für die Methode der *Dränage*: Er schüttete die beschaulichen Gräben einfach zu und legte unterirdische Abzugsrohre, in denen sich das Wasser des Bodens sammeln und in die wenigen noch verbleibenden Hauptgräben abfließen konnte. Damit nicht genug. Die sich ausdehnende mohnschwarze Ackerkrume war keineswegs einheitlich. Es gab Sandbänke, Steine, Kiesablagerungen, sogenannte Schrindstellen. Die musste man ausheben, fortschaffen, mit Muttererde auffüllen. Erst jetzt ergab sich, so weit das Auge reichte, eine makellose Ackerflur, wie geschaffen für die Dampfpflugkultur.

Umweltschützer von heute mögen solches Vorgehen als Landschaftszerstörung brandmarken, obwohl es sich eher um eine – aller-

Förstersohn Hubertus Drews mit vom Vater erlegten Füchsen.

dings komplette – Landschaftsumgestaltung gehandelt hatte. Diese Maßnahme war jedoch ein Gebot der Notwendigkeit: Es existierte damals noch kein gemeinsamer europäischer Markt, einen intakt fließenden Warenaustausch gab es dank des sich verdichtenden Eisenbahnnetzes allenfalls innerhalb preußischer Grenzen. Zudem hatte die deutsche Bevölkerung seit Ende der napoleonischen Kriege enorm zugenommen, bis Mitte des Jahrhunderts um 60 Prozent (!).[5] Die wollte ernährt werden. Legendäre Ernteerträge, wie sie nach fertiggestellter Dränage tatsächlich erzielt wurden, rechtfertigten diese technische Neuerung.

Auch wurde dem lebenden Getier dadurch keineswegs die Lebensgrundlage entzogen. Die Felder blieben im Unterschied zu den mancherorts betriebenen Maismonokulturen unserer Tage, wo keine Lerche trillert, kein einziger Schmetterling auffliegt, reine Tierparadiese. Die verwandelte Oderbruchniederung wurde zur Heimat von Riesentrappen, Störchen, Blauracken und Wiedehopfen. Sie beher-

Gespanne auf dem Sachsendorfer Gutshof.

bergte Massen von Rebhühnern, Fasanen, Stockenten. Rehe übersäten die Flur wie Gazellen in ganzen Völkern. Das aber erst, nachdem Schmelzer 1880 Rehe erworben hatte, 30 an der Zahl, um sie auf seinen Äckern auszusetzen. Sie vermehrten sich so enorm, dass man um 1900 auf den grünenden Wintersaaten Sprünge von 50 und mehr Tieren beobachten konnte. Hasen wurden winters um Sachsendorf und Werder zu Hunderten geschossen. Ein Revierförster war ganzjährig beschäftigt. Er fotografierte den eigenen Sohn umgeben von Dutzenden Bälgen erlegter Füchse …

Adolph Schmelzer kam aus dem Westen. Die Magdeburger Börde bot einen Schaukasten fortschrittlicher Ackerkultur. Damit verglichen musste ein Oderbruchbetrieb, trotz nicht zu übersehender Errungenschaften wie dem Dreschlokomobil, rückständig erscheinen. Da war zum Beispiel die Vierfachanspannung vor leichten Acker-Leiterwagen, ohne die die Fortbewegung auf dem schweren Boden praktisch nicht zu bewältigen war. Schmelzer reiste nach Berlin, ließ sich vom Pferdehändler schweres belgisches Kaltblut vorführen und suchte sich die prächtigsten Exemplare aus. Später kaufte er sie als junge, der Mutterstute gerade erst entzogene Fohlen (*Absatzfohlen*) und zog sie selbst im Vorwerk Hackenow groß: mächtige, schwere Gäule mit Doppelmähne, kräftigen langen Schultern, breiter Brust, muskelgepolsterter Kruppe und robusten Gliedmaßen. Von derart stämmigen Geschöpfen genügten zwei zur Bespannung. Geduldige Tiere, friedfertig und leistungswillig. Sie wurden in Brabant gezüchtet, weshalb man diese Rasse auch *Belgier oder Flamländer* nannte. Das Stück 8 000 Mark; denn Schmelzer nahm nur die besten. Für sie führte er den in der Börde gängigen Kastenwagen ein, der nicht nur größere Ladungen fasste, sondern auch lose Güter wie Kartoffeln, Korn, Spreu, die sich bisher nur auf umständlich abgedeckten Leiterwandsprossen transportieren ließen. Es muss ein erhebendes Bild gewesen sein, wenn die trabenden Sachsendorfer Pferdegespanne mit nagelneuen Ackerwagen in Kolonne von bis zu 15, 20 Fuhrwerken aus dem Hoftor zogen und mit vollen Erntefuhren wieder heimkamen. Bodo von der Marwitz aus dem benachbarten Friedersdorf schrieb über Adolph Schmelzer: »Diese Gespanne waren sein ganzer Stolz. Sie waren allen Anforderungen gewachsen. So war es schon ein imponierender Anblick, wenn man gelegentlich einer Sachsendorfer Wagenkolonne begegnete – ein Gespann wie das andere.«[6]

Der Deutsch-Französische Krieg

Anna hört einen Vortrag des Philosophen Friedrich Theodor Vischer: »Der Krieg hat ein doppeltes Gesicht; er ist roh, schrecklich wild, verwildernd, zerstört das Wohl von Tausenden und hat schon ganze Nationen auf Jahrhunderte gelähmt, ja für immer gebrochen. Soweit das eine Gesicht.« Das andere notiert sich Anna ebenfalls: »Aber der Krieg ist auch ein Werk von ungemeinen Kräften, die sonst geschlummert hätten. Er vermag die Völker zur höchsten Anspannung ihrer ganzen Kräfte anzuspornen zu Leistungen, die im Frieden sie selber sich niemals zutrauten.«[7]

Wir schreiben das Jahr 1870. Sommer. Kaiser Napoleon III. hat Preußen den Krieg erklärt und ist mit seinen Truppen ins Saarland eingefallen. Er hatte sich jedoch verrechnet, als er annahm, die süddeutschen Staaten würden sich wie in Zeiten des seinem illustren Onkel ergebenen *Rheinbunds* auf Frankreichs Seite schlagen. Das Gegenteil tritt ein. Zum ersten Mal stehen alle deutschen Staaten zusammen. Anna schreibt am 31. Juli in ihr Tagebuch: »Welche Gnade von Gott, eine Zeit wie die jetzige erleben zu dürfen. Frankreich hat uns den Krieg erklärt. Ein Schrei der Entrüstung geht durch ganz Deutschland. Das deutsche Volk steht wie ein Mann zusammen, um gegen den verhassten Feind zu kämpfen. Mit der gerechten Sache ist Gott, er wird uns siegen helfen.«[8]

Und wie sie bisher die Bibelsprüche der Pfarrer zu den Taufen der Kinder aufgezeichnet hat, folgen jetzt akribische Eintragungen der einzelnen Etappen und Siege – Weißenburg, Wörth, Spicherner Höhen, Gefangennahme des französischen Kaisers bei Sedan, Einschließung von Paris, der König in Versailles. Schlag auf Schlag die Einnahme von Verdun, Orléans, Téonville, Amiens, Belfort … Endlich, am 24. Februar 1871, Waffenstillstand, am 2. März Frieden.

Das alles hat viel Blut gekostet. Kaum eine deutsche Familie, die nicht einen gefallenen Angehörigen zu beklagen hätte. Anna verschließt darüber die Augen nicht. Kein Hurraliedchen, kein Triumphgesang findet Eingang in die kalligrafierten Seiten. Gedichte, die sie beherzigenswert findet, schlagen andere Töne an:

Dort in dem weiten hellen Saal,
wo sich im Tode die Sterbenden reihn,
niedergestreckt vom feindlichen Stahl
trägt man jemandes Liebling herein.

Ins Deutsche übertragene Verse einer Engländerin –

Gott nur weiß es! Für jemandes Herz
War er das Leben, der Stolz und das Glück … [9]

Die ungezählten Trauernden im Lande! Ringsum in den Oderbruchdörfern. Gewiss, die Straßen sind geschmückt, und das mit Recht:

Wie wehen so festlich die Straßen entlang
Die leuchtenden Siegeszeichen! ...

Und doch – wie viel tiefes, unsägliches Leid,
Wie viel der schmerzlichen Klagen!
Hier weinen die Eltern, dort jammert das Kind
Um teure geliebte Leben –
Wie brennend die Träne auch niederrinnt,
Das Grab kann zurück nichts geben.[10]

Auch diese Verse wurden von einer Frau, Helene Prohl, gedichtet.

Kinder aus zweiter Ehe

Es sind glückliche Ehejahre, die Anna mit ihrem zweiten Mann beschieden sind. Im März 1867 wird ihnen eine Tochter geboren, Helene. Sie ist später keine Schönheit, überragt dafür ihre beiden Schwestern durch Klugheit, Belesenheit und literarische Bildung. Sie wird einmal hochbetagt sterben. Im November 1868 kommt Margarethe zur Welt. Sechs Monate später erkrankt das Kind an der Ruhr und stirbt in Annas Armen. Im Kriegsjahr 1870, am 11. November, wird Adolph zum ersten Mal Vater eines Sohnes. Man tauft ihn auf den Namen Curt Hermann. Hermann heißt Adolphs 10 Jahre jüngerer einziger Bruder, der zurzeit in Frankreich sein Leben einsetzt. Er wird Pate des kleinen Curt. Anna notiert: »Schon viel Sorge mit dem Jungen gehabt, in den ersten acht Tagen hatte er eine schlechte Amme, welche wieder fortgeschickt wurde. Dann bekam er starke Schwämme im Mund, dann ein schlimmes Ohr, was immer wiederkehrte. Er weint sehr viel und wird stets feuerrot beim Schreien. In der 10. Woche war plötzlich der ganze Körper mit einem rosenartigen Ausschlag bedeckt, auch das linke Ohr bekam ein Geschwür. Das arme kleine Jungchen hat viel zu leiden.«[11] Darüber vergeht ein halbes Jahr, bis endlich erfreuliche Meldungen kommen: »Mai 1871. Curt ist jetzt auf dem besten Wege, nachdem die Nachwehen des Impfens glücklich überwunden sind, ein strammer, fideler, kleiner Bengel zu werden. Gott schütze ihn ferner!«[12]

Curtchens *Flaschenverhältnisse* sind sorgsam aufgelistet: »1/3 Milch 2/3 Wasser: von der Geburt an bis Ende der 9.Woche. – ½ Milch ½ Wasser: vom Beginn der 10.Woche an bis zur 14. Woche. – 3/5 Milch 2/5 Wasser: von der 14. Woche an – nebenbei mittags Brühe und Vormittag und Nachmittag Zwieback zerbröckelt mit Wasser aufgebrüht und Milch und Zucker dazu getan ... Von einem Jahr ab etwas feingewiegtes Fleisch, Kartoffelpüree oder Reis oder Milchgrieß; dazwischen Milch mit etwas Wasser verdünnt, weil ihm die reine Milch zu fett ist ...«[13]

Noch drei Kinder wird Anna in den Siebzigerjahren zur Welt bringen: Anna 1872, Norbert 1874 und Detlef 1876. Die Mutter ist bei der letzten Geburt 41 Jahre alt. Nach Norberts Geburt bekennt sie: »Wie glücklich ist man doch durch seine Kinder! Ich glaube, es ist das reinste Glück.«[14] Sie hat in den pädagogischen Schriften des berühmten Theologen Daniel Schleiermacher gelesen. Was ihr zu Herzen geht, schreibt sie sich auf: »Wahrlich man hat, was das innere Leben der Kinder betrifft – und das gilt von allen –, nichts zu tun als zuzusehen und nur abzuhalten, dass sie nicht gestört werden; und dann wieder sie zusehen zu lassen dem Wirken der Liebe und der Regierung des Verstandes im Leben um sie her«.[15]

Straßenbauer und Fabrikant

Eine Frage mag manchen Leser bewegen: Woher nahm der rastlose Feldbaureformer, der sich seit 1874 Oberamtmann nennen durfte, eigentlich das Geld für derartig umwälzende Neuerungen? Man bedenke: Kaltblutpferde im besten Zustand, das Stück zu 8000 Mark, davon über 20 Gespanne! Dazu die funkelnagelneuen Kasten-Ackerwagen! Schmelzer brauchte, daran war kein Zweifel, großzügige Kreditgeber. Er fand sie in der Reichshauptstadt, wo er in persona bei niemand Geringerem vorsprach als dem Chef des Geldinstituts *Gebrüder Schickler*, vom Volksmund *Bankhaus der Könige* genannt. Dieses hatte – noch unter dem Namen *Splitgerber & Daum* – bereits als Hofbank des großen Preußenkönigs Friedrich gedient. Der junge Unternehmer aus dem Oderbruch muss in seinen Verhandlungen früh das Vertrauen der Inhaber gewonnen haben, zumal er sie alsbald davon zu überzeugen wusste, wie gut die ausgeliehenen Millionen in der Domäne Sachsendorf angelegt waren.

Die Schatzkammer, auf die der Kreditempfänger bei seinen Abzahlungen spielend zurückgreifen konnte, waren die sich bis zum Horizont ausdehnenden Zuckerrübenfelder.

Mit den gewonnenen Erfahrungen und Kenntnissen aus der Magdeburger Börde hatte er den Anbau durch eine verfeinerte Drillkultur, das heißt mit Hilfe einer durch Drillmaschinen perfektionierten Aussaattechnik, sowie durch effektive Düngung, auch künstlicher, erheblich vergrößert und modernisiert. Hinzu kam die Verarbeitung der geernteten Rüben in der bereits bestehenden Sachsendorfer Zuckerfabrik. Der *Heimatkalender für den Kreis Lebus* berichtet 1914 in einem Nachruf auf den Verstorbenen: »Besonders viel aber ist jährlich auf den Ausbau und die technische Ausgestaltung der Zuckerfabrik verwendet worden, um dieselbe konkurrenzfähig zu erhalten. Dass das nicht leicht war, kann man schon daraus schließen, dass von den im Jahre 1866 im Oderbruch bestehenden 18 (!) Zuckerfabriken heute außer Sachsendorf nur noch 4 im Betrieb sich befinden, die übrigen sind alle eingegangen.« Zahlen mögen den technischen Fortschritt in der Rübenverarbeitung veranschaulichen. Während kurz nach Schmelzers Antritt, 1866, 1280 Zentner Rüben an einem Tag verarbeitet wurden und 100 Zentner Zucker ergaben, betrug die Menge der vier Jahrzehnte später täglich erfassten Hackfrüchte das Sechsfache, nämlich 7800 Zentner, das mit einem 12-fachen Zuckerertrag von 1236 Zentnern. Auch hatte sich der Zuckergehalt der Rüben von anfangs 11 Prozent bis 1911 auf 17,6 Prozent erhöht.[16]

Bodo von der Marwitz schreibt: »Es ist mir immer ein Rätsel geblieben, dass staatlicherseits der Ausbau grundloser Wege, grad in den besten Produktionsgebieten, in Zeiten höchsten wirtschaftlichen Auftriebs nach dem siegreichen Kriege 70/71 nicht mit Vorrang als Aufgabe der Landeskultur betrieben worden ist.«[17] Das war das große Problem. Selbst stärkste Gespanne hatten entsetzliche Mühe, sich an verregneten Tagen durch den aufgeweichten, zäh an Rädern und Hufen haftenden Oderbruchmott zu kämpfen. Befestigte Wege, Straßen,

Gutshof Sachsendorf, Blick vom Wohnhaus auf Kuh- und Pferdeställe.

die den Namen überhaupt verdienten, mussten her, wenn man Dungladungen, Erntefuhren, Rübentransporte bewältigen wollte. Auch das geschah nun durch Initiative eines Einzelnen, der weder organisatorische Drahtseilakte noch aufreibenden persönlichen Einsatz noch himmelstürmende Kosten scheute. Aus dem heutigen Slowenien, aus Südtirol mussten Steine teils mit der Bahn, teils *per Achse*, will heißen mit Landfahrzeugen (Traktoren), über 1000 Kilometer weit herangeschafft werden, damit zwischen Gutshof und den Vorwerken Werder und Hathenow, zwischen Sachsendorf und dem 1879 hinzugekauften Rittergut Rathstock gepflasterte Straßen entstehen konnten. Ein Netz aus steinernem Fahrbelag von nahezu 30 Kilometern Wegstrecke verband bald alle zum schmelzerschen Besitz gehörenden Wirtschaften und Weiler. Diese segenbringende Erleichterung für Mensch und Tier macht sogar schwere Ackergäule entbehrlich. Man konnte sich leichter gebaute Niederrhein-Kaltblüter zulegen, die anspruchsloser in der Fütterung waren; mit den Jahren züchtete man sie selbst.

Die so stattlich hergerichteten Verkehrswege ließ der Amtsrat, dieser Titel stand Schmelzer ab 1881 zu, immer abwechselnd mit jungen Eichen und Eschen bzw. mit Ahorn und Robinie einfassen. Noch heute kann man auf der Straße von Sachsendorf nach Werder vereinzelt vom Urheber gesetzte Eschen und Eichen, jetzt mit Naturschutzmarke versehen, wie Denkmäler von alten Zeiten zeugen sehen. Mit Pflasterwegen ließ es der findige Unternehmer aber keineswegs bewenden. Auch Schienen einer Feldbahn wurden gelegt, wo die Rüben auf eisernen Loren vom Erntefeld geradewegs bis auf den Hof der Zuckerfabrik befördert werden können.

Kinder Baath aus erster Ehe

Im Verlauf der 1870er-Jahre werden die Baathschen Kinder bis auf den Jüngsten, Eduard, der noch Bad Freienwaldener Gymnasiast ist, erwachsen. Am 14. Juli 1877 feiert man in Sachsendorf die erste Hochzeit. Gertrud Baath, 19-jährig wie seinerzeit die Mutter, heiratet den 35-jährigen königlich preußischen Hauptmann Franz Xaver von Garnier, der es bis zum General bringen wird. Er versteht sich auf Malerei, ist mit dem Prinzen Friedrich Karl befreundet, dessen fröhliche, Theodor Fontane vertraute Tafelrunden er auf dem Jagdschloss Dreilinden genießt. Vom Dezember 1882 bis in den März des Folgejahres darf er den Neffen des Kaisers auf einer Orientreise begleiten, deren Stationen Kairo, Alexandrien, Sinai, Rotes Meer, Jaffa, Jerusalem, Damaskus, Sidon … die stolze Schwiegermutter für die Nachwelt ohne Auslassung festhält.[18] Fotos der Brautzeit bestätigen das allgemeine Urteil: Gertrud Baath war eine Frau von adliger Schönheit. Bei aller Lebenslust, die sie auszeichnete, sagte man ihr zeit ihres Lebens ein edles, ungewöhnlich sozial eingestelltes Herz nach. Der älteste Baath-Sohn, Walther, scheint Annas ganze Liebe und Stolz. Kein Wunder, steckt in ihm doch der verstorbene Vater. Die Mutter erwartet den knapp 20-Jährigen nach glücklich bestandenem Abiturientenexamen am 28. März 1877 zurück. Walther trifft ein – sterbenskrank. Seit Weihnachten ließen ihn Fieberanfälle, gefolgt von Schüttelfrost, nicht mehr los. Ohne Rücksicht auf seinen Zustand forderte er sich schriftliche und

Gertrud von Garnier,
Anna Baaths älteste Tochter.

mündliche Examensprüfungen in jedem einzelnen Unterrichtsfach ab und meisterte sie. Der Preis zu hoch. Die wenigen Reserven, die dem geschwächten Körper noch verblieben waren, sind restlos aufgebraucht. Anna vermerkt: »Es war nun bestanden, aber die Gesundheit meines armen Jungen vielleicht für immer ruiniert.«[19] War es wirklich nur eine verschleppte Lungenentzündung, nicht eher eine galoppierende Lungenschwindsucht, die sich der Pensionatsschüler wer weiß wo eingefangen hatte? Die Tagebuchschreiberin schweigt darüber.

Zu Hause bleiben? Bei der rauen Frühjahrswitterung? Nichts wie in den Süden! Anna begibt sich mit Walther nach Montreux am Genfersee, ein begehrter Luftkurort für Lungenkranke. Ihren männlichen Schutz stellt ein Schmelzerscher Verwandter, der Eisenacher Ulanenoberst Wilhelm Schmelzer. Scheinbar noch immer nicht ganz ohne Hoffnung, vielleicht auch, um dem Patienten Mut zu machen, immatrikuliert man ihn an der Universität Heidelberg. Zwei Monate bleibt Walther in Montreux, dann muss er sich im Kurort Badenweiler der Behandlung eines renommierten Arztes unterziehen. Mitte Juli, nach

Gertruds Hochzeit, trifft auch die Mutter dort ein, begleitet von ihrem Mann und dem 16-jährigen Sohn Johannes. Der Gesundheitszustand scheint nicht wesentlich gebessert. Wieder geht es an den Genfersee, diesmal nach Vevey.

Sonntag, den 7. Oktober. Walther kehrt in Begleitung der Großmutter nach Sachsendorf zurück. Sein Befinden ist hoffnungslos. Er muss aus dem Wagen ins Haus getragen werden. Der Stiefvater eilt nach Frankfurt, holt eine zuverlässige Krankenpflegerin. Der Arzt Dr. Gerlach aus Küstrin kommt hinzu. Der verordnet nichts mehr, bespricht lediglich eine Diät. Hier Annas Bericht über Walthers letzte Tage: »Gegen Abend ward er sehr unruhig, sprach viele unverständliche Worte, war sehr heiß und wollte fortwährend eine andere Lage. Immer wieder bat er, ›bleib bei mir, Mutter‹ oder ›Mutter ich habe dich so lieb.‹ – ›Ich kann's nicht aushalten, so matt, so matt‹, klagte er. ›Ich fürchte mich so vor der Nacht, die Nacht ist zu schrecklich.‹ Ich suchte ihn zu trösten. ›Ach ja‹, sagte er, ›Gott muss ja helfen, ich habe so viel gebetet‹.«[20] Der Stiefvater, Anna, die Großmutter lösen sich in der Krankenwache ab. Pflegerin und Diener Friedrich sind ständig zugegen. Nachts nimmt die Unruhe des Kranken zu. Jeden Augenblick lässt er sich anders legen. Man reicht ihm zu essen – Bouillon, Milch, Semmel mit Schinken, Zwieback, Keks … – »Er nahm nur immer einen Schluck, dann konnte er nicht mehr. Auch am Abend klagte er, ›mein Magen ist so leer‹. Ich gab ihm noch Bouillon, auch Keks in Bouillon aufgeweicht, das schmeckte ihm. Auch Wasser und Rotwein reichte ich ihm, er trank hastig. Wenn ich absetzen wollte, sagte er immer ›noch, noch‹, bis das Glas leer war … ›Jetzt ist mir wohl‹, sagte er, ›Miez, geh' jetzt schlafen‹. So ging ich denn um 11 Uhr ungefähr, Adolph auch. Mutter hatte sich im Nebenzimmer auf das Sofa gelegt und schlief.«

Die Nacht verspricht friedlich zu verlaufen. Anna gönnt sich ihrerseits ein wenig Schlaf. Sie fährt in dem Bericht fort: »Um halb 4 hatte ihn Frau Steinert noch einmal zurechtgelegt, dann war er ruhig geworden. Sie glaubte, er schliefe. Friedrich machte Feuer an. Da er so lange ruhig lag, wurde die Steinert doch besorgt und trat zu ihm ans Bett. Da hörte sie noch einen tiefen Atemzug und weiter nichts mehr. Es war

Walther Baath,
Anna Baaths ältester Sohn.

vorbei. Ohne Kampf war er hinüber gegangen. Mutter rief uns. Als wir kamen, schien es, als schliefe er, so ruhig lag er da. Der angstvolle Ausdruck, welchen er in der letzten Zeit hatte, wich allmählich; seine lieben, freundlichen Züge wurden es wieder. Der Schmerzenszug war ganz verschwunden und so blieb er, bis wir ihn gestern nach einer sehr schönen Feier in der Kirche in sein stilles Grab legten, am 12. Oktober 1877.« Anna führt den Predigtspruch auf: Römer 12, 12: »Seid fröhlich in der Hoffnung, geduldig in Trübsal, haltet an am Gebet.«[21]

Zwölf Kinder hat Anna Schmelzer verwitwete Baath von ihren beiden Männern geboren. Vier hat sie inzwischen verloren. Doch kein Tod scheint ihr so zuzusetzen wie das tagelange Sterben dieses blühenden, hoffnungsvollen Ältesten, dem mit seinen zwanzig Jahren eine goldene Zukunft gelacht hatte. Anna klagt wenig über ihr eigenes Befinden, doch verraten Genesungsaufenthalte in Bad Ems, Reisen zu Luftkurorten in den Bergen, dass sie gerade in solchen Krisenzeiten gesundheitlich leidet. Einmal nimmt sie die kleine Anna mit, die gleichfalls stark hustet, dabei so geschwächt ist, dass man das Mädchen die Treppe hinauftragen muss. Am 2. September hat Anna Geburtstag. Adolph ist mit den Söhnen Hans und Eduard (Ede genannt) eingetroffen, will Frau und Tochter nach Hause holen. Der Zustand der beiden lässt jedoch so zu wünschen übrig, dass er sie überredet, bis Ende des Monats in den Bergen zu bleiben. Er reist mit den Jungen wieder ab. Ende des Monats leidlich genesen, kehren beide Annas nach Sachsendorf zurück.

Auch Johannes, zu Heidelberg in das Corps der Saxo-Borussen eingetreten, macht der Mutter Sorgen. Er schreibt nicht, so dass sie an seinem Leben nicht teilhaben kann. Sie grämt sich: »Man lebt nicht mehr miteinander fort und wird sich fremd.« Sie tadelt ihn nicht, klopft sich stattdessen an die eigene Brust: »Als er klein war, habe ich es versäumt, ihm daraus eine Pflicht zu machen, jetzt rächt sich das.«[22] Sie besinnt sich auf das Sprichwort *Was Hänschen nicht lernt* ... Nach dem Tod des Ältesten scheint sie umso mehr an ihrem Zweiten zu hängen. Das Studium scheint Hans nicht zu liegen, er meldet sich zu den Ulanen. Auf der Kriegsschule Hannover legt er das Offiziersexamen ab und wird Fähnrich. Aus Mülhausen in Thüringen, seiner Garnison, kommt Hans über Weihnachten für 14 Tage nach Sachsendorf. Anna ist selig, obwohl ihr die Gesundheit zu schaffen macht. Am Jahresende 1882 notiert sie: »Wie schön war dieses Weihnachtsfest, wie hätte ich es genießen können, wenn ich mich nicht so kläglich elend gefühlt hätte. Ich hatte einen Magen- oder Darmkatarrh, der mich sehr angegriffen hat.«[23]

Annas vaterländische Begeisterung – wer aus der Familie teilte sie nicht? – regt sich auch in Friedenszeiten. Sie lässt sich die Äußerungen des französischen Republikaners Léon Gambetta gegenüber einem deutschen Journalisten geradezu im Munde zergehen. Hatte der doch Kaiser Wilhelm seine Anerkennung ausgesprochen: »Alles in allem, ich betrachte den Kaiser von Deutschland als einen außergewöhnlichen Herrscher. ... Das ist der Mann, der den modernen militärischen Geist in der eigenartigsten Weise zu verschmelzen gewusst hat mit dem ritterlichen Geist der Kämpfer des Mittelalters.« Darunter führt die Tagebuchschreiberin ein neunstrophiges Gedicht auf die wohltätige Kaiserin an:

Die ein Engel ist geworden
Ihrem Volk, wenn Leid es quält,
Und zu ihrem schönsten Orden
Sich das Rote Kreuz erwählt.

Heil der Mutter! Heil der Teuren!
Heil der deutschen Kaiserin![24]

Ein denkwürdiges Datum bleibt für Anna der 28. September 1883, als oberhalb der Weinstadt Rüdesheim am Rhein das Niederwald-Denkmal enthüllt wird, zur Erinnerung an die deutsche Einigung. Der alte Kaiser selbst spricht am Fuße der aufgestellten Germania: »Den Gefallenen zum Gedächtnis, den Lebenden zur Anerkennung, den kommenden Geschlechtern zur Nacheiferung. Das walte Gott.«[25]

Erwerb der Rittergüter Rathstock und Tucheband

Zurück in die Wirtschaft des Amtsrats. Für die Jahr für Jahr astronomische Summen verschlingenden Investitionen konnte dieser gar nicht genug Geldquellen erschließen. Dazu gehörte eine mit Umsicht betriebene, gebührend verstärkte Viehhaltung. Schon die Vorgänger hatten als Zugtiere auf dem verklumpenden Nassackerboden Ochsen eingesetzt. Der Nachfolger intensiviert den Einsatz und bringt System in den Kreislauf: Anschaffung – Nutzung – Ausmusterung. Norbert, der zweite Sohn des Amtsrats, berichtet: »Die Ochsen wurden in großen Transporten aus Bayern (Schweinfurt) bezogen und zuerst in Sachsendorf gemustert, dann auf die Güter verteilt. Es wurden 500 bis 600 eingestellt. Die Arbeitsdauer währte ca. 2 Jahre. Im Herbst und Winter wurden sie von meinem Vater selbst ausrangiert, mit der Schere auf der hinteren Seite angeschnitten. Die nicht Einwandfreien wurden zur Mast bestellt.«[26] Der reiche Rindviehbestand sorgte für reichlichen Naturdung auf den Feldern. Bodo von der Marwitz erwähnt auch noch große »Masthammelherden, die jeweils nach der Ernte gekauft und auf den Stoppeln und in Rübenblatthütung gemästet wurden«.[27]

Das schlachtreife Vieh, Ochsen wie Hammel, wurde mit großem Gewinn verkauft. Auch diese Art des Geldgewinns war dem Besitzer nicht in den Schoß gefallen. Durch Dränage und sinnvolle Düngung mussten saure Schläge über Jahre erst so gesunden, dass bekömmliches Viehfutter gedeihen konnte und Krankheiten wie Knochenweiche oder Maul- und Klauenseuche sich nicht mehr so ausbreiteten. Schweine wurden auf den Schmelzerschen Betrieben nicht gehalten. Für sie hätte man durch verstärkten Kartoffelanbau wertvolle Rübenschläge opfern müssen.

Sachsendorf und Werder blieben im alten Jahrhundert Domäne, also Staatsbesitz. Das Umfeld hingegen verwandelte sich mit den Jahren mehr und mehr in Familienbesitz. Rittergut Hackenow, das östlich an Sachsendorfer Feldmarken heranreichende Lehnschulzengut Hathenow waren bereits vor Antritt des Nachfolgers erworben worden. Umliegende Bauern boten ihr Land zum Kauf an, so dass sich eine Art arrondierende Flurbereinigung ergab. 1879 kaufte der Amtsrat dem Landrat Flottmann das Rittergut Rathstock ab, das Jahrhunderte lang der alteingesessenen Adelsfamilie Burgsdorff gehört hatte. Das klassizistische Wohnhaus ist erhalten geblieben, der Gutshof mit Rudimenten des einstigen Erbauers heute ein beschaulicher grüner Dorfplatz mit fast idyllisch wirkender Bushaltestelle.

Nahezu zwei Jahrzehnte sollten vergehen, bis man 1898 aus einer Versteigerung das 1400 Morgen große Rittergut Tucheband hinzu erwerben konnte. Der letzte Eigentümer war bankrott gegangen. Ein solcher Zukauf lud wie so oft dem neuen Besitzer zunächst eine Bürde auf. Norbert Schmelzer, der spätere Erbe von Tucheband, berichtet: »Die Gebäude so schlecht, dass sogar die Knechte sich weigerten, den Futterboden zu betreten, da sie dort durchbrachen. Es musste eigentlich von Grund auf alles neu aufgebaut werden.« Für den Einsatz wurden den anderen Wirtschaften für viele Wochen Gespanne und Arbeitskräfte entzogen. Norbert erinnert sich: »Es war zeitweise ein großes Heerlager dort, da Abreißen und Aufbauen in kürzester Frist erfolgen musste, um das Gut wieder lebensfähig zu machen. Ebenso war der Acker total verkrautet, hauptsächlich durch Wildhafer die ganze

Ernte gefährdet und versauert.« Das Wohnhaus, ein ehemaliges Jagdschloss, und der aus alten Waldrestbeständen hervorgegangene Park versprachen besonders schön zu werden. Man blickte auch hier auf ein Tierparadies zurück: Nach alter Chronik schossen Könige in dieser Gegend einst Hunderte von Hirschen … Weite Sumpf- und Wasserflächen hatten, wie schon Fontane berichtet, einen unvorstellbaren Krebsreichtum, bis er um 1900 durch eine Krebspest total ausgelöscht wurde.[28]

Freundschaftliche Nachbarschaft mit von der Marwitz

»Man konnte den wuchtigen Kirchturm von Sachsendorf von unserem Höhenrand aus gut ausmachen«, erinnert sich Bodo von der Marwitz, dessen Onkel Gebhard in westlicher Nachbarschaft die Herrschaft Friedersdorf übernommen hatte.[29] Die Friedersdorfer Marwitze ,Vater und Sohn, machte Theodor Fontane unter dem Namen Vitzewitz zu Helden seines vierbändigen Romanes *Vor dem Sturm*. Friedersdorf, mit Blick auf Sachsendorf auf der Höhe gelegen, reichte mit seiner Bruchfeldmark in die Niederung hinein und stieß an die Äcker des Amtsrates. Man traf sich, näherte sich in guter Nachbarschaft an und kam miteinander ins Geschäft, bis der bewährte Rübenfachmann Adolph Schmelzer sich bereit fand, das Marwitzsche Vorwerk Ludwigslust in Pacht zu nehmen. Und wie ging er vor? Bodo Marwitz berichtet: »Als erstes drainierte er auch wieder die ganze Pachtfläche, schuf damit aus den noch mit Sumpfstellen und wertlosem Grünland durchsetzten Flächen eine einheitliche Ackerfläche, die er in große Schläge einteilte.«[30] Auf 1 ½ Kilometern wurde nach Ludwigslust ein solider Zugang gepflastert. Doch war der Amtsrat Kaufmann genug, um die Rieseninvestition bei Pachtrückgabe nicht auch ersetzt bekommen zu wollen. Konnte er sich darauf verlassen? Sicherheitshalber ließ er auf der fahrbar gemachten Spur eine Lücke von einigen 100 Metern. Denn nur dann war man als Straßenanleger berechtigt, die Pflastersteine bei Bedarf wieder auszubuddeln, abzufahren und an anderer Stelle neu zu verwenden. Diese Vorsicht erwies sich als überflüssig. Marwitz war ein Ehrenmann. Die Herren schätzten einander immer mehr, kamen sich menschlich näher. Ohne weiteres Bedenken ließ also der Amtsrat von Sachsendorf die zurückgehaltenen Pflastersteine aus Seelow nachträglich anfahren, um schleunigst die verbliebenen Straßenlücken auszufüllen. Bodo schreibt: »Man konnte wohl von Freundschaft sprechen bei der Art, wie die ersten Partner – das waren mein Onkel Gebhard Marwitz und Schmelzer – gute Nachbarschaft pflegten. Es waren halt beide noble Menschen und achteten einander.« 2000 Morgen waren zu den 10000, die der Amtsrat bereits unter dem Pflug hatte, durch Ludwigslust noch hinzugekommen.[31]

Am 9. März 1888 starb in Berlin Kaiser Wilhelm I. Vier Tage zuvor hatte der 91-Jährige eine Erkältung erlitten. Sie hielt an, bis am 7. März vorübergehend Besserung eingetreten war. Doch nur kurzfristig. Am 8. März, einem Donnerstag, verschlechterte sich der Zustand wieder, wie ein öffentliches Bulletin meldete. Ein Gerücht verbreitete sich: der Kaiser ist tot. Die Berliner Kirchenglocken läuteten, auch die der Schlosskapelle. Verfrühter Alarm. Es hatte im Palais des Herrschers geläutet, weil in dessen Krankenzimmer eine Familienandacht abgehalten worden war. Er würde auch noch diesen Tag überleben. Am Morgen des 9. März aber, gegen halb 9 Uhr schloss Wilhelm I. für immer die Augen. Die Leiche wurde vom Kaiserlichen Palais zum Dom gebracht, dort auf einem Paradebett aufgebahrt und mit einer Ehrenwache umgeben. Das Volk konnte von seinem Herrscher Abschied nehmen. Anna schreibt: »Wir trauern um ihn und wir weinen ihm nach.«[32] Man mag ihr nachfühlen. Die Menschen hatten ihren alten Kaiser geliebt, nicht weniger den Nachfolger, Friedrich III., von dem man sich Milde, Versöhnung der sozialen Stände sowie eine konstitutionelle Monarchie nach englischem Muster erhoffte. Doch Friedrich quälte sich durch das letzte Stadium seines Krebsleidens. Den Trauerzug am 16. März, auf dem der Leichnam seines Vaters nach Charlottenburg ins Mausoleum überführt wurde, konnte der Entkräftete nur von seinem Fenster aus verfolgen. Nach 99 Regierungstagen starb Kaiser Wilhelms einziger Sohn am 15. Juni des gleichen Jahres. Anna zitiert den Totenspruch, Jakobus I,V.12: »Selig ist der Mann, der die Anfechtung erduldet; denn nachdem er bewähret ist, wird er die Krone des Lebens empfangen,

Das Marwitzsche Bruchvorwerk Ludwigslust/Friedersdorf, zwischen 1880 und 1910 gepachtet von Adolph Schmelzer.

welche Gott verheißen hat denen, die ihn lieb haben.« Zu Ehren des allzu früh Dahingegangenen wird am 25. November nach einer Totenfeier vor dem Sachsendorfer Schulhaus eine Eiche gepflanzt: »Zum Gedächtnis an Seine Majestät Kaiser Friedrich III.«[33]

Oderbruchkönig

Inzwischen sind alle Baath-Kinder erwachsen. Eduard, der jüngste, ist nach kurzem Studium in Heidelberg mit 22 Jahren zu den Husaren nach Trier gegangen. Die Uniform kleidet den bildhübschen Mädchenschwarm vorzüglich. Kaum Offizier, verlobt er sich mit Alice John von Freyend, Tochter eines Obersts. Ihre Schönheit wird gerühmt, der Maler Ernst Hildebrand, Annas Schwager, hat sie porträtiert. Eduard ist ein vorzüglicher Reiter, Pferderennen sind seine große Leidenschaft. Das wird ihm zum tödlichen Verhängnis.

Es ist Mitte August 1893. Die Trierer Husaren sind zum Manöver in die Eifel ausgerückt. Sie liegen zu Kyllburg in Quartier. Auf schwierigem Terrain tragen die Offiziere ein waghalsiges Pferderennen aus. Man galoppiert quer durch den Wald. Eduard kann sein Tier gerade noch herumreißen, als es auf einen Baum zu rennt, streift dabei aber selbst so dicht an dem Stamm vorbei, dass er davon aus dem Sattel geschleudert wird. Das Pferd jagt davon, die zerfetzten Zügel hängen in den Zweigen. Man sucht nach dem Reiter des herrenlosen Pferdes, findet ihn schmerzgekrümmt am Boden liegen. Man ruft den Arzt, bestellt einen Wagen, der den Verunglückten auf einem Strohlager nach Kyllburg schafft. Der Martertransport auf Waldpfaden, Feldwegen dauert zwei Stunden. Alice trifft aus Wiesbaden ein, drei katholische Krankenschwestern bemühen sich um den Verletzten. Ein berühmter Wundarzt aus Köln wird telegrafisch herbeigerufen. Der diagnostiziert zwei Rippenbrüche, Quetschung der Niere. Man verabreicht dem Patienten Morphium, um ihn von den Qualen zu erlösen. Anna notiert: »Um ein Uhr reiste er [der Arzt] wieder ab, um 6 Uhr musste mein armer Junge schon sein junges Leben aushauchen. Er entschlief sanft und schmerzlos zu einem besseren Dasein.«[1]

Eduard Baath, Anna Baaths jüngster Sohn aus erster Ehe, und Alice geb. John von Freyend.

Sonntag, 20. August 1893. Eduard, nur 30 Jahre alt geworden, hinterlässt eine junge Frau, die zwei Jahre später den Regimentskameraden Otto von Langen heiraten wird, und Elisabeth, eine vierjährige Tochter. Anna hat ihren vierten Sohn verloren. Er wird auf dem Sachsendorfer Friedhof beigesetzt.

Von den Baathschen Söhnen ist Anna jetzt nur noch Hans geblieben. Er hat die Offizierslaufbahn eingeschlagen. Die Mutter schreibt über den 21-Jährigen: »Er ist jetzt Fähnrich, ein lieber, guter, braver Junge. Möge es so bleiben.« In der Tat benutzt Hans seinen Urlaub, um mit der Mutter an die Riviera zu reisen, wo sie sich von einer Grippe erholen soll. Mit 34 wird er sich mit Frieda von Natzmer, einem Fräulein aus pommerschem Uradel, ehelich verbinden.

Die Kinder Schmelzer wachsen heran

Helene Schmelzer, Adolphs älteste Tochter, macht den Eltern Sorgen wegen permanenter Hautprobleme. Sie leidet periodisch an Skrofulose, einer Halsdrüsenerkrankung. Als diese nach zwei Aufenthalten

Amtsrat Adolph Schmelzer vor dem Sachsendorfer Gutshaus.

an der See leidlich abgeklungen ist, bleibt im Gesicht ein Hautausschlag zurück, der vierteljährlich wiederkehrt. Man muss sich Helene leicht pummelig, mit etwas derben Gesichtszügen vorstellen. Doch sie besitzt Geist und Witz. Sie weiß einen schmucken Artillerie-Leutnant an sich zu fesseln, nicht adlig, dafür jung und mit zunehmendem Alter bedeutend aussehend, ohne es jemals zu sein. Sie heiratet den nur drei Jahre Älteren mit 22 Jahren. Dass sie ihn so ohne weiteres für sich gewinnen kann, dürfte nicht allzu sehr verwundern. Die Mitgift von einer Million Goldmark trägt sicher dazu bei. Leider lähmt sie auch den Ehrgeiz des neuen Schwiegersohnes. Curt-Henning Raffauf, gebürtiger Danziger, von Helene kurz *Pepe* genannt, nimmt frühzeitig den Abschied, kauft sich in Magdeburg eine Villa und setzt sich, sehr zum Verdruss der um vieles energischeren Gemahlin, zur Ruhe, das Dasein eines edlen Nichtstuers führend, der im Gästebuch vielstrophige Gedichte zu hinterlassen liebt, die kaum eine Menschenseele liest.

Um Adolphs ältesten Sohn Curt muss es hinsichtlich der Eignung für die höhere Schule zunächst Probleme gegeben haben. Man schickt den Neunjährigen nach Weimar auf das Andreas-Institut, ein auf das Gymnasium vorbereitendes Knabeninternat, das unter seinem Gründer Professor Eduard Niese einen so hohen Ruf erworben hat, dass selbst Prinzen regierender Häuser zeitweise zu den Schülern zählten. Die Weimarer Jahre scheinen zu fruchten; denn wie die Baathschen Halbbrüder macht Curt schließlich auf dem Bad Freienwalder Gymnasium das Abitur. Er absolviert sein Fuchssemester bei den Saxo-Borussen, bis ihm das Corpsburschenband ausgehändigt wird. Doch allzu bald verschlägt es den 21-Jährigen, möglicherweise nicht ganz freiwillig – der Vater mochte drängen –, in die Magdeburger Börde zur Lehre auf einem landwirtschaftlichen Betrieb. Sie währt drei Jahre. Im Unterschied zum Vater begnügt Curt sich nicht mit der Ableistung des reinen Militärjahres, er wird Vizewachtmeister, kehrt schließlich als stolzer Reserveoffizier nach Sachsendorf zurück. Noch ist er auf der Suche nach einer Anstellung als Inspektor, überbrückt die Wartezeit mit einem Aufenthalt in Halle, um Vorlesungen an der Landwirtschaftlichen Akademie zu hören. Am 8. April 1896 ist es endlich soweit: Er darf auf der Domäne Ruthe bei Hannover als Volontär antreten. Sein Arbeitgeber: Amtsrat Felix Speichert, Schwiegersohn des Schwaneberger Ökonomierates Moritz Dietrich.

Norbert, der vier Jahre jüngere Bruder Curts, braucht nicht den Umweg über Weimar. Im Übrigen deckt sich seine Laufbahn mit der des großen Bruders. Warum er seine Pennälerzeit nicht wie die Brüder in Bad Freienwalde zubrachte, sondern im weiter weg gelegenen Eberswalde, dafür findet sich in Annas Tagebuch keine Erklärung. Er legt dort das Abitur ab, wird Fuchs bei den Heidelberger Saxo-Borussen, ein Jahr darauf landwirtschaftlicher Eleve in Oebisfelde östlich Wolfsburg. Was nur recht und billig ist – beide Söhne sollen ja später die Betriebe des Vaters übernehmen. Norbert meldet sich bei den Salzwedeler Ulanen. Den Toast auf das Altmärkische Ulanen-Regiment Nr. 16, den ein Hallenser Professor ausgibt, schreibt Anna sich auf:

Dem Feinde die Stirn und den Frauen das Herz
Und dem Brandenburger das Leben.

Und was dann kommt – dem Herrgott nur
Getrost in die Hände geben …

Eine Last ist den Eltern mit ihrem letzten Spross auferlegt, dem 1876 geborenen Sohn Detlef. Sein Schädel wirkt auf Fotos deformiert. Geistig zurückgeblieben, wird er nie eine eigenständige Existenz führen können. Ein großes täppisches Kind, das durch skurriles Verhalten allenfalls für Heiterkeit sorgt, wird er in Sachsendorf überwiegend bei der Mutter wohnen, bis sie stirbt. Es fällt auf, dass von dem Jüngsten, der einmal als *Onkel Dettchen* in die Familiengeschichte eingehen wird, in Annas Tagebuch nicht allzu oft die Rede ist. Kein Verwandter, der über ihn nicht später mit einer erheiternden Anekdote aufzuwarten wüsste. Bedenken scheint es nicht zu geben, als man den 14-Jährigen in Eberswalde gemeinsam mit dem zwei Jahre älteren Bruder Norbert in eine Pension steckt. Norbert geht auf das örtliche Gymnasium, welche Schulbildung Detlef zuteil wird, welche Schwierigkeiten sich dabei möglicherweise ergeben, wird nicht berichtet. Mit 17 Jahren wurde er vom Eberswalder Oberpfarrer Jonas eingesegnet.

Adolph Schmelzers bauliche Leistungen

Nicht allein die Feldflur des Oderbruchs hat in der fast 50-jährigen Ära des Sachsendorfer Amtsrats Adolph Schmelzer ihr Gesicht verändert, auch die Gehöfte bis hinein in die Dörfer. Stallungen, Scheunen, Unterstände, Leutehäuser ließ er in allen seinen Betrieben abreißen und nach modernsten Gesichtspunkten wieder erstehen. Stattliche Ziegelbauten, geräumig, zweckmäßig, großzügig. Dabei konnte der Urheber seine lokale Herkunft nicht verleugnen, was seinen Nachbarn Bodo von der Marwitz eher ein wenig schmerzte: »Bedauerlich blieb nur, dass alles in dem unschönen Baustil der Magdeburger Gegend errichtet war – wohl sehr solide, aber recht garstig und alles unter Pappdächern. So auch die Unterkünfte für die ausländischen Saisonarbeiter, die äußerlich Kasernen ähnelten und auch so benannt waren.«[2]

Andererseits bescheinigte man dem Erbauer, dass er für Arbeiter und Beamte sowohl bequeme als auch geräumige Behausungen geschaffen

Das Sachsendorfer Gutshaus.

hat. Norbert Schmelzer beobachtete, wie sich das auf die Mentalität der Menschen auswirkte: »Wieviel die Beschaffenheit der Wohnung in diesem Fall bedeutet, habe ich bei der späteren Übernahme Hackenow[s] erfahren. Dorthin waren wegen alter Wohnungen sehr schwer Arbeiter zu bekommen. Ich sah den Grund hierfür in der Anlage der Küchen in den Wohnungen, die immer von zwei Familien zusammen benutzt werden mussten. Nachdem das abgeändert war und die Wohnungen getrennt worden waren, besserten sich sofort die Arbeitsverhältnisse.«[3]

Die Herrenhäuser der zugekauften Rittergüter Rathstock und Tucheband wurden ihrerseits komplett restauriert und auf stattliche Weise ausgebaut. Nur das eigene Sachsendorfer Wohnhaus beließ Schmelzer so, wie es war. Dazu Bodo von der Marwitz: »Bezeichnend aber für die soziale Einstellung des Alten ist die Tatsache hervorzuheben, dass sein eigenes sehr schlichtes Wohnhaus im alten Zustand verblieb, während alle Arbeiterunterkünfte den modernsten Ansprüchen der Zeit entsprachen.«[4] Ohne dass es vielleicht in der Absicht des Amts-

Das Sachsendorfer Wirtschaftshaus, genannt Kavalierhaus.

rates lag, war dem aus dem 18. Jahrhundert stammenden Anwesen ein gewisser Landhauszauber nicht verloren gegangen, von dem Fremde, die es vor Kriegsende kannten, so schwärmten, dass sie die verträumte Schönheit des weinumrankten Sachsendorfer Hauses hoch über Tucheband und Rathstock stellten, deren Gutshäuser sie gleichfalls von außen und innen kannten.

Allerdings ließ der Hausherr rechter Hand ein stolzes Wirtschaftsgebäude fertigstellen mit reichlichem Logierraum in der oberen Etage, wo Jagdgäste, aber auch Kavaliere der Töchter, ihr Unterkommen fanden. Von daher der Name – *Kavalierhaus*. Es ist stehen geblieben bis auf den heutigen Tag.

Der Amtsrat – Persönlichkeit und Tagesablauf

Norbert Schmelzer erinnert sich: »Meinen Vater kannte ich nie anders als in langen Stiefeln. Sein ganzes Auftreten war streng militärisch, wie er es auch von seinen Untergebenen verlangte. Seine Leute, wie zwei

Kutscher (einer stand meiner Mutter zur Verfügung), Reitknecht, Jäger, Diener waren 50 Jahre in seinen Diensten. Die Mädchen, wie mir bekannt, bis 28 Jahre. Also ein wirklich patriarchalisches Verhältnis.«[5] Die Bambusstockspitze in den Steinfußboden bohrend, die von der Schirmmütze beschatteten Augen in die Ferne gerichtet, steht der alte Amtsrat auf der Schwelle seiner Sachsendorfer Hausveranda – groß, breitschultrig, mit Vollbart. Man glaubt sich einem stolzen Baumwollfarmer aus der Kapregion Südafrikas gegenüber, der von sicherer Warte das Reich seines Fleißes überblickt. Sommers wie winters ist er seit fünf Uhr morgens auf den Beinen, tritt, Hund bei Fuß, als erstes den Morgengang an: über den Hof zu den Stallungen, in den Garten, zur Schäferei … Zum Frühstück um sechs eine Tasse Kaffee, dazu eine trockene Semmel. Zu so früher Morgenstunde werden Händler und Baumeister empfangen … Der Getreidekaufmann Fürst seufzt: Bereits gegen vier Uhr musste er von Frankfurt ausrücken, um den Herrn Amtsrat noch anzutreffen. Der besteigt gegen sieben Uhr sein Pferd. Für Stunden bleibt der berittene Magdeburger Artillerist im Sattel. 40 Kilometer Reitstrecke sind keine Seltenheit. Kontrolle der Schläge, wo immer Kolonnen hacken, jäten, Garben aufstellen … Kein Feld wird ausgelassen. Grundsätzlich taucht er überall auf, wo gearbeitet wird, das zweimal täglich. Um halb eins wieder zu Hause. Mittagsmahlzeit mit der Familie. Der Hausherr ist ein so atemberaubend schneller Esser, dass er den Teller bereits geleert hat, wenn das Serviermädchen den letzten Tischgast noch bedient. Er ist ein starker Zigarren-Raucher. Etwa 24 davon raucht er am Tag, keine Importware, sondern, wie Norbert bezeugt, sogenannte Feldzigarren, en gros für 4 ¾ Pfennig. Nach dem Essen ein Nickerchen im Lehnstuhl. Gleich darauf Besprechung mit Bauhandwerkern, Beamten, Pfarrern, Bittstellern … Über die Vielzahl der geführten Verhandlungen merkt Norbert an: »Vermöge seines guten Gedächtnisses schrieb mein Vater sich kaum etwas auf.«[6] Um drei Uhr nochmals zu Pferde oder im Zweispänner mit den leichten ungarischen Warmblütern, *Jucker* genannt. Die Ausstattung des Feldwagens spartanisch – ohne Lehne! Damit wird der gesamte Grundbesitz abermals abgefahren. Während der Rübenkampagne folgt gegen Abend noch ein ausgiebiger Kontrollgang durch die Zuckerfabrik. Rückkehr nach Hause selten vor halb neun. Der Lebuser Kreiskalender von 1914 resümiert: »Die Hauptsache war freilich, dass er selbst von früh bis spät auf dem Posten war, jede Arbeit selbst anordnete und leitete und überall nach dem Rechten sah.«

Ein junger Volontär ist zugestiegen, von der Herrschaft Prötzel im Nachbarkreis Oberbarnim, Julius Freiherr von Eckardstein. Der hat auf Sachsendorf gelernt, interessiert sich für Annchen, die jüngste Tochter … Gern lässt sich der Amtsrat auch von den eigenen Söhnen aufs Feld begleiten.[7] Dazu noch einmal Norbert Schmelzer: »Ich selbst konnte ihn in den Ferien immer zu meiner Freude begleiten, da er es liebte, jemand dabei zu haben. Er selbst nahm niemals ein Frühstücksbrot mit sich, ließ sich höchstens im Rathstocker Garten unter den alten Tannen ein Glas Bier bringen oder von dem schönen Quellwasser in Friedersdorf, während er darauf hielt, dass ich eine Frühstücksstulle mitnahm…« Norbert beobachtet nicht ohne Sorge, dass es der Vater mit der Anspruchslosigkeit gegen sich selbst oft zu arg trieb: »Auch bei kaltem Wetter war mein Vater nicht dazu zu bewegen, einen Pelz auf dem Wagen anzuziehen, um es nicht besser zu haben als seine Arbeiter. Dieser nicht ganz richtige Standpunkt trug viel zu seiner späteren Erkrankung bei.«[8]

Und wie erging es jemandem, der auf Gut Sachsendorf um einen *Job* nachsuchte? Der Lebuser Heimatkalender stellt klar: Niemand wurde abgewiesen. Für jeden fand sich eine Beschäftigung. Trotz neuer, die menschliche Arbeitskraft einsparender Maschinen sorgte der Amtsrat stets für einen Überschuss an Einstellungen, um bei hohem Bedarf, etwa bei dringenden Bauarbeiten, beim Ernteeinsatz, genügend Hände zur Verfügung zu haben. Beispielsweise wurden für die Zuckerfabrik jährlich 52 000 Zentner Steinkohle benötigt, die aus dem zehn Kilometer entfernten Podelzig angefahren und ausgeladen werden mussten. Dazu Koks, Kalkstein, Briketts … Das sorgte im Frühjahr täglich für lange Wagenkolonnen. »Darum wurden«, so fährt der Lebuser Kalender in seinem Nachruf fort, »neben den eigenen Leuten große Scharen von ›Schnittern‹ aus dem Wartebruch und aus Westpreußen, später aus Oberschlesien, zuletzt aus Russisch-Polen herbeigeholt, die zum Teil von März bis Anfang Dezember hier blieben und so gut gelohnt wurden, dass sie alljährlich große Summen als Ersparnisse in ihre Heimat mitnehmen konnten«.[9]

Anekdoten

Sicher darf man des Amtsrats Umgang mit den Untergebenen als streng und autoritär bezeichnen, doch akzeptierten das die Menschen, weil er es bei aller Härte des Befehlstons an natürlicher Güte nicht fehlen ließ und sich bei keiner Leistungsanforderung selbst schonte. Bodo von der Marwitz rühmte das Organisationstalent seines Nachbarn sowie dessen Fähigkeit, Kräfte sinnvoll einzusetzen, sah auch, dass er in allem, was er von anderen forderte, Mensch blieb: »Dazu verlangte er zwar ein Äußerstes auch von seinen Leuten, die ihm aber willig folgten, wo er – ihnen immer voran – das Beispiel gab – und dabei aber auch Herz zeigte für ihre Belange.«[10]

Es kursierten Anekdoten. Was erzählten sich die Leute? Lassen wir den Aufseher Schneider aus dem Friedersdorfer Vorwerk Ludwigslust zu Wort kommen: »Von der Dreschmaschine ward Sack um Sack mit jedes Mal 2 Ztr. Inhalt geschultert und über den Hof und die steile Bodentreppe hinauf auf den Speicher getragen und da ausgeschüttet. So war das bis 9 Uhr abends gegangen und anderntags fortgeführt. Da war in aller Herrgottsfrühe schon der Amtsrat da und wird erst mal die Lagerung auf dem Speicher kontrollieren – und ist böse, wie er die Gerste noch nicht fein säuberlich geschichtet und – wie es Vorschrift war – rundum beharkt und ansehnlich abgegrenzt vorfindet. Da polterte er los! Und wie nun Schneider entschuldigend einwendet, dass man doch gestern bis spät geschafft habe und heute sei es doch ›man erst‹ die fünfte Tagesstunde, da fragt der Alte vorwurfsvoll zurück: ›Und was hast du in der Zwischenzeit gemacht?‹« Bodo von der Marwitz räumt ein: »Das klingt wohl hart und unverständlich für die heutige Zeit, aber dazumal gab es doch noch nicht die technischen Hilfsmittel von heutzutage und der Mensch musste allein die viele Arbeit bewältigen. So sah man ein, dass der Alte doch wohl Recht habe und vollen Einsatz fordern musste bei so bedeutsamem Vorgang, wusste auch, dass er das Mehr an Leistung nicht nur gut honorieren, sondern ein andermal zu passender Zeit Ruhe gönnen werde.«

Tage schwerster Plackerei konnten bis in den späten Herbst fallen. Nie ließ der Amtsrat seine Leute dabei im Stich. Ein Arbeiter bezeugt: »So gab's auch in der Rübenernte oftmals harte Tage, wo man in der fortgeschrittenen Jahreszeit immer befürchten musste, dass bei Eintritt von Regen oder Frost die Abfuhr der Rüben noch viel [mehr] erschwert werden könnte. Da hat man denn auch manchmal das Aufladen bis in die Dunkelheit bei Laternenlicht betrieben. Aber dann war auch immer der Alte dabei!«[11]

Wer in den Schmelzerschen Betrieben angefangen hatte, konnte es, wenn er sich als umsichtig und tüchtig erwies, zu etwas bringen. Ein Mitarbeiterstamm wurde herangezogen, auf den die Betriebsleitung sich verlassen durfte. Leute, die mitdachten, sich für das Ganze mitverantwortlich fühlten. Statt von draußen fremde Inspektoren hereinzuholen, machte Amtsrat Schmelzer die bewährtesten seiner Leute zu Aufsehern und Verwaltern: »Sie wurden seine Vögte und Meier, die nach seinen täglichen Weisungen ihm exakte Ausführung besser zu gewährleisten schienen als sogenannte geschulte Inspektoren«, so bezeugt es der Friedersdorfer Freund. Norbert Schmelzer setzt hinzu: »Diese Meier, aus Pferde- und Ochsenknechten ausgesucht, wurden immer mit Du angeredet, obwohl sie in ihren großen Wirtschaften vollkommen den Inspektor ersetzten.« Sonntags beschied der Amtsrat seine Vertrauensmänner zu sich. Sie mussten über Geleistetes Bericht erstatten, anschließend empfingen sie die Arbeitsbefehle für die neue Woche. Da jeder offen seine Meinung kundtun durfte, gab es erregte Debatten, wie Norbert sich lebhaft erinnert. Solange es noch keine Fahrräder gab, bedeutete der Sonntagsgang zum Chef für manchen Vorwerksverwalter einen halben Tagesfußmarsch. Der Alte rückte von manch kuriosem Grundsatz nicht ab. So durfte auf dem 10 000-Morgen-Revier von Hof zu Hof kein Telefon gelegt werden. Begründung: eine solche Einrichtung könnte die Beamten zu Bequemlichkeit verleiten. Dass ihm der Verzicht auf den neuen technischen Komfort die eigene Arbeit erleichtert, ihm in alten Tagen so manchen Weg verkürzt hätte, schien der Allmächtige nicht in Betracht zu ziehen. Auch hier wollte er es nicht besser haben als seine Untergebenen.

Die Domäne Sachsendorf wird Eigentum der Schmelzers

Der 23. März 1908 wird für die Domäne Sachsendorf ein historisches Datum. Bodo von der Marwitz würdigt das Ereignis in seiner Laudatio: »Als im Jahre 1908 die Pacht der staatlichen Domäne Sachsendorf auslief, war die Situation so, dass für den Fiskus eine Verlängerung eigentlich nur mit Schmelzer möglich war. Er hätte sonst ein Riesen-Superinventar bezahlen müssen. So kam es, dass ihm die ganze Domäne zum Kauf angeboten wurde und Schmelzer sie erwerben konnte (man sprach von einem Preis von 1 ½ Millionen). Das sollte die großen Verdienste des ›Pioniers des Oderbruchs‹ belohnen!«[12]

Auch Anna Schmelzer verzeichnet dieses Datum in ihrem Tagebuch. Sie spricht von zwei Millionen. Der Sohn Norbert (allerdings alt an Jahren) glaubt sich später auf drei Millionen zu besinnen. In diesem Zusammenhang fällt ihm noch eine andere die Nachkommen häufig beschäftigende Angelegenheit ein. Norbert schreibt: »Es war einmal meinem Vater nahegelegt worden, sich auf Grund seiner großen Verdienste um die Landwirtschaft adeln zu lassen, auch ein Besuch des Kaisers war in Aussicht gestellt worden. Beides lehnte er in seiner großen Bescheidenheit ab.«[13] Dazu wäre vielleicht Folgendes zu sagen: Es war zur Regierungszeit des letzten deutschen Kaisers durchaus möglich, sich den Adel durch Aufbringung einer erklecklichen Summe Geldes verleihen zu lassen. Verdienstvolle Nachbarn hatten die Gelegenheit genutzt und sich ihren schlichten Bürgersnamen auf eine klangvolle Weise verziert, indem sie es nicht nur bei den drei Buchstaben belassen hatten, sondern ihnen noch die Ortsbezeichnung ihres Besitzes zufügt hatten. *Schmelzer von Sachsendorf und Werder?* Warum nicht? Statt neue Stallungen zu errichten, sich 500 junge Pinzgauer Ochsen aus Oberbayern kommen zu lassen, auch die jüngste Tochter mit einer Goldmillion auszustatten, mochte eine mindestens ebenso hohe Geldausgabe lediglich zur Befriedigung der persönlichen Eitelkeit wirklich nicht des alten Amtsrates Ding gewesen sein. Doch gesetzt, Kaiser Wilhelm hätte sich, auf dessen große Leistungen aufmerksam geworden, bei Amtsrat Schmelzer tatsächlich zu einem persönlichen Besuch angesagt, das zu verleihende Adelsdiplom aus reinen Verdienstgründen im königlich preußischen Gepäck, Adolph Schmelzer hätte sicherlich nicht abgelehnt.

Wirksamkeit der Amtsrätin

Für Anna Schmelzer gab es gleichfalls einen großen Augenblick. Ihr Tagewerk erschöpfte sich keineswegs in Haushaltsführung und Kindererziehung. Sie sah ihre Bestimmung nicht zuletzt in der Realisierung christlicher Nächstenliebe. Das Hauptbetätigungsfeld dafür war der *Vaterländische Frauenverein*, 1866 von der preußischen Königin und späteren Deutschen Kaiserin Augusta ins Leben gerufen. Aus ihm entwickelte sich alsbald der Dienst am Roten Kreuz. Der Frauenverein, der sich in Landes- und Bezirksverbände verzweigte, nahm sich kriegsversehrter und bedürftiger Veteranen an. Man veranstaltete in großem Stil Spendensammlungen. Dazu gab es in Sachsendorf, wie in vielen anderen Orten auch, einen sogenannten *Kornblumentag*. Junge Mädchen in griechischer oder folkloristischer Tracht, unter ihnen Annas Töchter und Enkelinnen, gingen, blaue Papierkornblumen feilbietend, von Haus zu Haus, sprachen Straßenpassanten an. 462 Mark kamen in Sachsendorf allein an einem solchen Tag zusammen. Der zehnte Teil der Summe ging nach Berlin. Der Rest stand Sachsendorfs bedürftigen Veteranen zu. Es ist bezeichnend für Annas Bescheidenheit, dass sie über ihre Verdienste um die Leitung dieser gemeinnützigen Einrichtung im Lebuser Kreis kein Sterbenswort verlauten ließ. Sie teilte sich die Verantwortung mit der ihr freundschaftlich verbundenen und nur wenige Jahre älteren Marie von der Marwitz. Die Orden, die man der 90-jährigen Jubilarin einst an die Bluse heften wird, sprechen ihre eigene Sprache.

Ein Ereignis allerdings beschreibt Anna in diesem Zusammenhang ausführlicher: den persönlichen Empfang bei der Kaiserin am 5. September 1911. Anna, ihre jüngste Tochter, inzwischen verehelichte von Ostrowski (von ihr wird noch die Rede sein), begleitet sie nach Berlin. Die Frau vom Lande steigt im Hotel Monopol ab, um sich für die Audienz entsprechend einzukleiden. Anschließend Fahrt zum Potsdamer Bahnhof, von dort in einem Sonderzug nach Potsdam, Station Wildpark. Einige hundert Damen und Herren sind dort versammelt. Die Tagebuchschreiberin berichtet: »Wir wurden durch Kaiserliche Equipagen abgeholt und nach dem neuen Palais gefahren, wo wir der Kaiserin vorgestellt wurden. Wir älteren Damen, die wir schon unter der Kaiserin Augusta beim Roten Kreuz mitgearbeitet hatten, waren besonders in einem Saal aufgestellt worden durch Frau Elise von Manteuffel. Zu uns kam die Kaiserin Auguste Viktoria zuerst, begleitet von der Vorstandsdame unseres Vereins, der Gräfin Charlotte von Itzenplitz, welche unsere Namen nannte und uns vorstellte. Die Kaiserin reichte mir die Hand, welche ich küssen durfte. Sehr bald darauf kam noch die Großherzogin Luise von Baden [Tochter Wilhelms I.], welcher ich ebenfalls vorgestellt wurde, und sie gab mir gleichfalls die Hand, welche ich küsste. Die Kaiserin, welche sehr jugendlich und schön aussah, unterhielt sich viel und lange mit den einzelnen Damen. Dann wurden wir aufgefordert, in einen Saal nebenan einzutreten, wo ein kaltes Buffet an der einen Seite aufgestellt war. Wir durften uns bedienen, auch wurde Tee angeboten und Eis und Sauerbrunnen von den zahlreichen Lakaien, welche uns aufwarteten. Um 6 Uhr fuhren wir wieder zur Station Wildpark und von dort wieder mit dem Sonderzug nach Berlin, wo Anna mich empfing. Um 8 Uhr fuhren wir nach Sachsendorf zurück.« Ob die Kaiserin ein paar persönliche Worte mit Anna zu wechseln geruhte, verraten die Notizen nicht. Kaiserliche Worte von einigem Gewicht hätte Anna sicherlich für die Nachwelt festgehalten.[14]

Mit den Jahren hat Amtsrat Schmelzer beide leiblichen Söhne zu seinen Pächtern gemacht: Curt erhält die Verwaltung von Rittergut Rathstock, Norbert wird das Rittergut Tucheband anvertraut. Die Pachtsumme beträgt 20 000 Mark. Die jungen Herren mögen unter der Bürde gelegentlich gestöhnt haben. Norbert spricht von einer

»entbehrungsreichen, schweren Zeit«.[15] Es gab gegenüber den anderen Vögten keinerlei Bevorzugung. Auch die künftigen Erben mussten jeden Sonntag zum Rapport anrücken, bereit zum Empfang der Anweisungen, für die bevorstehenden sieben Wochentage, *Parole* genannt. Daran änderte sich nichts, nachdem sowohl Curt als auch Norbert in den Ehestand getreten waren. Es dauerte Jahre, bis man für würdig befunden wurde, einen Feldwagen mit Pferdegespann und Kutscher gestellt zu bekommen. Curt war seit 1901 mit Katharina Antonie Marie Speichert verheiratet, Tochter seines Chefs auf Domäne Ruthe, Enkelin des Ökonomierates Moritz Dietrich. Norbert ehelichte 1907 die Tochter eines Rittergutsbesitzers aus der Neumark, Katharina Boldt. Beide Schwägerinnen, obwohl gleichen Vornamens und Scholle an Scholle benachbart, sollten sich niemals grün werden, bis sie sich 1945, als alle Herrlichkeit zum Teufel gegangen war, unter Tränen in die Arme fielen.

Die beiden jüngsten Kinder: Detlef und Anna Sophie Schmelzer

Es ist bemerkenswert, wie sorgsam die Eltern auch um die Bildung des geistig behinderten Jüngsten bemüht waren. Die Mutter nahm ihn mit nach Berlin zum gemeinsamen Besuch des Königlichen Schauspielhauses. Man ließ Detlef, so gut es die beschränkten Fähigkeiten erlaubten, Landwirtschaft lernen, gab ihn nach Halle, wo er wie die Brüder Vorlesungen hören durfte. Er trat sogar kurzzeitig in Simonsdorf (Hinterpommern) eine Art Volontärstelle an, arbeitete eine Weile im Kontor von Vaters Berliner Geschäftspartner Sperling … Detlef darf in die Schweiz reisen, kehrt von dort über München offensichtlich wohlbehalten zurück. Dass dergleichen nie ganz ohne Betreuung durch vertrauenswürdige Bedienstete geschah, dürfte sich von selbst verstanden haben. Detlef war hoch musikalisch, komponierte und spielte vorzüglich Klavier.

Viel Sonnenschein mochte die jüngste Tochter Anna Sophie ins Haus getragen haben. Ein anmutsvolles, munteres Geschöpf, um das sich die Kavaliere drängten. Welchen sollte Annchen fürs Leben bloß nehmen? Das Problem scheint sie lange geplagt zu haben. Nach-

Anna von Ostrowski im Hofstaat für den kaiserlichen Empfang.

dem sie aus der Jungherrenschar eine engere Wahl getroffen hatte, soll sie, so erzählt man sich später, in Abzählmanier die Treppenstufen des Sachsendorfer Hauses hinaufgetippelt sein. Der oberste Treppenabsatz habe die Entscheidung gebracht: Nicht Julius von Eckardstein, nicht Moritz von Rosenstiel, kein Burgsdoff, kein Koppe, kein Karbe – der Auserwählte hieß Bruno von Ostrowski. Freilich wurde bald gemunkelt, das Annchen habe dabei gemogelt. In der Tat zeigen Fotos einen verwegen ausschauenden Artillerie-Hauptmann von wohlgeratener Statur, unwiderstehlich, von nahezu mongolisch anmutendem Gesichtsschnitt. Der und kein anderer! mochte es in Annchens Brust gepocht haben. War er doch offensichtlich genau das, was man heutzutage etwas platt, aber doch treffend als *sexy* bezeichnen würde.

Artillerie-Hauptmann Bruno von Ostrowski wird wie sein Schwager Franz Xaver von Garnier die Epauletten des Generals tragen. Später verdient er sich in China unter dem Kommandeur von Waldersee seine Orden, was dem jungen Ehepaar sogar eine Audienz beim Kaiser einbringen wird. Ein Bildnis, auf dem Anna Sophie für diesen Anlass im Hofstaat posiert, angetan mit einem kostbaren Halsschmuck, den der Vater ihr eigens für dieses Ereignis in Berlin besorgen ließ, hat sich erhalten.

Ansehen des Amtsrats und seine soziale Einstellung

Norbert Schmelzers Pro-Memoria-Aufsatz beginnt so: »Es ist sehr bedauerlich, wenn ein bedeutender Mensch keine Aufzeichnungen bei seinem Tode über sein Lebenswerk hinterlässt. So war auch mein Vater, Amtsrat Adolph Schmelzer zu Sachsendorf im Oderbruch, nicht zu bewegen, irgendwelche Angaben über seine Lebenstätigkeit, die als bahnbrechend für die Landwirtschaft anzusehen war, schriftlich niederzulegen; man nannte ihn doch den König vom Oderbruch.«[16] Damit hat der Sohn den Wesenszug des Vaters getroffen: Der war kein Mann der Worte. Was ihn trieb, ihn lebenslang in Atem hielt, war die Tat. Arbeit bedeutete für Adolph Schmelzer nicht Mittel, sondern Lebenselixier. Ein Wunder ist das sicher nicht. Es handelte sich ja ausnahmslos um schöpferisches Tun, und zwar an einem großen Ganzen, das sich der Leib-und-Seele-Landwirt selbst erschaffen hatte. Eben ein *Königreich*, das er mit dem Einsatz seiner gesamten Persönlichkeit regierte, beschickte, kontrollierte.

Es ist aus Annas Notizen nicht zu ersehen, dass ihr Gatte sich jemals eine ausgedehnte Reise gegönnt hätte – nach Italien wie seine frisch getrauten Kinder, nach Skandinavien zur Elchjagd, nach England, wo man als Landwirt so viel Neues erfahren konnte, geschweige mit dem Schiff übers Meer. Solches Versäumnis als Merkmal persönlicher Anspruchslosigkeit zu werten, mag an einem Charakter vorbeizielen, in dessen Gesichtskreis der Wunsch nach solcherlei Vergnügen gar keinen Platz fand, eben weil er für sein persönliches Glück ganz andere Schwerpunkte setzte. Warum sollte der Vater seinem Kind, das er so viel Liebe und Hingabe hatte angedeihen lassen, auch nur für ein paar Wochen fern bleiben?

Ganz anders Anna. Sie bezwang noch mit 65 Jahren den Luganer Monte San Salvatore, überquerte im Dampfschiff Comer See und Gardasee, stieg am Canal Grande in die Gondel ... Auch die Siebzigjährige scheute strapaziöse, das ganze Reich durchquerende Zugfahrten nicht und freute sich am Ende über Adolph, der ihr von Sachsendorf nach Berlin entgegen kam, um sie vom Bahnhof abzuholen.

Zu Adolph Schmelzers sozialer Einstellung heißt es im Lebuser Heimatkalender: »Seine Arbeiter suchte A. Schmelzer so zu stellen, dass sie sich zufrieden fühlen konnten. Die ehemals so niedrigen Löhne hat er alsbald erhöht und ist darin den steigenden Anforderungen der Zeit gerecht geworden.«[17] Neben dem Lohn gab es Deputat, also Entgelt durch Sachleistungen. Dieses bestand pro Familie unter anderem aus 80 Zentnern Kartoffeln, ¼ bis ½ Morgen Kartoffelland, fünf Metern Holz, 50 Zentnern Briketts sowie Gartenland, dessen Einsaat gleichfalls vom Gut gestellt wurde. Norbert fügt hinzu: »Da es im Oderbruch kein Holz gab, musste dieses für alle Leute und die eigene Wirtschaft ca. 14 km weit herangefahren werden.«[18] An besonderen Tagen wie Erntefest, Weihnachten gab es satte Lohnzulagen, dazu wurde jeder Angestellte mit neuen Kleidungsstücken – Anzug oder Joppe – versehen. Unter vielerlei Geschenken befand sich ein geschossener Hase von der letzten Treibjagd und, wie der Sohn betont – reichliche Portion Zigarren.

Alle zwei Jahre wurden die Arbeiterwohnungen renoviert, die Küchen geweißt, der Anstrich erneuert ... Das alles war sozial fortschrittlich und wegweisend für die gesamte Region. Kein Wunder, dass die Leute dem Betrieb jahrzehntelang die Treue hielten, sich mit ihm identifizierten, auf die Nachbarschaft stolz herabschauten, deren Gehöfte nicht so gut gepflastert waren, deren Ackerwagen nicht so in Reih und Glied nebeneinander standen, deren Pferde an Hals und Kruppe nicht so glänzten, deren Kutschenlaternen nicht so blank gewienert wurden wie die des Gutes Sachsendorf und dessen Vorwerks Werder. Selbst in seinem Testament wird Amtsrat Schmelzer seine Leute nicht vergessen und ihnen zur Verteilung an alle eine Summe von 50 000 Goldmark vermachen.

Die Söhne

»›Für Dich zu arbeiten bis zu meinem letzten Atemzug!‹ Das sagte mir mein Mann heut an seinem Geburtstag den 29. November 1886.«[1] Diese Notiz Annas ist inzwischen lange her. Arbeitstier ist Adolph geblieben. Geselligkeiten? Er sucht sie nicht, bleibt am liebsten zu Hause. Doch wenn sie anfallen – Jagden, Familienfeiern, Erntefeste … –, scheinen sie ihm auch willkommen. »Keiner war dann launiger und gesprächiger als der sonst so ernste und immer auf Arbeit bedachte Herr des Hauses«, so vermerkt es der Lebuser Heimatkalender.[2] Als gewählter Kreistagsdeputierter muss er sich zu manch leidiger Sitzung nach Seelow begeben. Den Abschluss pflegt man hinterher im Wirtshaus *Schwarzer Adler* mit roter Bowle zu begießen. Da ging es zuweilen hoch her und manch einer kutschierte leicht benebelt heimwärts. Bodo von der Marwitz erzählt: »Am selben Tag war es gewesen, im Frühjahr, wie der Acker schon eben sauber bestellt und mit der sogenannten ›Ökonomiefurche‹ rundum versehen war, als der jüngste Spross des Friedersdorfer Hauses, der kleine Kadett Kurtchen Marwitz, den sie alle liebten, in seinem wilden Jagdeifer, einem Wild auf der Spur, mit dem Ponywagen querbeet über solch frisch bestelltes Feld gefahren war. Anderntags entdeckt der Chef die schlimme Spur und fragt [Feldmeier] Schneider, wer das verübt habe. Der aber mag beileibe nicht den Jungen verpetzen. Und erwidert frank: ›Das waren Herr Amtsrat, wie Herr Amtsrat heute Nacht vom Kreisausschuss kamen.‹ Schmelzer wird nachdenklich, weil er doch nicht mehr so ganz genau ausmachen kann, wie er heimgekommen war, und schweigt lieber, denkt wohl, es könnte so gewesen sein wie jener sagt und: es passiert nichts weiter!«[3]

Theodor Fontane, dem Wanderer durch die Mark Brandenburg, war Amtsrat Adolph Schmelzer als bahnbrechender Landwirt so be-

Adolph und Anna Schmelzer.

kannt wie dessen Vorgänger Carl Eduard Baath. Annas zweiter Mann kassiert Kronenorden, Adlerorden mit und ohne Schleife, bekleidet Ehrenstellen im Deichamt, in vaterländischen und landwirtschaftlichen Vereinen. Er lässt sich von den Konservativen als Abgeordneter in den Kreistag schicken, versieht mit Ernst sein kirchliches Patronat …

Ein reiches Leben geht zu Ende

Nachdem die Siebzig überschritten sind, lassen die Bärenkräfte, die man dem Amtsrat Schmelzer nachrühmt, spürbar nach. Das Besteigen seines 1,78 Meter messenden Reitpferdes, das stundenlange Sitzen im Sattel werden ihm so beschwerlich, dass er mit dem Kutschwagen vorliebnehmen muss. Arbeitsmüde aber ist er noch lange nicht. Vielmehr beklagt er sich, dass für ihn kaum noch etwas zu tun übrig bleibe, seit die beiden großen Rittergüter an die Söhne verpachtet waren. Er reist mit Anna zur Kur nach Wiesbaden, nimmt fleißig

Bäder, ohne dass sich im Bein das Rheuma bessert, die tückischen Unterleibsschmerzen merklich zum Schweigen gebracht werden. Es ist doch mehr als eine altersbedingte Schwächung von Leib und Gliedern, an die er sich gewöhnen muss, es ist – Krebs.

Anna schreibt fast nichts darüber, aber der Überlieferung nach muss es ähnlich gewesen sein wie bei Eduard Baath, seinem Vorgänger – Magenkrebs. Die Kontrollfahrten zu allen Betrieben und über die Felder führt der Patient trotz zunehmender Schmerzen fort. Ärzte werden konsultiert. Sie wechseln, kommen und gehen. Keiner weiß ein Heilmittel. Dorfpfarrer Köppel verbringt den Sonntagabend bei dem Kranken. Man spielt Billard, führt Gespräche über letzte Dinge.

»Er gehörte nicht zu denen, die das Herz auf der Lippe tragen, verschloss lieber sein Bestes in seinem Inneren.« Soviel muss der Seelsorger einräumen. Ja, es wollte diesem scheinen, als müsse bei aller Rastlosigkeit, die einzig dem Diesseits galt, der Gedanke an das Ewige zurücktreten. Der Alte beklagte das mitunter selbst, meinte, er habe über all sein Säen und Ernten für sich zu wenig auf das Geistliche gesät, und so müsse doch das Zöllnergebet *Herr sei mir Sünder gnädig!* für jeden das letzte sein. Der Pfarrer erkennt in solchen Worten nicht nur Gläubigkeit, auch Demut. Sie entsprach der natürlichen Bescheidenheit des großen Landmannes im Leben.[4]

Das Jahr 1913 ist angebrochen. Anna schreibt ins Tagebuch: »Am 11. Januar nachmittags 5 Uhr 6 Minuten entschlief mein lieber Mann Adolph Schmelzer in Sachsendorf nach langem Krankenlager. Er war am 29. November 1912 79 Jahre alt geworden. Seiner rastlosen Tätigkeit, seiner nie müde werdenden Schaffenskraft ist so plötzlich ein Ziel gesetzt worden durch Gottes unerforschlichen Willen. Er erlag einer heimtückischen Krankheit, welche schon seit 2 Jahren an ihm zehrte. Mittwoch den 15. wird er zur ewigen Ruhe eingehen, dann wird die Beerdigung stattfinden auf dem hiesigen Friedhof.«[5]

Der Tote wird aufgebahrt. Der Vollbart, weiß wie das Totenhemd, das abgemagerte Gesichtsprofil lassen an einen entschlafenen nordischen König denken. Die geschlossenen Augen scheinen über das erledigte Tagewerk für ein paar Momente still nachzusinnen. Der Tote

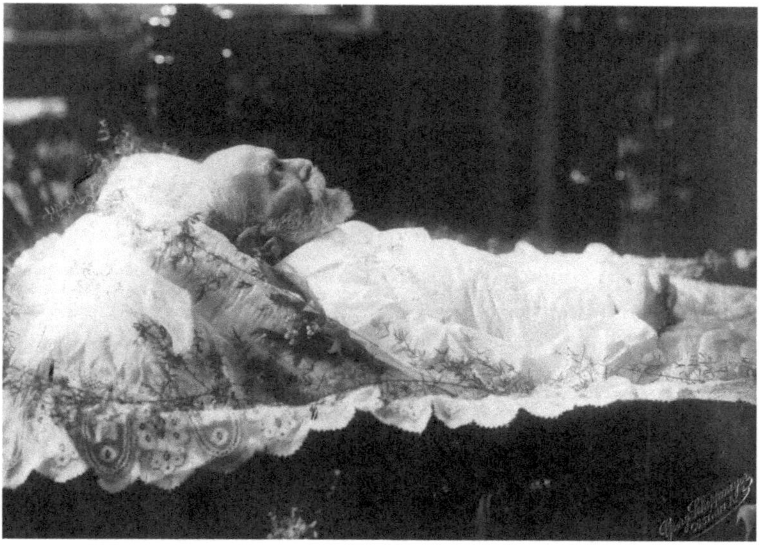

Adolph Schmelzer, aufgebahrt 1913.

liegt entspannt. Draußen Schnee. Es ist bitterkalt. Das Pferd, das den Leichenwagen zieht, schützt eine fast bis zu den Fesseln reichende schwarze Decke.

Unübersehbar die durchs Dorf friedhofwärts hinter dem rollenden Sarg ziehende Armee von Zylinderhüten und von bis zu den Fußspitzen schwarzgewandeten Frauen. Wehende Fahnen von Militärvereinen. Glockengeläut. Vertraute Choräle, angestimmt von hellen Knabenstimmen eines Schülerchors. Eine Regimentskapelle spielt Frédéric Chopins Trauermarsch. Pfarrer Köppel, der dem Verstorbenen ein Freund war, hat in der Gottesdienstansprache sein Bestes gegeben. »Klar und hell, wie sein ganzes Leben gewesen war, so klar und hell leuchtete ihm die Wintersonne auf dieser letzten Fahrt.« So der Berichterstatter der Beisetzungsfeierlichkeiten.[6]

Unter den trauernden Angehörigen ist viel Jugend – 16 Enkelkinder. Viele schon so herangewachsen, dass die bevorstehende Weltkatastrophe einige von ihnen zermalmen wird. Einer der Jungen ist erst elf.

Er hat nach Knabenschnittmode den Kopf geschoren, steckt im Kopenhagener Matrosenanzug, dazu lange schwarze Strümpfe und hohe Schnürschuhe: Sein Name: Hans-Adolf Felix August, Curt Schmelzers einziger Sohn, des Verstorbenen ältester Enkel. Er wird der dritte und letzte Besitzer Sachsendorfs werden.

Tod des letzten Sohnes Baath

Es ist wie nach Eduards Tod. Als hätte Anna an dem Hinscheiden ihres zweiten Mannes nicht schon genug zu tragen, verliert sie am 23. Juli des gleichen Jahres auch noch ihren letzten Baathschen Sohn – Johannes. Als Oberst im Kürassierregiment der Königin hat er eine beachtliche Militärlaufbahn vorzuweisen, gekrönt mit dem erblichen Adel. Nun ist er mit 52 Jahren einem Herzschlag erlegen. *Hans*, wie er genannt wird, scheint ein Mann mit Herz gewesen zu sein, man rühmt seine Güte, sein Wohlwollen als Vorgesetzter wie auch im Familienkreis. Fotos verraten in den Gesichtszügen einen Schuss treuherziger Güte, vermischt mit persönlichem Charme. Johannes von Baath hinterlässt Frau und zwei halbwüchsige Kinder, Tochter Ellinor, 17 Jahre, Sohn Hans-Gert, 13 Jahre.

Die Kaiserin Auguste Viktoria sendet der Witwe ein persönliches Telegramm: »Tieferschüttert durch die Nachricht vom plötzlichen Ableben Ihres Mannes spreche ich Ihnen mein vom Herzen kommendes Beileid aus.« Bedenkt man, was auf Europa in den nächsten vier Jahren wartete – welch gnädiger Tod für einen deutschen Offizier, der weder Verdun, noch die Schützengräben an Somme und Marne kennenlernen sollte …

Die Hofnachrichten berichten von der Trauerzeremonie: »Nach der Feier im Trauerhause bewegte sich der von der Regimentskapelle und einer berittenen Schwadron eröffnete Zug nach dem [Pasewalker] Friedhof. Unmittelbar vor dem sechsspännigen Leichenwagen trug der Regimentsadjutant die Orden des Verstorbenen, hinter dessen Sarge sein Reitpferd geführt wurde. Nach kurzer Feier am offenen Grabe wurde vor diesem Retraite geblasen und eine dreifache Ehrensalve abgefeuert …«[7]

Die Nachfolger Curt und Norbert

Adolph Schmelzers Tod mochte bei seinen Söhnen einen nicht geringen Schock ausgelöst haben. War ihnen doch quasi von heute auf morgen die Verantwortung über einen gewaltigen Besitz zugefallen, der bis ins Kleinste die Handschrift des Vorgängers trug und dessen Belegschaft fast ein halbes Jahrhundert lang auf das Regiment des Verstorbenen eingeschworen war. Die Nachfolger waren alle beide nicht aus dem Holz des Vaters geschnitzt, verblassten neben ihm geradezu zur Unbedeutendheit. Nie hatten sie die Chance erhalten, sich neben dem Allgewaltigen zu profilieren. Allerdings war auch nie davon die Rede gewesen, dass einer von beiden energisch danach verlangt hätte. Statt auf Selbstständigkeit zu drängen, eigene Entscheidungsbefugnis einzufordern, notfalls unter Drohung, anderenorts das Glück zu versuchen, waren sie noch als gestandene Männer Erfüllungsgehilfen des Alten geblieben – der eine als Pächter von Rathstock, der andere in gleicher Funktion auf Tucheband. Nun war damit plötzlich Schluss. Der Ältere inzwischen 43, der Jüngere 39. Möglich, dass der Alte den Söhnen wegen ihrer charakterlichen Weichlichkeit zu wenig zutraute. Norbert mochte durch seine echte Liebe zur Landwirtschaft dem Naturell des Vaters noch am ehesten entsprochen haben. Dazu schien er willig, fleißig, gewissenhaft, für seine Person bescheiden und geduldig. Doch würde er jemals die Durchsetzungskraft aufbringen, um sich bei den Leuten Autorität zu verschaffen? Energisch genug sein, um jeglichem sich ankündigenden Schlendrian im Keim Einhalt zu gebieten?

Ein Fall für sich schien der Erstgeborene. Ihm sollte nicht nur Rathstock mit Hathenow als Erbe endlich zufallen, auch Sachsendorf mit Werder! Adolphs Ältester muss, nach allem was über ihn zu erfahren ist, ein Leichtfuß gewesen sein, der in Berlin ausging, gern feierte und Geld ausgab. Anna von Ostrowski, in vorgerückten Jahren nach ihrer Jugend befragt, ließ niemals den Bruder Curt aus, wenn von Streichen oder Vergnügungen in fröhlicher Runde die Rede war. Curts besondere Liebe galt schnellen Pferden, die er in einem teuer angelegten Rennstall züchtete. Er selbst muss im Sattel manches Derby bestanden haben. Pferde aus Curts Züchtung wurden gelegentlich prämiert. Den

Curt Hermann Schmelzer mit seiner Frau Katharina und Sohn Hans-Adolf.

eingespielten Geldgewinn steckte er nicht in den Betrieb, es wurde erlesener Schmuck eingekauft. So gesehen mochte Curt über das Ableben des strengen, auf Sparsamkeit und persönliche Anspruchslosigkeit pochenden Vaters auch aufgeatmet haben. Die Landwirtschaft schien ihm keine Herzenssache. Viel lieber ritt er ins Manöver, posierte vor dem Fotografen in seiner Ulanenmontur. Der romanische Gesichtsschnitt, das schwarze Oberlippenbärtchen gaben ihm das Aussehen eines leichtblütigen Südfranzosen. Hans-Adolf, Curts Sohn, erinnerte sich später an ein Dutzend praktischer Lebenstipps, die der Vater ihm mitgegeben hatte. Wie man es beispielsweise bequem verhinderte, dass einem am Bahnsteig der Koffer entwendet wurde, oder wie man es vermied, im Restaurant ein abgelegtes Kleidungsstück liegen zu lassen … Auch sei der Vater, als Hans-Adolf das Klassenziel verfehlt hatte, ohne langes Gewese mit ihm auf die Pirsch gegangen.

Ein Problem für sich war die Sachsendorfer Rübenverarbeitung, deren Anlagen nun beiden Söhnen zu gleichen Teilen gehören sollten. Das Geschäft mit dem Zucker hatte in den vergangenen Jahrzehnten stark geschwankt. Norbert beklagte die »unselige Caprivizeit« der 1890er-Jahre. Der Nachfolger Bismarcks, Reichskanzler Leo von Caprivi, hatte im Rahmen einer Verständigung mit Großbritannien die Zölle gesenkt. Damit waren die Zuckerpreise erheblich zurückgegangen, die Einnahmen der Produzenten bis auf ein Drittel geschrumpft. Erst kurz vor des Amtsrats Tod hatten sie sich etwas erholt, ohne jedoch die paradiesische Höhe von einst auch nur im Entferntesten wieder zu erreichen. Das gesamte Geschäft war demnach wenig ermutigend. War es da nicht das Beste, so mochte die Überlegung der Erben gewesen sein, man schaffte sich den Industriebetrieb mit seiner leicht aufmuckenden Arbeiterschaft ganz vom Halse – sei es durch Verpachtung, besser noch durch Verkauf? Noch waren die eigentlichen Krisenjahre, die einen solchen Entschluss dringlich machten, nicht angebrochen.

Am 16. Februar 1914 starb zu Friedersdorf im 81. Lebensjahr Marie von der Marwitz geb. Gräfin von Itzenplitz. Für Anna hieß das Abschiednehmen von einer treuen Weggefährtin. Mit ihr hatte sie im Kreis Lebus das Wohlfahrtswerk des Vaterländischen Frauenvereins aufgebaut und geleitet.

Ein Weltkrieg bricht aus

Ein Frühling bleibt dem Frieden noch, für Anna schon der zweite ohne Adolph. Es folgen erste Sommerwochen, dann bricht der Krieg aus. Anna, nach genauer Datierung von Mobilmachungen und Kriegserklärung, listet erste Siegesmeldungen auf: »7. August Lüttich erobert … 21. August Brüssel besetzt … Sieg bei Metz gegen 8 Armeecorps, 60 Kanonen, 10 000 Gefangene … 24. August. Die zu beiden Seiten von Neuchateau vorgehende Armee des Herzogs Albrecht von Württemberg schlug eine französische Armee vollständig und befindet sich in der Verfolgung. Zahlreiche Geschütze, Feldzeichen und Gefangene, darunter mehrere Generale sind ihnen in die Hände gefallen … «.[8]

In eines der ersten Kriegfreiwilligen-Regimenter hat sich Curt Schmelzer eingereiht. Als Rittmeister und Kommandeur einer Reserve-Infanterie-Munitionskolonne auf dem westlichen Kriegsschauplatz wird er, noch ehe das erste Kriegsjahr zu Ende geht, mit dem

Eisernen Kreuz ausgezeichnet. Aber es ist doch ein anderer Krieg als der von 1870/71. Der Feind steht in West und Ost. Auch von der russischen Front sammelt Anna Siegesmeldungen: »3.9. Im Osten ernten die Truppen des Generaloberst von Hindenburg die Früchte des Sieges. Die Zahl der Gefangenen wächst täglich und stieg bereits auf 9 000«. Generalquartiermeister von Stein wird zitiert: »11.9.1914. General von Hindenburg hat mit dem Ostheer den linken Flügel der noch in Ostpreußen befindlichen russischen Armee geschlagen und sich dadurch den Zugang zum Rücken des Feindes geöffnet. Der Feind hat den Kampf aufgegeben und befindet sich im vollen Rückzug ...« Und noch einmal von Stein: »Im Osten schreitet die Vernichtung der russischen ersten Armee fort. Die eigenen Verluste sind gering. Die Armee von Hindenburg ist mit starken Kräften bereits jenseits der Grenze ...«.[9]

Und zu Hause? Rathstock, Hathenow, Tucheband sind seit August mit Einquartierungen belegt. Der Landarbeiter Bagans, der Hausdiener Löffler wurden zum Kriegsdienst einberufen. Am 16.8. auch Einquartierung in Sachsendorf: »1 Hauptmann Seiffert, 1 Arzt Dr. Blumenthal,, 2 Feldwebel, 83 Gemeine«. Sie rücken ab, machen im September neuen Soldaten Platz: »53 Mann, 2 Unteroffiziere«.[10] Der Kaiser besucht die Front. Erst im Westen, dann im Osten. Annas Meldungen werden mit Ende des Jahres bescheidener: »Sehr harte Kämpfe bei Lodz ... In den Ardennen machen wir kleine Fortschritte. An der Iser erbitterte Kämpfe.«[11] Am 19. Dezember erste Hiobsbotschaft: Helene Raffaufs ältester Sohn Kurt Henning, Leutnant im Jägerregiment zu Pferde, fällt in Polen. Anna notiert: »Den 19. Dezember 1914 mein Enkel Kurt Raffauf auf einem Patrouillenritt erschossen.«[12] Er wurde 24 Jahre alt. »Eine lebensfrohe, sympathische Persönlichkeit, wegen seines offenen und freundlichen Wesens allgemein beliebt, wird er uns unvergesslich sein«, heißt es in dem eingeklebten Nachruf durch den Truppenkommandeur.[13]

Das Kriegsjahr 1915 leiten die Tagebuchnotizen wiederum mit Erfolgen der deutschen Streitkräfte ein: »12. und 13. Januar 1915 Schlacht bei Soissons. Die Franzosen über die Aisne zurückgedrängt. Im Februar sind die Russen aus Galizien und aus den Karpaten zurückgedrängt, auch die Bukowina ist wieder frei. Gegen Warschau rücken unsere Truppen langsam vor.« Wieder sind die Russen in Ostpreußen eingefallen. Doch schon am 26.April heißt es: »Ostpreußen ist wieder frei. 28./29.April Neue Fortschritte in Ost und West ...«.

Immer stärker macht sich der Krieg in der Heimat bemerkbar. Wertvolle Arbeitskräfte fallen für die Betriebe aus, weil alle wehrfähigen Männer zu den Waffen gerufen werden. Verabschiedete Soldaten wie Annas Schwiegersohn Oberstleutnant a. D. Kurt Raffauf werden reaktiviert. Die besten Pferdegespanne sind für den Kriegsdienst ausgehoben. Müssen durch Zugochsen ersetzt werden. Solange Curt Schmelzer im Felde ist, muss Käthe, seine Frau, die Wirtschaft führen. Norbert steckt gleichfalls wieder in der Uniform. Staatliche Behörden wirtschaften über die Produktion der Güter, bestimmen, welche Mengen Getreide, Fleisch, Futter abzuliefern sind.

Am 2. September begeht Anna Schmelzer in Sachsendorf ihren 80. Geburtstag. Kein großes Fest, zumal die Männer im Felde sind. Es existiert ein Foto von der versammelten Geburtstagsgesellschaft. Die beiden hinter Anna und Helene stehenden Schuljungen haben noch etwas Zeit, bis der sich hinschleppende Krieg auch nach ihnen greifen wird: Heinz Raffauf, des retirierten Oberstleutnants jüngster Spross, und Hans-Gert, einziger männlicher Baath-Enkel, Sohn des geadelten, noch vor dem Krieg verstorbenen Pasewalker Kommandeurs. Die beiden jungen Damen auf dem Bild, Helenes Tochter Anna-Margarethe und Hans-Gerts Schwester Ellinor, leisten seit Kriegsbeginn Lazarettdienst. Margarethe, rothaarig und statiös wie die Mutter, wird als Frontschwester dreifach dekoriert.

Einen Freudentag bietet das runde Wiegenfest weiß Gott nicht. Doch in ihrer Frömmigkeit wird Anna selbst für diesen Tag ihrem Schöpfer Dank gewusst haben: Ihre älteste Enkelin, einzige Tochter des zu Pferde ums Leben gekommenen Sohnes Eduard, Elisabeth, genannt Illa, schenkte zehn Tage zuvor einem Sohn das Leben: Sieghart (welch anderer Name eignete sich besser für eine nach Sieg dürstende Nation?) – Sohn des Rittmeisters Gehrke von Pawel-Rammingen. Sieghart von Pawel-Rammingen ist Anna Schmelzers erster Urenkel.

Anna Schmelzers 80. Geburtstag. Von links nach rechts: Frieda von Baath, Käthe Schmelzer, Oberstleutnant Curt Raffauf, Ellinor von Baath, Bruno von Ostrowski, Gertrud von Garnier, Detlef Schmelzer, Anna Schmelzer, Käthe Schmelzer, Norbert Schmelzer, Ursula von Ostrowski, Anna-Margarethe Raffauf, Anna von Ostrowski, Heinz Raffauf, Helene Raffauf, Hans-Gert von Baath.

Noch eine zweite Nachricht mag Anna mit der trüben Schicksalslage ihres Vaterlandes innerlich versöhnen. Sie verzeichnet am 26. August, zwei Tage vor klein Sieghards Geburt, folgende Neuigkeit: »Die Festung Brest Litowsk ist gefallen mit Beihilfe des 22. Reserve-Regiments der Infanterie, von welchem Curt Schmelzer die Munitionskolonne führt.«[14] Dieser nimmt zum Jahreswechsel Urlaub und veranstaltet daheim eine Treibjagd. 13 Schützen schießen 140 Hasen und einen Fuchs. Anfang Februar findet Curt sich am westlichen Kriegsschauplatz Valencienne bei seiner Munitionskolonne wieder ein.

Es will nicht Frieden werden. Was nutzen da Meldungen wie »Montenegro kapituliert – Bukarest genommen – Sieg über die englische Flotte an der Westküste von Dänemark!«[15] Im März des dritten Kriegsjahres stirbt in seiner Grunewalder Villa Annas ältester Schwieger-

Fliegerleutnant
Ernst-Günter Raffauf.

sohn – Exzellenz Franz-Xaver von Garnier, Königlicher Generalleutnant, 70-jährig »nach langem, schwerem Leiden«.[16] Die Ehe war lange kinderlos geblieben, bis Gertrud nach 17 Jahren (1894) von einem Sohn entbunden wurde, den die Musen ungewöhnlich beschenkten: Hans-Egon von Garnier beherrscht Klavier und Orgel, komponiert, malt Bilder, die heute noch gehandelt werden. Ein seiner Feder entsprungener Militärmarsch gehört zum Standardrepertoire des Bundeswehr-Musikkorps. Die Garniers waren vermögend. Der General hatte das schlesische Gut Eckersdorf geerbt und wurde dort beigesetzt.

Und wieder trifft eine Schreckenspost ein: Helene Raffaufs zweiter Sohn Ernst-Günther, *Seppel* geheißen und wegen seines bubenhaften Charmes von allen geliebt, hatte sich zur Luftwaffe gemeldet. Als Leutnant einer Feldflieger-Abteilung wird er in Frankreich am 23. September 1916 bei einem Luftkampf abgeschossen. Der 20-Jährige kommt dabei ums Leben.

12. Dezember 1916. Ausführlich und fraglos von großer Hoffnung begleitet, hält die Tagebuchschreiberin das Friedensangebot des Deut-

schen Kaisers fest: »Soldaten! In dem Gefühl des Sieges, den Ihr durch Eure Tapferkeit errungen habt, haben Ich und die Herrscher der treu verbündeten Staaten dem Feinde ein Friedensangebot gemacht. Ob das damit verbundene Ziel erreicht wird, bleibt dahingestellt. Ihr habt weiterhin mit Gottes Hilfe dem Feinde standzuhalten und ihn zu schlagen.« Dem folgt am 6. Januar 1917 die kurze Tagebuchnotiz: »Das Friedensangebot der Mittelmächte abgelehnt. Der Krieg nimmt seinen Fortgang.«[17]

Annas Aufzeichnungen gehen zu Ende

In diesem vorletzten Kriegsjahr schließt Anna Schmelzers Niederschrift *Aus meinem Leben*, obwohl ihr bis zu ihrem Tod noch neun Lebensjahre bleiben. Wir erfahren vom »vollständigen Zusammenbruch Russlands«, der Abdankung des Zaren, der Gefangennahme und Verschleppung der gesamten Zarenfamilie nach Sibirien.[18] Bleiben noch nachzuzeichnen die verschiedenen Wege der vom Krieg erfassten, bisher am Leben gebliebenen Enkel. Der kleine Garnier, brauner Gardehusar, ist Leutnant geworden.

Im Osten wird er herumgewirbelt: Bukarest, Minsk, Kiew, Straßenkampf mit Bolschewiken. Von diesen überwältigt, ausgeplündert, entwaffnet, abtransportiert nach der Heimat unter »den denkbar traurigsten Verhältnissen«. Der 18-jährige Hans-Gert von Baath wird Fahnenjunker im Pasewalker Regiment der Königin, über das der Vater einst das Kommando geführt hatte. Die vier Jahre ältere Ellinor, Krankenschwester in einem rumänischen Soldatenheim, muss mit 700 Kolleginnen fliehen. Elf Tage, elf Nächte unterwegs – »3.Klasse auf der Erde liegend, weil sie bei ihrer Fahrt durch Ungarn beschossen wurden …«. Wieder bei der Mutter in Pasewalk, erhält sie die Rot-Kreuz-Medaille.

Anna-Margarethe Raffauf geht als Schwester nach Flandern, später nach Siebenbürgen, dann nach Rumänien, im März 1918 zur letzten Großoffensive nach Frankreich. Margarethe werden drei Tapferkeitsorden verliehen: ein österreichischer und zwei vom Roten Kreuz. Unter den von ihr gesundgepflegten Soldaten ein verwundeter Fliegeroffizier – Oswald Ritter. Mit diesem verlobt, kehrt die 27-Jährige im Juni aus Cambrai zurück.[19] Letztes Ereignis aus Annas Lebensbericht: Der Heimatort Sachsendorf verabschiedet sich von seinen Kirchenglocken.

»Sonntag, den 5. August 1917, fand hier in Sachsendorf an der Kirche eine Feier statt für die beiden Kirchenglocken, welche wir an die Militärbehörde abgeben mussten, um aus denselben Geschütze zu gießen zur Abwehr unserer Feinde.

Beide Glocken standen bekränzt auf einem Wagen vor dem Giebel der Kirche. Die Mitglieder der Gemeinde Sachsendorf, welche sich eingefunden hatten, um der Feier beizuwohnen, standen um sie herum. Pfarrer Voigt hielt eine Ansprache, es wurden mehrere Choräle gesungen, dazu spielte Egon von Garnier in der Kirche die Orgel.

Die Inschriften auf den Glocken:

Große Glocke: ›Ehre sei Gott in der Höhe! Luk. 2,14
Pfarrgemeinde Sachsendorf, gegossen von der Firma Gruhl in Kleinwelkau. Bautzen im Jahre 1863‹

Kleine Glocke: ›Und Frieden auf Erden! Luk. 2,14
Pfarrgemeinde Sachsendorf, gegossen von der Firma Gruhl in Kleinwelkau. Bautzen im Jahre 1863‹.«[20]

Blickt man nun auf die düsteren, die Ahnfrau recht bedrückenden nächsten Jahre zurück, mag man verstehen, warum Anna Schmelzer weder das Bedürfnis noch die innere Kraft in sich verspürt hat, ihren Lebensbericht fortzuführen. Da ist der verlorene Krieg, die Einsicht darüber, dass die Tode der beiden Enkelsöhne, alle Entbehrungen und Opfer des Volkes umsonst gewesen waren. Die erklärte Alleinschuld Deutschlands am Krieg, die Demütigungen, die es nun vom Ausland und besonders durch die Sieger erfährt, das muss von Annas ganzer Generation erst mal verkraftet werden. Der abgedankte Kaiser, der nicht mehr zurückkam.

Das stolze Kaiserreich mit seinem Glanz, seinem hohen Ansehen in der Welt … Alles ist verspielt, für alle Zeiten vorbei. Es gibt hartgesottene Männer, die wie Schulknaben über das deutsche Unglück weinen.

Verpachtung Sachsendorfs, Verkauf der Zuckerfabrik

Daheim reißt die Kette schlechter Nachrichten nicht ab. Curt Schmelzer hatte angesichts der hohen Verantwortung, die ihm sein ererbter Besitz abforderte, im Sommer 1916 vorübergehend seinen Abschied von der Truppe genommen, lebte in Rathstock, das er bewirtschaftete. Und der noch um vieles lohnendere Besitz Sachsendorf mit Werder? Curt wurde er zur Last, er verpachtete ihn. Der Berliner Kaufmann Sperling, jahrelanger Geschäftspartner des Vaters, war sicherlich kein unrechter Mann, sonst hätte sich der Amtsrat, ein erprobter Menschenkenner, auf keinen dauernden Handel mit ihm eingelassen. Das Vertrauensverhältnis zwischen beiden Partnern war immerhin so groß, dass der geistig zurückgebliebene Amtsratsohn Detlef in Sperlings Kontor lernen und arbeiten durfte. Diesen Herrn allerdings zum Pächter Sachsendorfs zu machen – solch ein Entschluss schien so unüberlegt, wie er unglücklich war. Sperling war Kaufmann, kein Landwirt, er lebte nicht am Ort, sondern in der Hauptstadt. Wer will ihm verargen, dass er in der Pacht hauptsächlich ein Mittel sah, sein Vermögen zu vergrößern. Diesem Zweck allein dienten Viehhaltung und Feldanbau. Geräte, Gebäude, Leutewohnungen wurden, wenn überhaupt, nur auf das Allernotwendigste gewartet bzw. ausgebessert. Das Gutshaus blieb von der Pacht ausgenommen.

Beide Brüder hielten zudem Ausschau nach einer feilen Gelegenheit, das zweite Herzstück des väterlichen Besitzes, nämlich die Zuckerfabrik, gewinnbringend abzustoßen. Und das in Jahren rapide zerfallenden Geldwertes! Da schlug das Schicksal noch einmal zu: Curt Schmelzer war unbeschadet aus dem Krieg zurückgekehrt, hatte mit seiner Frau in Bad Kissingen ausgiebig gekurt. Zwei Tage vor der deutschen Kapitulation, am 7. November 1918, stirbt der 48-Jährige an Diphtherie.

Acht Söhne hatte Anna zur Welt gebracht. Sechs hat sie inzwischen verloren, zwei sind übrig geblieben: Norbert, der Erbe von Rittergut Tucheband, und der entmündigte nun 42-jährige Detlef. Käthe Schmelzer, Curts Witwe, wird sich mit Schwager Norbert schnell einig: Schon ein Jahr nach Kriegsende verkaufen sie die Sachsendorfer

Zuckerfabrik an das Genossenschaftsunternehmen Vossberg nahe Letschin, dessen langer dünner Schornstein für anderthalb Jahrhunderte als weithin erkennbares Wahrzeichen bodenständigen Fleißes stand, bis man ihn im Oktober 2012 in die Luft sprengte. Norbert äußerte sich zu seinem Schritt: »Ich verkaufte … die Fabrik … und schloss mich der Genossenschaftsfabrik Vossberg an. Sachsendorf wurde lediglich Futterfabrik mit Trockenanlagen für Trockenschnitzel, Zuckerschnitzel und Rübenblatt«. Auch das wird Anna schwer angekommen sein – das Lebenswerk ihres Mannes, auf das er so stolz war, so verramscht und in seiner Leistungskapazität herabgestuft zu sehen. Norbert dagegen atmete auf: »Damit war ein großes Kapitel abgeschlossen.« Ein neues, trauriges, das weiß er, beginnt für die Amtsrätin: »Sperling übernahm nach dem Tode meines Vaters Sachsendorf sehr bald in Pacht und es begann für meine Mutter die schwere Zeit, fremde Menschen auf ihrem Besitz regieren zu sehen. Sic transit gloria mundi.«[21]

Hans-Adolf Schmelzer, der letzte Besitzer von Sachsendorf, schrieb später über seinen Vater Curt: »Leider hat er in der Auswahl seines Pächters keine glückliche Hand gehabt.« Und weiter: »Die Kriegszeit, Revolution und Nachkriegszeit hatten den Betrieb der Landwirtschaft von Jahr zu Jahr schwieriger gestaltet. Diese Tatsache benutzte der Pächter von Sachsendorf dazu, sich so weit wie möglich, um eine Pachtzahlung zu drücken. In der Inflationszeit kam nicht ein Pfennig Pacht mehr ein … Und die Summen, die dem Pächter von Jahr zu Jahr abgerungen wurden, reichten kaum für die Begleichung der Gerichtskosten und Steuerzahlungen aus.«[22] Was also war von dem blühenden Lebenswerk des Ahnherrn nach nur wenigen Jahren übrig geblieben: Verlustgeschäfte, gerichtliche Zänkereien, ein verwahrloster Betrieb, verkrautete Feldflur! Das mit anzusehen, setzte der alten Dame in ihren letzten Jahren zu.

Anna Schmelzers letzte Jahre

Wie man es aus Annas Lebensgang längst kennt – einem Tiefschlag folgt über kurz oder lang der nächste. Von heute auf morgen verändert ein Unfall das Dasein der fast 90-Jährigen. Sie stürzt und bricht sich den

Oberschenkelhals, den man in jenen Jahren noch nicht nageln konnte. Das bedeutet für die agile Frau Rollstuhl bis ans Lebensende. Auch das trägt sie mit Ergebenheit in Gott. Schon vor Jahren hat sie in unzählige Abende verschlingender Handarbeit für den Altartisch des Kirchenraumes ein feingewirktes Spitzentuch gefertigt. Sie sieht in allem, was ihr an Schrecklichem begegnet, einen Fingerzeig des Himmels. Was sie innerlich leitet, sind Demut und Gleichmut.

Gelegentlich erbarmt sich der älteste Schmelzer-Enkel, Hans-Adolf. Er kommt aus Rathstock nach Sachsendorf geritten, leistet der Schwerbehinderten, damit ihr die Tage nicht zu lang werden, Gesellschaft mit Mühle- und Halmaspiel. Feinfühlig bleibt er sich bewusst, dass er der greisen Gegnerin dabei nicht den Spaß verderben darf – sie verliert nicht gern im Spiel. Also lässt er sie am Schluss gewinnen. Vorsicht ist dabei geboten: Die von Natur listige Großmutter darf diesen Schmu nicht durchschauen. Mit seiner Gegenwart hält er ihr gelegentlich zwei Nervensägen vom Leibe – die beiden zu Tobereien und Dummheiten aufgelegten Urenkel Sieghart und dessen kleineren Bruder Deno.

Es ist der 2. September 1925. Anna Schmelzer begeht ihren 90. Geburtstag. Die Festgesellschaft hat sich vor dem Sachsendorfer Gutshaus für das Gruppenfoto aufgestellt. Den Rollstuhl umsäumen das Pfarrerehepaar, die drei Töchter Gertrud, Helene und Anna, der Kind gebliebene Sohn Detlef, die Schwiegertochter Frieda von Baath. Hinter der Jubilarin die Schwiegersöhne Raffauf und Ostrowski. Links und rechts die erwachsenen Enkel, acht an der Zahl, drei von ihnen mit ehelichem Anhang. Die Tuchebander fehlen, ebenso die Rathstocker Gutsfrau. Niemand weiß heute noch, warum. Das aristokratisch feine Gesicht der Ahnin wirkt leidend, fast abwesend. Ganz anders auf dem Einzelporträt. Da blicken die dunklen Augen wach und forschend. Auf der schwarzen Seidenbluse mit dem geschlossenen Rüschenkragen die Ordensschleifen des Roten Kreuzes und des Vaterländischen Frauenvereins.

Die Linden vor dem Haus werden Zeugen eines neuen Aufschwungs werden, zwei Jahrzehnte später wird um sie herum die Hölle sein. Anna Schmelzer aber muss sich nicht mehr lange über das

Anna Schmelzers 90.Geburtstag. Von links nach rechts: zwei unbekannte Damen, Hans-Adolph Schmelzer, das Pfarrersehepaar, Curt und Helene Raffauf, Bruno von Ostrowski, die Jubilarin, Anna von Ostrowski, Gehrke Freiherr von Pawel-Rammingen, Detlef Schmelzer, Gertrud von Garnier, Hans-Gert von Baath, Illa von Pawel-Rammingen, Frieda von Baath, Erika von Ostrowski, Ellinor von Baath, Anna-Margarethe Ritter, Oswald Ritter, Ursula von Ostrowski, Hans-Egon von Garnier.

fremde Treiben auf dem Gutshof grämen. Zwei Monate bleiben ihr noch, dann wird sie an der Seite ihrer beiden Ehemänner die letzte Ruhe finden.

Verwitwete Käthe Schmelzer heiratet Baron von der Goltz

Keine zwei Jahre nach dem Krieg war ein fremder, noch junger Herr in den Kreis der Familie getreten, der künftig eine nicht zu übersehende Rolle in ihr spielen würde. Im Rahmen der von den Siegern diktierten Reduzierung der deutschen Streitkräfte auf lediglich 100 000 Mann war er, wie so viele Tausend Berufsoffiziere aus dem Heeresdienst für immer ausgeschieden. Damit war er gezwungen, sich anderweitig eine neue Existenz zu suchen. Der Name des verabschiedeten Königlich

Curt Freiherr von der Goltz, Käthe Schmelzers zweiter Ehemann.

Preußischen Rittmeisters: Curt Konrad Heinrich Dionysius Freiherr von der Goltz.[23] Wollte er sich nicht wie so viele seiner Artgenossen als Verwaltungshilfskraft, Nachtwächter, Droschkenkutscher oder Gigolo eines Tanztheaters unter Wert verkaufen, musste er sich in Kreisen umsehen, die ihm möglicherweise erlaubten, sich ein seinem Stand angemessenes Leben zu gönnen. Drei Trümpfe konnte er auf seiner Suche ausspielen: Gutes Aussehen, forsches Auftreten und ein Name so schön, dass er auf keiner Gästeliste übersehen wurde. Mit diesen drei Naturgaben versehen, kreuzte er im Oderbruch auf, wo er auf einer ländlichen Gesellschaft die trotz rapider Geldentwertung und heikler Wirtschaftslage noch immer wohlhabende Rathstocker Gutsbesitzerswitwe Käthe Schmelzer traf. Diese zu erobern war ihm ein Leichtes. Wenige Monate oder auch nur Wochen verstrichen, und der flotte Edelmann hatte die etwas hausbacken bäurisch anmutende, kaum mehr hübsch zu nennende Landfrau zur Baronin von der Goltz gemacht. Die Trauung hatte sich ohne viel Getöse am 8. April 1920 in Berlin vollzogen. Der Bräutigam 35, die Braut 42 Jahre. Eine festliche

Ilse Schmelzer mit 16 Jahren.

Tafel im Familienkreis, bei der auch die Amtsrätin Anna Schmelzer nicht fehlte, schloss den Tag ab.

»Hürden sind zum Springen da«, das sollte der neue Verwandte viele Jahre später seinem zu Verstand gekommenen jüngsten Stiefenkel auf den Weg geben, der nach der Konfirmation Briefe mit ihm tauschen würde. Dem kaum 18-jährigen Stiefsohn Hans-Adolf gab er seine Weisheit bedeutend krasser preis: »Glaubst du vielleicht, ich habe deine Mutter geheiratet, weil sie hübsch ist?« Der saß mit der 14-jährigen Schwester Ilse am anderen Ende der Hochzeitstafel. Niemals würde er Dritten gegenüber vom Vater oder Stiefvater reden, ausnahmslos vom *Baron* – wie später die SED-Zeitung, wenn sie das Thema *Sippe Schmelzer* abhandelte.

Die Familie des adligen Rittmeisters war nie vermögend gewesen. Immer hatten die Söhne in betuchte bürgerliche Häuser eingeheiratet, um für die Offizierskarriere die nötige Mitgift einzubringen. So hatte auch Curt Dionysius mit 26 eine Gutbesitzerstochter geehelicht, eine in ganz Pommern gepriesene Schönheit. Entsprechend kurz fiel das gemeinsame Glück aus. Unter der eingelaufenen Regimentspost hatte Curt sogleich nach dem Kuvert mit der Handschrift seiner Gemahlin gegriffen. Er traute seinen Augen nicht: der auseinandergefaltete Brief – eine glühende Liebeserklärung an einen Regimentskameraden. Der Hintergangene macht, dass er nach Hause kommt, tritt in den Salon der Treulosen und verpasst ihr eine Ohrfeige. Dann reicht er die Scheidung ein. Es ist überliefert, dass sich beide nach dem Scheidungsurteil ein letztes Mal schluchzend in die Arme gefallen seien. Doch tröstete sich die Schöne sehr bald mit einem Grafen und war nach der ersten Scheidung noch fünfmal verheiratet.

Curt war im westfälischen Schloss Neuhaus, wo sein Vater eine Reiterkompanie blauer Husaren befehligte, zur Schule gegangen, hatte, obwohl Protestant, mit seiner schönen Knabenstimme im Paderborner Dom zur Messe gesungen. Seine neue Gemahlin, obwohl ältlich, verstand sich auf einen am Schnürchen parierenden Gutshaushalt sowie auf gute Küche mit aufs Feinste abgeschmeckten Suppen und Soßen. Seit sie Baronin war, reiste sie zu Schlammkuren, kasteite sich um den Preis eines leidlich akzeptablen Körpergewichts und fälschte grundsätzlich ihr Alter.

Baron von der Goltz gab sich mit Vorliebe schroff, taktlos und zänkisch, sodass man mit Nachbarn und Verwandten ständig in Fehde lag. Möglicherweise fehlten die *Rathstocker*, auch einfach *Barons* geheißen, deswegen auf dem Sammelfoto der Amtsrätin zu ihrem 90. Geburtstag. Käthes zweiter Curt mochte auch die Gerichtsprozesse gegen den Kaufmann Sperling angestrengt haben, die Geld kosteten und nichts ergaben. Die Wirtschaftskrise plagte alle Geschäftsleute und Unternehmer. Wo nichts einkam, konnte nichts gezahlt werden. Sperling, der mit dem alten Amtsrat jahrzehntelang in gutem Einvernehmen gestanden hatte, warum sollte der über Nacht ein Lump geworden sein? Mit dem Holzhammer war hier nichts zu bewegen.

Gestaltete sich das Verhältnis zwischen Stiefvater und Stiefsohn von Anfang an höchst düster, schien sich der Kontakt zur Stieftochter, ein dunkeläugiges Reh mit schwarzen, lang über die Schulter fallenden Haaren, das hübsch zu werden versprach, erfreulicher anzulassen. Der

Baron verstand sich auf junges Blut, kehrte den zierlichen Galan heraus. Ein mit kleinen Scherzen gewürzter Flirt mochte sich anbahnen. Der neue Papa konnte bei aller gelegentlichen Grobheit zärtlich sein und beherrschte die Klaviatur des gepflegten Anstands. Beispielsweise stand er nach jeder größeren Mahlzeit vom Tisch auf, schritt auf die Hausfrau zu und küsste ihr die Hand. Das kleidete ihn, mochte auch der jungen Tochter wohlgefallen. Ein neues Familienleben schien sich zu entfalten trotz des spröden *Hanni*, wie die Mutter den herangewachsenen Hans-Adolf noch immer rief. Da geschah etwas Furchtbares. Ilse, das aufgeblühte Geschöpf, erkrankte mit kaum 16 Jahren an Leukämie. Sie starb am 9. Dezember 1921, zwei Wochen vor Weihnachten, mit 16 ½ Jahren zu Hannover in einer Spezialklinik.

Auf dem Sachsendorfer Friedhof wird das junge Mädchen beigesetzt, neben dem vor drei Jahren vorangegangenen Vater. Das schwarze Marmorkreuz wurde bei den Kämpfen im März 1945 zersprengt, man hat die abgeschossene Spitze zwischen den beiden Grabhügeln wieder aufgestellt.

Mit Ilses Tod ergab sich testamentlich eine neue Erbteilung. Nach dem Tod Curt Schmelzers waren beide noch unmündigen Kinder als Erben eingesetzt. Die Mutter hatte für sie die Vermögensverwaltung übernommen, ihr neuer Mann führte sie weiter. Hans-Adolf war Sachsendorf mit Werder zugedacht worden, Ilse sollte Rathstock mit Hathenow bekommen. Nun lag sie unter der Erde, die Hinterlassenschaft wurde aufgeteilt: Rittergut Rathstock fiel der Mutter zu, Lehngut Hathenow erhielt der Bruder. Was wurde im Laufe der 1920er-Jahre aus den vier Betrieben?

Der Enkel

Hans-Adolf Schmelzer, einziger Sohn Curt Schmelzers und ältester Enkel des sogenannten Oderbruchkönigs, ist mein Vater. Er wurde am 9. November 1902 in seinem Rathstocker Elternhaus geboren. Die Kommunisten haben es stehen lassen, wohl den rechten Flügel etwas verunstaltet, womit das Gebäude um seine klassizistisch symmetrische Form gebracht wurde, durch die sich bei aller Schlichtheit märkische Herrenhäuser so häufig auszeichnen.

Frühe Fotos zeigen in Matrosenkluft ein keckes, gelegentlich zu Späßen aufgelegtes Bürschchen mit romanisch anmutendem Gesichtsschnitt. Spätere eher die Mimik eines ernsten, zu Verschlossenheit neigenden Eigenbrötlers. Mutterwärme, zärtliches In-den-Arm-Nehmen besaßen in der preußischen Haushaltung keine angestammte Heimstatt. Die Mutter, männlich derb und galgenhumorig, rauchte Pfeife wie eine Indianerin. Selbst als Enkel erinnert man sich nicht daran, von *Großmutter Rathstock* je geküsst oder gestreichelt worden zu sein.

Hans-Adolf erhielt, wie die drei Jahre jüngere Schwester Ilse, Unterricht von einem Hauslehrer. Es ist überliefert, dass dieser sich mit kindischer Begeisterung über die mit letzten Schikanen versehene Eisenbahn des Zöglings hermachte. Dieser ließ den Pädagogen spielen, verzog sich selbst in den Hundeauslauf, wo er vier Jungfüchse abrichtete, die ihm seine beiden Dackel aus einem Bau geholt hatten. Hans-Adolf hatte keine Brüder, es war auch nie davon die Rede, dass er Freunde um sich geschart hätte. Der Hof lag abseits vom Ort. Man kam mit der Dorfjugend kaum in Berührung. Der Rathstocker Kronprinz verkrümelte sich mit seinen zwei vierbeinigen Trabanten im Bruch, ließ sie über Stöckchen springen, pirschte sich an das Rehwild

Das Rathstocker Gutshaus.

heran, kauerte an einer Böschung, den Flug der Vögel studierend. Er neigte bisweilen zum Jähzorn, las, als es ihn wieder mal überkam, in den Augen der ihm ausgelieferten Tiere und schämte sich. Niemand sollte ihn mehr bei solcher Unbeherrschtheit ertappen.

Den Zwölfjährigen schickt man nach Frankfurt aufs Gymnasium. Mit wenig Glück. Das Lernen ist nicht *Hannis* Sache, die Stock schwingenden Pädagogen, die schreienden Mitschüler sind dem scheuen Vogelfluggucker ein Graus. In den Leistungen scheint er so schlecht abzuschneiden, dass man daheim die Notbremse zieht und den Jungen nach Dahlem in ein Eliteinternat steckt. Er kommt vom Regen in die Traufe. Sein Leben lang wird er energisch davon abraten, Söhne in ein Internat zu geben – wegen pädophil veranlagter Erzieher, die er nach einem noch lange geltenden Strafgesetzbuchparagraphen als *Hundertfünfundsiebziger* bezeichnete.

Einmal hatte er einen Klassenausflug erlebt. An einem Gewässer wurde unterwegs Rast gemacht, als Hanni seinen Augen nicht traute.

Die Geschwister Hans-Adolf und Ilse Schmelzer.

Der Lehrer, fettleibig und faltig wie er war, hatte sich zum Baden vor den Jungen splitternackt ausgezogen und forderte nun die Schüler auf, es ihm nachzutun. Hans hielt nichts von der um sich greifenden Wandervogelbewegung mit Zelten, Lagerfeuer, Singen zur Klampfe, sah in solchen Haufen nur Krakeeler, die, ohne Sinn für die Stille der Natur, das Grün zertrampelten und das Wild aufscheuchten.

Er selbst stand lebenslang mit der Natur auf Du und Du. Er brauchte im Gehölz keine Uhr, witterte am Geruch des Laubes, an den sich trocken anfühlenden Handflächen, ob es Regen geben und wann er fallen würde – in Kürze oder erst in drei Tagen. Konnte am Stand des Mondes erkennen, ob ein Sturmtief im Anzug war oder das Wetter sich aufklärte. Tiere hatten für ihn Seele, Studium und Deutung ihres Verhaltens gehörte zu seinen Lieblingsbeschäftigungen.

Auch Dahlem brachte nicht viel. Ein Schuljahr musste wiederholt werden. Der unerwartete Tod des Vaters eröffnete dem Sechzehnjährigen eine schmeichelnde Aussicht: mit der Schule einfach ganz Schluss machen. Landwirt werden mit Leib und Seele. Wollte er jemals etwas anderes? Er würde sich in die Lehre von Feldanbau und Viehhaltung stürzen, um Muttern bei der Wirtschaft möglichst bald zur Hand zu gehen. Hans-Adolf verließ mit Obersekundareife (Abschluss der 10. Klasse) für immer das Gymnasium. Welch ein Novum für die Familie! Vater, Großvater, Onkel, Vettern hatten durchgehalten und Abitur gemacht, zum Teil sogar studiert. Dass der älteste Amtsratsenkel der ihm noch verbleibenden Dreijahresochserei ganz und für alle Zeiten aus dem Wege ging, mochte der Sache für den Augenblick dienlich und der Mutter von Nutzen sein, für die zweite Lebenshälfte sollte sich der frühzeitige Abschied von der Schulbank bitter rächen.

Landwirtschaftliche Ausbildung

Am 1. März 1920 tritt Hans-Adolf in Offleben Kreis Helmstedt die landwirtschaftliche Lehre an, setzt sie nach einem halben Jahr im Rathstocker Betrieb der Mutter fort. Das Jahr darauf übernimmt er im Nachbarkreis Oberbarnim auf Rittergut Brunow bereits Verantwortung und lernt dem kargen märkischen Sandboden ergiebige Ernten abtrotzen. Der Eigentümer des Betriebes bescheinigt dem jungen Volontär in einem erhalten gebliebenen Zeugnis: »Ich bin der Überzeugung, dass er ein recht tüchtiger Landwirt werden und einst auf seinem eigenen Besitze Vorbildliches leisten wird.«[1]

Hans-Adolf will sich noch einige Zeit als Verwalter einer größeren Wirtschaft bewähren und begibt sich zu seinen Verwandten in die Magdeburger Börde. Auf dem Mustergut Schwaneberg des Urgroßvaters Moritz August Dietrich, dem längst der Sohn nachgefolgt ist, schaltet er ein volles Jahr als Inspektor. Noch zwei Jahrzehnte später werden sich die Leute seiner erinnern und die Angehörigen, die bei Kriegsende auf dem Hof Zuflucht finden, nach ihm befragen. Auf Gut Schwaneberg hat Hans-Adolfs Großmutter Anna Speichert ihre Kindheit verlebt.

Ernst Dietrich, ihr Bruder, ist der neue Besitzer. Er hat früh seine Frau verloren. Jeden Morgen, ob Sonntag oder Alltag, gilt sein erster Gang dem Friedhof, wo er der Verstorbenen eine frische Rose auf den Grabstein legt.

Hat Onkel Ernst dem theoriescheuen Neffen den Rat gegeben? Ehe Hans-Adolf daheim das Ruder übernimmt, wird er sich für ein halbjähriges Landwirtschaftsstudium an der Technischen Hochschule München einschreiben, von April bis September 1924. Er wird sich später darüber abfällig äußern: »Hinzu gelernt habe ich nichts. Was die Herren Professoren über Felderwirtschaft, Kunstdüngung, Viehhaltung dozierten, hatte ich entweder längst in die Tat umgesetzt oder ich hatte mich durch üble Erfahrung von der Unsinnigkeit solcher Ratschläge überzeugt.«

Querelen mit dem Stiefvater

Nach Rathstock zurückgekehrt, ist im Haus der Teufel los. Der *Baron* sitzt der Mutter im Nacken, drückt ihr buchstäblich die Luft ab, solange sie sich noch weiter weigert, das Rittergut, das ihr nach Tochter Ilses Tod als Erbe zugefallen ist, ihm und seinen Nachkommen testamentarisch zu vermachen. Er hat eine kleine Tochter mit nach Rathstock gebracht. Vergessen die chevalereske Küss-die-Hand-Sonntagshaltung. Herr Baron werden grob, wie es seiner Natur entspricht: Entweder ich bekomme Rathstock oder wir sind geschiedene Leute! Man fragt sich: Warum hat die Erbin von Rittergut Rathstock dem ruppigen Fläz nicht einfach die Tür gewiesen? Wo hätte er denn hingehen sollen? Das jämmerliche Los so mancher heerentlassener Standesgenossen war nicht gerade ein Beweis dafür, dass behagliche Witwenlandsitze auf der Straße lagen. Aber Käthe von der Goltz verwitwete Schmelzer gebricht es an Willenskraft und Selbstbewusstsein. Dem neuen Mann scheint sie bis zur Sklaverei hörig.

Wohl nicht zuletzt, um diesem häuslichen Krach eine Weile fern zu bleiben, dürfte Hans-Adolf den Rat des Stiefvaters endlich befolgt haben, zu einer mehrwöchigen Kreuzfahrt auf dem Mittelmeer aufzubrechen. Doch der Besuch der Jerusalemer Klagemauer vergönnt ihm lediglich eine Atempause. Der Kessel kocht. Die Mutter liegt vor dem Sohn auf den Knien, droht sich das Leben zu nehmen ... Hans-Adolf hatte nur noch seine Mutter, wollte er sie auch noch verlieren? Er lässt sich nach Frankfurt zum Notar zerren. Ein neuer Erbvertrag wird aufgesetzt. Vor dem Justizrat Paul Kyritz erscheinen: Baronin Käthe von der Goltz, verwitwete Schmelzer, geb. Speichert, ihr Ehemann Baron Curt von der Goltz, ihr Sohn aus erster Ehe Hans-Adolf Schmelzer, sämtlich wohnhaft zu Rathstock im Oderbruch. Der Verhandlung wohnen zwei *unbefangene Zeugen* bei. Schon das eine Lüge: beide Männer standen in Lohn und Brot bei der Frau Baronin: Gutsinspektor Werner Hoermann und Hausdiener Hermann Stiehm.

Abschnitt IV des 15 Seiten umfassenden Vertragstextes lautet: »Stirbt Baronin v. d. Goltz vor ihrem Ehemann, so fällt mit ihrem Tod Gut Rathstock in Allem, wie sie es heute überwiesen erhalten hat, und so wie es mit allem seinem Zubehör bei ihrem Tode stehen und liegen wird, als Erbe an ihren Ehemann Baron Curt v. d. Goltz, einschließlich aller Vorräte und seines Betriebskapitals.«[2] Erst mit der Zeit wird Hans-Adolf klar, dass er seine Unterschrift in juristischer Unkenntnis geleistet hatte. Dem Verhandlungsergebnis fehlt die rechtliche Grundlage: Käthe von der Goltz war gar nicht berechtigt, ihr früheres mit dem verstorbenen Ehemann wechselseitig abgeschlossenes Testament im Alleingang nachträglich aufzuheben. Hans-Adolf lässt sich diesen Irrtum juristisch bescheinigen und seine Berechtigung zur Anfechtung des Testamentes beim Notar hinterlegen. Davon Gebrauch machen will er jedoch nicht vor dem Tod der Mutter: »In jedem Fall möchte ich aus Pietätsgründen davon Abstand nehmen, schon jetzt mit derartigen feindlichen Schritten offiziell bei Gericht vorzugehen.«[3]

Martin Luther lehrt im Kleinen Katechismus über das Neunte Gebot: »Wir sollen Gott fürchten und lieben, dass wir unserm Nächsten nicht mit List nach seinem Erbe oder Haus stehen und mit einem Schein des Rechts an uns bringen, sondern ihm dasselbe zu behalten förderlich und dienlich sein.«[4]

»Gib mir auch noch Hathenow!«

Nachdem Baron von der Goltz über den Rechtsweg Rittergut Rathstock glücklich an sich gerissen hatte, war sein Appetit nach Landbesitz zwar geweckt, doch keineswegs gestillt. Er schielte nach Vorwerk Hathenow, das Hans-Adolf Schmelzer nun gekommen war, als sein

Rittergut Rathstock. In der Kutsche (v. l. n. r.): Kutscher Fröhlich, Curt Schmelzer, Felix Speichert, Moritz August Dietrich, Adolph Schmelzer.

Erbe anzutreten. Curt von der Goltz versuchte es zunächst im Guten, kehrte gegen den jungen Eigentümer den gütigen *Stiefpapi* heraus, flötete ihm ins Ohr: »Ich adoptiere dich, mache dich zum Baron von der Goltz.« Der Stiefsohn blockte ab: »Mein Name gilt im Oderbruch viel, deiner gar nichts!« – »Na doch nicht so bockig! Sollst deinen Namen ja behalten. Häng ihn hinten dran!« – »Was denn: *Baron von der Goltz-Schmelzer*?« – »Ja oder wenn es sein muss: *Schmelzer Baron von der Goltz.*« Dem Sinne nach muss der Dialog so verlaufen sein. Der scheue Fast-noch-Jüngling, der dem Kontakt mit Menschen eher aus dem Wege ging und sich am liebsten im Dickicht seines Wildbeobachtungsstandes verzog, sollte sich mit langstieligem Namensklingklang behängen? Sein eigener Schutzengel feite ihn gegen solcherlei Eitelkeiten; denn wäre er zwei Jahrzehnte später im Spreekessel den Russen als *Baron* in die Hände gefallen, sie hätten mit dem Gefangengenommenen fraglos kurzen Prozess gemacht.

Lehngut Hathenow.

Nun wurde der Baron schärfer: »Was brauchst du Hathenow, du kriegst doch Sachsendorf mit Werder! [Pachtvertrag sollte 1935 ablaufen.] Sollen wir auf Rathstock ohne Vorwerk wirtschaften? Das mutest du deiner guten Mutter zu? Also gib schon her! Was willst du mit Hathenow allein anfangen? Wie? Du gibst es mir nicht? Na, dann zähle nicht auf meine Hilfe. Sieh zu, wie du allein aus dem Schlamassel herauskommst!« So etwa hat man sich den Fortgang des Rathstocker Familienknatsches zu denken. Baron von der Goltz war zwar kein Landwirt, aber er hatte gute Verwalter und verstand sich auf Geschäfte.

Mit Vorwerk Hathenow allein sah Hans-Adolf sich in der Tat verraten. Es fehlte an Raum für genügend Vieh, das er zur Dungerzeugung für nahezu 1 000 Morgen dringend brauchte. Es gebrach an Maschinen, an Werkzeugen. Mutterhof Rathstock pflegte bisher mit allem auszuhelfen. Der *Baron* dreht dem widerborstigen Stiefsohn den Hahn ab.

Kaufmann Sperling gibt auf

Im Juli 1927 geschah etwas Unvorhergesehenes. Obwohl es nach Einführung der Rentenmark und durch die Angleichung der Reparationszahlungen an die tatsächliche Leistungskraft der besiegten Nation durch den sogenannten Dawes-Plan wirtschaftlich wieder bergauf gegangen war, schienen sich die Geschäfte des Berliner Großhändlers Sperling nicht zum Besten entwickelt zu haben: Er löst die Pachtung der Schmelzerschen Oderbruchgüter vorzeitig auf. Einerseits erfreulich, weil Hans-Adolf Schmelzer endlich in Eigenverantwortung sein Erbe antreten konnte. Andererseits eine Höllenstrafe: Die Bestimmungen des Pachtvertrages sahen nämlich vor, dass lebendes wie totes Inventar zu den Preisen zurückzunehmen waren, wie sie noch vor Kriegsende gegolten hatten. Was wiederum in keinem Verhältnis stand zu dem, was die einzelnen Inventarstücke jetzt, im Jahre 1927, tatsächlich noch wert waren. Hans-Adolf Schmelzer bemerkt in den seinen Nachkommen hinterlassenen Aufzeichnungen: »Wenn es auch möglich wurde, die Übernahme um einiges zu drücken, wurde es doch notwendig, das Gut Sachsendorf mit Werder mit einer Hypothek von 970.000 Mark zu belasten, da keinerlei Bargeld vorhanden war … Das zur Wirtschaftsführung notwendige Betriebskapital musste durch Personalkredit bei Banken beschafft werden.«[5]

In dieser vertrackten Situation hätte ihm der geschäftsclevere Baron wertvolle Hilfestellung geben können. Der nutzte die Wetterlage für alte Kriegsziele: »Gib mir Hathenow, dann helfe ich dir. Gibst du es mir nicht, dann mach deinen Dreck alleine!« Doch der Baron verrechnete sich – der Stiefsohn zeigte ihm die kalte Schulter. Durch die Wiederheirat der Mutter war neue Verwandtschaft in die Familie getreten. Auch der Vater des Barons hatte in eine bürgerliche Gutsbesitzerfamilie, namens Klawiter, eingeheiratet, ansässig in der Provinz Posen. Franz Klawiter, Vetter der neuen Schwiegermutter, Oberamtmann der Domäne Kuttlau in Schlesien, bot dem von Sorgen gedrückten Sachsendorf-Erben Rat und Hilfe an. In einem ABC-Buch für landwirtschaftliche Betriebsführung, möglicherweise aus der Feder eines Thaer oder Koppe, hat er Goethe-Worte aus dem *Faust* auf die Titelseite geschrieben. Sie werden dem Beschenkten zum Lebensleitspruch: »Was du ererbt von deinen Vätern hast, / Erwirb es, um es zu besitzen.«

Wie sah es nun auf der vom verstorbenen Vater leichtfertig verpachteten Hinterlassenschaft aus? Schon in den Kriegsjahren hatte der Ausfall von Arbeitskräften, der Abzug zahlreicher Pferdegespanne für den Frontdienst eine intensive Bewirtschaftung kaum noch zugelassen. Mangelnde Aufsicht, begünstigt durch die Abwesenheit des Pächters, hatte sich auf den Ernteertrag verhängnisvoll ausgewirkt. Man hatte nicht ausreichend gedüngt, den Boden unsachgemäß behandelt, indem man ihm beispielsweise die ihm zuträgliche Fruchtfolge vorenthielt. Die zur Legende gewordenen unkrautfreien Äcker des alten Amtsrats hatten sich in eine von Disteln, Hederich, Melde, Wildhafer überwucherte Wüstenei verwandelt. Wie sollte man ihrer so schnell Herr werden, nachdem sich die Kräutergewächse über Jahre ausgesamt und heimisch gemacht hatten? Auf manchen Schlägen stand das Wasser – man hatte durch schlampige Dampfpflugführung die Dränagerohre zerstoßen. Mangelnde Pflege und ausgebliebene Reparaturen hatten Schuppen, Stallungen, Scheunen verfallen lassen. Durch Löcher in den Dächern drang der Regen …

Den größten Kummer bereiteten dem jungen Chef die Menschen. Aus einer dem Großvater mit Fleiß und Treue ergebenen Gefolgschaft war ein von Unzufriedenheit und politischer Agitation aufgestachelter, feindseliger Haufen geworden, voll Misstrauen gegen den Arbeitgeber. Diebstähle, Gerichtsklagen, Streiks, Schlägereien prägten den Alltag, verursachten Unfrieden auf Feldern und Höfen. Für schlaflose Nächte sorgte zudem die katastrophale finanzielle Lage. Sachsendorf, Werder, Hathenow ergaben zusammen eine Bewirtschaftungsfläche von 4 700 Morgen. Auf ihnen lastete eine Hypothek von 1 320 000 Mark. Hinzu kamen sogenannte lose Schulden (aufgenommen zur Bestreitung der Betriebskosten) von 150 000 Mark. Bei den bei Banken damals geltenden Sätzen verdonnerte das den Schuldner zu einer Zinslast von 125 000 Mark pro Jahr, nicht mitgerechnet eine Belastung zugunsten des entmündigten Onkels Detlef, die als Hypothek auf Lehngut Hathenow lag und zu 350 000 Mark aufgewertet worden war.

Stiefsohn und Stiefvater im persönlichen Umgang

Mein Vater pflegte noch bis in seine letzten Lebensjahre zu erklären, der *Baron* sei lange Zeit für ihn der bestgehasste Mensch gewesen. Trotzdem war es nie, auch nach schlimmsten Auseinandersetzungen nicht, zu einem endgültigen Bruch gekommen. Man besuchte sich, feierte gemeinsam Weihnachten, fuhr zu dritt zum Skilaufen nach Krummhübel ins Riesengebirge … Mein Vater machte seiner Mutter nie Vorhaltungen, weil sie sich einem Mann ausgeliefert hatte, der charakterlich ihrer nicht wert schien. Er sah ein, dass dies ihr Schicksal war, und hütete sich, durch eigene Widersetzlichkeiten ihren Gram noch zu vergrößern. Stiefvater und Stiefsohn besuchten einträglich die Grüne Woche in Berlin. Der Baron kaufte für einen Groschen die *Morgenpost*, las sie aus, um sie dann dem Jüngeren zu überlassen, der ihm dafür fünf Pfennige zurückzuerstatten hatte – der Baron war Kaufmann. Hans-Adolf wiederum war sich nicht zu schade, dem Stiefvater den einen oder anderen Gefallen zu tun. Zum Beispiel bei Hasenjagden. Der Baron, ein miserabler Schütze, brachte den lieben langen Tag kein einziges Stück zur Strecke. Oder wie sich der Stiefsohn auszudrücken pflegte: »Dem Baron waren die Hasen vorne und hinten zu kurz.« Das war fatal. Wer nichts geschossen hatte, wurde zum *Ferkelkönig* ausgerufen und musste zur Erheiterung der Jagdgesellschaft am Abend eine Ferkelkönig-Rede halten. Dieser Blamage vorzubeugen, hielt der glücklose Scharfschütze sich zum jungen Jagdherrn: »Hanni komm, ich stell mich neben dich!« Jetzt piffpaff. Zwei Flintenschüsse in die gleiche Richtung. Einer ging daneben, Hannis Schuss traf. Aber, Mogelei: »Es ist dem Baron sein Hase!« Goltz ist aus dem Schneider.

Dass dieser das Rittergut Rathstock für allezeit als sein Eigentum betrachtete, ist dem Betrieb nicht unbedingt schlecht bekommen. Der neue Besitzer wusste zu leben, blieb dabei aber rührig. Sich selbst nüchtern einschätzend, dilettierte er nicht in Vieh- und Feldwirtschaft, sondern berief einen fähigen Verwalter. In Geschäften regierte der Baron selber. Schlitzohrig, wie man ihm nachsagte. Kunden mussten aufpassen, dass sie bei dem Handel nicht den Kürzeren zogen. Dem Tuchebander Viehhändler Seelig wollte er einen ganzen Stall voll Rinder verkaufen. Seelig tritt in den Stall, sieht die Tiere in ihren Hufen hin und her stampfen, typisches Anzeichen für den Befall von Maul- und Klauenseuche. »Sehn'se, Herr Baron, ihre Kühe telegrafieren schon«, witzelt der Tuchebander *Felljude*, wie man ihn zu bezeichnen pflegte. Seelig, nach dem Krieg unter dem Namen Stone in England lebend, gibt mir sein Erlebnis mit dem Rathstocker Baron im August 1968 zum Besten. Dabei sitzen wir uns auf dem Weg zur Londoner Börse gegenüber: »Und das eine sag' ich dir, Jürgen: Wenn mich eener betuppen will, denn bin ick aber wach!«

Der Baron als ehemaliger Kavallerist und Rennreiter, verstand einiges von Pferden und züchtete sie. Im Unterschied zu den bodenständigen Nachbarn war er wendig und schnell in der Lage, sich auf wirtschaftliche Umbrüche einzustellen. So bekam er Wind davon, dass Gurken auf dem Berliner Markt begehrte Mangelware waren. Sogleich schaltete er auf Feldfruchtwechsel um, legte ganze Schläge Gurken an und verkaufte sie in der Hauptstadt zu Höchstpreisen. Während fast alle Nachbargüter sich in der Weltwirtschaftskrise über die Ohren verschuldeten, manövrierte der Baron Rittergut Rathstock ohne Verluste durch das Chaos. Wären die Zeiten friedlich geblieben, hätte man bei einer Neuverhandlung des Erbvertrags derlei unleugbare Verdienste berücksichtigen können und wäre vielleicht zu einer beide Parteien befriedigenden gütlichen Einigung gelangt.

Des Barons Nichte

Der Baron hatte eine kleine Tochter. Sie war gerade sieben, als der Vater das zweite Mal heiratete. Ein eigenwilliges Kindergesicht, durch das Hin- und Hergezerre zwischen den geschiedenen Elternteilen an der Seele früh geschädigt. Dazu groteske Erziehungsmethoden. Zum Beispiel: Würgte das Kind bei Tisch, wie es die Regel war, am Essen herum, hieß es: »Wenn du nicht artig aufisst, bekommst du Rathstock nicht!« Oder: »Wehe du schreibst deine Schulaufgabe nicht sauber, dann kuckste in die Röhre und kriegst Rathstock nicht!« Später zeichnete sich Vera durch eine schöne Singstimme aus, wünschte sich Gesangstunden. Das lehnte der Vater als »reine Albernheit« ab.

Das Mädchen drohte, fern von Dorfkindern, nur umgeben von Erwachsenen und wesentlich älteren Stiefgeschwistern, zu vereinsamen. Man schaffte Abhilfe, holte ein Berliner Großstadtkind aufs Land, das wegen seiner Spillerigkeit und Blässe über die Sommerferien hinaus in Rathstock blieb. Ein verträgliches Geschöpf, vier Jahre älter als Vera, wohlerzogen, nur etwas scheu und still. Beide Mädchen erhielten Unterricht von einer Hauslehrerin. Gisela aus Berlin hatte noch zwei Schwestern, Annelise und Ursula, die in den Sommerferien nach Rathstock hinzustießen. Kein Wunder. Alle drei Mädels waren Nichten des Barons, Töchter seiner ältesten Schwester, die in Berlin ihrerseits mit einem verabschiedeten Offizier verheiratet war. Gisela war Patenkind des Barons.

Dem großen Stiefvetter gingen die »Berliner Puten«, wie er sie nannte, mit ihrem schrillen Getobe im Stroh, ihren Kindereien am Frühstückstisch auf den Geist. Er hing ihnen über Nacht eine tote Krähe vors Fenster, band die für den Diener zum Putzen herausgestellten Schuhe an den Schnürsenkeln zusammen und hängte das Gebaumel über die Türklinke, knotete ihnen mit Zwirn die Teelöffel an die Tassenhenkel … Die Folge: Lautes Gezeter über den »ekligen Hans«.

War es das sich ankündigende Gemmenprofil? Der unverwechselbare Schnitt der blauen Saphiraugen? Instinktiv witterte der junge Mann, dass in Veras gerade zwölf Jahre zählenden Berliner Dauergesellschafterin Gisela ein äußerst apartes Geschöpf heranspross. Das würde er sich erwählen, sobald es aufblühte. Der neunzehnjährige Hans-Adolf, rassig schmal, männlich, dunkeläugig hatte bei dem Berliner Kind leichtes Spiel. Es gab zwischen Gutshof, Schafställen, Park und Dorflinde keinen Konkurrenten zum Vergleich. Sie sah den Vetter zu Pferde sitzen, die Hunde (sie sagte *Hünde*) zusammenpfeifen, zwei erlegte Wildenten am Gürtel, von der Jagd kommen und – schmolz hin.

Das Berliner Kind

Wie die Sonne die Planeten bestrahlt, ihren Lauf beeinflusst, bildete der damals wohlbekannte Landschafts- und Marinemaler Ernst Koerner den leuchtenden Leitstern seines Familienclans. Er war als reicher

Gutsbesitzersohn aus der Provinz Posen nach Berlin gekommen, hatte sich zu einem begehrten Meister der Ölfarbenkunst ausbilden lassen, der die Küsten Flanderns und der Normandie aufsuchte, England und Schottland durchstreifte, die Dolomiten, Italien, Spanien, Griechenland und den gesamten Orient bis tief in den Süden Ägyptens bereiste. Gefiel ihm der Panoramablick, die Abendbeleuchtung eines Felsengipfels, die gegen die Klippen spritzende Brandung, stellte er seine Staffelei auf, hielt mit Pinsel und Farbe den schönen Augenblick fest, solange dieser verweilte. Daheim in seinem Berliner Atelier entstanden aus diesen Reisestudien Schauwände ausfüllende Landschaftsgemälde, um die sich das wohlhabende Bürgertum riss. Ein Wunder ist das nicht. Koerners Bilder sind schön. An ihren Farben wärmt sich die Seele. Die zarte Gegenständlichkeit hat nichts Gewaltsames, sie versöhnt. Das Gemüt erquickt sich, verliert sich in der Landschaft, ohne sich je daran müde zu sehen.

Ernst Koerner machte glänzende Geschäfte, baute sich im Berliner Tiergarten eine Villa in Neorenaissance ganz nach seinen Vorstellungen, die später im Krieg zerstört wurde. Dort versammelten sich Kinder und Enkel um einen engelshaargeschmückten riesigen Weihnachtsbaum. Die Enkelinnen, zehn an der Zahl, liebten den Großvater. Er wusste sie zu bezaubern, indem er ihnen die Odyssee oder Märchen von der Alhambra erzählte.

Das Vorzeigestück seines Hauses war ein Esszimmer von überdimensionalen Maßen, die Wände mit Gemälden vom Nil ausgekleidet, dass es den Speisenden den Eindruck vermittelte, sie segelten den Fluss entlang. Ernst Koerner hatte in eine alte Berliner Kaufmannsfamilie namens Heyl eingeheiratet, deren Farben- und Malutensilienhandlung schon Theodor Fontane als das führende Fachgeschäft der ganzen Stadt gerühmt hatte.[6] Auguste Heyl, Koerners Frau, eine Schönheit, starb in jungen Jahren an einer Mittelohrentzündung. Immer wieder malte sie der Witwer, trieb einen Kult um die Verstorbene, indem das Personal angehalten war, zu jeder Mahlzeit für sie zu decken, das Schlafhäubchen gestärkt über das nachtfertig bereitete Bett zu legen…

Allein wie ein verwunschener König lebt er in der großen Villa, betreut von einer ihm blind ergebenen Hausdame und vielem Personal, ein kleinwüchsiger, weißhaariger Patriarch. Das oberste Stockwerk seines Hauses hatte er sich zum Atelier ausbauen lassen. Hier besuchte ihn, als Auguste noch lebte, das kaiserliche Kronprinzenpaar; denn Prinzessin Viktoria war Koerners Malschülerin. Verweilte der Kronprinz allzu lang im Gespräch mit der schönen Malergattin, wurde die Royal Princess streng: »Komm, Fritz, wir müssen gehen!«

Da Ernst Koerner sich gut auf Finanzen verstand, hatte ihn der Verein der Berliner Künstler zum Säckelmeister ernannt. Er hatte viele Freunde unter den gebildeten Juden. Sein eigener Schwager, Albrecht von Gustorf, war Sohn eines geadelten jüdischen Geheimen Medizinalrats. Koerner wusste die Kinder Jakobs zu schätzen. Erfuhr er doch, sobald er für ein gemeinnütziges Projekt Geld sammelte, immer wieder, dass sich gerade unter ihnen die freudigsten und großzügigsten Geber fanden. Zu den engeren Freunden zählte er den Zoologen und Naturphilosophen Ernst Haeckel. Mit ihm reiste er durch Griechenland. Ohne dessen Weltanschauung, die Gott auf ein *gasförmiges Wirbeltier* reduzierte, im Geringsten zu teilen – Ernst Koerner war gläubig –, verband ihn mit Haeckel ein über Jahrzehnte währender Briefwechsel. Im Jenaer Ernst-Haeckel-Museum hängen etliche Bilder des Malers.

Ernst Koerner hatte vier Kinder: eine Tochter und drei Söhne. Major a.D. Otto Koerner, Giselas Vater, hatte sich schon vor dem Krieg auf dem Gebiet der Bildmessung und Auswertung von Luftaufnahmen aus Zeppelinen und Flugzeugen hervorgetan, indem er wesentlich zur Entwicklung eines Verfahrens zur Entzerrung solcher Flugbilder beigetragen hatte. Dieses Verdienst auf dem Fachgebiet der Fotogrammetrie empfahl den vom Militärdienst Entlassenen für eine Anstellung im Reichspatentamt, wo er sich schnell zum Regierungsrat hocharbeitete. Die soliden, wenn auch bescheidenen Einkünfte gestatteten ihm, dass er die aufwändige Sieben-Zimmer-Wohnung auf der Karlsruher Straße in Berlin-Halensee, in der Nähe des Kurfürstendamms, halten und seinen Töchtern eine Schulbildung im 20 Minuten entfernten

Otto Koerner als Major.

Hohenzollern-Lyzeum ermöglichen konnte. Die unvermögende Baronesse Carola von der Goltz hatte er seinerzeit nur heiraten dürfen, weil er seinem Regimentskommandeur den Nachweis eines ihm vom Vater zugesicherten Vermögens vorlegen konnte.

Gisela war, wenn man von gelegentlichen Defiziten in den Fremdsprachen absieht, keine schlechte Schülerin. Sie hatte die mathematische Begabung des Vaters geerbt und löste die Aufgaben der Klassenarbeiten so fix, dass sie auch noch die der Nachbarinnen erledigte, die einer anderen Gruppe zugehörten. Es gibt intelligente Jüdinnen in der Klasse, die Giselas Freundinnen werden, darunter Raiza Kubelinski. Mit ihr tauscht sie in den Erdkunde-Stunden Briefchen. Man gibt sich für den Fall, dass die Papierfetzen in falsche Hände geraten, mehr noch aus reinem Ulk Tarnnamen. Die Klasse hat gerade den Film *Soll und Haben* gesehen. Da kam ein jüdischer Kaufmann vor. Gisela unterschreibt mit dessen Hausnamen – *Itzig*. Etwa so: »Heut Nachmittag Rollschuhe? Schlage vor Grunewald. Itzig wartet auf Antwort.« Oder: »Draußen steht Dein Liebster, voll Freude piepst er. Viele Grüße Dein Itzig.«

Der Berliner Maler Ernst Koerner mit Enkelin Annelise.

Hilde Neustadt, eine andere jüdische Mitschülerin, verstand sich auf Komik. Ihre Starnummer: eine jiddisch-deutsche Klamaukszene: *Meine Alten zoffen sich.* (hebr. *sof*: Streit) Alles kringelte sich vor Lachen. Mit den Schulfreundinnen lief Gisela Rollschuhe durch Berlins Straßen oder radelte an den Lietzensee. Da sie Muttis Liebling war, durfte sie sich hinter den Schulaufgaben vergraben, dabei schmökern, sich schön machen, während die Schwestern im Haushalt halfen.

In den letzten Schuljahren schwärmte sie für einen Deutschlehrer, der auch Musik gab. Er überzeugte sie davon, dass Carl-Löwe-Balladen zwar klangschön, aber doch ein bisschen kitschig seien. Bei einem Klassenausflug nach Weimar knipste sie an Schillers Grab, als es keiner sah, von dem Lorbeerkranz ein Blättchen ab, das sie als Lesereliquie aufbewahrte. Das Hohenzollern-Lyzeum wurde mit einer Oberstufe zum Gymnasium aufgestockt.

Nicht für Gisela: Sie hatte sich mit 17 Jahren verlobt und wollte in Kürze an der Seite von Hans-Adolf Schmelzer Gutsfrau im Oderbruch werden.

Es gab für den Sohn aus gutem Haus, der sich in ein Mädchen der gehobenen Gesellschaft verliebt hatte, eigentlich nur zwei Wege, die Beziehung zu intensivieren. Entweder er lud die junge Dame ins Theater, in die Oper oder ins Kino ein. Das aber hatte aus Anstandsgründen zu dritt zu geschehen – also keine Gustav-Gründgens-Inszenierung, keine Lehàr-Operette, keine Nibelungenfilm-Vorführung ohne Beisein von Annelise, der großen Schwester, auch *Flöhchen* genannt. Der zweite Weg führte direkt in die Karlsruher Straße, um der Familie sittsam seine Aufwartung zu machen. Von beiden Möglichkeiten machte Hans-Adolf fleißigen Gebrauch. In der weitläufigen Wohnung gab es den einen oder anderen toten Winkel, wo die beiden glaubten, für einen Moment die Köpfe zusammenstecken und ein heimliches Küsschen tauschen zu können. Denkste! Schon trat Madame ins Zimmer und erklärte das Paar für verlobt. Der ins Garn gegangene Goldvogel fühlte sich übertölpelt. Zwar hatte er Gisela längst in engere Wahl gezogen. Nur hätte er den Zeitpunkt für eine anzeigenreife Festschreibung gerne selbst bestimmt.

Verlobungszeit

Der bartlose junge Herr auf Hathenow, die flache Sportmütze auf dem Kopf, darunter das Haar, wie es üblich war, mit Glanzpomade gewichst und in der Mitte gescheitelt, steigt in den offenen Chrysler. Braust 90 Kilometer westwärts nach Berlin. Vor dem Hohenzollern-Gymnasium lässt er eine 17-jährige Sekundanerin einsteigen, deren linkes Händchen seit kurzem ein Ringlein ziert, auf dem sich Perle und Brillant wie zwei Liebende aneinander schmiegen. Ein tagelanges Rätsel löst sich für zwei Dutzend offen stehende Mädchenmäuler. Vorbei die Jahre der Itzigbriefchen, der Rollschuhrennen, der Don-Carlos-Dialoge mit dem verehrten Deutschlehrer. Auch jetzt geht es nur zu dritt – erst ins Theater, hinterher zu Kempinski, wo es *schwarze Eier* (so bezeichnet die entlaufene Pennälerin den Kaviar) zu kosten gibt.

Ganz vorbei ist die Schule aber noch nicht. Als Muttis Hätschelprinzessin, die den Küchendienst grundsätzlich den Schwestern überlassen durfte, selber lieber schmökerte, sich die Wimpern pflegte, hat Gisela von Haushalt, Speisebereitung wenig bis *null* Ahnung. Die Eltern drängen auf unverzügliche Beseitigung dieser Defizite. Man wechselt also in eine Hauswirtschaftsschule – das Pestalozzi-Fröbel-Haus – zwecks Unterrichts in Kochen, Nähen, Babypflege. Die Braut zieht einen Flunsch: Was soll mir dieser Kram, wo ich doch demnächst für jeden Handschlag meine Leute habe, allenfalls ein paar Regieanweisungen geben muss! Sie überlässt das Soßeandicken denen in der Klasse, die es nötig zu haben meinen. Ihr Herz weilt bei dem Liebsten, dem sie jeden Tag lange Briefe schreibt. Keine 20 Jahre später wird sie ihren Leichtsinn bereuen und unter ihr noch unvorstellbaren Bedingungen selber kochen und haushalten müssen, ohne es je gelernt zu haben.

Was für ein Berliner Großstadtkind, das für immer aufs Land wollte, erheblich mehr zählte, war, dass es reiten konnte. Gisela hatte es in Rathstock bei ihrem Patenonkel gelernt. Der begriff sich als Rittmeister, trennte sich von diesem Titel auch nicht, als er beim Abschied vom Heeresdienst, wie es üblich war, einen Dienstgrad höher eingestuft wurde. Major »von Eberts Gnaden« zu werden, kam für den königstreu Gebliebenen nicht in Frage! Ohnehin bezog man nur das Ruhegehalt eines Hauptmanns.

Rittmeister von der Goltz, wie er schon in Kleists *Prinzen von Homburg* vorkommt, der Rathstocker jedenfalls, verstand einiges von Pferden, mehr noch vom Reitsport. Was sich an Haarschleifenvölkchen zu Ferien im Oderbruch eingefunden hatte, bekam vom Hausherrn fachmännischen Reitunterricht. Ein lammzahmer, geduldiger alter Schimmel, an der Longe geführt, trug im Sattel ohne Ansehen der Person jedes Kind im Kreis herum – im Schritt, im Trab, in leichtem Galopp. In der Mitte der Onkel, die Linke die lange Leine haltend, die Rechte Knallpeitsche schwingend. Streng und knapp die Anweisungen: »Ihr müsst den Lehrer mehr fürchten als das Pferd!« So hatte Gisela schon als kleines Mädchen gelernt, sich tapfer im Sattel zu halten. Dem Verlobten genügte das noch nicht. Er finanzierte seiner Teuersten während der Brautzeit Unterrichtsstunden auf den berühmten Reitbahnen des Beermann-Tattersalls, die Gisela ohne Frage ernster nahm, als das Bohnenandünsten auf der Haushaltsschule. Die Trabroute konnte sich bis auf den Kurfürstendamm erstrecken, in dessen Mitte damals noch ein gepflegter Reitweg tief ins Herz der Stadt führte.

Hochzeit

Berlin, den 15. Mai 1928. Hans-Adolf Schmelzer, Besitzer der Güter Sachsendorf, Werder und Hathenow im Oderbruch, 25-jährig, heiratet die 18-jährige Ex-Oberschülerin Gisela Koerner aus Berlin-Halensee. Die Eltern der Braut richten, wie es Brauch ist, die Hochzeit aus. Mittags Trauung am Ort in der sogenannten Hochmeisterkirche, einem neugotischen Gotteshaus, kaum älter als die Braut. Hier ist sie konfirmiert worden. Nach dem Gottesdienst wälzt sich die gesamte Hochzeitsgesellschaft im Autokonvoi zum Tiergarten, Budapester Straße. In das Palast-Hotel, so meint Gisela, nach fast 60 Jahren von einer Großnichte befragt, sich zu erinnern.[7] Ein gewöhnlich vom Adelsklub genutzter Saal bot nicht nur reichlich Platz für eine 80-Personen-Hochzeitstafel, sie gewährte auch Raum für eine Tanzfläche samt aufspielender Studentenkapelle. Die für damalige Verhältnisse hohe Gästezahl ergab sich aus der Tatsache, dass sich seit der Heirat des Barons mit der Rathstocker Gutsbesitzerswitwe im April 1920 die Familien von Braut und Bräutigam längst gut kannten. Sieben Brautführer und sieben Brautjungfern waren dem Hochzeitspaar beigesellt. Das ergab reichlich junges Volk, was für Stimmung sorgte und dem Fest die Steifheit nahm. Die Musiker intonieren den Hochzeitsmarsch aus dem *Sommernachtstraum*, Norwegisches erklingt, weil der Bräutigam, sonst wenig musikinteressiert, Edvard Grieg schätzt, Lehár, Offenbach ranken sich um den Stunden währenden Hochzeitsschmaus. Für gehaltvolle, witzige Tischreden waren die Koerners begabt. Den Vogel hatte stets der Großvater abgeschossen, der ein Jahr zuvor verstorbene Maler Ernst Koerner. Dem Rathstocker Brautpaar hatte dieser einst geraten, ja nicht zu vergessen, die drei Mo(h)ren mit ins Lebensboot zu nehmen: den *A-mor*, den *Ru-mor* und den *Hu-mor*.

Die Gesellschaft hat sich unter dem adlergekrönten Herrscherbild zum Hochzeitsfoto versammelt. Wenn man in der Provinz oder in der Hauptstadt seit Generationen zu den ersten Familien gezählt

Das Brautpaar Hans-Adolf und Gisela Schmelzer.

hat, nimmt es nicht Wunder, dass sich das an so mancher guten Erscheinung ablesen lässt. Dazwischen eingestreut, fast demütig – brave, wetterfarbene Bauerngesichter aus der Magdeburger Börde, Blutsverwandte des Bräutigams. Sie waren es, die fortschrittliche Feldkultur und wirtschaftlichen Wohlstand ins Oderbruch gebracht hatten.

Zu später Stunde verkrümeln sich die Frischgetrauten möglichst geräuschlos, sozusagen à l'anglaise. Man führt sogar einen Entschuldigungsgrund an: der Nachtexpress Richtung Süden könne nicht warten. Aber Hans hat geflunkert. Nur wenige Häuser weiter hat man sich in ein Luxushotel einquartiert, um zu genießen, was Goethe folgendermaßen in Verse fasst:

Und so zu des Lagers vergnüglicher Feier
Breiten den dunklen, behaglichen Schleier
Die nächtlichen Stunden, das schöne Gespinst.[8]

Was hatte die junge Ehefrau nur angewandelt, tags darauf, nach mehr oder weniger unausgeschlafener Brautnacht, spontan ihre Mutter anzurufen? Etwa mit den Worten: »Stell dir vor, liebes Muttchen, wir sind immer noch in Berlin! Hat mein Hans das nicht clever gedeichselt? Heut Nachmittag steigen wir in den Mailand-Express …« Und *Muttchen*? Sollte die etwa nachfragen: »Na, wie wars? Hat alles geklappt heut Nacht?«, wie einst Kaiserin Maria-Theresia von fern besorgt die nach Frankreich verheiratete Tochter befragte, deren Gatte an Phimose litt? Zehn Jahre nach Abdankung des letzten Kaisers aber ging dergleichen in Kreisen, denen man sich zuzählte, beileibe nicht an. Auch nur zarteste Anspielungen auf intimste menschliche Lebensbereiche – o Gott, o Gott! Und so musste sich die arglose Anruferin die ausdrücklichste Missbilligung anhören. Merk es dir, Gisela: Am Morgen nach glücklich vollzogenem ersten Eheakt ruft man nicht gleich Mutti an!

Hochzeitsreise

Mailand – Genua – Pisa – Florenz – Rom – Neapel – Insel Capri – Pompeji und über Bologna – Verona – Venedig wieder zurück in den Norden. So in etwa muss die knapp dreiwöchige Reise des Sachsendorfer Hochzeitspaares verlaufen sein. Gisela wird bis ans Ende ihrer Tage von den Erlebnissen zehren und davon erzählen; denn es war das einzige Mal, dass man sich in 17 Gutsbesitzerjahren jenseits deutscher Sprachgrenzen begab. Wäre es nach Gisela gegangen, man hätte es den Rathstocker Schwiegereltern und der Jahre später gleichfalls mit einem Gutsbesitzer verheirateten Schwester Annelise gleichgetan, hätte wie sie, solange der Frieden noch währte, halb Europa bereist. Aber Hans klebte an der Scholle. Da war nichts zu machen.

Schon unterwegs schieden sich die Geister. Gisela brachte von Hause aus ein geschultes Urteil über Gemälde, Skulpturen und Baustile mit. Als kleines Mädchen hatte sie den Vater an so manchem Sonntag in die Berliner Museen begleitet. Otto Koerner zeichnete, malte wie der berühmte Vater, auch Gisela zeichnete. In Florenz verliebte sie sich in die Madonnen Filippo Lippis, entzückte sich an den Engeln Botticellis. Sie konnte in den Uffizien eine Ewigkeit vor den schönsten Exemplaren verweilen. Hans, rücksichtsvoll geduldig, langweilte sich im Stillen. Er beobachtete viel lieber die Menschen – feilschende Händler auf der Straße, zerlumpte Knaben, die vor der Haustürschwelle würfeln, eine farbenfroh gekleidete junge Mutter mit Bambino auf dem Arm, betendes Volk vor einer gekrönten Madonna … Dem Auge des preußischen Touristen entgehen die Flöhe nicht, die selbst in renommierten Hotels unter zurückgestreiften Betttüchern in Sippenstärke dem Gast entgegenhüpfen. Bettler sind nirgends anzutreffen. Man bereist das Italien eines Diktators.

An einem der frühen Junitage des Jahres 1928 kehrt das Hochzeitspaar in die Heimat, das Oderbruch, zurück. Der weinumrankte Eingang des Sachsendorfer Hauses ist zum Empfang geschmückt. Für die Eintretenden beginnt der glücklichste und zugleich tragischste Abschnitt ihres Lebens.

Harte Jahre – goldene Jahre

Als Jahre später Otto Koerners älteste Tochter Annelise gleichfalls einen Gutsbesitzer heiraten will, steht man wiederum vor der großen Frage: Wie fügt sich die frischgebackene Ehegefährtin in einen großen Haushalt ein, wo unter erfahrener fremder Hand alles wie in einem Dampfbetrieb von selber läuft?

Vater Koerner gibt dem Brautpaar Ratschläge, dazu das Beispiel der seit fünf Jahren im Oderbruch schaltenden jüngeren Schwester heranziehend: »Die Sachsendorfer haben es damals folgendermaßen gemacht: Zunächst ließ Gisela den dortigen Haushalt ungestört weiterlaufen, redete möglichst wenig hinein, sondern lernte und beobachtete nur. Dafür war sie umso mehr mit Hans in der Wirtschaft und auf dem Felde, so dass sie dort seine Sorgen und seine Tätigkeit kennenlernte. Von ihren Aufgaben übernahm sie ganz allmählich eins nach dem anderen, nachdem sie darüber gut informiert war, z. B. erst die Ausgabe der Wäsche, später die Speisekammer, allmählich konnte sie dem alten Gärtner Bescheid sagen, später kamen die Hühner usw. – So hat sie sich im Laufe der Jahre gut eingearbeitet.«[1]

In der Tat ist es erstaunlich, wie sich schon in kurzer Zeit aus der Halenseer Sekundanerin, die ihrem Gatten in den ersten Wochen der Ehe am liebsten auf dem Schoß gesessen hatte, eine verantwortungsbewusste, energische Persönlichkeit entwickelt hat mit klaren Zielvorstellungen und gesicherten Kompetenzen.

Zunächst sieht sie ihre Rolle an der Seite des Ehemanns, dessen Stand als neuer Chef einer Dreigüterwirtschaft von nahezu 5 000 Morgen, bestückt mit mauliger, vielfach leistungsunwilliger Belegschaft, problematisch genug war. Die Leute grüßten nicht, wenn die Besitzer auf den Hof traten. Eine Fahrt über Land unternahm man unter

Lebensgefahr. Hans hatte eine Pistole schussbereit im Handschuhfach liegen.

Der Alltag sah für die junge Gutsfrau so aus: Frühstück zu zweit kurz nach acht, sobald Hans den ersten Gang durch die Wirtschaft beendet hatte. Anschließend Besteigung der gesattelten Reitpferde. Seit an Seit hinaus zu den Schlägen, wo immer gerade gepflügt, gedrillt, geeggt, in Kolonne gejätet, gehackt, gemäht wurde. Ritt zu den Vorwerken. Zwischendurch Besuch in der Buchhaltung, in der Brennerei, Gang durchs Gewächshaus der Gutsgärtnerei, Fahrt zu den Ämtern der Kreisstadt Seelow, nach Küstrin zum Tierarzt, zum Notar, zur Apotheke … Um halb eins Mittagessen. Man hat die Beamten zu Tisch, den landwirtschaftlichen Lehrling, die Wirtschafterin. Es dauert nicht lange, bis Gisela sich mit den Belangen des Vaterländischen Frauenvereins vertraut gemacht hat, am Ort die Leitung übernimmt und damit die Nachfolge der vor drei Jahren verstorbenen Amtsrätin Anna Schmelzer antritt.

Besuche sind zu machen. Es ziemt sich für die Jungverheirateten, dass sie in der Nachbarschaft ihre Visitenkarte abgeben, um den Alvenslebens, Finckensteins, Hardenbergs oder Flemmings Tage darauf ihre Aufwartung zu machen. Auf verschwiegenen Landsitzen scheint für die Großstadtberlinerin die Zeit stehen geblieben. Ein adliges Mütterchen mit Häubchen fragt das Pärchen, wieviel Meilen denn von Sachsendorf aus zurückgelegt worden seien. Die Gastgeberin von Friedersdorf führt Gisela durch die Räume geradewegs zu dem Porträt einer schönen Dame – zweite Gemahlin des Vorfahren August Gebhard von der Marwitz, eine geborene von der Goltz …

Wo Gisela gleich zu Anfang eigene Akzente setzen kann, ist das Innere des Wohnhauses. Eine über ein halbes Jahrhundert gewachsene Ansammlung zierüberladener Gründerzeitmöbel, Beistelltischchen mit Bergen angegilbter Fotos, Reisemitbringseln auf samtenen Quastendeckchen muss den Schönheitsvorstellungen eines neuen Zeitalters weichen. Die Mathematikerin liebt das Klare, Gradlinige, Helle. Sie mag keine Staub fangenden Stehrumchen. Sie liebt das Schöne, sofern es auch zweckmäßig ist. Giselas Tageszuflucht ist der

Die Sachsendorfer Kirche.

Damensalon mit seinem brombeercremefarbenem Kachelofen, einem Orient-Gebetsteppich aus dem Nachlass ihres Großvaters, einem Flügel aus dem Hause Mendelssohn – alles das hat die junge Frau aus Berlin mitgebracht. Das Esszimmer mit den Maßen sieben mal zehn Meter bereichert sie links der Schiebetür zum Salon mit dem Porträt Ernst Koerners, man sieht ihn mit Pinsel und Palette von der Arbeit aufblicken. Auf der Wand rechts der Schiebetür lässt der vollbärtige Oderbruchkönig Adolph Schmelzer seinen prüfenden Menschenkennerblick schweifen.

Große Fenster mit zurückgestrichenen bis zum Boden reichenden Gardinen schauen auf den Park und den Maßwerkgiebel einer alten Backsteinkirche, die im Innern Fresken aus gotischer Zeit birgt. Jahre später wird die Großmutter Rathstock bei Sonntagsgeläut an einem der Esszimmerfenster stehen und zynisch bemerken: »Se strömen, se strömen …«. Es herrschten für die Kirche bedrohliche Zeiten: Mehr als fünf, sechs alte Frauen waren es tatsächlich nicht, die Käthe von der Goltz in den Gottesdienst *strömen* sah …

Pfarrer Georg Dürr

Zwei Jahre vor Einzug des jungen Paares ins Sachsendorfer Haus war ein noch nicht 30-jähriger neuer Pfarrer in die Gemeinde berufen worden: Georg Dürr. Als Jugendpfarrer zu Berlin-Hermsdorf hatte er zuvor in einer seiner letzten Predigten wie ein alttestamentarischer Prophet mahnende Worte gesprochen. Gefahr war im Anzug, und Pfarrer Dürr warnte die jungen Menschen: »Die Gefahr, im Drang nach Freiheit sich betören zu lassen von Leuten, die dem Sehnen der Jugend entgegenkommend, vorgeben, *Führer* zu sein, in Wahrheit aber *Verführer* sind, die Gefahr, dass an Stelle der Freiheit, der wir uns freuen möchten, das Joch der Knechtschaft tritt und der Unfreiheit, unter das wir gezwungen werden.« Der junge Prediger ruft der Jugend zu: »Die Augen auf! Nicht blindlings wohlgesetzten Worten Glauben schenken! Nicht blindlings sich diesem und jenem anvertrauen, der als Führer sich anbietet!«[2]

Das Pfarrhaus, aus ehrwürdiger Zeit, liegt der Kirche gegenüber auf der anderen Seite der Dorfstraße, die einstmals der Alte Fritz entlanggeritten war. »Wir hatten 8 Zimmer, Diele, Küche, Bad, Speisekammer, 2 Keller und 2 Böden«, so erinnert sich Elfriede Dürr, die Frau des Pfarrers. Der Gemeindekirchenrat hatte sich zum Empfang versammelt. Die Haustür schmückte eine Girlande und ein gerahmter Spruch: »Unsern Eingang segne Gott«.[3] Pfarrer Dürrs Familie, alsbald mit fünf Kindern gesegnet, wird in den Jahren des Untergangs mit der Familie des Gutsbesitzers und den Bewohnern des ganzen Dorfes eine Schicksalsgemeinschaft bilden. Man versteht sich. Pfarrkinder und Gutskinder freunden sich an. Der Besuch von *Pfarrers* zur Kaffeestunde bei Schmelzers am Ersten Weihnachtsfeiertag wird zum festen Brauch.

Krisenjahre

Die Landwirtschaft der ersten fünf Jahre nach der Hochzeit, in den Jahren 1928 bis 1933, war ein einziges Trauerspiel. Der Gutsbesitzer erinnerte sich später: »Bei einem Lohngeldaufwand von 320 000 Mark war es mit einer Unmenge Menschen wegen des trägen Ganges der

Innenansicht der Sachsendorfer Kirche, Blick nach Westen.

Arbeitsleistung kaum möglich, die notwendigen Arbeiten zur rechten Zeit fertig zu bringen.«[4] Der junge Chef stöhnte. War es Zeit für die Frühjahrsbestellung, musste das Getreide eingefahren, durfte die günstige Wetterlage nicht vertrödelt werden. Eile war geboten. Doch gerade in solchen Hochmomenten legte sich die Arbeitskolonne quer, drohten die Anführer mit Streik, um höhere Löhne durchzusetzen. Wollte Hans-Adolf Schmelzer Störenfriede, die nur hetzten, ohne für die zügige Bergung der Ernte unter drohender Gewitterwolke auch nur einen Finger krumm zu machen, entlassen, schaltete sich das Arbeitsgericht ein. Betriebsversammlungen verliefen chaotisch, arteten in üble Streitereien aus. Sachsendorf mit seiner Zuckerfabrik hatte Industrie, nicht wenige Bewohner gehörten der Kommunistischen Partei an. Der Besitzer sah sich gezwungen, neue Kredite aufzunehmen, um die Anschaffung moderner Landmaschinen zu finanzieren. Durch sie versuchte er sich von menschlicher Arbeitskraft, auf deren Verlass er nicht zählen konnte, unabhängig zu machen.

Ein dunkles Kapitel das Treiben an den Börsen. Hatte der Bauer eine gute Getreideernte erzielt, wurde der Weizen auf dem Markt zu einem Spottpreis gehandelt. War der Jahresertrag schlecht gewesen, reichte das Geld kaum, sich das überteuerte Saatgut zu beschaffen. Hatte man Korn eingefahren, war zum Dreschen wegen der dringend abzuerntenden Schläge noch keine Zeit. Aber gerade dann erhandelte man für gedroschenen Weizen Traumpreise. Wartete man mit dem Drusch, bis dazu Zeit war, sank der Preis in den Keller. Ein noch so vorsichtig aufgestellter Wirtschaftsplan schmetterte nach Ablauf des Betriebsjahres den Unternehmer zu Boden, weil das von vorneherein einkalkulierte Minus noch erheblich übertroffen wurde. Ein Wildwuchs von Börsenspekulationen belehrte den Landmann darüber, dass es letztlich gar nicht mehr darauf ankam, was und wieviel man erzeugt hatte, sondern lediglich darauf, das Produkt im richtigen Moment zu verkaufen.

Die neue Wirtschaftskrise 1929, ausgelöst durch das Desaster an der New Yorker Börse, hatte das Chaos auf den Märkten, die Arbeitslosigkeit, die allgemeine Not noch vergrößert. Viele Höfe machten Pleite.

Und Sachsendorf? Wie lange würde sich der Betrieb noch halten können? Am 7. April 1930 schrieb Gisela an Ruth Göttel, die ihr treu gebliebene Schulfreundin aus Berlin:

»Es ist ja so sonderbar an dieser schrecklichen Zeit, dass man gar nicht in die Zukunft sehen kann, ja dass man gar nicht mehr weiß, ob man nächstes Jahr noch hier in Sachsendorf ist. Denn die Preise, die man jetzt für unsere Produkte bekommt, sind so schandbar, dass es ein Wunder wäre, wenn man trotz äußerster Sparsamkeit die Wirtschaft finanziell halten kann.«

Gisela hatte sich kundig gemacht und führte Beispiele an zur Veranschaulichung, wie rapide die Preise für den Zentner Rüben auf 700 Morgen Anbaufläche im Ganzen in die Tiefe gepurzelt waren: »Diesen Verlust kann man nirgends wieder einholen, denn an Löhnen sparen geht ja nicht, weil im Tarif die Löhne festgesetzt sind und für niedrigere Löhne kein Mensch arbeitet.«[5]

Der Gutsbesitzer wirbt um das Vertrauen der Leute

Alles Kalkulieren, alle Plackerei hatte keinen Sinn, so wurde sich der junge Betriebsführer klar, wenn man nicht das Vertrauen der Menschen zurückgewann. Der Weg zu ihnen fiel dem unter seinesgleichen eher Kontaktscheuen nicht schwer. Er sprach den Pferdefütterer an, den Melker, den Treckerfahrer, ließ sich Zeit für einen privaten Schwatz mit dem Gutssattler, der Hühnerfrau, dem Schäfermeister. Auf den traditionellen Dorffesten mischte er sich unter die Leute, schätzte ihre oft einfache, umso treffendere Denkweise. Viele hatten noch den alten Amtsrat erlebt. Was waren das für gute Zeiten gewesen! Manches verwitterte Gesicht verklärte sich bei der Erinnerung.

An der Fürsorge um das Wohl von Mitarbeitern und ihren Familien durfte, das verriet die Säumigkeit des Vorgängers, am wenigsten gespart werden. Pfarrer Dürrs Ehefrau Elfriede bezeugt in ihren Memoiren, dass die Sachsendorfer sich über den Nachfolger in der Tat nicht zu beklagen brauchten. »Ihre 1 ½ – 2 ½ Zimmer-Wohnungen wurden von den Handwerkern des Rittergutes in sehr gutem Zustand gehalten, die Küche jedes Jahr geweißt. An dem Tag standen dann die Küchenmöbel vor der Tür. Manche Familien hatten ein kleines Vorgärtchen. Gemüsegarten besaßen alle zwischen Rotem Strumpf [einer vom Amtsrat geschaffenen Siedlung aus Leutehäusern in rotem Backstein] und Kleinbahn, außerdem Stubenland. Dort wurden die Kartoffeln vom Gut angebaut und jedem sein Stück zugeteilt … .«[6]

Nach und nach gelangten auch die Scharfmacher unter den Murrenden zu der Erkenntnis, dass sich Dauerstunk in der Wirtschaft nicht auszahlte. Die Betriebsratssitzungen verliefen allmählich zivilisierter. Der Chef selbst durfte, ohne ausgebuht zu werden, vor die Versammelten treten. Seine Ansprache lautete nach dem, was er uns Kindern später darüber erzählte, in etwa so: »Hört Leute! Ich brauche euch alle. Ohne euch kriege ich den Karren nicht aus dem Dreck. Ich rechne so und so. Wenn ihr alle mit anpackt, zum Wohl des Ganzen euer Bestes gebt, wie ich als der Betriebsführer auch, dann werden wir mit vereinten Kräften so viel erwirtschaften, dass wir endlich schwarze Zahlen schreiben können. Neben eurem normalen Lohn kann ich euch dann zusätzlich an dem Gewinn beteiligen.« Vaters Worte schlugen ein. Das erste Plus, das man am Jahresende tatsächlich erzielte, war zwar noch bescheiden, aber es reichte dem Besitzer, um zu seinem Wort zu stehen. Die Leute bekamen zu Weihnachten eine Nachzahlung und sahen nun selber ein, dass sich persönlicher Einsatz und Disziplin lohnten. Es gab keine Streiks, keine Randale mehr.

Wirtschaftliche Besserung

Es dauerte trotz allem volle fünf Jahre, bis Hans-Adolf Schmelzers Betriebe tatsächlich schwarze Zahlen schreiben konnten. Was hatte sich in der Zwischenzeit verändert? Seit Januar 1933 regierten die Nationalsozialisten, sie bestimmten jetzt die Wirtschaftspolitik. Ich zitiere dazu meinen Vater: »Die erste größere Hilfe für die Landwirtschaft war die allgemeine Zinssenkung. Ihr folgte eine feste Gestaltung der Preise für landwirtschaftliche Erzeugnisse. Auch die Lohngestaltung bekam eine für Gefolgsmann [Arbeitnehmer] und Arbeitgeber tragbare Form.«[7] Die staatliche Regulierung des Wirtschaftslebens und die Zerschlagung der Gewerkschaften hatten zunächst nur positive Folgen für den Unternehmer. Er konnte nun ohne Angst planen, zuverlässige Berechnungen anstellen, ohne Gefahr zu laufen, zum Spielball von Börsenspekulanten und Preistreibern zu werden. Nicht nur Sachsendorf, Güter und Bauernhöfe im ganzen Kreis blühten auf, konnten Arbeitsuchende bei sich beschäftigen. Wer hatte die Voraussetzungen dazu geschaffen? Mein Vater gab uns Kindern dazu eine klare Antwort: die NSDAP. Mit dieser Einschätzung stand er damals nicht allein – der rasche wirtschaftliche Aufschwung und der Rückgang der Arbeitslosigkeit steigerte die Popularität des Regimes in den ersten Jahren der NS-Herrschaft maßgeblich.

Der Publizist Sebastian Haffner, der von einem »Wirtschaftswunder« Mitte der 1930er-Jahre spricht, merkt in seinem Buch über Hitler an, dass verglichen mit der astronomischen Zahl von Unbeschäftigten nur ein kleiner Teil für die Massenproduktion von Panzern, Kanonen, Flugzeugen unterkam. Wörtlich fährt Haffner fort: »Aber die große

Erntegeschmückter Ochsenwagen.

Mehrheit der sechs Millionen Arbeitslosen, die Hitler vorgefunden hatte, fand ihre Wiederbeschäftigung in ganz normalen zivilen Industrien.«[8] Dazu gehörten auch landwirtschaftliche Betriebe. Wie sehr die NS-Wirtschaftspolitik trotz allem auf den Krieg ausgerichtet war, konnten damals nur wenige durchschauen.

Am 1. Oktober 1933 wird auf Sachsendorf im großen Stil das Erntedankfest begangen. Die Witterung scheint mitzuspielen. Lange große Tische sind unter freiem Himmel aufgestellt. Gedeckte Kaffeetafel, Frauen schenken Getränke aus hohen Kannen ein. Die Menschen festlich, geradezu sommerlich gekleidet. Die Mienen sind gelöst. Der Gutsbesitzer und seine Frau sitzen unter vergnügt feierndem Volk. Man plaudert sich fest. Girlandenbehängte Ackerwagen hinter laub- und blumenbekränzten Pferde- und Ochsengespannen ziehen durchs Dorf.

Ein Bauernjunge auf strohbeladenem, vierrädrigen Karren lenkt ein geschmücktes Eselchen. Zwei Hakenkreuzfähnchen flattern ihm links und rechts voran. Marschierende Jugend in Braunhemden mit

Ein Sachsendorfer Bauernknabe auf einem Eselwagen.

Schlips, gefolgt von kleinen Pimpfen in Schulklassenstärke. Und immer wieder Fahnen mit dem neuen Runenzeichen. Wie schnell sich das eingebürgert hat! Auf einer Wiese Sackhüpfen, Mauleselrennen, im Feld Geländespiele. Schnitterkolonnen in bunter Tracht führen Volkstänze ihrer Heimat vor. Hans-Adolf freut sich an dem überaus »harmonischen Verlauf« des Festes. Er resümiert: »Der unsinnige Zustand, dass Menschen, die in jeder Weise auf einander angewiesen waren, sich bekämpften, war nun endgültig beendet.«[9]

Zum Feiern gab es gute Gründe; denn man hatte allerlei erreicht: »Durch sorgsamste Bodenbearbeitung, vorsichtige Fruchtfolgen, gute Dungversorgung auf Grund von jährlich durchgeführten Bodenproben, planvolle künstliche Düngung hatte sich der Kulturzustand des Ackers in den letzten Jahren erheblich verbessert. Der Viehbestand war durch Nachzucht beträchtlich vergrößert worden.«[10]

Der 1. Oktober blieb nicht der einzige Höhepunkt des Jahres 1933. Am 29. November jährte sich der 100. Geburtstag des Oderbruchkönigs. Dazu hatte sich der Besitzer etwas einfallen lassen. Alle Mitglieder, die dem Gut 25, 30, 35, ja über 40 Jahre die Treue gehalten hatten, wurden mit Verdienstmedaillen ausgezeichnet. Dazu lud der Chef die Jubilare, 23 an der Zahl, zu sich ins Haus. Obendrein hatte er die noch lebenden Kinder des Amtsrats anreisen lassen – die Schmelzerschen Schwestern Helene Raffauf und Anna von Ostrowski, die Brüder Norbert und Detlef, die Halbschwester Gertrud Baath verh. Exzellenz von Garnier. Sie alle fanden in den Geehrten alte Spielgefährten wieder. Großer Wiedersehensjubel. Und was für lustige Erinnerungen hatte man auszutauschen! Höhepunkt aber blieb die Ehrung der 23 Getreuen. Nachtwächter Fehr schoss den Vogel ab: Er hatte fast 50 Dienstjahre auf dem Buckel. Aufseher Müller und Gespannführer Christoph standen ihm mit 48 Jahren kaum nach, dicht gefolgt von Stellmacher Julius Zimmermann (47 Jahre). Letzterer, Mitglied des Kirchenvorstands, edle Gesichtszüge, Christusbart, wurde wegen seiner frommen Redlichkeit, seiner in sich ruhenden Altersweisheit im ganzen Dorf wie ein Gottesmann geachtet. Die Ausgezeichneten waren durch die Bank 1870iger-Jahrgänge – wie die Kinder des Amtsrats.

Hans und Giselas politische Einstellung

Hans-Adolf Schmelzer beobachtete die Wirkung des immer fester Fuß fassenden Nationalsozialismus in seinem Dorf: »Die Leute waren des ewigen Zankes, [des] Unfriedens, der ewigen nutzlosen Hetze, der leeren Versprechungen der KPD und anderer Parteien überdrüssig, für deren Erkämpfung sie sich Jahre hindurch ohne Erfolg eingesetzt hatten, und die ihnen nur von Jahr zu Jahr zunehmendes Elend gebracht hatten. Mehr und mehr wandten sie sich der Propaganda der NSDAP zu, die ihnen ganz andere, neue Wege aus dem Elend heraus wies.« Aber auch den neuen Machthabern verschrieben sich die Menschen keineswegs blind. Vollmundige Reden mit oder ohne Gebell und Getöse taten es nicht. Dazu mein Vater: »Das in den Leuten schon fast unauslöschliche Misstrauen in Reden und Versprechungen, mit dem sie auch der neuen Bewegung [zunächst] begegneten, wurde durch vielerlei Beweise, dass hier wirklich ein Weg aus persönlichem und völkischem [d.h. das ganze Volk betreffendem] Elend gesucht und gefunden wurde, erstickt.«[11]

Hans und Gisel, wie das Sachsendorfer Paar von Verwandten, Freunden, Nachbarn nur noch angeredet wurde, wählten von jeher deutsch-national und damit rechts-konservativ. Eltern, Großeltern hatten nichts anderes gewählt. Otto Koerner flaggte, wenn es Anlass zum Flaggen gab, schwarz-weiß-rot. Er nicht allein. Die meisten Bewohner der Karlsruher Straße taten das. Zogen linke Gruppen demonstrierend über den Kurfürstendamm, rannten die Koerner-Mädels mit den Nachbarkindern auf die Straße und machten sich einen Spaß, auf Schlüsseln pfeifend ihren Protest kundzutun. Man verehrte den Reichspräsidenten Hindenburg. Gegen Adolf Hitler, den brüllenden Anführer der neuen Bewegung, den Reichspräsident Paul von Hindenburg verächtlich als *böhmischen Gefreiten* bezeichnete, hatte man durchaus Vorbehalte. Nach gar nicht so langer Zeit änderte sich das. Was hatte dieser seltsame Typ – persönlich wäre Hans ihm sicher nicht gern begegnet – nicht in wenigen Jahren alles zu Wege gebracht? Sechs Millionen Arbeitslose von der Straße geholt. Stabile Preise, sich festigender bescheidener Wohlstand. Der schmachvolle Versailler Vertrag mit den die Wirtschaft abwürgenden Reparationszahlungen nur noch ein Stück Papier.

Gisela hatte auf einer Rheinreise in Ehrenbreitstein die französische Trikolore wehen sehen. Über die durch Koblenz »völlig unpreußisch« paradierenden französischen Soldaten hatte sich, so wusste sie sich zu erinnern, die Bevölkerung damals halbtot gelacht. Alles das Schnee von gestern! Dazu Sebastian Haffner: »Die so durch den Augenschein Hitlerscher Leistungen Bekehrten und Halbbekehrten wurden im allgemeinen keine Nationalsozialisten; aber sie wurden Hitleranhänger, Führergläubige.« Zu ihnen gehörten auch Hans-Adolf und Gisela Schmelzer.[12]

Die Menschen waren wieder fröhlich. In den Straßen keine lungernden, randalierenden Jugendlichen mehr. Die Verfolgung von Juden und Andersdenkenden schien zunächst kaum oder gar nicht wahrgenommen zu werden. Gisela erinnert sich als alte Frau: »Fuhren wir nach Frankfurt oder nach Berlin, stieß man unterwegs – die Autobahn wurde ja gebaut – auf eine Straßenbaustelle. Kaum hatten wir uns genähert, winkten uns die Arbeiter zu. Wir fuhren ganz sachte an ihnen vorbei, um ja keinen Staub zu machen, und winkten zurück.«[13]

Geburt einer Tochter und des Stammhalters

Gisela hatte Angst vor dem Kinderkriegen. Sie fühlte sich noch zu jung. Hans nahm Rücksicht. Es folgten zwei kinderlose Jahre. Das gab Gerede: »Da sieht man's. Unsere modernen Ehen. Verheiratet sein ja. Bloß keine Kinder!« Endlich, im Laufe des dritten Jahres kündigte sich etwas an. Und als hätte Gisela eine Ahnung gehabt, droht die Katastrophe: Bei weit fortgeschrittener Schwangerschaft meldet sich der Blinddarm. Operation unvermeidlich. Die Folge: Frühgeburt mit Komplikationen, Mutter und Kind schweben in höchster Lebensgefahr. Wer gibt beiden überhaupt noch eine Chance? Die Angehörigen sind verzweifelt. Hans, ein eingefleischter Pessimist, neigt zur Resignation. Doch da geschieht das Wunder. Das Frühchen von sieben Monaten, vier Pfund schwer, kommt durch. Die Mutter erholt sich. »Schubert«, haucht sie. Das Forellenquintett aus dem Volksempfänger neben dem Krankenbett hat sie an Leib und Seele gestärkt. Und das Kleine? Ein Engelchen. Sie nennt es – in jenen Tagen ganz ungewöhnlich – *Angela*. Zur Welt gekommen am 28. September 1931.

Wieder schont Hans seine Frau, damit sie sich erholen und endlich ganz zu Kräften kommen kann. Zwei weitere Jahre vergehen, bis am 18. Dezember 1934 ein gesunder, kräftiger Junge zur Welt kommt. Das ganze Dorf flaggt, die Dächer Sachsendorfs - ein schwarz-weiß-roter Hakenkreuzgarten.

Der Name des Stammhalters: *Kurt Adolf Otto*. »Aber nicht so, wie ihr denkt«, mahnt der Berliner Großvater in seiner Taufrede, »*Adolf* nicht nach unserem Führer, *Otto* nicht nach dem Eisernen Kanzler, und schon gar nicht *Kurt* nach Baron von der Goltz!« Na klar. *Adolf* hieß der große Amtsrat, *Otto* und *Kurt*, das waren die Großväter des Täuflings.

Die Friedensjahre

Für die Jahre 1935 und 1936 zeigten sich die Wetterverhältnisse den Oderbruchlandwirten äußerst ungnädig. Das Ergebnis: zwei miserable Ernten. Und doch sollte es zur Weihnacht wieder eine Nachzahlung für die Leute geben. Und nicht nur das, es wurde dem Betrieb finanziell auch möglich, notwendige Reparaturen und Verbesserungen an Wirtschaftsgebäuden, Leutehäusern, Maschinen vorzunehmen. Die Menschen zeigten nicht nur großen Einsatz, es wurde auch behutsam mit Einrichtungen, Geräten und Vieh umgegangen. Anderenfalls, so hatte es sich in den Köpfen eingepflanzt, wäre es ja zum Schaden des Betriebes und damit zum Schaden aller gewesen. Dieser verantwortungsbewusste Gemeinschaftsgeist hatte sich in allen drei Betrieben heimisch gemacht, so dass der Besitzer 1937 notieren konnte: »Diese letzten Wirtschaftsjahre mit ihren geordneten Verhältnissen haben das Gut Sachsendorf wieder auf einen normalen Stand gebracht. Der Acker ist wieder im Zustand, das Höchste herzugeben, und die Leute sind bereit, für ihren Betrieb im Dienste der Volkswirtschaft das Beste zu leisten.« Dass dies auch mit der Zielsetzung der Regierung übereinstimmte, war dem Betriebsführer bewusst: »Deutschland in Bezug auf seine Ernährung vom Ausland unabhängig zu machen.«[14]

Im Rahmen der Wiederbewaffnung wurde 1936 auch Hans-Adolf Schmelzer zur Grundausbildung in den Wehrdienst einberufen. Für wie lange, ob nur Wochen oder Monate, lässt sich nicht mehr ermitteln. Er selbst redete wenig darüber. So ist uns Nachgeborenen lediglich bekannt, dass er seinen Vorgesetzten zum Narren hielt, indem er sich – als habe er selbst von Schießen keinerlei Ahnung – beibringen ließ, wie man ein Gewehr anlegt. Das geschah keineswegs aus Jux. Hans hütete sich nur, jemandem, der Macht über ihn ausübte, irgendeine Überlegenheit merken zu lassen. Innerlich wird ihm, im Unterschied zu seinem Vater, dem schmucken Ulanen, dieses Herausgepfiffenwerden zum Dienst an der Waffe gestunken haben. Er war kein Soldat. Schon bei den ewigen Aufmärschen von HJ und SA zu Maifeiern, »Führer«-Geburtstagen wird ihm nicht geheuer gewesen sein. Es mochte ihm zu sehr nach Krieg gerochen haben. Hans war

Landmann, der in Frieden seinen Acker bestellen wollte. Andererseits tat ihm das Ansehen, das der Diktator der Nation wieder verschafft hatte, wohl – wie so vielen seinesgleichen. Ich möchte meinen Vater mit einem im Kern braven, aber von Natur ängstlichen Schüler vergleichen, der heilfroh war, dass ein autoritärer Lehrer unversehens die Klassenleitung übernommen hatte. Zwar musste man selbst vor ihm den Kopf einziehen, doch hatte er die Störenfriede zum Schweigen gebracht, die einen, sobald man sich am Unterricht beteiligen wollte, schikanierten. Ein solcher Zerberus mochte zwar auch dem Willigsten gelegentlich Alpträume bereiten, trotzdem akzeptierte man ihn, weil er für Ruhe und Ordnung sorgte. Endlich – so sahen es damals viele Deutsche – durfte man wieder stolz sein, dass man keinem verlotterten, von draußen angespuckten Haufen mehr zugehörte.

Blümerant muss ihm zumute gewesen sein, als eines schönen Tages gestiefelte Parteileute sein Anwesen betraten, möglicherweise auch noch zu einer Unterredung ins sogenannte *Judenzimmer* gebeten wurden. Was wollten die Herren? Es ging um den Estrich vor dem Hauseingang. In diesen war in weißen Würfelsteinen – möglicherweise durch die Vorgänger Baath – aus irgendwelchen frommen Beweggründen ein großer Davidsstern eingelassen worden. Man forderte den Hausherrn auf, diesen unverzüglich zu entfernen. Eine perfide Einmischung in die Privatsphäre des Eigentümers. Was blieb diesem anderes übrig, wenn er sich mit den Machthabern nicht anlegen wollte? Der weiße Davidstern verschwand.

Sachsendorfer Gäste

Den ersten Pennäler hatte Giselas noch unverheiratete Schwester Annelise aus Berlin mit nach Sachsendorf gebracht. Sie verdiente sich als Haustochter ein Taschengeld, indem sie einem vornehmen, skandinavisch anmutenden Knaben bei den Schularbeiten half: Arnold-Udo Willemsen, der als Neunjähriger der Halenseer Braut die Schleppe tragen durfte, begleitete Annelise in die Ferien. Er blieb nicht allein. Jost, ein Raffauf-Enkel aus dem nahen Frankfurt – derb, kräftig, mit platinblanker Tolle – kam hinzu. Damit er sich auf dem Land nicht

Vor dem Sachsendorfer Gutshaus. Von links nach rechts: Reimar Schmelzer, Gisela Schmelzer, Bruno von Ostrowski, Hans-Adolf Schmelzer und Reimars Freund Werner Wietzig.

langweilte, erlaubte Gisela ihm, seinen besten Schulfreund mitzubringen: Hartmut Hoge, einen wohlgeratenen, verträglichen Jungen mit *Silberblick*, wie Berliner sagen. Er schielte.

Alle drei Bengel folgen dem Gutsbesitzer wie junge Hunde – in die Felder, zu den Vorwerken, durch den Pachtwald Massin jenseits der Oder. Der schüttelt seine Verfolger nicht ab, belehrt sie über das Verhalten des Wildes, zeigt ihnen, wie Wintergerste sich von Sommergerste unterscheidet, lässt sich abwechselnd mal von dem, mal von dem in die Kreisstadt Seelow oder nach Küstrin begleiten. Er hatte in der Jugend nie einen Freund gehabt. Jetzt hat er gleich drei um sich, die ihm jeden Gefallen tun und sich zu mancherlei Schabernack anstiften lassen. Das spricht sich herum.

Es folgt eine Invasion aus Rathstock. Dort muss sich die Ferienjugend allzu gesittet betragen, die Nachmittagsruhe peinlich einhalten, zusehen, wie Onkel und Tante ihren ausgepressten Apfelsinensaft schlürfen – Luxus ist nichts für Kinder! Auf Sachsendorf darf man sich dagegen den ganzen Tag entspannen, dalbern und toben. Laben sich Hans und Gisela an Spickaal, einem erlesenen Dessert, müssen junge Mäuler nicht hungern. Im Gegenteil! Auch das Allerbeste reicht für alle.

Man hockt je nach Witterung zusammen auf der Veranda oder am Wohnzimmertisch, spielt Halma, Mensch ärgere dich nicht, klopft Karten. Oder man tobt draußen im Stroh, spielt hinter den Ställen und im Park Verstecken mit Anschlag, man ulkt im Dunkeln herum …

Die Feriengäste verewigten sich im Sachsendorfer Gästebuch mit Versen wie diesen:

Dass der Städter Verständnis erlange
Für des Landwirts Sorg' und Belange,
Lassen gern wir uns belehren,
Wie im Halm schon sitzen die Ähren,
Was Kartoffeln und was Weizen,
Wie die Trappen die Flügel spreizen
Wie bedächtig das Rehlein äugt
Und der Bock durch die Felder streicht …

***

Gäste kehrten ein und aus
Immer voll war dieses Haus …
Ob Zimmer 3, ob Zimmer 8,
Was hat die Nacht uns Spaß gemacht!

***

In der düstren Penne wieder
Schulbank drücken, welch ein Spaß!
Liebe Freizeit, gehst vorüber,
O wie schade ist doch das.[15]

Gisela Schmelzer, die früh gefreite Berliner Oberschülerin, jetzt *Gnädige Frau* – so die ihr zukommende Anrede (die Leute sagen *Nedije*) – war aufgeblüht zu einer schönen, strahlenden, umgangsgewandten Persönlichkeit. Es gab Besucher, die eigentlich nur sie erleben wollten. Stille Verehrer, die sie heimlich anbeteten. Sachsendorf hatte immer Gäste. Das machte die Nähe zu Berlin, Platz gab es genug. Der Amtsrat hatte ja das stattliche Kavalierhaus erbaut, die Gästequartiere waren nummeriert. Es gab große Jagden, Familienfeste oder einfach Nachmittags- bzw. Abendgesellschaften. Hier war die Gastgeberin in ihrem Element: Wen platziere ich neben wen? Wer könnte sich bei Tisch mit der oder dem gut verstehen? Menschen zusammenführen, für jeden das richtige Wort finden, wissen, was der Tante oder dem Onkel Freude machen könnte … – auf diese Klaviatur verstand sich Gisela gleich einer Virtuosin. Geschickt umschiffte sie gefahrvolle Klippen. Da waren zum Beispiel die Rathstocker Schwiegereltern: Der Baron konnte so schroff sein, dass er Gästen, die ihm nicht passten, den Handschlag verweigerte. Mit aller Welt verzankt, wollte man dennoch zu jeder Gelegenheit eingeladen werden. Gisela überspielte die Taktlosigkeiten des Patenonkels mit Bravour, eine Märchenfee musste ihr die nötigen Zauberkniffe zugeraunt haben.

Die Alten kamen oft von weither, um auf Spuren ihrer Kindheit zu stoßen. Sie wandelten durch den Park, begrüßten die ersten Veilchen, den Flieder, spielten in *Mutters* ehemaliger Wohnecke Bridge. Amüsante Szenen ergaben sich, wenn der täppische Onkel Detlef zu Besuch kam. Man hatte ihm eine Villa in Fürstenwalde eingerichtet, wo ihm von zuverlässigem Personal der Haushalt geführt wurde. Auf Siebenschläfer, den 27.Juni, fiel Dettchens Wiegenfest. Jung und Alt kam nach Fürstenwalde, um sich an üppiger Tafel zu verköstigen und an Onkels exquisiten Weinen schadlos zu halten. Als er einmal, in die Heimat angereist, den Gutshof seiner Kinderjahre betritt, hat er sich die Neuheit jener Tage zugelegt – eine grüne Sonnenbrille: Er setzt sie sich auf und ist der felsenfesten Überzeugung: Nun erkennt mich in Sachsendorf keiner!

Das Hauptkontingent der Besucher lieferte freilich die Generation der Gastgeber. Zu Deutsch – viel junges Volk. Man schoss zusammen Rebhühner, ging auf Rehbockpirsch, ritt in Kavalkade aus oder spielte auf einem schon vor Jahrzehnten von der Amtsrätin angelegten Platz Tennis. Das freilich nicht mehr wie die Ahnfrau und deren Töchter in fußlangen Gewändern – Gisela und Annelise tragen kurze Röckchen, der Hausherr verzichtet dagegen nicht auf Schlips und die gebügelte lange Hose.

Enger Zusammenhalt bestand zwischen den Nachbarn. Man durfte auf Hilfe zählen, wenn einem die Feldscheune in Brand geraten, der Dreschkasten ausgefallen, das Vieh erkrankt war. Man besuchte sich, fachsimpelte miteinander, feierte in feuchtfroher Runde, hätte die Kinder untereinander verheiratet, wäre der Krieg nicht dazwischengekommen. Mit dem alteingesessenen Adel – den Finckensteins, den Burgsdorffs, den Hardenbergs, den Schönburgs – man nannte sie spöttisch den *Fürstenkonzern* – hatte man sich weniger zu sagen. Man war selber wer und hielt sich zu seinesgleichen – zu den Bethges auf Podelzig, den Scherzens auf Kliestow, den Schulz-Wulkows, deren Feldmarken allein schon für das Areal eines Fürstentums ausgereicht hätten. Ein erstrebenswerter Gewinn wäre es für das Sachsendorfer Paar gewesen, wenn sich der private Umgang mit den Besitzern des Mustergutes Golzow, den Wertheimers, zu einer echten Freundschaft entwickelt hätte. Wertheimers führten ein Haus mit Kultur und Lebensart, wie Gisela es aus Berlin kannte. Aus Golzow bezog Hans jahrelang seine Merinozuchtböcke.[16] Die Wertheimers wurden, weil sie Juden waren, von der NSDAP enteignet, mussten Deutschland verlassen.

Goldene Sachsendorfer Jahre

Die letzten beiden Friedensjahre erringen Hans-Adolf Schmelzers drei Schatzgruben Sachsendorf, Werder und Hathenow märchenhafte Erträge wie seit Ableben des alten Amtsrats nicht mehr. Und wie gerne die Menschen auf diesen Gütern arbeiten, ganz im Unterschied zur Nachbarschaft, die über Leutemangel klagt! Der ist selbst durch arbeitsdienstverpflichtete Hilfskräfte kaum wettzumachen, (Reichsarbeitsdienst mussten seit 1935 alle Männer zwischen 18 und 25 Jahren ableisten). Allein 60 Frauen stürzen sich bei Hochsaison auf den Schmelzerschen Gütern in den Ernteeinsatz, vielfach unterstützt durch die Kinder. Für die lässt sich der Chef zur Belohnung etwas einfallen. Ein Bus wird bestellt. Der fährt die Gesellschaft nach Frankfurt zum Besuch des *Zirkus Bello*. Jubel und Staunen. Aufzeichnungen vom 30. Oktober 1938 verraten: »Von den 45 Teilnehmern hatten viele noch nie einen Zirkus gesehen.«[17]

Das Arbeitsjahr in seinem Verlauf ist für die Leute abwechslungsreicher geworden. Es gibt im Rahmen der nationalsozialistischen Organisation *Kraft durch Freude* bunte Abende mit Komikern und Akrobaten. Eine Theatergruppe wird engagiert, Eintrittskarten für eine Bühnenveranstaltung in Fürstenwalde werden kostenlos an die Belegschaftsmitglieder ausgegeben, eine Gemeinschaftsfahrt dorthin organisiert. Man bequemt sich zu einer geschlossenen Besichtigung der landwirtschaftlichen *Kurmarkschau*, tauscht sich hinterher über die gewonnenen Eindrücke aus. Eine *Vertrauensratssitzung* wird anberaumt, in ihr die Frage erörtert: Sollen wir gemeinsam einen Betriebsausflug veranstalten wie benachbarte Güter auch? Die Mehrheit neigt dem Gegenvorschlag zu: Kein Betriebsausflug, dafür am Ende des Jahres eine umso kräftigere Lohnnachzahlung.

Am 3. Oktober 1938 Erntedankfest. »Nach Anhörung der Führerrede auf dem Dorfplatz folgte ein Festzug durch das Dorf, der auf der zum Festplatz hergerichteten Koppel endete. Hier wurden Erntekronen übergeben und nach gemeinsamer Kaffeetafel, wurde der Nachmittag mit Preisschießen, Wettkämpfen und anderen Unterhaltungen verbracht. Bei Einbruch der Dunkelheit marschierten die Kinder mit Fackeln durch das Dorf. Der Abend sah Jung und Alt beim Erntetanz, der bis in die Morgenstunden ausgedehnt wurde.«[18] Am Erntefesttag des Folgejahres gibt es obendrein eine Theateraufführung.

Verdienstmedaillen werden überreicht. Medaillen in Gold für 42 Dienstjahre an den treuen Kutscher Karl Fröhlich, der bei der Weihnachtsbescherung am Heiligen Abend am lautesten *O du fröhliche* anstimmt. Medaille in Gold auch für den Arbeiter Ferdinand Schmidt, 40 Dienstjahre. Silbermedaillen gehen an die 30iger-Jubilare, eine einzige bronzene für das Vierteljahrhundert an den Hausdiener Alfred Löffler. Man entdeckt ihn auf dem Berliner Hochzeitsfoto, wo er sich, ohne lang zu fragen, wie Piek Sieben zwischen das lagernde Volk von Brautjungfern und Brautführern gepflanzt hat. Ein Dutzend Betriebs-

Reigen der Schnitterkolonne auf dem Erntefest.

mitglieder erhält Ehrenurkunden. Treueprämien für alle Mitarbeiter, die einsatzfreudigen Frauen inbegriffen. Und wieder hat sich der Chef für die Schulkinder, die bei der Ernte mitgeholfen haben, etwas überlegt. Er fährt mit ihnen am 21. Dezember zum Einkaufen nach Frankfurt, wo sich jedes Kind einen Weihnachtswunsch erfüllen darf.

Am 3. Dezember 1938 notiert der Gutsbesitzer: »Am 9.Oktober reiste die ungarische Schnitterkolonne des Vorwerks Werder in ihre Heimat zurück. Die Ungarn haben sich als fleißige und ordentliche Leute bewährt. Sie gehen ungern fort und hoffen, im kommenden Jahr wiederkommen zu können.«[19] Über siebzig Schnitter, auf alle drei Betriebe verteilt – aus Polen, Ungarn, dem Wartebruch – sind für die Bergung der Ernte unverzichtbar. Sie wurden in den für sie bereits vom alten Amtsrat errichteten backsteinroten *Schnitterkasernen* untergebracht und blieben darin einen großen Teil des Jahres wohnen.

Krieg

Gut Sachsendorf mit einer Fläche von mehr als 2 200 Morgen gebot in den Friedensjahren über einen Oberinspektor, einen Inspektor, einen Hofaufseher, zwei Aufseher, 28 Gespannführer, 20 sogenannte Freiarbeiter, sechs weibliche Arbeitskräfte, einen Nachtwächter, einen Melkmeister mit drei Gehilfen, einen Schafmeister, einen Schlossermeister, einen Stellmachermeister, einen Schmiedemeister, alle vier jeweils mit zwei Gehilfen, einen Maurermeister mit einem Gehilfen, einen Sattlermeister mit ihm zur Hand gehender Frau, einen Förster, zwei Buchhalter, einen Brennmeister, einen Gärtner mit Gehilfen, zwei Kutscher. In der *Saison* – also von April bis November – waren noch 14 Frauen, 36 Schnitter plus Aufseher hinzuzuzählen. Ergibt übers Jahr insgesamt 88 Beschäftigte, Hauspersonal, Waschfrauen nicht mitgerechnet.

Vorwerk Werder mit 1 200 Morgen hatte einen Verwalter, einen Hofaufseher, einen Aufseher, zehn Gespannführer, fünf Freiarbeiter, sechs weibliche Arbeitskräfte, einen Nachtwächter, einen Viehfütterer, einen Schafmeister mit Gehilfen, einen Treckerführer. Obendrein – saisonbedingt – vier weitere Frauen, 22 Schnitter, einen Aufseher. Alles in allem 56 Leute.

Lehngut Hathenow mit über 1 000 Morgen beanspruchte einen Verwalter, einen Aufseher, fünf Gespannführer, sechs Freiarbeiter, drei weibliche Arbeitskräfte, einen Viehfütterer und einen Treckerführer sowie während der Hoch-Zeit drei weitere Frauen und 16 Schnitter mit Aufseher.

Insgesamt 38 Mitarbeiter. Die drei Betriebe vereint brachten also rund 120, bis 1942 sogar über 180 Männer und Frauen in Arbeit und Brot.

Hans als Gastgeber

Hans-Adolf Schmelzer war ein Schweiger. Er hielt die Hand über die Abendgesellschaft, prüfte, ob alle genug hatten, ob die Getränke gut ausgesucht waren … Nie geizte er mit guten Sachen, vermied aber auch jeden Anschein von Großspurigkeit. Er selbst blieb bescheiden im Hintergrund, man kannte das von ihm. Jeder schätzte ihn deswegen. Weniger zurückhaltend gab er sich seinen jungen Trabanten. Ihnen gegenüber konnte er bemerkenswert offen sein. Sich ihnen geradezu anvertrauen, Dinge mit ihnen bereden, für die sie noch gar nicht Gesprächspartner sein konnten. Aber Jost, der Junge mit der platinhellen Tolle, kam nicht aus Dummstetten.

Hans verharrt Zigarette rauchend an einer Feldböschung. Der 13-Jährige kauert neben ihm. Freut sich, dass er den Onkel mal für sich alleine hat. Beider Blick schweift unter lerchetrillerndem Himmel über ein bebautes Feld, das sich am Horizont sanft an einen Dünenhöhenzug lehnt. Weit und breit Onkels Besitz. Dem Jungen geht der Mund über: »Wenn mir das alles gehören würde!« Mit Sicherheit zitierte mein Vater darauf nicht Goethe. Dergleichen lag ihm nicht. Im Sinne des Dichters mochte er in etwa so geantwortet haben: »Weißt du, mein Junge, dass ich, als ich das alles hier übernahm, nur Schulden hatte? Über eine Million Schulden? Ach, was sage ich, fast zwei Millionen …« Er mochte ihm von dem überteuerten Rückkauf der Pacht erzählt haben, von der Halsstarrigkeit der Leute, dem Treiben der Börse… – bis eines Tages unverhofft Ruhe und Normalität eingekehrt waren, und gewiss wird er den jungen Ohren nicht verschwiegen haben, wem das seiner Ansicht nach alles zu verdanken war.

Und schon wird der intelligente Frankfurter Oberschüler dem Onkel die Pistole aufgedrückt haben: »Magst du denn die Braunen, Onkel Hans?« Der wird ausweichend geantwortet haben. Etwa so: »Du siehst ja, was andere Regierungen in 15 Jahren nicht geschafft haben, haben die im Handumdrehen hingekriegt.« So ungefähr argumentierte mein Vater Jahre nach dem Krieg auch uns Söhnen gegenüber.

Des Amtsrats ältester Urenkel

Jost Ritter, Sohn der ältesten Enkelin des Amtsrats, wurde Soldat, kämpfte unter General Rommel in Afrika und fiel bei El Alamein am 4. Juli 1942, keine 23 Jahre alt. Über ihn schreibt mir im neuen Jahrtausend dessen zu Jahren gekommene Schwester Marlene in einem Brief: »Josts politische Einstellung kam von unserer Mutter. Er war ihr Kind. Mutti tat für Jost alles. Sie unterschrieb schlechte Arbeiten, fing blaue Briefe ab, rannte zu den Lehrern und ließ ihren Charme spielen ... Jost, das war ihr Sonnensohn, dahinter kam lange nichts ... Von Mutti sammelte Jost seine Naziwitze. Davon hatte er immer welche auf Lager. Es gab sie ja zu Hunderten. Mutti brachte sie aus Magdeburg von den Großeltern [Kurt und Helene Raffauf, geb.Schmelzer] mit. Ihre ganze Familie war gegen Hitler eingestellt. Opa war ja katholisch.«[1] Josts Abneigung gegen die *Braunen* fußte auch auf eigenen Erfahrungen. Er gehörte mit Begeisterung den Pfadfindern an, zeltete gelegentlich auch mit der Scharnhorst-Jugend, einem Verband der Deutsch-Nationalen. Beide Jugendbünde wurden aufgelöst, gingen in der Hitlerjugend auf. Das verdross den Frankfurter Tertianer.

Die Mutter Anna-Margarethe, genannt Grethe, hatte im Ersten Weltkrieg Verwundete gepflegt und Tapferkeitsorden erhalten. Dazu die Tochter: »Meine Mutter hielt oft Vorträge über ihre Arbeit als Frontschwester im Ersten Weltkrieg u. a. auch vor der Frauenschaft. Die haben sie bekniet, doch einzutreten, aber das wollte sie nie.« Als die *Horde fanatischer Hitler-Anhängerinnen* die Referentin immer stärker bedrängen, reißt Grethe der Geduldsfaden, sie lässt ihrem Mundwerk freien Lauf: »Ihr seid ja alle verliebt in den schöööönen Adolf!« Dazu Marlene: »Nachher hat sie ja selbst Angst gehabt, dass ihr kesses Mundwerk zu sehr mit ihr durchgegangen war. Es hätte durchaus passieren können, dass danach ein paar Herren in SS-Uniform bei uns aufgetaucht wären. Aber es ging alles gut.«[2]

Im Lazarett hatte Grethe ihren späteren Mann, Josts Vater, gesund gepflegt. Über dessen Karriere schreibt die Tochter: »Unser Vater wurde nach dem Ersten Weltkrieg Polizeioffizier in Berlin. Er war eigentlich Flieger gewesen und hatte zu den sogenannten ›Alten Adlern‹

Hans-Adolf Schmelzer.

gehört. Aber die Reichswehr hatte keine Luftwaffe. Ihm passten die ›Roten‹, wie er zu sagen pflegte, bei der Polizei nicht. Darum folgte er dem Ruf Franz Seldtes nach Magdeburg, um mit ihm die Stahlhelm-Organisation aufzubauen. 1928 zogen wir nach Frankfurt/Oder, wo Papi dann eine leitende Stellung bei der Deutschnationalen Volkspartei hatte.«[3]

Jost ging auf das humanistische Friedrich-Gymnasium, wo sein Sachsendorfer Onkel einst gescheitert war. Kaum anzunehmen, dass der dem Neffen davon viel erzählt hat. Von 1929, da wurde Jost zehn, datieren seine regelmäßigen Ferienbesuche im nahen Sachsendorf. Sie ebbten ab, als er halbwüchsig, schließlich erwachsen wurde, zumal durch Versetzung des Vaters nach Breslau, Koblenz, Magdeburg, Ulm die Familie mehrfach umsiedelte. Was war geschehen?

Dazu schreibt mir die Tochter: »Auch Papi war ja nie überzeugter Nazi, sondern Deutschnationaler. Was glaubst Du wohl, wie es ihn empörte, die eigene Partei, die Hitler ja in den Sattel geholfen hatte, so an die Wand gedrückt zu sehen, dass es sie bald nicht mehr gab!

Aber in der neuen ›Wehrmacht‹ konnte Papi den alten Beruf wieder ausüben, sogar in der Luftwaffe. Davon hatte er kaum zu träumen gewagt. Als Soldat der Wehrmacht hatte er natürlich den Eid auf Adolf Hitler geleistet. Nun musste er auch zu ihm stehen. Papa war ein Mann von eisernen Grundsätzen.«[4]

Ein zweiter Sohn

Im letzten Friedensjahr, genau gesagt am 18. November 1938, wurde als drittes und letztes Kind ich geboren. Keine Beflaggung. Stattdessen ein seltsames Ritual, dem sich meine Mutter unterziehen musste, verbunden mit einer rätselhaften Prophetie. Man erzählte mir von einem feuchten Lappen, betan mit irgendwelchen Segnungen und Essenzen, den Gisela sich für eine Nacht um den Oberarm zu wickeln hatte. Vorschriftsmäßig soll sie sich dem Hokuspokus unterworfen haben mit der salbungsvollen Zusicherung, dass aus ihrem zweiten Filius wer weiß was werden sollte oder auch nur könnte. Hätte sie damals geahnt, welch jammervolle Schulkarriere mit zweimal Sitzenbleiben, Abitur im 23. Lebensjahr ihrem Jüngsten noch bevorstand, ihr mathematischer Sachverstand hätte sie mit der Bemerkung *Was soll der Quatsch!* nicht so im Stich gelassen.

Glück hatte ich insofern, als die mir zustehenden sieben Paten mit Ausnahme des Nachbarn Schulz-Wulkow, der sich selbst zum Paten erklärt hatte, blutjung waren. Das Arsenal altehrwürdiger Häupter, bestehend aus Urgroßmutter, Großeltern, Großtanten, Großonkel, die, wenn man sie nicht verschnupfen wollte, in der Patenschaftsvergabe nicht übergangen werden durften, war durch die älteren Geschwister restlos aufgebraucht. Die jüngste Patin, die mich über das Taufbecken hielt, die blauen Augen im Stoßgebet himmelwärts gekehrt, auf dass ihr die kostbare Last nicht aus den zitternden Armen falle, war eine kaum 18-jährige künftige Medizinstudentin aus Berlin, von der noch die Rede sein wird. Gisela versuchte auch bei solcher Gelegenheit Frieden, Versöhnung und mehr noch zu schaffen. So bestimmte sie Reimar Schmelzer, den ältesten Tuchebander Sohn, zum Paten, der sich, so hieß es, in Berlin bei einer Tänzerin mit Tbc angesteckt hatte und fast

Am Tag der Taufe: Von links nach rechts: Else Theuerkauf mit Täufling Hans-Jürgen, Mutter Gisela, Großmutter Käthe von der Goltz, Bruder Kurt und Vater Hans-Adolf Schmelzer.

nur noch in Davos kurte. *Wir geben dich nicht auf!* sollte die Aufforderung bedeuten. Dass Anna von Ostrowskis ältester Sohn Walther, mein dritter männlicher Pate, als Offizier im ersten Jahr des Russlandfeldzuges fallen würde, konnte meine Mutter nicht voraussehen. Der Baron kam für Hans als Pate nicht in Frage, aber man konnte ja die Tochter beehren.

Zu den Sachsendorfer Stammgästen gehörten zwei entfernte Kusinen aus der Schneidemühler Gegend, eineiige Zwillinge, verwegen hübsch, glänzende Reiterinnen, dazu klug und für jeden Spaß zu haben. Waltraut hatte, durch Hans ermutigt, sage und schreibe Abitur gemacht. Der Vater, ein Haustyrann mit der Muskelkraft eines Graf Luckner, hängte dem Mädel zur Strafe bei schneidender Januarkälte nachts die Fenster aus. Gisela Schmelzer macht die Abiturientin zur Patin. Ebenso eine Nichte der Rathstocker Großmutter, Ursula Speichert, die sich um den Täufling als Säuglingsschwester verdient gemacht hatte. Staatstaufe mit 40 Personen. Überwiegend junge Leute, die sich nach Ablage des der christlichen Gemeinde zugeführten Knaben, ausgiebig labten und vergnügten. Sensationelle Zugabe: Ursula Grabley, Filmschauspielerin aus Babelsberg, kurzfristig mit einem reichen Berliner Onkel, Edgar Heyl, verehelicht – ihr … nächster Mann wurde Viktor de Kowa.

Tante Ursulas eigenhändige Verewigung schmückt die für mein Fest vorgesehene Gästebuchseite wie ein großzügiger Palmenwedel. Wir schreiben den 26. Februar 1939.

Heiteres Landleben

Es wurde zu Sachsendorf allerlei Fez getrieben. Höhepunkt aller Verrücktheiten der Silvesterabend, wo sich alles verkleidete. Jost Ritter mochte seine Altvorderen kaum wiedererkennen: Grethe, verwandelt in eine dralle Edelbäuerin, führte ihren deutschnationalen Göttergatten in der Kostümierung eines prämierten Mastochsen an der Leine hinter sich her. Berüchtigt und unvergessen ein sogenanntes *Pupkissen*, das Damen von Stand und besonderer Würde *ganz zufällig* als Polster unter den Sitz geschoben wurde.

Ostereiersuchen im Park. Hans hatte die Schätze versteckt beziehungsweise wahllos ins Gebüsch gefeuert. Sie waren in Astgabeln, jung begrünten Büschen, auf Tannenzweigen, auf Mauselöchern gelandet. Junge Damen, auf die der Täter es abgesehen hatte, durften dem Fund nicht immer trauen: dem glänzenden Bonbonpapier konnte manch roher Kieselstein, manch winziger Schmutzklüter entschlüpfen. Sachsendorf war auch Paradies für Hunde. Zwei, drei englische Pointer, die dem Jagdherrn auf dem Pirschgang folgten, ein, zwei Dackel liefen mehr oder weniger frei herum, suchten ihre Schlafecke hinter dem Wohnzimmerkachelofen auf, dass man kaum Notiz von ihnen nahm. Vom Hausherrn erzogen, betrugen sie sich kinderlieb und störten die Gäste nicht.

Giselas Schulfreundin Ruth Göttel, Studentin der Biologie, weilte gern in Sachsendorf. Hans liebte es, ihr irgendwelche Blüten zu reichen mit der Frage »Kannst du mir möglicherweise sagen, was das hier ist?«

Hans und Gisela mit den Hunden.

Doktorchen, wie sie von Nachbarn scherzhaft betitelt wurde, greift zu ihren Bestimmungsunterlagen, schlägt dieses und jenes Buch nach, klassifiziert, rubriziert, differenziert und – findet zu einem Ergebnis: »Lieber Hans, es ist in jedem Fall ein Nachtschattengewächs.« – Und Hans: »Recht gehabt, Doktorchen. Es ist 'ne Kartoffelblüte. Mein Feld ist ganz weiß davon.«

Wie gelangte man als Berliner Gast ohne Auto nach Sachsendorf? Man nahm die Linie Berlin–Küstrin, stieg an der Bahnstation Golzow aus und durfte darauf hoffen, dass man pünktlich von einem Pferdefuhrwerk oder PKW nach Sachsendorf abgeholt wurde. Das geschah, als es bereits dunkelte, dem Oberstleutnant von Pawel-Rammingen, Ehemann der ältesten Baath-Enkelin Illa. Der Gutsbesitzer persönlich holt den Gast ab, redet, da er sich mit Männern ohnehin nichts zu erzählen weiß, mit dem Verwandten die zehn Kilometer lange Strecke kein Wort. Vor dem Sachsendorfer Gutshaus angelangt, drückt der Offizier dem Fahrer, den er für den Diener hält, einen Sechser in die Hand …

Es gab noch eine sogenannte *Kleinbahn*, die von Fürstenwalde kam und im Heimatkreis nur kleinere Ortschaften, auch Sachsendorf, bediente; die aber eignete sich besser für die Rübenabfuhr. Als auch noch das führende Busunternehmen mangels Kundschaft eingegangen war, schaffte Hans für die Gutsbelegschaft einen DKW-Personenkraftwagen an, der bei Bedarf von den Leuten in Anspruch genommen werden konnte.

Das Jahr 1939

Das Jahr 1939, in dem diese Anschaffung erfolgt war, begann nicht ohne Sorgen. In den Ställen war die Maul- und Klauenseuche ausgebrochen. Mutterkühe starben, Kälber kamen tot zur Welt. Auch an Schweinen und Schafen ging die Seuche nicht vorüber. Um Letztere fürchtete man besonders. Noch vor Jahren hatte eine ganze Schafherde total *verlammt*, will heißen: 130 Lämmer waren tot geboren worden oder starben nach einer Woche. Keiner wusste die Ursache.

Immerhin waren die Ernteaussichten für dieses neue Jahr gut. Hans notierte: »Durch ein spätes Frühjahr ist das Pflanzenwachstum um einige Zeit gegenüber normalen Jahren zurück. Doch hat sehr günstige Witterung von der Zeit der Bestellung bis heute einen sehr guten Fruchtstand heranwachsen lassen.«

10. August 1939. »Die Ernte gestaltet sich äußerst schwierig, nachdem ein heftiges Gewitter am 16. Juli mit 60 mm Regen fast das gesamte Getreide zum Lagern gebracht hat, so dass die Ähren meist fest auf der Erde aufliegen.« Das erschwerte erheblich den Erntevorgang: »Es kann meist nur von einer Seite gemäht werden, und auch das geht sehr schlecht. Ein Trecker mit zwei Bindern, dessen normale Tagesleistung bei 100 Morgen liegt, schafft kaum 40 Morgen. So ist die Tagesleistung der drei Trecker von normal 300 Morgen auf 120 Morgen gesunken. Das Leerfahren auf 2–3 Seiten kostet unnötig viel Zeit und Brennstoff.«

Die Schlechtwettermeldungen nehmen kein Ende: »Häufige Regenfälle verzögern außerdem das Einfahren. Es stehen heute [am 10. August] noch die Hälfte des Hafers [120 Morgen] und der ganze Sommer-

Die Berliner Schulfreundin Ruth Göttel (links) mit Gisela und Hans-Adolf Schmelzer im Sachsendorfer Wohnzimmer.

weizen [830 Morgen] ungemäht. Auch sind noch 200 Morgen Gerste und 500 Morgen Winterweizen einzufahren.«[5]

Die ungarischen Schnitter arbeiteten dieses Mal nicht gut. Staatliche Behörden hatten sich die Verteilung der Menschen vorbehalten. Auf diese Weise wurde die alte, vom Betrieb besonders geschätzte Kolonne durch eine fremde ersetzt, die viel lieber zu ihrem gewohnten Arbeitgeber nach Mecklenburg zurückgekehrt wäre. Die Fremden murrten, arbeiteten langsam …

Inzwischen spitzt sich zu Ende des gleichen Monats die politische Lage zu. Durch zunehmende Truppenaushebungen verliert Sachsendorf 25 Arbeitskräfte, die zur Wehrmacht eingezogen werden. 13 Polen laufen fort. Eines grauen Morgens ziehen obendrein 21 Pferde – 18 Belgier und drei Warmblut – zum Hoftor hinaus. Sie werden für Hitlers Krieg gebraucht. Der Ausfall in der Anspannung wird durch Zugochsen ersetzt.

Kriegsbeginn

Am 23. August 1939 treffen als Erntehelfer 15 Schüler eines Küstriner Gymnasiums ein. Hans schreibt über sie: »Sie stehen ungeachtet aller der ihnen ungewohnten Widerwärtigkeiten (Staub, Hitze usw.) auf jedem Arbeitsplatz ihren Mann und sind eine wertvolle Hilfe für den Betrieb.«[6] Mit dem deutschen Angriff auf Polen am 1. September stellen sich erste Versorgungsengpässe ein: Die Steinkohlelieferung stockt. Folge: der Dampfpflug kann den abgeernteten Acker nicht schälen, was bei dem durch viele Regenfälle verursachten starken Unkrautwuchs dringend nötig wäre. Was die drei Trecker betrifft, können diese selbst mit genügend Brennstoff den Verlust der Gespanne nicht wettmachen.

3. September 1939. 13. Sonntag nach Trinitatis. Der neue Krieg ist drei Tage alt. Pfarrer Georg Dürr wird mit der Sachsendorfer Gemeinde das Brot brechen. Er besteigt die Kanzel. Was sagte man den Menschen an einem solchen Tag? Der Gottesdienst mag stärker besucht gewesen sein als sonst. Dem Seelsorger, aber auch den Zuhörern wird es geschwant haben, dass eine harte Zeit der Bewährung für jeden Einzelnen bevorstand. Christ sein schien aus der Mode. Vom Patron, der vermutlich selbst mit Abwesenheit glänzte, hatte sich der Pfarrer anhören müssen: »Wer kommt denn noch Sonntag zu Ihnen in die Kirche? Doch nur 'n paar alte Weiber, die bald sterben müssen.«

Wer demnächst harte Proben zu bestehen hatte, musste Kraft schöpfen können, um – so formuliert es Georg Dürr – »den Dingen, wie immer sie sich entwickeln könnten, mit gläubigem Herzen fest ins Auge zu sehen«. Das würde nur gelingen, wenn man als Christ zu den Quellen zurückgriff. Er ruft der Gemeinde zu: »Hier ist die Bibel! Auch du hast eine zu Hause. Sie liegt vielleicht seit langem unbenutzt. Nimm sie wieder hervor. Schlage sie auf.« – Psalm 91 »Wer unter dem Schirm des Höchsten sitzt…« – »Lies dich wieder hinein in deine Bibel. Und lass dir aus ihr geben, was dein Herz braucht.«[7]

Bedauerlich, dass die jungen Besitzer Gut Sachsendorfs dem Weg des Glaubens, den Adolph und Anna Schmelzer so bewusst gewandelt waren, nicht folgten. Von uns Kindern später befragt, warum sie die alte Freundschaft mit der Familie von der Marwitz in Friedersdorf nicht wiederbelebt hätten, hieß es, die Marwitze hätten in ihrer Welt gelebt und es allzu sehr mit der Kirche gehalten. Man war im Halenseer Gotteshaus getraut worden, hatte seine drei Kinder vom Sachsendorfer Pfarrer taufen lassen. Hätte man sich wirklich viel vergeben, wenn man sich hin und wieder eine Sonntagspredigt angehört hätte? Den Menschen im Dorf hätte man in solcher Zeit sicherlich ein Zeichen der Orientierung geben können.

Juden

Wie hielt man es in Sachsendorf mit den Juden, die seit der Pogromnacht vom 9. November 1938 in ganz Deutschland fast völlig entrechtet und vom öffentlichen Leben ausgeschlossen waren? Hans und Gisela Schmelzer waren keine Antisemiten, was nicht heißen soll, dass sie manche Juden nicht auch kritisch gesehen hätten. So vergaß Hans Herrn Sperling den überteuerten Rückerwerb seines verpachteten Erbes nie. Auch machte er für das seinem anfangs hoch verschuldeten Betrieb abträgliche Treiben an der Börse, wie viele andere Unternehmer auch, Juden verantwortlich. Das änderte aber nichts an seiner grundsätzlichen Einstellung. Er schätzte den persönlichen Umgang mit jüdischen Händlern, wickelte seine gesamten Handelsgeschäfte mit ihnen ab, insbesondere mit der Frankfurter Getreidefirma Fränkel & Simon, ebenso mit Wertheimers, für die er freundschaftliche Gefühle hegte. Es machte ihm Spaß, mit Juden zu pokern und zu feilschen. Davon wussten uns die Eltern Lustiges zu erzählen. Mein Vater schätzte an ihnen, dass sie den Papierkrieg verabscheuten. Händedruck auf Ehre, gemacht war das Geschäft!

Es gab, wenn man das Sachsendorfer Wohnhaus betreten hatte, rechter Hand eine Tür, über der ein ausgestopfter Greifvogel die Schwingen ausbreitete. Die führte in ein gepflegtes, von Zigarrenrauch geschwängertes Herrenzimmer. Dort ließ man den Geschäftsmann eintreten. Da es sich fast ausnahmslos um Nachfahren Abrahams handelte, hieß der Raum seit jeher das *Judenzimmer*. Man sah den Tuchebander Viehkaufmann geradezu rückwärts zur Tür wieder herauskommen. »Nee, Herr Schmelzer. Heute nischt zu machen. Ick bin doch arm. Wie können 'se solche Preise von mir fordern!« Und draußen ist er, strebt immer bedächtiger dem Hoftor zu, ist schon vom Hof runter. Ist er? Nicht möglich! Seelig kommt zurück, tritt noch einmal durch die Haustür. »Also Herr Schmelzer, ick nehm' die Schafe. Ick nehm' se, so arm ick ooch bin!« Als Seelig später für sein von den Nazis konfisziertes Geschäft in der Bundesrepublik Entschädigung beantragt, wendet er sich an Hans-Adolf Schmelzer, weil er für das verloren gegangene Eigentum einen Zeugen brauchte. Auf Schmelzer, das wusste er, ist Verlass. Nie wird Mister Stone, wie er sich in England nennt, so lange er lebt, vergessen, der Familie des enteigneten Sachsendorfer Gutsbesitzers einen Weihnachtsgruß zu schicken.

Etwas anders mochte es in der Nachbarschaft aussehen. Die Tochter des Barons heiratete bürgerlich. Das schien schlimm genug. Heftigen Krach gab es dennoch aus anderer Ursache: Auf der Hochzeit erschienen nur die Eltern des Bräutigams, sämtliche Geschwister blieben weg. Aus Protest. Der Hausherr hatte einem der Brüder die Einladung verweigert. Wegen *zu jüdischen* Aussehens.

Auf einer der Gesellschaften, die Hans und Gisela in ihrem Hause gaben, befand sich unter den Gästen eine Dame aus bekannter adliger Familie. Ein naher Verwandter von ihr, später in das Attentat auf Hitler vom 20. Juli verwickelt, wurde von den Nazis hingerichtet. Die Dame schaut sich im Salon um, prüft Gisels Schreibtisch und wundert sich: »Nanu, Frau Nachbarin, Sie benutzen Max-Krause-Briefpapier? Judenpapier?«

Ein Gutsherr und Bankmann aus fernerer Nachbarschaft, der zeitweise auch Landtagsabgeordneter gewesen war, hatte einen Sohn, der sich mit einer hübschen jungen Jüdin befreundet hatte. Als dem Vater des Mädchens die Sache zu ernsthaft wurde, er das Gerede von Nachbarn befürchten musste, suchte er den hochwohlgeborenen Herrn auf und fragte ihn, ob dessen Sohn die Absicht habe, die Tochter zu heiraten. Der Hausherr verneinte und erklärte, man kreuze ja auch keinen Dackel mit einem Schäferhund. Für solcherlei Diskriminierungen brachte Hans so wenig Verständnis auf wie Gisela, die sich Ärger zuzog, als sie in der Frankfurter Straßenbahn einem gebrechlich aussehenden Mütterchen den Platz angeboten hatte, ohne darauf Acht zu geben, dass diese alte Frau einen Judenstern trug und gar nicht hätte zusteigen dürfen.

Junge Soldaten und erste Kriegsgefangene

Hans' drei junge Trabanten waren inzwischen erwachsen. Jost, den die Auslöschung von Pfadfinderschaft und Scharnhorstjugend verärgert hatte, erkannte mit der Zeit, dass es in der Hitlerjugend je nach Interessenlage Differenzierungen gab: Segelflieger-HJ, Marine-HJ, Motor-HJ ... Techniker Jost freundet sich mit Motor-HJ an, gibt schließlich seine Pläne zu einem Ingenieursstudium auf und will Offizier werden. Als Fahnenjunker tritt er in das Erfurter Panzerregiment Nr. 1 ein. Sein Kommandeur Oberst Kurt Schmelzer aus der Eisenacher Linie . Auf den »Führer« vereidigt, mag er den noch immer nicht. Marlene versichert mir in einem ihrer Briefe: »Jost war nie für die Nazis. Er trug z. B. sehr gern Hüte, die ihm übrigens blendend standen. Und wenn er jemand auf der Straße traf, zog er den Hut, aber vermied den sogenannten Hitlergruß. Übrigens auch seine Freunde.«[8]

Der aufziehende Krieg scheint Jost wiederum zu begeistern. So schreibt er aus Erfurt 14 Tage vor dem Angriff auf Polen an sein »Schwesterherz«: »Ich freue mich schon ganz unverschämt auf den Rutsch nach Osten.«[9] Den sollte jedoch nur Hartmut erleben, der wie Arnold ebenfalls zur Wehrmacht eingezogen worden war. Jost erhält Befehl nach Westen.

Am 2. Oktober 1939 werden dem Betrieb Sachsendorf 50 polnische Kriegsgefangene zugewiesen. Man bringt sie in der für polnische Wanderarbeiter vorgesehenen *Polenkaserne* unter, nachdem diese entsprechend gesichert wurde. Das heißt aber nicht, dass man sie hinter Gitterstäbe steckte. Es gab auch keine militärischen Bewacher. Die Polen erhalten Naturalien vom Gut sowie 60 Prozent des Tariflohnes für Schnitter, wovon das Gut pro Mann 1,60 RM für Verpflegung zurückerhält. Die Arbeitsleistung der Gefangenen, die zunächst für die Kartoffelernte eingesetzt werden, ist kaum halb so groß wie die eines normalen Arbeiters. Starke Dauerniederschläge verwandeln die Feldwirtschaft in eine Katastrophe. Dringende Arbeiten müssen abgebrochen werden. 120 Morgen Kartoffeln bleiben in der Erde, weil in den Äckern das Wasser steht. Als im Dezember klirrender Frost einsetzt, frieren 7 000 Zentner Rüben im Boden ein. Der Dampfpflug kann nicht arbeiten. Schälen, Düngen, Pflügen wochenlang unmöglich. Unverzichtbare Spätherbsttätigkeiten bleiben hoffnungslos zurück.

Trotz solcher Widerwärtigkeiten erfolgt zu Weihnachten eine Nachzahlung: an jeden Verheirateten 20 RM, an jeden Unverheirateten 15 RM. In der Adventszeit wurden für zur Front einberufene Belegschaftsangehörige Päckchen gepackt. Neben Tabakwaren und Süßigkeiten bekommt jeder Empfänger ein kleines Geschenk. Am 26. Dezember zelebriert ein polnisch sprechender katholischer Geistlicher mit den Kriegsgefangenen eine Weihnachtsmesse.

Hartmut, Josts Schulfreund, hat nach dem Polenfeldzug die Familie Ritter in Koblenz besucht. Er ist von dem Erlebten so gezeichnet, dass Marlene nicht gleich an ihm gewahr wird, dass eine erfolgreiche Augen-OP seinen *Silberblick* restlos beseitigt hatte. Sie erinnert sich: »Mir hat er damals einige Details erzählt und ich habe begriffen, wie furchtbar das für diesen jungen, behütet aufgewachsenen Menschen war, zum ersten Mal Tote und schrecklich Verwundete zu sehen. Jost war damals nicht daheim. Später kam auch noch Hartmuts Todesanzeige [fiel in Russland]. Das hat Jost noch erfahren.«[10]

Das Jahr 1940

Das Jahr 1940 beginnt in Sachsendorf mit zwei Plagen ägyptischen Ausmaßes. Es hebt an mit einem ungewöhnlich strengen Winter mit 28 Grad minus. Die Schäden zeichnen sich noch im Mai ab. Raps und Wintergerste müssen untergepflügt werden, ebenso die Luzerneschläge. Wintersaat steht miserabel schlecht. Obstbäume blühen kaum. Pfirsiche, Aprikosen völlig tot. Kirschen, Birnen, Pflaumen zu drei Vierteln erfroren, Apfelbäume zur Hälfte. Die Eschen am Straßenrand weisen noch in der zweiten Maihälfte kaum grüne Triebe auf.

Das Wild hat in den drei ersten Monaten große Not gelitten – trotz angelegter Futterstellen. Unzählige Rehe verendet, erfroren.

Dann der zweite Schlag: Im März bricht unter den Arbeitspferden eine Krankheit aus. Sie fressen nicht mehr, haben fast 40 Grad Fieber, die Beine angeschwollen. Der Tierarzt diagnostiziert Staupe. Sie ebbt zum Glück nach Tagen ab, alle Tiere kommen durch. Nun stellt sich eine Hühnerseuche ein: Pockendiphterie. Pusteln zeigen sich an Kämmen und Kehllappen, die Augen zugeschwollen. Die Tiere hocken krank herum, gehen ein. Notschlachtungen müssen vorgenommen werden. Leichterkrankte werden bepinselt, gesund Gebliebene geimpft. Die tägliche Legeleistung ist von 160 auf 25 Eier zurückgegangen. Puten, Perlhühner, Enten sind nicht betroffen. Vier Wochen dauert das Übel an, bis die Legetätigkeit wieder langsam steigt.

Den Hühnerbetrieb aus Hundertschaften weißer Leghornhennen, die je nach Jahrgang einen gelben, roten, grünen, blauen Winkel mit einer Nummer im Flügel trugen, hatte Gisela schon früh übernommen. Es machte ihr Vergnügen, Buch über den Legefleiß der einzelnen Tiere zu führen. Zur Kontrolle waren Fallnester angelegt. Betrat ein legebereites Huhn eins dieser Nester, flog eine Klappe zu. Die Henne blieb, wenn sie das Ei gelegt hatte, hinter der Klappe gefangen, bis jemand kam und das Huhn wieder herausließ, nicht ohne zuvor dessen Nummer notiert zu haben. »Und das«, so erinnerte sich Gisela später , »trug man dann wieder in das Buch ein, so dass ich also genau wusste, wieviel Eier die (Nummer) 139 oder die 145 im Jahr gelegt hatte. Das wurde ganz genau geführt und machte mir viel Spaß«. Warum es immer weiße Hühner sein mussten, erklärte Gisela gleichfalls: »Eigentlich hatte ich immer die weißen, das waren die Leghorn. Das waren die rassisch am besten Durchgezüchteten. Die brachten die besten Erträge.«[11]

Sorgen machen der Betriebsführung die Rüben. Es ist Ende Januar, und noch immer sind 25 000 Zentner nicht abgefahren. Der Grund: Die Zuckerfabrik kann nicht arbeiten, liegt still wegen kriegsbedingt ausgebliebener Steinkohlelieferungen. Bei Tauwetter drohen die auf dem Fabrikhof lagernden Massen zu verfaulen. Zwischendurch arbeitet die Fabrik wieder, hält drei, vier Tage durch. Und schon wieder gehen die wenigen zugeführten Kraftstoffreserven aus. Raupen- und Radschlepper können nicht repariert werden, weil die nötigen Ersatzteile nicht zu beschaffen sind.

Ein Trost für den Wirtschaftsleiter bleibt das reichliche Kontingent an Arbeitskräften durch Schnitter aus Ungarn, Slowenien, Polen und durch dem Gut zugeteilte Kriegsgefangene, während 21 bewährte Gutsangestellte an der Front sind. So kann man sogar der durch Dauerregenfälle verheerenden Verunkrautung zu Leibe rücken, indem man Getreideschläge mit der Hand hacken lässt, das Feld gründlich nach Disteln durchgeht. Staunenswerte Neuheit des Jahres wird die Anschaffung eines Mähdreschers. Und wie vortrefflich der arbeitet! Die Tagesleistung übertrifft alle Erwartungen. Korn und Stroh sauber ausgedroschen, dazu trocken. Keine Ähre, kein Korn geht verloren, alles braucht nur noch verladen zu werden. Auch ein modernes Rübenrodegerät wird im Herbst in Betrieb genommen. »Das Gerät hebt die vormals abgeköpften Rüben ganz aus der Erde, so dass sie nur noch zusammengeworfen zu werden brauchen. Eine Klopfvorrichtung am Gerät entfernt die anhaftende Erde.«[12]

Nachrichten aus Frankreich

1940 wurde Frankreich von deutschen Truppen überrannt. Am 10. Mai begann der Angriff auf den Nachbarn im Westen. Am 22. Juni wird in Compiègne der Waffenstillstand unterzeichnet. Am 9. Juli treffen die ersten französischen Kriegsgefangenen in Sachsendorf ein und lösen die polnischen ab. Sie werden als Gespannführer eingesetzt, helfen aber auch in der Schlosserei, im Kuhstall oder in der Gärtnerei. Hans schreibt: »Die französischen Kriegsgefangenen sind arbeitswilliger, als die polnischen es waren, höflich und hilfsbereit. Ihre Leistungen wären noch besser, wenn es erlaubt wäre, ihnen kleine Beträge ihres Verdienstes auszuzahlen.«[13]

Gab es Postverkehr zwischen dem in Frankreich kämpfenden Jost Ritter und seinem geliebten Onkel? Das ist anzunehmen, wenn auch Jost nicht der Schreiber langer Briefe war. Dennoch wird Hans durch

Kusine Grethe, die Magdeburger Großeltern Raffauf, die, wie sich aus dem erhalten gebliebenen Gästebuch ersehen lässt, hin und wieder in Sachsendorf weilten, im Bilde gewesen sein. Jost ist nach dem Westfeldzug nicht nur Leutnant geworden, er hat auch das Eiserne Kreuz Zweiter Klasse erworben – und zwar als Anführer eines Spähtrupps, der bei einem Überraschungsangriff auf eine feindliche Stellung mehrere Gefangene gemacht und Artilleriegeschütze erobert hatte. Er blieb dann eine Weile in Paris stationiert. In seinem Todesjahr 1942 – Jost ist nach seinem letzten Heimaturlaub wieder in Afrika – wird die Mutter den Brief einer Französin erhalten. Grethe schreibt darüber an ihre Freundin Trude: »Irgendwie hat sie die Möglichkeit gefunden, direkt an mich zu schreiben, und fragt nach dem Jungen. Sie hätten ihn während der Einquartierung schätzen und lieben gelernt. Ich kann gar nicht antworten, das müsste über ein Generalkommando gehen, aber ich finde das doch wirklich erstaunlich. Überall hat der Junge derartigen Anklang!«[14]

Marlene, die mich diesen Brief einsehen lässt, stößt mich an: »Überleg doch mal, er war doch eigentlich ein Feind. Und doch hatten sie ihn sofort lieb!«[15]

Rittergut Tucheband

Wenn man auf Hans-Adolf Schmelzers Äckern Großtrappen beobachten wollte, schlug man am besten die nördliche Himmelsrichtung ein, wo es nach Hackenow zu ging. Dort dehnten sich Rübenschläge schier grenzenlos hin. Vorwerk Hackenow und das seine Feldmarken berührende Rittergut Tucheband waren nach wie vor im Besitz der Schmelzers, gelangten aber nicht mehr an den Enkel. Sie blieben bis Kriegsende in der Hand des zweiten Amtsratsohnes Norbert. Äußerst ertragreiche, vorbildlich geführte Betriebe, die Norberts Ruf als überaus fähigen Landwirt sicherten. Das Wohnhaus, wie schon erwähnt, ein umgebautes Jagdschloss, dürfte an Vornehmheit Sachsendorf und Rathstock übertroffen haben.

Dafür stand schon der weitläufige, geradezu *schlossig* anmutende Park. Die Inneneinrichtung des Hauses mochte dem entsprochen ha-

Rittergut Tucheband, Wohnhaus und Hof.

ben. Ebenso Garderobe und Habitus der *Schlossfrau*. In Giselas Augen war in alledem ein gewisses Zuviel mit einem Stich ins Protzige, was zu der traditionellen Bescheidenheit des Geschlechts, in das Käthe Boldt eingeheiratet hatte, nicht recht zu passen schien. Luxus kostet Geld. Er wurde, wie es den Anschein hatte, so ausgiebig betrieben, dass es in der Verwandtschaft hieß, die Tuchebanderin werfe das Geld mit beiden Händen aus dem Fenster. So wurde nach dem Krieg erzählt, dass man dort zu allem Überfluss einer Hochstaplerin aufgesessen sei, die sich jahrelang als Zarentochter Olga auszugeben wusste. Entsprechend standesgemäß habe sie sich von den Tuchebander Gastgebern versorgen und ausstatten lassen. Überdies hätte sie sich prophetische Gaben angemaßt, die sie, gebührend vergoldet, auf Kutschfahrten über Norberts Felder zu aktivieren pflegte, und zwar indem sie den einzelnen Schlägen mäßige, zufriedenstellende oder hervorragende Ernten voraussagte. Freilich pflegte sie sich vorher bei den Leuten über die Aussichten heimlich zu erkundigen. Nor-

Der Tuchebander Parkteich.

bert war seinem Käthchen tief ergeben, ließ sie machen und walten, scheinbar ohne sich über die Enge ihres geistigen Horizontes jemals klar zu werden.

Der Tuchebander Viehhändler Seelig gab mir auf meinem Besuch in London die folgende Erinnerung zum Besten: Seelig betritt den Tuchebander Gutshof. Entgegen springt ihm der kleine Fried-Kurt, Norbert Schmelzers jüngster Sohn. Der Viehhändler schenkt dem Steppke einen Bonbon, als die hinzugetretene Mama einen hysterischen Schrei ausstößt: »Der Jude will meinen Jungen vergiften!« Fried-Kurt ist Jahrgang 1917. Die Begebenheit muss sich demgemäß lange vor der Hitlerzeit abgespielt haben.

Bedenkt man, dass zu der betriebenen Verschwendung auch noch der Krieg hinzukam, der, je länger er dauerte, der Wirtschaft immer größere Lasten abverlangte, kann es nicht Wunder nehmen, dass Tucheband trotz seiner stolzen Erträge bis zum Fluchttag 1945 tief in den Schulden steckte.

Folgen der Kriegsauflagen

Gegen Ende des Jahres 1940 umreißt Hans-Adolf die Auswirkungen der Kriegslieferungen und damit verbundenen Rationierungen auf die Viehhaltung: »Der Betrieb scheint in diesem Jahre in erhebliche Futterschwierigkeiten zu geraten. Die Zuckerfabrik kann wegen Kohlemangels nur beschränkt Rübenblatt trocknen, die benötigten Zuckerschnitzel dürfen nicht hergestellt werden, die Kleiezuteilung je Stück Mastvieh beträgt nur 5 Pfund im Monat, die für Kühe zugeteilten Futtermittel betragen 70 Pfund im Monat, für Schafe wird gar kein Futter zugeteilt, 600 Ztr. Hafer müssen abgeliefert werden. Ebenso 9 000 Ztr. Stroh, das bei dem kurzen Wuchs des Getreides in diesem Jahr nicht viel gebracht hat.«[16]

Lediglich eine erfreulichere Meldung lässt sich festhalten. Der Betrieb ist wegen hervorragender Wolle-Erzeugung prämiert worden. Strickwolle darf an die Belegschaft ausgegeben werden. Er listet auf:

»Kostenlos erhalten:
250 Gramm – Leute, die das ganze Jahr über gearbeitet haben
100 Gramm – Frauen, die über 100 Tage gearbeitet haben
250 Gramm – Frauen, die über 180 Tage gearbeitet haben
250 Gramm – die im Herbst zum Militär Eingezogenen
100 Gramm – die im Sommer zum Militär Eingezogenen.«[17]

Für Gisela wird das zweite Kriegsjahr in seinem Verlauf ein schwarzes: Sie verliert innerhalb zweier Monate beide Eltern.

Wachsende Kriegslasten

Hasenjagd in Sachsendorf. Gisela, vorgerückten Alters, hält Rückblick: »In der Regel fand sie im Herbst statt, ehe die Schnitter nach Hause gingen. Die brauchte man als Treiber. Das machte denen Spaß. Für sie wurde gut gekocht, sie kamen finanziell auf ihre Kosten. Es gab immer zwei Parteien – eine weiße und eine blaue. Ein kilometergroßer Kessel wurde gebildet. Immer fünf Treiber, ein Schütze, fünf Treiber, ein Schütze. So marschierte man auf die Mitte des Kessels zu, bis man sich getroffen hatte. Die aufgescheuchten Hasen sprangen hoch, die Schützen schossen. 100 Hasen war gar nichts. 300, 400 mussten es schon sein, dann hatte es sich gelohnt.« Ich frage: »Wer waren denn die Schützen?« – »Unsere Nachbarn natürlich: Schulz-Wulkow, Bethge, Koppe, Scherz-Kliestow, Herr von Brünneck, Peter von Stünzner-Karbe aus Sieversdorf, Herr von Wittich aus Reitwein, auch Frauen.« Sie erwähnt Norbert Schmelzers Tochter Ines aus Tucheband, mit dem Offizier Joachim Harhausen verheiratet. Sie erlegte die meisten Hasen und wurde Jagdkönigin. Die Schilderung meiner Mutter ist noch nicht zu Ende: »Die Schützen kehrten zurück, betraten unser Haus. Da sie aber so viel Dreck an den Füßen hatten, standen die verschiedenen Kutscher bereit, den Herrschaften die Schuhe abzukratzen und zu bürsten. Und damit das Parkett im Esszimmer nicht litt, wurde extra noch eine Plane ausgelegt. Nun wurde Mittag gegessen – Suppe mit Hühnchen oder Täubchen drin, oder es gab schöne Erbsensuppe. Und dann ging man wieder raus, nochmals auf Treibjagd, aber nicht mehr so lange. Man kam also zum Kaffee zurück. Danach verzogen sich die Herren in ihre Gästezimmer und pennten. Zum Abend dann machte sich alles schick – schwarzer Anzug oder auch Smoking, die Damen elegant. Es folgte ein Diner mit vielen Gängen. Hinterher Mokka und

Likörchen. Ja, das war schon alles sehr schön. Ihr Jungen heute könnt euch gar nicht vorstellen, wie schön das alles war.«[1]

Bis 1944 liefen die Hasenjagden auf diese Weise ab. Der Krieg beeinträchtigte die Freude nicht, die die Menschen an dem Vergnügen hatten. Schon gar nicht in den Jahren, wo man noch obenauf war, ein Sieg auf dem anderen folgte. Dass das auch Opfer gekostet hatte, war traurig, aber was half es? Man sah sich von Feinden umringt. Hans hatte im dritten Kriegsjahr den Tod eines wertvollen jungen Arbeiters zu beklagen: Bruno Henschke. Am 4. April war er eingezogen worden, am 28.August wird er beim Vormarsch auf Sankt Petersburg schwer verwundet. Bauchschuss. Henschke stirbt in einem finnischen Lazarett. »Mit ihm«, so schreibt Hans, »verliert der Betrieb einen seiner fleißigsten und zuverlässigsten jungen Leute«.[2]

Der Tod von Giselas Eltern

Gisela brauchte einige Zeit, um den plötzlichen Verlust beider Eltern, die ja noch gar nicht alt gewesen waren, seelisch zu verkraften. Sie wollte mit niemandem sprechen, stieß Menschen, die sich ihr trotzdem nähern wollten, unsanft zurück, auch Hans, dem solche Launen, die seine Frau bisweilen aus heiterem Himmel befielen, längst vertraut waren. Sie schien auf diese Weise ein Familien-Gen in sich auszutragen, eine ererbte Neigung zu gelegentlicher schwerer Depressivität. Eine Tante namens Annemarie, einzige Tochter des Malers Ernst Koerner, brachte ihre letzten Jahre mit diesem Geisteszustand in einer Nervenheilanstalt zu, bis sie von Hitler als »lebensunwertes« Leben vergast wurde.

Der einzige von den drei Brüdern, der Annemarie in ihrer Krankheit besucht hatte, war Giselas Vater Otto Koerner gewesen. Der verabschiedete Vermessungsoffizier hatte es im Reichspatentamt bis zum Senatsrat gebracht. Nach Feierabend redigierte er die internationale Fachzeitschrift für Fotogrammetrie, korrespondierte in verschiedenen Sprachen mit der ganzen Welt. Niemand unter den Verwandten ahnte etwas von seiner Bedeutung. Wann hätte Otto jemals Aufhebens von seiner Person gemacht! Die Jenaer Zeiss-Werke verlangen nach ihm.

»Ja, ich komme. Geduldet euch, bis ich pensioniert bin!«, vertröstet er sie. Lange würde das nicht mehr dauern. Der Tod machte allem ein Ende. Ärzte von heute hätten nach einer vorgenommenen Laboruntersuchung möglicherweise die Hände über den Kopf zusammengeschlagen und dem Patienten starke Mittel zur Senkung der Cholesterinwerte verordnet.

Gern pflegte Otto Ferien in Sachsendorf zu machen. Der stille Gelehrte zog sich von Hundegebell, von Hans' im Wohnzimmer ausgetragenen Ringkämpfen mit seinen Trabanten in den Park zurück, wo man ihn, in ein Buch vertieft, mit überschlagenen Knickerbockerbeinen auf einer Gartenbank sitzen sah. Er liebte Schwiegersohns Felder, legte, wenn der Boden nicht zu feucht war, lange Fußmärsche zurück. Wieder in Berlin, erwischt ihn im Spätsommer eine leichte Grippe. Leidlich genesen, setzt er sich wieder an den Schreibtisch. Er versiegelt den fertigen Brief, geht kurz aus dem Haus, um ihn einzuwerfen. Wieder zurück, versinkt er Zeitung lesend in den Sessel und – stirbt. Es ist der 1. September 1940, zwei Monate vor Otto Koerners 60. Geburtstag.

Als die Todesanzeige bei Verwandten und Freunden eingetroffen ist, glaubt jeder die Nachricht über eine nach langer Krankheit endlich Erlösten in den Händen zu halten: Carola Koerner geb. Freiin von der Goltz, Ottos Frau. Ihr war vor sieben Jahren eine Brust abgenommen worden. Aber der Krebs war weitergewandert und auf die Lunge geschlagen. Selbst der berühmte Professor Sauerbruch, der Carola behandelte, konnte nicht mehr helfen. Otto Koerner, ein Verehrer des Komponisten Felix Mendelssohn Bartholdy, hatte sich für die Beisetzungsfeier seiner Frau ein Chorstück von ihm gewünscht. Es sollte nun zu Ottos Beerdigung erklingen. Das wurde höheren Orts untersagt. Es handelte sich um die Komposition eines Juden.

Von kaum jemand anderem musste Otto Koerner sich so verkannt sehen wie von der eigenen Frau. Als schon Wochen vor dem anstehenden runden Geburtstagsjubiläum aus berufener Feder eine Laudatio erscheint, die zum ersten Mal Otto Koerners wissenschaftliche Leistungen öffentlich zur Sprache bringt, tut Carola das als »alberne

Beweihräucherung« ab.[3] Bei Kriegsbeginn am 1. September 1939 hatte sie den Neunundfünfzigjährigen sogar aufgefordert, sich zu den Waffen zu melden. Im Grunde ihres Herzens schien sie dem Gatten ewig gram, weil er nur ein Bürgerlicher war, der ihr den Verlust von Titel und großem Namen eingetragen hatte, womit ihr der Zutritt zu Adelsverbänden, Familientreffen ihrer Sippe für immer verwehrt blieb. Otto, deswegen keineswegs beleidigt, schenkte ihr aus Mitgefühl eine Brosche mit siebenzackiger Krone.

Andererseits war Carola eine gesellschaftsgewandte Frau mit Charme, die heitere Teekränzchen aufsuchte, ihren Jour hatte, spontan auf Menschen zuging. Aber ihr Gesichtskreis hatte die Enge eines Damenboudoirs. Schwiegersöhne mussten Offiziere oder Gutsbesitzer sein. Als die Jüngste beim Skiurlaub einen zackigen SA-Mann kennenlernt, den sie prompt standesamtlich heiratet, zischelt die Mutter der Tochter nach der Trauung zu: »Wir helfen dir schon, wenn du mit dem wieder auseinander kommen willst.« Carola hatte Sinn für alles Praktische, besaß gesunden Menschenverstand, blieb aber verkeilt in kleinlichem Standesdünkel. Schon privater Umgang mit einem Arzt wäre für ihr Elternhaus nicht akzeptabel gewesen. Vater Goltz: »Jemand, der mir in den Organen rumfummelt, zu Tisch laden? Igitt!« Carolas geistiges Zuhause bildeten Deutschlands Herrscherhäuser mit ihrem Stab von Prinzen und Prinzessinnen sowie die verschlungenen Verwandtschaftszweige der im »Gotha«, dem traditionellen Adelsverzeichnis, aufgeführten Geschlechter.

Es gab kaum eine Frau, die dem Sachsendorfer Gutsbesitzer in Wesen und Charakter so zuwider war wie die eigene Schwiegermutter. Was musste die zu allem Überfluss auch noch Schwester seines ach so verhassten Stiefvaters sein! Aber das war nicht das eigentliche Problem. Was Hans an *Mutti Lola* verdross, war, dass sie, wann immer sie in Sachsendorf weilte, ihr Auge am liebsten auf das heftete, was sie um Himmelswillen nicht so genau sehen sollte. Zum Beispiel auf das Gekose und Geflachse des Schwiegersohns mit Giselas Berliner Schulfreundin Ruth, den Schneidemühler Zwillingen, den Rathstocker Kusinen, dem Kinderfräulein, dem Stubenmädchen … Gisela wusste

Otto Koerner macht Ferien in Sachsendorf. Daneben ein Porträt seiner Frau Carola.

darum, ohne dem Getändel tiefere Bedeutung beizumessen. Hans war eben so. Und warum sollte man es nicht sogar begrüßen, dass er, der sonst nie lachte, auf diese Weise etwas aus sich herauskam? Die Schwiegermutter sah es anders, hielt ihre Schlüsse nicht für sich und mischte erstes Gift in die auf Gäste und Nachbarn so heiter-harmonisch wirkende Ehe.

Noch etwas geht Hans auf den Geist: Lolas Vorliebe, den Schwiegersohn aus dem Polnischen Korridor gegen den Sachsendorfer auszuspielen. Annelises Ehemann Fritz war von äußerer Erscheinung mit den großen abstehenden Ohren alles andere als schön – doch was für ein höflicher, hochgebildeter Mann! Studiert, Doktor gar! Und Hans? Nicht mal Abitur!

Nun war *Mutti Lola* gestorben. Mit 57 Jahren. Zwei Monate hatte sie den Gatten überlebt, ganz so, als seien ihr diese auferlegt gewesen, um sich unter großen Schmerzen bewusst zu werden, was sie an Otto verloren hatte und wie falsch es von ihr gewesen war, ihm mit tau-

Beide Großelternpaare. Von links nach rechts: Otto Koerner, Baron Curt von der Goltz, Käthe Freifrau von der Goltz, Carola Koerner.

send nichtigen Lieblosigkeiten das Dasein vergällt zu haben. »Lobe den Herrn, meine Seele, und vergiss nicht, was er dir Gutes getan hat« – dieser Spruch aus dem Psalm 103 steht über beider Grabplatten auf dem Luisenstädtischen Friedhof in Berlin. Heute noch.

In der Nachfolge der Amtsrätin

Wann die Ernüchterung über Hans' Schäkerspielchen mit weiblichen Gästen, weiblichem Hauspersonal bei Gisela eingetreten war, lässt sich nicht mehr genau ermitteln. Auf jeden Fall lange vor dem Krieg. Es war nicht Giselas Art, dem Ehegatten eine Szene zu machen. Eher fraß sie den Kummer in sich hinein, wie Fotos deutlich erkennen lassen. Fotos einer schönen, nicht ganz glücklichen Frau. Nach außen sozusagen änderte sich nichts. Noch nach dem Krieg galten unsere Eltern Kennern der Sachsendorf-Szenerie als geradezu ideales, glückliches Paar. Dennoch muss es zu einer deutlichen Abkühlung zwischen beiden gekommen sein, die wohl nur deswegen nicht so ins Auge fiel, weil man ja ohnehin dazu erzogen war, Contenance zu bewahren, sich nicht in Gegenwart anderer zu Gefühlsausbrüchen hinreißen zu lassen. Uns Kindern allerdings fiel auf, dass es zwischen unseren Eltern zu keinerlei Austausch von Zärtlichkeiten kam. Man unterhielt eine Lebenskameradschaft, in der jeder seinen Part spielte, und das vor unseren Augen möglichst vorbildlich.

Für meine Mutter gab es zur Überwindung seelischer Krisen nur ein Mittel: Arbeit. Bis zur Besinnungslosigkeit verbarrikadierte sie sich hinter ihren Pflichten. Was hatte sie im Laufe der Jahre nicht alles an sich gerissen: die Wäscheausgabe, Verwaltung der Vorräte, den Speisezettel, die Bepflanzung des Parks, die Hühnerei ... Was sie sich schon früh zur eigentlichen Lebensaufgabe gemacht hatte, war die Nachfolge der schmelzerschen Ahnfrau Anna im Rot-Kreuz-Dienst der Vaterländischen Frauenschaft. Mitte der 1930er-Jahre war die Gutsnachbarin Gerda Schulz-Wulkow, Kreisvereinsvorsitzende dieser Organisation, an Gisela herangetreten mit der Aufforderung, die Leitung des sogenannten Bereitschaftsdienstes im ganzen Kreis Lebus zu übernehmen. Mir erklärte es meine Mutter später so: »Weißt du, große Reden halten, das ist nicht mein Fall, also machte ich lieber was Praktisches. Und da übernahm ich den Auftrag, Bereitschaftsdienstleiterin des Roten Kreuzes zu werden.«[4] Mit Gerda Schulz-Wulkow und ihrem Mann Günther verband die Sachsendorfer Schmelzers eine feste, über den Krieg hinaus andauernde Freundschaft.

Gisela widmete sich der neuen Verantwortung mit der ihr eigenen Gründlichkeit. Was gab es zu tun: Es mussten Schwesternhelferinnen-Gruppen geschult werden, aus denen sich im Ernstfall Einsatzkräfte für den Sanitätsdienst bereitstellen ließen. Die Lehrgänge hielt ein Arzt oder eine ausgebildete, erfahrene Schwester ab. Nach einer vorgeschriebenen Stundenzahl und der Absolvierung eines festgelegten Pensums erfolgte die Prüfung. Sie wurde vom zuständigen Kreisarzt unter Beisein der Bereitschaftsdienstleiterin (BDL) abgehalten. Gisela berichtet darüber: »Abschließend überreichte ich den erfolgreichen Prüflingen die Helferinnenbrosche und verpflichtete sie mit Handschlag.« Ausbildungsstand und Einsatzbereitschaft unterstanden einer regelmäßigen Überprüfung. »Dazu wurden mit den männlichen Sanitätseinheiten gemeinsam große Übungen angesetzt, bei denen irgendein Unglücksfall vorgegeben wurde und Menschen mit angenommenen Unfällen im Übungsgelände verteilt waren, die vorschriftsmäßig betreut werden mussten.«[5] Im Krieg kamen die Schwesternhelferinnen durch die Wehrmacht zum Einsatz in Lazaretten oder Soldatenheimen. Wohnten sie in Orten mit Bahnanschluss, versahen sie bei durchgehenden Verwundetentransporten Bahnhofdienst. Das kam innerhalb des Kreises nur für Fürstenwalde in Frage.

Neue Kontakte entstehen. So zu der BDL-Kollegin des Nachbarkreises Oberbarnim Helene von Eckardstein aus Prötzel. Man trifft sich auf den Schulungskursen, unternimmt in Gruppen Tagesausflüge, auf denen Leni, wie man sie allgemein nannte, zum Gesang die Mundharmonika spielt. »Prötzel«, so pflegte meine Mutter zu sagen, »war kein Gut, das war eine Herrschaft. Stell dir vor, da gab es einen Park mit weißen Hirschen!« Man vergaß einander nach dem Krieg nicht. Wenn nach der deutschen Teilung der ehemalige Kreis Lebus im westfälischen Herford das jährliche Heimattreffen beging, kam Leni Eckardstein aus dem lippischen Städtchen Lage hinzu, um alte Nachbarn wiederzusehen. Sie war auch noch in vorgerückten Jahren das Bild einer schönen Aristokratin. Als Schüler besuchte ich das Ehepaar in den Ferien auf meiner Radtour. Es lebte recht ärmlich in einer Art Gartenlaube mitten im Wald. Der Mann handelte im Umkreis mit Kaffee, wie es hieß. Leni suchte wohlhabende Familien auf, in denen sie Klavierstunden erteilte. Auf einem zweisamen Spaziergang sagte sie zu mir: »Ja, wir waren damals für Hitler. Aber heute so zu tun, als hätten wir mit all dem nichts am Hut gehabt, das bringen wir nicht fertig. Drum geht es uns jetzt so.«

Dass Gisela und ihre Mitstreiterinnen sich mit Verve solchem Dienst hingaben, wo doch von niemandem zu verkennen war, dass mit dem »Ernstfall« letztlich der Krieg geprobt wurde, lässt sich nur aus der Stimmung jener Tage erklären. Man glaubte sich bedroht von europäischen Nachbarn, die Deutschland nicht wohlwollten, zum anderen hatte man nicht vergessen, wie die Sieger von 1918 mit dem Besiegten umgegangen waren. Nie wieder durfte es zu einer solchen Situation kommen. Dass Hitler einen Krieg selber wollte, um seine eigenen verstiegenen weltpolitischen Vorstellungen zu verwirklichen, durchschauten damals weder Hans noch Gisela.

Franzosen in Sachsendorf

Die gefangenen Franzosen in den braunen Uniformröcken heiterten mit ihrem Temperament die preußische Arbeitswelt auf. Sie waren fröhlich. Für sie war ja der Krieg vorbei. Sie pfiffen bei ihrer Arbeit, flachsten mit den *Freileins*, schäkerten mit den Kindern. Inspektor Schwertfeger schien jahrelang nicht zu bemerken, dass die Kasernierten sich innerhalb ihres Geheges einen Durchschlupf geschaffen hatten, den sie tagsüber kaschierten, nachts indes für Ausflüge zu ihren Mädchen benutzten. Das durfte um alles in der Welt nicht herauskommen, kam es auch nicht.

Die kleineren Landwirtschaften im Dorf hatten gleichfalls ein bis zwei Franzosen. Bauer Dreikant, dessen Gehöft weit auf dem Feld Richtung Dolgelin lag, stellte seinem Gefangenen ein Fahrrad zu Verfügung. Der junge Mann war Kind im Haus, aß mit am Familientisch. André, ein lustiger Gespannführer aus der Auvergne mit Oberlippenbärtchen und Schiffchenmütze, tobte nach Feierabend mit meinen Geschwistern herum. Die zehnjährige Angela ließ er aufs Pferd steigen. Das erregte unter den Einheimischen Eifersucht und wurde gepetzt. Der Chef erhielt Weisung, zu den Gefangenen Distanz zu halten. Die Freundschaft zwischen dem Franzosen und dem kleinen Schulmädchen bestand fort – bis Kriegsende. Mein Bruder Kurt hatte seinen Freund Édouard, den er in der Schlosserei aufsuchte. Schraubstock und Schleifmaschine interessierten den Stammhalter brennender als Kutschfahrten über Vaters Rübenfelder.

Etwa ein Jahr nach der Wiedervereinigung stand einer von den ehemaligen französischen Kriegsgefangenen auf dem Sachsendorfer Gutshof und erkannte nichts wieder. Völlig ratlos klingelt er nebenan im Pfarrhaus: »Où est mon patron? Où est sa maison?« (Wo ist mein Chef? Wo ist sein Haus?) Als er die Wahrheit erfährt, kann er es kaum fassen und kehrt enttäuscht nach Frankreich zurück. Glücklicherweise hinterließ er seine Adresse. So konnte ich ihm schreiben. Er hieß Pierre. Drum schrieb ich ihm auf Französisch folgendermaßen: »Sind Sie der Pierre, der uns im Garten immer mit der Schubkarre entgegenkam? Wenn es im Sommer heiß war, hatte er die Uniformjacke aufgeknöpft und ich sah, dass seine Brust voller schwarzer Haare war.« Pierre antwortete mir: »Non, non. Je ne suis pas Pierre le poilu. J'ai travaillé chez les vaches.« (Nein, nein. Ich bin nicht der behaarte Peter. Ich habe im Kuhstall gearbeitet.)

Es knüpfte sich ein Briefwechsel an. Nicht lange, da hatte sich Pierre der Kuhknecht mit Pierre dem Gartengehilfen verständigt, auch die anderen Kameraden angeschrieben – Eduard, der Freund meines Bruders, von der Autofirma Renault, war schon gestorben. Nahe Paris fröhliches Kameradschaftstreffen. Pierre, der Initiator, ist mit 70 der jüngste im Bunde. Die anderen achtzig und älter. Es werden Fotos geschossen, dem Sohn des *patron déjà mort* zugeschickt. Pierre *le poilu* in Buntaufnahme. Sicherlich, selbst mit aufgeknöpftem Hemd hätte ich ihn schwerlich wiedererkannt. Nun wollte man sich unbedingt mit den Nachkommen des *patron* möglichst in Sachsendorf wiedersehen. Es zerschlug sich durch den unerwarteten Tod meiner Frau. Mir war für eine Weile der Elan ausgegangen. Als ich den Faden endlich wieder aufnehmen wollte, war es zu spät. Pierre der Gartengehilfe war nicht mehr, Pierre der Kuhknecht alt und schwach. Es tut mir weh, wenn ich daran denke, um was ich mich für immer gebracht hatte.

Das Kriegsjahr 1941

Der ins dritte Jahr gehende Krieg schafft auf Sachsendorf immer mehr Probleme. So gut wie alle vollarbeitsfähigen Männer sind von der Wehrmacht eingezogen – ein paar wegen Unentbehrlichkeit UK-Gestellte (also »Unabkömmliche«) wie der Dampfpflugführer, der Betriebsleiter ausgenommen. Geblieben sind die Alten. Sie tragen die Hauptlast aller Arbeit, obwohl man ihnen normalerweise, wenn überhaupt, nur leichte Verrichtungen zumuten würde. Nun schuften sie schwer, und zwar auch noch nach Feierabend, weil dann der Garten, das Deputatland der eingezogenen Söhne auf sie warten. Hans

Der Sachsendorfer Gutshof mit Wohnhaus und Brennerei.

schreibt darüber: »Um ihnen hierfür mehr Freizeit zu schaffen, wird ab 15. April sonnabends [damals ein voller Arbeitstag] um 16.30 Uhr Feierabend gemacht. Die ausfallenden Stunden werden auf die übrigen Wochentage mit je ½ Stunde verteilt. Auf diese Weise geht dem Betrieb keine Arbeitszeit, den Leuten kein Verdienst verloren. Ausnahmsweise sonnabends nach 16.30 geleistete Arbeit wird als Überstunde bezahlt.«[6]

Dampfpflüge, Trecker, Mähdrescher, Zapfwellenroder für die Kartoffelernte fallen zeitweise aus wegen Brennstoffmangels oder weil für fällige Reparaturen die Ersatzteile nicht geliefert werden können. Immer drückender wirken sich die von der Wehrmacht geforderten Ablieferungskontingente aus. Die Brennerei muss ihren Betrieb einstellen, weil wegen des geforderten Kartoffel-Solls keine Brennereikartoffeln mehr zur Verfügung stehen. Dadurch wird auch keine für die Viehfütterung wichtige Schlempe (Kartoffelrückstände) frei. Alle größeren Schweine müssen deswegen verkauft werden, ebenso alles entbehrliche Schaf- und Rindvieh.

Wegen Kohlemangels produziert die Zuckerfabrik kein Trockenblatt, Zuckerschnitzel für das Vieh dürfen nicht mehr hergestellt werden. Hunderte bis Tausende Zentner Gerste, Hafer, Stroh gehen an die Front. Wovon soll der Eigentümer sein Vieh ernähren? Ist kein Stroh da für die Streu, können Rinder, Schafe nicht misten. Womit soll man im Frühjahr die Äcker düngen? Die Kleezuteilung fällt jämmerlich aus. Der Betrieb muss Unmengen gemähtes Wiesenheu zukaufen. Durch einseitige bzw. unzureichende Fütterung wird das Vieh krank. Schafe geben weniger Wolle, Kühe weniger Milch, Pferde- und Ochsengespanne machen schlapp. Die Rüben müssen auf ganzen Schlägen untergepflügt und neu gesät werden. Ungeziefer hat das Blatt kahlgefressen, weil Insektengift nicht rechtzeitig zu beschaffen war.

In den ersten Wochen des deutschen Vormarsches Richtung Moskau und St. Petersburg wird das Oderbruchland von afrikanischen Temperaturen ausgedörrt. Feldarbeit bei 40 Grad Celsius. Zu allem Überfluss, als habe Hans nicht schon genug Sorgen um die eigenen Betriebe, wird ihm noch die Verwaltung der seit Albrecht Thaer renommierten Domäne Wollup angetragen. Die Pächter Koppe, Hans-Adolfs Vettern zweiten Grades, müssen an die Front.

Hans' soziale Verantwortung

Hat der Besitzer unter solchen Umständen überhaupt noch Zeit, sich um menschliche Belange innerhalb seiner Wirtschaft zu kümmern? Er hinterließ seinen Nachfahren dazu eine Liste. Schon der Amtsrat pflegte für seine Leute eine Rot-Kreuz-Schwester einzustellen, auch unterhielt er einen sogenannten *Erntekindergarten,* eine Art Kita, wo Mütter ihre Kleinsten während der Erntearbeiten lassen konnten. Hans-Adolf hat für seinen Betrieb eine regelrechte Rot-Kreuz-Schwestern-Station ins Leben gerufen, geleitet von einer voll ausgebildeten Krankenschwester. Die Ausstattung des Behandlungszimmers mit Medikamenten, Verbandsmaterial, elektrischen Geräten zur Verarztung von Verletzten und Kranken verstand sich von selbst. Es war ein vertrautes Bild, wenn Schwester Erna mit flatterndem Haubenschutz, ihr schepperndes Damenrad neben sich her führend, eilfertig über den gepflasterten Gutshof tippelte.

Als Kindergarten wird eine Werkswohnung umfunktioniert mit Küche, einem Raum für die kleinen, einen zweiten für die größeren Kinder. Eine ausgebildete Kindergärtnerin nimmt sich der Schar an, unterstützt von einer angelernten Hilfe aus dem Dorf. Im Sommer steht der Gutspark offen mit einem großen Spielplatz, in dessen Mitte ein Sandhaufen zum Buddeln.

Im Wirtschaftshaus gibt es für die Leute schon seit Längerem einen Duschraum mit Warmwasseranlage sowie einen Gemeinschaftsraum für Geselligkeiten. Pensionierte, Arbeitsunfähige, Kranke haben freien Zugang in den Gutspark. Außerdem hat Hans vier Morgen Land mit Gras einsäen lassen als Sportplatz für die Dorfgemeinde.

Anfang 1942 notiert der Betriebsführer: »Durch die sehr knappe Belieferung der Schuster mit Material, weil außerdem in Sachsendorf kein Schuster vorhanden und das Dorf auf den 70-jährigen Schuster Kier in Tucheband angewiesen ist, der sich gesundheitlich kaum in der Lage sieht, sein eigenes Dorf zu versorgen, wird dem Gut auf Antrag erlaubt, seiner Sattlerei eine Schusterwerkstatt für die Bedürfnisse der eigenen Gefolgschaft anzugliedern. Das Sohlenmaterial erhält das Gut durch das Wirtschaftsamt zugeteilt. Ein Zivilpole (gelernter Schuster) hält nun die Schuhe der Belegschaft in Ordnung.«[7]

Soldatenschicksale aus Belegschaft und Familie

Es lässt sich inzwischen eine Liste über die Betriebsangehörigen führen, die an die Front kommandiert wurden und nicht wieder zurückkommen. Der junge Bruno Henschke steht obenan. Oft schon wenige Monate nach der Einberufung – gefallen: der Schäfergehilfe Kurt Ploke, der Landwirtschaftslehrling Heinz Freybrodt, der Gespannführer Wilhelm Neukamm, Schlossergehilfe Walter Müller ... Junge Kerle sie alle. Heinz Milz, Werner Bänsch, Arnold Schulz – Arbeiter auf Gut Sachsendorf – gefallen. Zwei Vettern von Hans fallen in Russland – Anna Schmelzers Enkel Walther von Ostrowski und Horst Speichert, ein Vetter mütterlicherseits. Wie mochte Hans selbst zumute gewesen sein? War ihm, wo so viele um ihn her dran glauben mussten, bei seiner UK-Stellung wohl gewesen? Beschlich ihn nicht gelegentlich die Sorge, dass es ohne Rücksicht auf die Wichtigkeit seiner Funktion auch ihn erwischen könnte? Ihn, den geborenen Nichtsoldaten? Dieses tagtägliche Unter-Männern-Sein, das ihm bei der bloßen Vorstellung schon rein physisch zuwider war, wie er mir gegenüber später einmal durchblicken ließ?

Der Afrika-Soldat

Und wie stand es inzwischen um seinen Freund Jost, Anna Schmelzers Urenkel, der sich wie ein verspielter junger Jagdhund mit dem Onkel gekabbelt hatte? Von der Etappe im Westen nach Ostpreußen versetzt, machte Jost seine Mädchenbekanntschaften, kaufte sich ein Akkordeon mit drei Registern, achtzig Bässen und – wartete. 1941 überraschender Marschbefehl nach Afrika. Hatte er das große Los gezogen? Er glaubt es, und die Kameraden, die längst wittern, dass es demnächst weit nach Osten gehen soll, beneiden ihn. Im Mai schreibt er seiner Schwester aus Afrika zum Geburtstag: »Findest Du nicht auch, liebes Minkel, dass diese Jahre zwischen dem 20. und dem 25. Lebensjahr die schönsten sind? Man ist doch jetzt in der Lage, sein Leben bewusst zu leben und alles, was um einen herum geschieht, mit verstehenden Augen zu sehen. Viele Kameraden meines Alters, Soldaten, zum Teil Offiziere, sind jetzt schon verlobt oder gar verheiratetet. So was Blödes! Da käme ich mir wie ein dummer Junge vor.«[8]

Der 22-jährige Oberleutnant schreibt diese Zeilen mitten in der Wüste und klagt: »Jammerschade nur, dass ich diese schönen Jahre in der Wüste zubringen muss. Hier sieht und hört man gar nichts vom Leben. Wir schmachten wie Verbannte auf einer einsamen Insel. Bis zum nächsten Städtchen sind es fast 90 km. Unterwegs Wüste, Wüste und nochmals Wüste.« Josts Abteilung kommt einfach nicht zum Einsatz. Ohnehin hat er in seiner Funktion als Ordonnanzoffizier andere Aufgaben, als an der Front vorzustürmen. Er verzweifelt: »Wenn nur endlich mal etwas geschehen wollte. Dieses Herumlungern und den ganzen Tag Nichtstun macht einen langsam aber sicher blöde. Was bin ich denn ist? Was soll ich denn bin? Bu-Hu-Muh.«[9] Marlene hat mir diesen Unmutslaut übersetzt. »Bu-Hu-Muh« heißt: Langsam wird man zum Rindvieh.

Der Tuchebander Viehhändler Seelig

Zurück nach Sachsendorf. Pfarrer Dürrs ältester Sohn Martin war 9 Jahre alt, als er 1938 von der sogenannten *Reichskristallnacht* erfuhr, jener Pogromnacht vom 9. zum 10. November, wo in deutschen Städten Synagogen in Brand gesteckt, jüdische Geschäfte geplündert, unzählige Juden misshandelt, getötet, ins Konzentrationslager verschleppt wurden. Martin Dürr, während der deutschen Teilung Pfarrer in Mecklenburg, erinnert sich: »Ich erlebte Fahrschüler, die am nächsten Tag stolz aus Frankfurt mit Beutestücken aus einem geplünderten Warenhaus in unser Dorf zurückkehrten. In Tucheband lebte ein ›Felljude‹, der eines Tages ›nicht mehr da war‹.«[10]

Besagter »Felljude« namens Seelig, als Mister Stone nach dem Krieg in London lebend, ließ sich, als ich ihn im Spätsommer 1968 besuchte, von mir befragen. Er duzte mich und drückte sich damals in etwa so aus: »Ja weißt du, ich war ja im Oderbruch zu Hause. Es war nicht nur deine, auch meine Heimat. Und die will man doch nicht so ohne weiteres verlassen. Ich dachte so: Lass die Leute reden. Ich ducke mich und warte ab. Strenge Herren regieren nicht lange.« Und nun erzählte er mir, wie er weiter versuchte, seinem Gewerbe in der Heimat nachzugehen. »Auf den Tuchebander Hof ging ich schon lange nicht mehr. Der Besitzer, dein Onkel, gutmütig, hätte mir kein Auge ausgekratzt. Aber die Alte. Hysterisch. Durfte mich gar nicht zu Gesicht bekommen … Ja und dann bin ich zu deinem Vater gegangen. Aber seltsam. Ich traf ihn gar nicht an. Man richtete mir aus, er sei beschäftigt. Na dann bin ich am nächsten Tag wiedergekommen. Da ließ er sich wieder entschuldigen. Als ich zum dritten Mal kam, hatte er wieder keine Zeit. Ließ sich überhaupt nicht blicken. Und da war für mich alles klar.« Seelig kehrte um, ging zum Hoftor hinaus und kam nie wieder. Sicherlich kein Ruhmesblatt für meinen Vater. Ich gebe zu, dass ich mich vor Mister Stone für meinen Vater schämte. Aber Hand aufs Herz! Hätte ich mich in jener politischen Situation damals mutiger verhalten?

Was macht der hingehaltene Viehhändler? Begibt sich nach Rathstock. Es war schon später Nachmittag, der Baron abwesend. Meine Großmutter tritt aus dem Haus, stellt sich auf die Eingangstreppe, lässt, als sie Seelig vor sich stehen sieht, den Blick prüfend über den Hof schweifen. Dann gibt sie dem Kaufmann ein Handzeichen: »Kommen'se, kommen'se Seelig! Schnell, es guckt gerade keiner.« Sie bittet Seelig ins Zimmer, lässt ihn vor dem Rauchtisch Platz nehmen. Die Baronin gegenüber, mit gedämpfter Stimme, wird deutlich: »Seelig, Sie noch hier? Haben Sie denn nichts gehört? Wissen Sie überhaupt nicht, was in Deutschland los ist? Seelig, ich beschwöre Sie, wenn Ihnen das Leben lieb ist! Machen Sie, dass Sie nach Hause kommen! Packen Sie das Notwendigste, und nichts wie weg, wenn es nicht schon zu spät ist!« Mister Stone auf seinem Familiensofa zu mir: »Ich kann Dir sagen, Jürgen, nachdem mir deine Großmutter so Feuer unterm Frack gemacht hatte, wurde mir angst und bange. Mir schlotterten buchstäblich die Knie. Ich nach Hause, sieben Sachen gepackt und nichts wie weg. In derselben Nacht noch. Es war meine Rettung. Ich erwischte noch ein Schiff nach England. Ja so war das, Jürgen, Deiner Großmutter Rathstock verdanke ich, dass ich noch lebe.«

Käthe von der Goltz-Rathstock hatte nichts von einer Bilderbuch-Oma, die einem übers Haar strich, Kindern im Winter Bratäpfel vorsetzte und Märchen erzählte. Ich erinnere mich, es muss in meinem fünften Lebensjahr gewesen sein: Ich war als letzter vom Frühstückstisch aufgestanden, mutterseelenallein blätterte ich in einem liegen gebliebenen illustrierten Jagdbuch. Meine Großmutter platzt herein, trifft am Schreibtisch meinen Vater nicht an. Ich juble: »'n Hirsch! Omi, hier ist'n Hirsch.« – Sie zur Tür zurück, da auf meinen Vater stoßend. Ihr Bariton äfft mich nach, als sei es das Dümmste von der Welt: »'n Hürs. Omi, hier issen Hürs!« Sie nannte mich Jüngsten *Purkel*, was wohl soviel bedeutete wie dummer Murkel. Hatte im Auftreten etwas Männliches, Alt-Fritzisches. Und doch hätte ich es wie den Christbaumschmuck vermisst, wenn sie sich am Weihnachtsabend nach der Bescherung nicht mit ihrem herben Stimmorgan über meine Geschenke gebeugt hätte, wo ich sie hinter meinem neuen Kaufladen bedienen musste. Die Geschwister hingen ihr an. Kurt war ihr in Kopfform und Physiognomie aus dem Gesicht geschnitten. Auch die Rathstocker Ferienkinder liebten ihre Tante Käthe, wenn sie sie wegen ihrer Strenge unter der Hand auch *saure Gurke* getauft hatten.

Es war bekannt, dass sie im Dorf die Leutewohnungen aufsuchte, nachsah, was dringend gemacht oder ausgebessert werden musste. Sie blieb dabei immer die Frau Baronin, der Titel war von ihr so wenig wegzudenken wie die lederne Feldjoppe und der Krückstock, den sie wegen Rheumas benutzte ... Sie starb sechs Jahre nach dem Krieg in einem Dorf nahe Magdeburg an Unterernährung. Als die Todesnachricht bei uns eintraf, lebten wir bereits im Rheinland. Ich war bei fremden Leuten untergebracht. Als die Frau des Hauses mir die Hand um den Nacken legte und mich auf den überraschenden Tod meiner Großmutter ansprach, fing ich an zu weinen.

30. Juni 1942. Mein Vater besieht sich seine Felder: »Die Ernteaussichten für das neue Betriebsjahr sind nicht schlecht. Warme Tage im Juni, dazu der nötige Regen haben dem Feld ein frisches und gesundes Aussehen gegeben. Sommerweizen steht voll, nur etwas kürzer als sonst. Die Gerste ist überall normal entwickelt. Erbsen stehen sehr gut. Wintersaaten haben sich sehr erholt. Der Mohn steht gut. Vom Winterweizen hätte noch mehr umgepflügt werden müssen, da zu dünn. Ganz besonders gut stehen die Kartoffeln, die Rüben gut. Nur der Rübensamen ist stark von Läusen befallen. Die Luzerneheu-Ernte war gering. Der Unkrautwuchs wird immer stärker.« Die Kapitulation der 6. Armee bei Stalingrad wird in sieben Monaten erfolgen.[11]

Die letzten Jahre

1942 wird für Anna Schmelzers Urenkel Jost Ritter zum Todesjahr. Zu Ende des Vorjahres am Arm verwundet, hatte er seinen *Heimatschuss* kassiert und kam im Dezember noch einmal nach Hause. Mutter Grethe berichtet im Januar 1942 an ihre Freundin Trude: »Mein lieber Junge ist auf Genesungsurlaub und saust im Lande herum, angefangen in Koblenz, wo seine große Liebe steckt, die er niemandem preisgibt. Weiter geht's von Stadt zu Stadt; denn er hat sich keineswegs festgelegt. Überall locken schöne Mädchen. Jost genießt sein Leben hundertprozentig, tobt sich aus wie ein Junghirsch im September.« Er hat allen Grund dazu. Es scheint ihm in den Knochen zu stecken, dass seine Tage gezählt sind. Grethe fährt fort: »Man hört ja sonst nur Trauriges. Wie viele Mütter habe ich im vergangenen Jahr trösten müssen! Von Josts Frankfurter Klasse sind bis auf ihn und seinen Freund Hartmut alle gefallen. Da betrachtet er es als ein großes Wunder, dass er selber noch immer da ist. Drum die innere Unrast: Immer unterwegs, immer Betrieb und Tausendsassa – das Rädchen muss schnurren, schnurren.«[1]

Weihnachten bringt Jost in Ulm bei den Seinen zu. Eine Kusine mit kleinem Sohn von noch nicht zwei Jahren hat wegen der Bombenangriffe auf Berlin bei Ritters Zuflucht gefunden. Mit beiden wird ausgelassen herumgekaspert. »Jost war richtig gelöst und meine Mutter natürlich überglücklich«, bezeugt Josts Schwester Marlene, »über Afrika sprach er kaum, und wir haben das verstanden«. Öffentliche Tanzveranstaltungen waren wegen des Kriegs verboten. Aber es gab Hausbälle, die man fleißig besuchte. Dann brach um den 10. Januar der letzte Heimattag an. Marlene: »Unser Abschied war sehr still, wir haben uns umarmt, aber er wollte nicht, dass jemand ihn zum Bahnhof begleitete. Ich habe absichtlich nicht zugesehen, wie er sich von den

Eltern verabschiedet hat … Ich stand an der Treppe und habe ihn also als letzte gesehen. Wir haben beide nichts sagen können, haben uns nur umarmt und die Hand gegeben. Dann sah ich ihn über die Straße gehen, wir wohnten praktisch gegenüber dem Bahnhof … .«

Anna-Margarethe Ritter, geb. Raffauf, Kind der ältesten Tochter des Amtsrats, Helene Schmelzer, stand den Ereignissen äußerst skeptisch gegenüber. Und natürlich hatte man mit dem Afrika-Soldaten über Politik gesprochen. Marlene: »Meine Mutter sagte immer: ›O Gott, was wird, wenn wir wirklich den Krieg gewinnen, die Kerle schnappen doch über!‹ Und Jost sagte: Macht euch keine Sorgen, erst gewinnen wir den Krieg und dann jagen wir das schwarze [Farbe der SS-Uniform] und braune Gesindel zum Tempel raus!«[2]

Unverkennbare Schattenseiten der Diktatur

Konzentrationslager. Wusste man in Sachsendorf davon? Pfarrer Georg Dürrs ältester Sohn Martin, Jahrgang 1929, bezeugt, dass schon Schuljungen nicht mehr behaupten konnten, sie hätten keine Ahnung gehabt. Er schreibt: »Das Schlimme war – entgegen vielen Schutzbehauptungen – durchaus bekannt für jeden, der es wissen wollte. Da das Wort KZ nicht ausgesprochen werden durfte, hieß es in der Sprache der Jungen ›Konzertlager‹. Man drohte sich gegenseitig: ›Du kommst ins Konzertlager. Da lernst du Klavier spielen‹.« Im nahen Frankfurt konnte er vom Bürgersteig aus KZ-Insassen bei Tiefbauarbeiten an einer wichtigen Verkehrsstraße erleben, flankiert von Wachmännern. »Keiner durfte mit ihnen sprechen oder ihnen etwas zu essen geben. Es wurde gemunkelt, das seien gebildete Leute, auch viele ›Pastöre‹ darunter.«[3]

Stadtkind Marlene erinnert sich gleichfalls: »Wir dachten immer, in den KZs würde man politisch umerzogen und müsse außerdem Arbeit leisten. Aber weil unsere Jungs im Arbeitsdienst auch schuften mussten, z. B. beim Autobahnbau, hat man das nicht für so gravierend gehalten.«[4] Im Dorf wurde die Frau des Gutsschlossers abgeholt. Sie hatte angeblich Feindsender gehört. Die Denunzierte kam für längere Zeit ins KZ. Nach ihrer Entlassung sichtlich gezeichnet, musste sie sich unter Eid verpflichten, über das, was sie dort erlebt hatte, zu schweigen.

Eines Nachts nimmt man Pfarrer Georg Dürr fest, verbringt ihn im Auto nach Seelow. Dort knöpfen ihn sich die Uniformierten vor, diktieren ihm, was er im Sonntagsgottesdienst der Gemeinde sagen soll. Pfarrer Dürr weigert sich und beruft sich auf das Gesetz. Es bestimmt, dass niemand Außenstehendes befugt sei, in der Kirche Anweisungen zu geben. Die Kerle lenken ein, wünschen strikte Geheimhaltung der stattgehabten Unterredung: Darauf kann der Pfarrer nur antworten: »Wenn Sie nachts mit dem Auto ins Dorf kommen und andere nach meiner Wohnung fragen, mich mitnehmen, dann ist es jetzt schon im Dorf rund!« Mit dem Ortspolizisten gelingt ihm ein heimliches Agreement: Findet sich der Ordnungsdiener mit einfacher Mütze ein, wohnt er dem Gottesdienst privat bei, behält er den Tschako auf, wird der Prediger überwacht.[5]

Hans hatte die Diktatur anfangs willkommen geheißen. Sie hatte Ordnung geschaffen, stabile Preise, zufriedene Menschen. Den Gutsbetrieben war das glänzend bekommen. Immer deutlicher trat nun mit den Jahren die Kehrseite solcher Herrschaft zu Tage. Brauchte sie diese, um sich selbst an der Macht zu halten? Genügten nicht schon die erstaunlichen Leistungen, um dem Regime das nötige Ansehen zu sichern? Nicht nur diese Frage drückte auf Hans. Auch noch eine zweite: Würde das wirklich gut gehen mit dem immer breitere Ausmaße annehmenden Krieg? Hans war Pessimist.

Noch im letzten Friedensjahr, 1938, war er der Partei beigetreten. Das war nach den großen innen- und außenpolitischen Erfolgen sicherlich aus innerer Zustimmung geschehen, weniger aus heller Begeisterung. Sie lag seiner Natur ohnehin nicht. Ihn mochte die nüchterne Überlegung begleitet haben, dass sich ein solcher Schritt in seiner Stellung allemal bezahlt machen würde. Zum Eiferer in Sachen Nationalsozialismus – das bezeugten nach dem Krieg sogar zu Amt und Würden gekommene Kommunisten – eignete er sich zu keiner Zeit.[6] Es wurde, so erinnerte sich nach der Wende eine Sachsendorferin, dem besten Betrieb des Kreises von den Nazis eine goldene Fahne verliehen. Kein Zweifel herrschte weit und breit, dass sich mit Gut Sachsendorf kein zweiter vergleichen ließ. Trotzdem erhielt nicht Hans-Adolf Schmelzer die goldene Fahne, sondern der Großbauer von H. aus Dolgelin. Der sei ein Vollblut-Nazi gewesen.

Folgen des Krieges

13. Januar 1943. Aus Stromersparnis ordnet die Kreisbauernschaft an: Es darf in der Landwirtschaft nur noch zwischen 12 und 15 Uhr Getreide gedroschen werden. Hans rechnet aus: »Bei dieser Dreschzeit würde der Betrieb mit seinen 3 Dreschsätzen noch 110–120 Tage damit zu tun haben.« Die Schildbürgervorschrift wird wieder aufgehoben. Nun heißt es: Ab 10 Grad Kälte hat jegliches Dreschen am Vormittag zu unterbleiben.

Trecker fallen wegen Benzinmangels langzeitig aus. Fast alle guten Zugpferde werden von der Wehrmacht eingezogen. Ochsen, noch und noch angeschafft, bewegen sich zu langsam. Maulesel, die Hans seit Jahren aus dem Mittelmeerraum bezieht, werden teilweise gleichfalls vom Militär beansprucht. Es sind arbeitsame, in Futter und Pflege anspruchslose Tiere. Man muss sie wegen der Schwere des Bodens zu dritt vor Wagen und Loren spannen. Wie soll man unter so belastenden Bedingungen die Erntearbeit auf fast 5 000 Morgen meistern? Die Betriebsleitung muss sich viel einfallen lassen. So kauft man beispielsweise für teures Geld *abgekörte* (staatlich geprüfte) ostpreußische Zuchthengste, die man wegen ihres widerspenstigen Temperaments an der Front schlecht gebrauchen kann. Schweres belgisches Kaltblut. Hans vermerkt dazu: »*Auf Grund amtlicher Taxpreise kosten zwei Dreijährige je 2900 Mark, ein Achtjähriger 2700 Mark.*« Für den gleichen Preis bekam man damals drei neue Volkswagen. »*Zu diesem hohen Preis kommen noch die Unkosten für die Operation des Legends* [nachträgliche Kastration] *und ihr Risiko hinzu.*«[6]

Die Kriegslage verschärft sich durch verstärkte feindliche Fliegerangriffe. Ein Plan gegen Luft- und Brandgefahr muss für Dorf und Gutsbetrieb entworfen werden. Die Polizei fordert vermehrten Bereitschaftsdienst. Täglich ab 18 Uhr müssen auf dem Gut vier Mann

Bereitschaft stehen. Martin Dürr, damals Pennäler des Friedrich-Gymnasiums, erinnert sich an einen Luftangriff auf Frankfurt an der Oder im Jahr 1943: »Ein Lehrer begrüßte uns Fahrschüler am Morgen auf dem Bahnhof: Heute ist euer größter Wunsch in Erfüllung gegangen: Die Schule steht nicht mehr.« Ganz so krass sei es indes nicht gewesen. Man hatte nur einige Schäden zu beseitigen. Für die Jungen wird es jetzt abenteuerlich: »Wir 13-jährigen Schüler hatten dann reihum nachts in der Schule zu schlafen, bei Alarm zu wachen und wenn nötig zu löschen«.[7]

Russische Kriegsgefangene

Belastend auf die Arbeitsabläufe wirkte sich die Fluktuation der von oben zugewiesenen, nach unbestimmter Zeit zu anderweitiger Verwendung wieder abgezogenen Gefangenenströme aus. Nach vier Jahren Krieg sah die Liste beschäftigter Ausländer auf Gut Sachsendorf so aus: 110 *Zivilpolen*, 34 *Zivilrussen*, 13 Ukrainer, 24 Franzosen, 20 italienische Kriegsgefangene. Die russischen Gefangenen arbeiten gut und zuverlässig. Sie kommen selbst überwiegend vom Lande, auch wollen sie auf keinen Fall wieder abgezogen und in die Industrie gesteckt werden. Hier bekommen sie reichlich zu essen, werden mit Kleidung und Schuhwerk versorgt, müssen sich nicht wie Untermenschen behandelt fühlen. Das erlebt der 13-jährige *Fahrschüler* Martin Dürr am Frankfurter Bahnhof anders: »Sie [die Russen] schützt kein Rotes Kreuz. Stalin hatte die Genfer Konvention nicht unterschrieben. Das waren verhungerte, zerlumpte Gestalten mit Holzschuhen.« Martin muss mit ansehen, wie sie wie Vieh verladen wurden.[8]

Die Sachsendorfer Russenkolonne, man erkannte sie an den grünen Kitteln, schreitet geschlossen die Dorfstraße hinab. Es ist Feierabend. Die begleitende Wache stellt vom Bürgersteig aus eine junge Frau im hellgrauen Kostüm, langen Schaftstiefeln: Fräulein Lisa, meine Kinderdompteuse, die sich immer häufiger für Belange des Betriebes heranziehen lässt. Sie führt mich an der Hand. Zwischen Tschechow- und Tolstoibärten ein Schiffchenkäppi, darunter ein Milchgesicht. Hat sich irgendwo einen Zweig abgerissen, jongliert damit herum. Das Gesicht schaut zu mir herüber, dann wieder weg, grinst dabei in sich hinein. Hatte Fräulein Lisa dem jungen Mann verklickert, dass ich nachts ins Bett pullerte? Der Trupp erreicht das Kasernentor. »Jetzt können die allein gehen.« Fräulein Lisa spricht's, macht selber kehrt mit mir – und obwohl es noch taghell ist, ruft sie den Zurückgelassenen laut zu: »Gute Nacht!«

Wie man erzogen wurde

Es sei an dieser Stelle erlaubt, ein paar Worte über eine ganz andere Frage zu verlieren: Wie wurde man als jüngster Spross einer zu Ende gehenden Gutsbesitzerdynastie eigentlich erzogen? »Ein schöneres Zuhause, prächtigere Eltern konnte es für dich doch gar nicht geben!« So etwa lautete noch nach dem Krieg das Urteil vieler ehemaliger Gäste und Bewunderer Sachsendorfs. Das mochte gar nicht mal so falsch sein, wenn ich in meinen ersten 6 ¼-Lebensjahren überhaupt je in den Genuss elterlicher Erziehung gekommen wäre. Als ich zwei war, wurde eine Kinderschwester aus dem Dorf, Inge Schulz, angestellt, von der Angela, meine sieben Jahre ältere Schwester, mir später erzählte, dass sie selber oft weinend neben meinem Bett gesessen habe, weil mich die Schulzes Inge ständig wegen meiner nassen Windel verkloppt hätte. Als ich drei wurde, kam speziell für mich das Kindermädchen Lisa ins Haus. Gelernte Kindergärtnerin, hatte sie in der Zeitung eine Anzeige gefunden: Schmelzer-Sachsendorf. Die Inserenten antworteten nicht nur, sie legten Fotos von ihren Kindern bei. Diese gaben den Ausschlag. Die junge Dresdnerin machte sich auf nach Sachsendorf.

Ich hege gegen meine Altvorderen keinen Groll, weil sie das Erziehungsgeschäft an mir nicht selbst ausgeübt haben. Sie waren im Laufe der Kriegsjahre so eingespannt mit Verantwortlichkeiten, Pflichten, vielerlei Sorgen, dass ihnen in der Tat keine Zeit blieb, sich groß um die eigenen Kinder zu kümmern. Was ich aber bis heute nicht begreife, ist, dass sie dem Personal, das mich Tag für Tag zu betreuen hatte, völlig freie Hand ließen, den durchweg blutjungen, noch unreifen Frauen auch nicht einmal kontrollierend auf die Finger sahen. Fräulein Lisa brachte mit ihren gerade 19 Jahren eine gute pädagogische Ausbildung mit, doch kaum praktische Erfahrung. Ohnehin schien sie mehr meinen Vater im Kopf zu haben als mich, fertigte mich im Hopphoppverfahren ab und fuhr mit dem Chef aufs Feld. Jeden Nachmittag wurde ich regelmäßig ins Bett gesteckt, damit man mich nicht zu beaufsichtigen brauchte.

Fräulein Lisa war ungeduldig, launisch, schlug mich fast jeden Tag, obwohl ich ein friedsames, zages, geradezu ängstliches Kind war. Die Folgen? Ich bekam, wie die Rathstocker Patentante Vera im gleichen Alter, am Mittagstisch keinen Bissen hinunter. Jede Hauptmahlzeit kotzte mich buchstäblich an. Ich erinnere mich, wie ich an einer Wirsingkohlroulade stocherte, Fräulein Lisa neben mir zischelt: »Denk an die armen Soldaten in Russland, die bekommen das nicht zu essen!« Wie beneidete ich in diesem Moment die deutschen Ostfrontsoldaten! Das zweite, womit mein Organismus seinen Protest anmerkte, war, dass ich jede Nacht gründlich einnässte. Beide Übel würde man heute als das erkennen, was sie sind: Alarmzeichen für eine total verfehlte Erziehung. Anders zu Hitlers Zeiten. Die Erwachsenen witterten in einem Kind, das trotz im Feld hungernder Soldaten ständig mäkelte und selbst mit fünf Jahren nachts ums Verrecken nicht trocken werden wollte, Widerspenstigkeit, Trotz, Eigensinn. Dagegen schien es nur e i n Allheilmittel zu geben: Haue.

Fast noch schlimmer erscheint mir heute, dass es diesen mutmaßlichen Trotz in mir überhaupt nicht gab. Ich akzeptierte mein Kindermädchen, glaubte Lisa aufs Wort, wenn sie mich bockig und böse fand. »Schäm dich!« und »Dass du dich nicht schämst!« bestritten das Glockengeläut meiner Kindertage. Zwar konnte ich es mir nicht erklären, warum mir das Sauerkraut partout nicht schmeckte. Auch hatte ich allzu oft erfahren, dass wüste Träume mir nachts die Erleichterung meiner Blase auf Teufel komm heraus diktierten. Aber es musste wohl das Böse sein, das dies alles in mir besorgte. Darum schämte ich mich vorschriftsmäßig, als Kusinen aus Tucheband am Sonntagskaffeetisch um mich saßen und Fräulein Lisa mir zuhechelte: »Du bist so böse, dass du zu den netten Kusinen gar nicht passt!« Die untere Partie mei-

Gisela Schmelzer mit ihren drei Kindern Angela, Kurt und Hans-Jürgen.

nes Gesichts brannte feuerrot von der Kleiderbürste, mit der sie mich kurz vorher noch auf den Mund geschlagen hatte.

Meine beiden älteren Geschwister hatten, von meiner Warte aus gesehen, in allen Stücken das bessere Los gezogen. Der Obhut eines Kindermädchens ein für allemal entwachsen, galten sie als die beiden *Großen*, die manchen Sommer in der Ostsee gebadet und winters im schlesischen Krummhübel auf Skibrettern gestanden hatten. Nur einmal wurde Fräulein Lisa zur Beaufsichtigung meines Bruders nach Kolberg abgezogen, weil die Seeluft Kurts angegriffenen Bronchien so gut tat. Schwester Angela war längst Fahrschülerin. Ein Sachsendorfer Fuhrwerk, mit Mauleseln bespannt, sammelte im Umkreis Kinder ein und karrte sie nach Seelow in die Mittelschule. Dem Naturkind Angela war die Schule ziemlich schnuppe, Lernen ein ihr zutiefst wesensfremdes Beginnen. Ein offener Affront gegen den Ehrgeiz der Mutter, die mit der ihr eigenen Ungeduld das Schulaufgabenmachen zeitweise persönlich dirigierte. Ich nehme diese tränenreichen Totgeburten für den Ausgangspunkt des eisernen Tatbestandes, dass Mutter und Tochter zu keiner Zeit miteinander wirklich konnten.

Angelas Herz gehörte Gottes wiehernden Geschöpfen. Ihre Jungmädchenstube war der Pferdestall. Sie mistete aus, fegte die Boxen sauber, sattelte, schirrte aus, striegelte Pferdehälse, Pferdekruppen, kannte jedes einzelne Gespann mit Namen, wusste genau, welches Tier wann geboren war und von welcher Stute: »Guck dir Immergrüns Kopf an, dann weißte genau, wer die Mutter ist!« Angelas Kleider und Röcke rochen nach Pferdestall, Angelas loses Haar, das sie sich morgens summend zu zwei Zöpfen flocht, war im Geruch vom Mähnendunst der Lieblingsstute kaum zu unterscheiden. Diese schien, nach der Zimmerluft zu urteilen, auch in Angelas Mädchengemach zu Gast gewesen zu sein, wo nie bewegte Puppenfamilien einen hoffnungslosen Dornröschenschlaf hielten.

Mein Bruder Kurt war noch keine zehn, als er eines frühen Morgens – wahrscheinlich sonntags – mit etlichen Knirpsen gleichen Alters bei Schnee und eisiger Kälte kilometerweit marschieren musste, bis man in einen Nachbarort gelangte – möglicherweise Dolgelin. Dort beschied man die Knaben in einen großen Saal, wo sie auf Scherenstühlen Platz nehmen und auf den Gruppenleiter warten sollten. Man darf annehmen, dass dieser die Schar als Pimpfe ins Deutsche Jungvolk einweisen und mit ersten vaterländischen Pflichten vertraut machen wollte. Der Gruppenleiter ließ auf sich warten, traf am Ende gar nicht ein. Große Erleichterung für Kurt, dem – wie unserem Vater – Massenansammlungen, noch dazu solche, zu denen man einfach verdonnert wurde, ein Gräuel waren. Er durfte wieder nach Hause traben und blieb bis Kriegsende von weiteren Anschlägen auf seine Freiheit verschont.

Er sucht Édouards Schlosserei auf, trifft sich mit dem wenig jüngeren Pfarrerssohn Hartmut oder mit dem großen Hubert, *Dicker* genannt, Sohn des Revierförsters Drews. Man kramt Soldatenspielzeug heraus, baut es auf dem Fußboden des Kinderzimmers zu einem Manöverlager auf. Zerfledderte Zeitschriften mit Fotos brennender Fregatten, durch Wüstensand rollender Panzer liegen um sie herum. Martin Dürr, Pfarrer in Mecklenburg, erzählt vor einer Klasse Jugendlicher: »Wenn ich mich an frühe Kindheit erinnere, war Soldatenleben damals etwas Imponierendes, Erstrebenswertes, Uniform und Ordensgeschmücktes.« Begierig hörte man als Junge den Alten zu, die den Ersten Weltkrieg mitgemacht hatten. Das hatte einen plausiblen Grund. Dürr fährt fort: »Die Soldatenzeit war damals die große Zeit der männlichen Dorfbewohner. Da kamen sie raus aus dem örtlichen kleinen Leben. Wer kam schon mal nur in die Stadt!« Die aus dem Krieg Zurückgekehrten »hatten die Welt kennengelernt, die sonst den Reichen und Gutsbesitzern vorbehalten war.«[9] Im Dorfkino liefen Kriegsfilme mit vorgeschalteter Wochenschau, die den Vormarsch deutscher Truppen zeigten. Die Jungen buddelten sich Schützengräben, marschierten, brüllten sich Befehle zu. Im Buschwerk des Pfarrgartens spielten Kinder Feldlazarett …

Sachsendorf als Jagdrevier

Die Jagd bildet ein wichtiges Kapitel in Hans-Adolf Schmelzers hinterlassenen Aufzeichnungen. In der Tat könnte man fragen, wie eine so riesenflächig, äußerst intensiv betriebene Ackerkultur sich auf die Tierwelt auswirkte. Oder anders gefragt: Wo kamen die 300 bis 400 Hasen her, die nach dem Zeugnis meiner Mutter durch Treibjagden alljährlich zur Strecke gebracht wurden? Konnte man dergleichen Überfluss allein dem Walten von Mutter Natur überlassen? Mitnichten. Waidmann mit Leib und Seele, sah der Sachsendorfer Jagdherr das Hegen und Pflegen des Wildbestandes als seine Haupt-, ja Lebensaufgabe an. Nachdem man sich auf der ersten Treibjagd 1928 mit 93 erlegten Hasen nahezu blamiert hatte, galt es, mit den Nachbarn Rat zu schaffen. Folgende Übereinkunft wurde erzielt: Jeder Grundeigentümer verpflichtete sich pro 1 000 Morgen Land eine festgelegte Anzahl Rammler auszusetzen. Diese bezog man von der wohlbekannten Wildfirma Mohr im württembergischen Ulm.

Im Frühjahr 1929 tummelten sich zum ersten Mal schwäbische Hasen auf Hans' Wintersaaten. Die Langohrpopulation nahm schlagartig zu, dass der Abschuss in den nächsten Jahren auf 300 kam. Zusätzlich hatte Hans seinen Feldern zwölf Rebhuhnpärchen zugeführt. Kleine

Fasane wurden von Glucken ausgebrütet und im Park so lange gehalten, bis sie sich selbst über die angrenzende Feldmark verteilten. In die Freiheit entlassene Rebhühner und Fasane hatte man beringt, so dass man ihre Entwicklung verfolgen konnte. Eisern wurde der Schutz des Wildes gegen Raubgetier und Wilddieberei betrieben, und zwar durch Abschuss von Hundertschaften wildernder Hunde und Katzen. Das allein begünstigte eine sprunghafte Ausbreitung von Reh- und Niederwild. Das Volk der Füchse wurde kurz gehalten. Zur Seite stand dem zielstrebigen Heger von Anbeginn sein Förster Emil Drews – unentbehrlich zu allen Jahreszeiten, obwohl zum Revier Sachsendorf kein Wald gehörte. »Der Rehbestand«, so verzeichnet Hans wörtlich, »wurde geschont und durch Zeichnung eben geborener Kitze mit Wildmarken in den Lauschern konnte der Standort des Rehwildes beobachtet und der Abschuss kränklicher Tiere oder sonst wie unerwünschter Stücke planvoll betrieben werden.« Gehörne auf Sachsendorfer Gelände abgeschossener Böcke erzielten auf Berliner Ausstellungen erste Preise.

Die Zahl der Trappen erhöhte sich, und zwar dadurch, dass die früh wachsenden Wintergetreideschläge, in dem die Steppenvögel brüteten, nicht gehackt wurden. Auf die Weise blieben die Gelege vor Zerstörung bewahrt. Der Wildbestand sah auf den Feldern meines Vaters zu Kriegsbeginn so aus: 400 Rehe, 300 bis 400 Hasen, 80 Trappen, zahlreiche Ketten Rebhühner und – weniger für den Abschuss als zur Zierde – einige Völkchen Fasane. Und im Unterschied zur Jahrhunderthälfte nach dem Krieg: kein einziges auch nur verirrtes Schwarzwild.[10]

Mit Förster Drews verband Hans eine nahezu komplizenhafte Jägerkameradschaft. Wären sie sich schon als Knaben im Bruch begegnet, sie wären möglicherweise dicke Freunde geworden, ja Hans wäre durch Emil Drews die Freundschaft mit einem Geschlechtsgenossen seiner Generation wenigstens einmal im Leben beschieden gewesen. Beide teilten eine an Frömmigkeit grenzende Liebe zur Natur und die angeborene Schweigsamkeit. Man mochte glauben, ihnen hätten zur Verständigung Tierlaute vollkommen ausgereicht – Blaffen des Fuch-

Hans-Adolf Schmelzer, Jäger und Heger.

ses, Fiepen des Rehs, Klopfen des Hasen. Mit Tiergeräuschen näherte sich Förster Drews auch Kindern, die ihm spontan *Onkel Nucknuck* nachriefen. Und als wären sich beide Männer in ihrem Urteil über die Zivilisation einig, hatten sie für deren technische Einrichtungen ganz spezielle Bezeichnungen, die außer ihnen keiner verstand. Schnaufte zum Beispiel die Eisenbahn vor ihnen durch die Landschaft, sagte einer zum anderen: *Da rast der Schwarze*. Hatte man gemeinsam in Frankfurt zu tun und um die Ecke bog die Straßenbahn, hieß das für beide: *Achtung, da kommt die Steife*!

Einmal fand sich in zünftiger Jagdausrüstung ein General aus der Rathstocker Verwandtschaft in Sachsendorf ein. Nun spielte sich nach der Erzählung meines Vaters die folgende Geschichte ab:

Der General: »Hans, wo ist mein Bock? Ich will heute meinen Bock schießen. Nicht lange gefackelt, bring mich zu meinem Bock!« Man lässt vorfahren. Förster Drews und zwei Kurzhaar-Pointer füllen das hintere Bankett. Hans chauffiert den ungeduldigen Gast. Schlag 7, Schlag 8, … Halt an einer Feldböschung. Ausgestiegen – Pirschgang zu dritt. Immer den Feldrain entlang, bis da, wo die vereinzelten Birken stehen. Und siehe da, zwei Ricken äsen friedlich im Erbsenfeld. Zwischen ihnen Onkels Bilderbuch-Sechserbock. Nu, Herr General, jetzt wirklich nicht gefackelt! Büchse runter – entsichern – anlegen … Na los! Ja was denn nu? »Verflucht!« Der Bock wirft den Kopf zurück, schießt mit seinen Frauen davon. Weg ist er. »P…e aber auch!« Herr General vergreifen sich im Wortgebrauch. Na so was! Für diesen Coup hat sich Förster Drews eine Packung Edelkautabak verdient. Der hatte nämlich auf Absprache mit seinem Chef im Rücken des Schützen beide Arme hochgerissen. »Der und sein Bock! Hier bin immer noch ich der Herr«, so mag die Genugtuung meines Vaters geklungen haben. Natürlich bekam der dekorierte Onkel aus Rathstock irgendwann seinen Bock. Bloß dieses *Herr Marschall befehlen, Fußvolk pariert,* dafür konnte man ihm ruhig mal einen Streich spielen. Mit Förster Drews lief das programmgemäß.

Lange nach dem Krieg machte der Onkel, der sich, ehe die Pensionszahlungen in Gang kamen, so manche Jahre auf dem Fabrikgelände einer niederrheinischen Firma den Unterhalt als Nachtwächter verdient hatte, bei Hans-Adolf Schmelzer Besuch. Dem Blumenstrauß für Madame war ein Päckchen für den Hausherrn beigelegt. Als Hans das Papier auseinander schlug, kam ein Rehgehörn zum Vorschein, reif für eine Berliner Prämierung. Die Inschrift: *Sachsendorf 1936.* Es wurde die einzige Sachsendorfer Jagdtrophäe, die meinem Vater nach dem Verlust der Heimat geblieben war.

Annas Schmelzers Urenkel fällt

Jost Ritter war Anfang Juli 1942 beim zweiten Vormarsch auf die libysche Hafenstadt Tobruk gefallen. Wie sein Sachsendorfer Onkel die Nachricht aufgenommen hat, weiß ich nicht. Ich fragte Josts Schwester, ob die Familie den Tod des Bruders vorausgeahnt hätte. Sie antwortete mir darauf sehr schnell: »Ich kann Dir dazu etwas erzählen. Schon länger hatten wir von Jost keine Nachricht mehr, so dass sich Mutti sehr beunruhigte. Eines Nachmittags – sie hatte nachts kein Auge zugetan – legte sie sich hin und schlief. Dabei träumte sie von

Jost. Er stand mit dem Rücken zum Meer, lachte ihr zu und winkte. Dann ging er rückwärts immer tiefer ins Meer hinein, bis er ganz darin verschwunden war. An diesem Nachmittag, es war der 4. Juli 1942, kurz nach 15 Uhr, fiel Jost bei der Abwehr eines feindlichen Panzerangriffs.«[11] Die Nachricht kam in einem Feldpostumschlag, geschrieben von seinem Hauptmann. »Meine Mutter ahnte gleich etwas, als sie die fremde Schrift sah. Aber der Brief blieb ungeöffnet, bis abends spät mein Vater von einer Dienstreise zurückkam. Was meine Mutter an diesem Tag durchgestanden hat, wie lang er ihr geworden ist, wer mag sich das ausmalen!«

Jost hatte noch einen fünf Jahre jüngeren Bruder, Klaus, der sehr an ihm hing. Marlene: »Jost war nicht nur sein großes Vorbild, er war auch sein bester Freund … Jost hat ihm viel anvertraut, Klaus wusste mehr von ihm als wir übrigen Familienmitglieder.« Die Kindheit des jüngsten Ritter-Sohns muss eine Leidenszeit gewesen sein, weil der Vater den Jungen aus irgendeinem Grund nicht mochte und ihn in einem Anfall von Jähzorn allzu oft und heftig die Reitpeitsche zu kosten gab. Da empfand er es als Wohltat, dass man ihn mit 15 Jahren nach Ettersburg auf ein Internat schickte.

Am 24. Juli 1942 kam Klaus nach Hause. Es war sein 18. Geburtstag, außerdem hatte es Ferien gegeben. Aber es sollte der schrecklichste Tag seines jungen Lebens werden: »Der arme Junge kam für die Ferien aus dem Internat und fand den gebrochenen Vater, die weinende Mutter vor. Ich selbst war versteinert, ich konnte erst viel später weinen – allein.«[12]

Das Schreiben des Kompaniechefs Hauptmann Zügner lautete:

»Hochverehrter Herr Oberstleutnant. Leider muss ich Ihnen heute die schmerzliche Mitteilung machen, dass Ihr lieber Sohn, unser Kamerad Oberleutnant Jost Ritter, am 4.7.1942 gegen 15.00 Uhr in treuer Pflichterfüllung für Führer, Volk und Vaterland gefallen ist.« Über den Hergang lasen die Hinterbliebenen: »Wir hatten an diesem Tag einen mit überlegenen Kräften geführten feindlichen Panzerangriff abzuwehren, was durch den Heldenmut so vieler gelang. Ihr Sohn, hochverehrter Herr Oberstleutnant, war an diesem Tage in einem Panzer meiner Kompanie als Zugführer eingeteilt worden. Trotz weit überlegener Kräfte stand der Zug durch das Vorbild Ihres Sohnes eisern fest und erledigte Feindpanzer um Feindpanzer. Im Verlauf dieses Kampfes sah Ihr Sohn des Öfteren aus dem Turm. Dabei traf ihn ein Panzergeschoss so am Kopf, dass er, ohne Schmerzen leiden zu müssen, sofort tot war. Durch Kompanieangehörige ließ ich ihn nach hinten bringen, wo er mit allen militärischen Ehren auf dem Heldenfriedhof bei el Daba am 6.7.42 begraben wurde …« [13]

Josts Vorgesetzter kam ein Jahr später nach Ulm und gab den Eltern Ritter weitere Einzelheiten preis. So sei Jost für den Kampfeinsatz gar nicht vorgesehen gewesen, als Ordonnanzoffizier versah er ganz andere Aufgaben. Doch habe er unbedingt das Ritterkreuz erringen wollen, dafür fehlten ihm noch zwei Abschüsse feindlicher Panzer. Er drängelte einfach so lange, bis er mitfahren durfte. Und weil er diese Abschüsse unbedingt haben wollte, habe er halt aus dem Panzer geschaut …

»Sei getreu bis an den Tod, so will ich dir die Krone des Lebens geben.« Diesen Taufspruch für ihren Urenkel hatte Anna Schmelzer noch erfahren. Der war gerade sechs geworden war, als sie starb. Mir kam Josts *Heldentod*, so wie er den Angehörigen dargestellt wurde, arg geschönt, die angeführten Umstände allzu billig, allzu banal und versimpelt vor. Instinktiv glaubte ich nach allem, was ich über Josts Persönlichkeit durch Marlene wusste, zu spüren, dass man seinem Charakter mit solcher Darstellung nicht gerecht geworden war. Ich wandte mich zu näherer Belehrung an einen Verwandten, der es wissen musste. Auch er Oberleutnant im letzten Krieg, später General der Bundeswehr: Eberhard von Block. Den aus Rathstock nach Sachsendorf strömenden Ferienkindern einst angehörend, schätzte er den vier Jahre älteren Jost als einen Kumpel, der für jeden Streich zu haben war. Der Onkel schrieb mir: »Dass Jost das Eiserne Kreuz I. und II. Klasse besaß und bei dem Versuch, sich das Ritterkreuz durch Abschuss von 2 Feindpanzern zu erringen, gefallen ist, ganz gleich von wem diese Aussage stammt (von Jost selber sicher nicht), halte ich sie für ein Märchen.« Der Abschuss von zwei oder mehr Panzern allein, so entnahm

Jost Heinrich Ritter, 1939 als Offiziersanwärter.

ich dem Brief weiter, wäre noch kein Anlass für die Verleihung des Ritterkreuzes gewesen. Es hätten für diese höchste Tapferkeitsauszeichnung des Zweiten Weltkrieges noch andere, *gefechtsentscheidende* Verdienste hinzutreten müssen.[14]

Marlene wusste von meiner Skepsis, ich ließ ihr eine Ablichtung des Briefes zukommen. Darauf antwortete sie mir: »Du hast sicher Recht. Jost hat möglicherweise einen viel schrecklicheren Tod erlitten. Und er wusste ja ganz genau, dass er nicht mehr zurückkommen würde.« Was die Beweggründe betrifft, die Jost auf Biegen und Brechen an die Front gedrängt haben sollen, denke ich mir den Vorgang etwas anders. Denn selbstverständlich hat mir der Bundeswehrgeneral auch die Stellung eines Ordonnanzoffiziers erläutert, dessen Aufgabe in der Übermittlung von Befehlen bestehe. »Als Ordonnanzoffizier hatte man keine Führungsverantwortung, war aber in einer Situation, viel lernen zu können durch Einblick in höhere Zusammenhänge militärischer Führung.« Sollte sich also tatsächlich für Jost die Möglichkeit geboten haben, sich vorübergehend als Panzerzugführer an die Front schicken zu lassen, wird ihm die Ereignislosigkeit seines Standortes – er beklagte ihn ja im Brief – fern vom Kampfgeschehen auf die Nerven gegangen sein. Und zwar in der Weise: Ich kenne als Ordonnanz den Ernst der Lage, sitze selbst aber hier tatenlos im Sicheren, während meine Kameraden sich verheizen lassen. Das halte ich nicht aus, mein Platz ist an der Seite meiner Kameraden. Jost war kein karrieresüchtiger Trophäenjäger, Jost war Soldat und als solcher in erster Linie Kamerad.

Da mich Josts Leben interessierte, wollte ich seine Briefe lesen. Die Mutter hatte viele aufbewahrt. Warum durfte ich sie nicht einsehen? Grete, die ihren Mann beim Bombenangriff in Ulm verloren hatte, lebte nach Kriegsende in Koblenz. Die letzten Lebensjahre glaubte sie sich aus Gesundheitsgründen in einem Altenheim besser aufgehoben. Dort konnte sie wegen Umbaus zunächst nur ein winziges Zimmerchen beziehen. Also stellte sie Porzellan, Möbel, darunter eine Edelholztruhe mit Josts Briefen, solange bei einem Spediteur unter. Im Lagerschuppen brach ein Feuer aus, alles brannte ab. Die Versicherung zahlte den Schaden, konnte aber Josts Briefe nicht wieder herbeizaubern. Marlene tat die Mutter sehr leid: »Ich habe ihr, solange sie lebte, meine [wenigen] Briefe von Jost überlassen, und von daher stammen leider die hässlichen Kaffeeflecke. Es können auch Tränen gewesen sein… Mutti bekam immer Tränen, wenn von Jost die Rede war. Ich hatte mir vorgenommen, Dir diesen Brief abzuschreiben, aber irgendwie bin ich gehemmt. Kannst Du das verstehen? Und die Flecken sind auch für mich ein Hindernis. Ich kann es meiner Mutter im Nachhinein nicht übel nehmen. Vielleicht hat sie die Briefe wieder und wieder gelesen und dann zitterten ihr die Hände und so passierte es eben.«[15]

Marlene schickte mir auch Fotos von Jost. Auf dem einen musiziert der Leutnant auf seiner Königsberger Neuerwerbung, dem neuen, großen Akkordeon. Marlene stellt mir die vier Zuhörer vor: »Vielleicht interessiert es Dich, dass das nette Mädchen auf dem Foto Halbjüdin war und die einzige wirkliche Liebe von Jost. Daneben ihre Schwester, im Hintergrund die Eltern.« Den jüdischen Vater, einen Medizinalrat und renommierten Seuchenspezialisten, brauchten die Nazis, also durfte er bleiben. Die Töchter machten mit Marlene Abitur, das Universitätsstudium blieb ihnen verwehrt. »Außer Klaus hat niemand von uns von dieser Beziehung gewusst … Jost war klar, dass unser Vater sich sehr darüber aufgeregt hätte. Josts Karriere bedeutete ihm alles.«[16]

Grethe hatte seit ihrer Pensionatszeit eine jüdische Jugendfreundin. Der *arische* Ehemann, ein höherer Beamter, wollte sich von seiner Frau nicht trennen. Er nahm in Kauf, dass man ihn herabstufte und auf einen subalternen Posten abschob. Mit der Freundin den Kontakt abbrechen, nur weil ihr Oswald (als Oberstleutnant der Luftwaffe) Angst hatte, es könnte Ärger geben? Das kam für Grethe nicht in Frage. Sie besuchte die Diskriminierte regelmäßig.

Die Eltern Ritter haben den Tod des von ihnen über alles geliebten ältesten Sohnes nie verwunden. Die Wochen nach der Unglücksnachricht brachten sie in Sachsendorf zu. Das nicht nur wegen des Bombenalarms in den Städten. Hans und Gisela verschwendeten keine Beileidsfloskeln. Sie hatten an dem strahlenden Jungen selbst gehangen und trugen an der Trauer mit. Man wusste die zu Tode Betrübten abzulenken durch nebelverhangene Pirschgänge, freundliche Nachbarbesuche, durch Bridge- und Halmaspiel. Kramte gemeinsam am abendlichen Wohnzimmertisch in Erinnerungen, die die Lichtgestalt in unvergesslichen Episoden wieder aufleben ließen. Freilich flossen dabei Tränen. Die mussten sein …

Grethe hat den Sachsendorfern diese Tage nie vergessen. Dabei waren Geist und Muse, an denen sie sich sonst festhalten konnte – Grethe sang, verfasste Gedichte, las gute Bücher –, in diesen gastfreien Räumen gar nicht so zu Hause wie zu Anna Schmelzers Zeiten. Das Reden über Hunde, Anspannungen, Getreidestand, Kartoffelpreise, Schafschurerträge, Benzinzuteilung bestimmte die Tischgespräche. Früh hatte Grethe an Josts musische Ausbildung gedacht, bis er ausgezeichnet Akkordeon gespielt hatte. Und wie war es um die Sachsendorfer Kinder bestellt? Früh hatte sich in allen dreien hohe Musikalität gemeldet. Wer nahm davon Notiz? Die *mon amour* pfeifenden französischen Kriegsgefangenen? Im Salon stand der Flügel aus dem Hause Mendelssohn, Erbstück der Berliner Großeltern. Warum ließ man keins der Kinder heran – Kurt will später Pianist werden! Niemand im Haus berührte je eine Taste, so als hätte es Adolf Hitler persönlich verboten, dem *Judeninstument* auch nur einen Ton zu entlocken.

In Angela erwachte das Naturtalent. Sie sang nicht nur jedes Lied nach, sie summte dazu instinktiv je nach Tonlage Ober- oder Unterstimme. Die Achtjährige schnappte sich das kleine Schifferklavier des Stubenmädchens Ella, brachte sich die nötigen Griffe selbst bei und spielte, schrumm-schrumm, die gängigen Soldatenschlager. Über den schwarzen Mendelssohn-Flügel fuhr das Staubtuch des Dieners Alfred … Gisela, lange nach dem Krieg von den eigenen Kindern zur Rede gestellt, schüttelt den Kopf: »Ich begreif's nicht. Wie konnten wir nur!«

Ich versuche es mir im Nachhinein zu erklären, waren Hans und Gisela doch alles andere als gedankenlose Menschen. Die Kriegs- und Vorkriegsjahre der Hitlerdiktatur strotzten wie nie wieder in der europäischen Geschichte von sich überstürzenden, die Erde zuunterst pflügenden Weltereignissen, spannten die von ihr Regierten in ein Korsett aus Vaterlandsverpflichtungen, Bereitschaftsdiensten, Fahnenparaden, kriegsbedingten Notprogrammen, überdröhnten die Menschen mit Wochenschau-Fanfaren, Lautsprecher-Kriegsgebrüll, Einsatzaufrufen, polizeilichen Sparverordnungen. Wo blieb dem Einzelnen noch Zeit zum Durchatmen? Wie war es noch möglich, in diesem ohrenbetäubenden, pausenlos Opfermut und Kraftanspannung einfordernden Spukfilm auch nur einen Ruhemoment zu finden, sein Familienleben zu führen, in die eigenen Kinder hineinzulauschen, dabei geduldig zu erkunden, wer sie eigentlich waren? Alles gehörte dem *Führer* – der Ernteertrag, das Vaterland, das arbeitende Volk, die Kinder. Wie entspannend, geradezu erlösend würden sich einmal, im Elend der Nachkriegszeit, allein die abendlichen Stromsperren ausnehmen, deren Dunkelheit die Hände ruhig stellte, reichlich Zeit spendete zum Nachdenken, zum Erzählen, zum Singen alter Lieder!

Weihnachten 1944

Ich will keineswegs leugnen, dass es in meinen Sachsendorfer Kindertagen nicht auch schöne Momente gegeben hat. Unvergesslich schöne. Ohne dass sie nun wer weiß was Großes enthalten hätten. So zum Beispiel die Tage nach einer längeren Krankheit wie Keuchhusten, Masern … –, wenn man nach dem ersten Aufstehen noch so richtig schlapp war: Alle Welt hatte ein Nachsehen, dass man dann ein bisschen rumbummelte, nichts Rechtes spielte. Ich kauerte reglos auf einer Treppenstufe, guckte durch eine Geländerlücke in die Diele mit den Delfter Fliesen, der zweiflügligen Eingangstür, über der das viergeteilte bunte Familienwappen in ein mir riesig vorkommendes Glasfenster eingelassen war. Darunter, an einem ihrer Lauffüße aufgehängt, eine ausgestopfte Großtrappe. Kopf und aufgefächerte Flügel schwebten über dem Eingang. Gewaltig, geradezu höllestürmend kam einem das vor. Und wer durch die Tür so alles heraus und wieder herein stürzte. Bald waren es fast nur noch Soldaten, die im Wohnzimmer Vaters Schreibtisch mit den zwei Telefonen belagerten.

Rechts über der Wohnzimmertür der balzende Birkhahn, den der Hausherr in der Heimat der von Ribbeck auf Ribbeck geschossen hatte. Wenn man wieder besser auf dem Posten war, machte es Spaß, die mit rotem Kokos ausgelegten Treppenstufen so heraufzustürmen, dass in den ringförmigen Halterungen das goldene Messinggestänge klirrte. Links die weiße Treppenhauswand über und über bestückt mit Rehgehörnen. Das war mein schönes, liebenswertes Zuhause.

Im Spätsommer 1944 war ich in die Schule gekommen. Vor der hatte ich große Angst gehabt, weil Fräulein Lisa und die Küchenmädchen mir (weil sie sich mit mir einen Scherz erlaubten) Gräuelgeschichten erzählt hatten. Beispielsweise, dass einem hinten der rote Saft aus der

Hose triefen würde, so nämlich würde der Lehrer die Kinder vermöbeln. Dem war nun gar nicht so. Die Lehrerin zog mich wohl einmal sanft am Ohr, weil ich im Unterricht träumte, aber was war das schon. Tat überhaupt nicht weh.

Es war die Zeit, wo es über Berlin so krachte, dass man es bis Sachsendorf hören konnte. Längst waren *Ausgebombte* eingetroffen. Verwandte, denen über dem Kopf das Haus zusammengestürzt war. Die saßen nun alle am ausgezogenen Tisch bei der Mahlzeit, sahen mitleidig zu, wie ich die fettige Grützwurst ums Verrecken nicht den Schlund hinunterbekam. Mir schräg gegenüber zierlich, rosig, weißhaarig, im schwarzen Kleid das *Tante Annchen*, Anna von Ostrowski, des Amtsrats inzwischen über 70-jährige jüngste Tochter. Sie ging mit mir spazieren, erzählte von den Elefanten im Zoologischen Garten, wie sie unter den Bomben zu leiden hätten. Ich liebte Elefanten, wohl weil sie so gewaltig groß und stark waren.

Mit *Tante Annchen* stahl ich mich ins sonst so langweilige Kinderzimmer. Tagelang war es von der Hausschneiderin okkupiert gewesen, die keinen Kinderlärm vertrug und unerquicklichen Geruch ausströmte, was mein Vater mir in späteren Jahren bestätigte – »Hausschneiderinnen stinken«. Mit *Tante Annchen* hingegen wurde das Kinderzimmer zum Erlebnis. Man konnte an Kurtchens Grammophon gehen, bunt etikettierte Schallplatten aus ihrer Umhüllung befreien und auflegen: »Freut euch des Lebens« (Runde braune Insel dreh-dich, dreh-dich!) – »Es geht alles vorüber« (Runde karminrote Insel dreh-dich, dreh-dich!) – »Vor der Laterne, vor dem großen Tor« (Runde grünblaue Insel dreh-dich, dreh-dich!). Die schwarzen Rillen schwanken unter rauschender Nadel, tönen aus silbernem Schalltrichter. Wenn Kurtchen kam, konnte er nichts sagen, *Tante Annchen* war ja da, mochte die »Nordseewellen« (Blaue Insel dreh-dich, dreh-dich!), die ich ihr und mir zur Freude aufgelegt hatte.

Manchmal kam nachmittags Besuch aus Kliestow, Irme Scherz verheiratete Wodarg. Sie hatte zwei Jungen ungefähr in meinem Alter. Nach dem Kaffeetrinken rauf ins Kinderzimmer. Ran an Kurtchens Spielschrank. Eisenbahn rausgeholt. Schienen, Schranken, Bahnwär-

Erster Schultag im Spätsommer 1944. Von links nach rechts: Hans-Jürgen Schmelzer, Gisela und Albrecht Koerner, Pfarrerstochter Heidi Dürr.

terhäuschen ... alles auf dem Fußboden aufgebaut. Wenn Kurtchen kam, durfte er wieder nichts sagen. Gäste waren Gäste ...

Das letzte Sachsendorfer Pfingstfest bescherte einen warmen Frühsommertag. Murkel darf nach dem Mittagessen aufbleiben! Dieser wunderschöne, unendlich lange Nachmittag! Er macht mich auf der Wiese zum hüpfenden Füllen. Ich stutze, begutachte, ich weiß nicht warum, meine Kniekehle, mache im Gelenk aus blauem Geäder ein Kreuz aus, wie es im Kino die Stechbremse eines Zeichentrickfilms dem Eselchen auf den Schenkel gemalt hatte, bevor sie ihm den Stachel ins Fleisch trieb. Mich stach keine Bremse, eher der Hafer. Ein täppischer Junge trabt hinter mir, die Zipfel seiner offenen Strickjacke flattern um seinen Körper. Das ist Albrecht, vierjährig, Annelises Kind. Sie hatte ihn und zwei noch jüngere Geschwister zu Gisela nach Sachsendorf gegeben, weil im Osten die Front immer näher heranrückte. Nun waren sie die Murkel im Haus, keins der drei auch nur im Entferntesten stubenrein. War ich jetzt groß? O ja. Fräulein Lisa ließ mich laufen, hatte sich eine Trillerpfeife besorgt, um mich wie Vaters

Hunde zu Essenszeiten ins Haus zurückzupfeifen. Fräulein Lisa lernt Landwirtschaft, beim Chef persönlich.

Ich will nicht behaupten, dass meine Mutter sich gar nicht um mich gekümmert hätte. Dazu war sie viel zu sehr Pflichtmensch, auch liebte sie mich wie keins der Geschwister. Ich war erklärtermaßen i h r Kind. Und so hatte sie auch immer wieder etwas Zeit für mich. Zum Beispiel wenn ich krank war. Sie, nicht Fräulein Lisa, saß dann an meinem Bett, las mir *Fips den Affen* vor, während ich unter hundert Federkissen mein hohes Fieber ausschwitzte. Ob ich nun gut oder schlecht gegessen hatte, ein Viertelstündchen nach der Mahlzeit erübrigte sich die Mutter gern für mich, nahm mich mit in den Salon, wo ich wie ein Prinz auf ihrem Schoß thronte, an *lieb Mamis* sieben Armbändern spielte, Pfefferkuchen aus einem kühlen Steintopf knabberte, mich liebevoll befragen ließ … Es kam auch vor, dass sie mich im Einspänner mit nach Küstrin nahm, im Garten lange mit mir auf einer Bank saß … All das verhinderte indes nicht, dass Vater und Mutter sich dadurch, dass sie mich überwiegend fremden Händen anvertrauten, ihrer obersten richterlichen Instanz begaben, die ihnen als Eltern naturgemäß zugestanden hätte. Alles lieb und schön gemeint, doch was half's? Die moralische Richtschnur gab nicht meine Mutter, sondern Fräulein Lisa vor. Darum ist es auch nicht verwunderlich, dass ich mich ihren Anweisungen, so hart sie sein mochten, nie widersetzte. Nie auch nur auf den Gedanken gekommen wäre, mich bei meiner Mutter über Lisas mir oft unmotiviert vorkommende Strafmethoden zu beschweren. Fräulein Lisa, das war meine tägliche Hausmannskost, meine Mutter stellte allenfalls das Dessert. Das schmeckte zwar süß, man konnte davon aber nicht den ganzen Tag leben.

Neben meiner Mutter verblasste vollends mein Vater, den ich eigentlich nur im Seitenprofil vor der Schreibmaschine kannte. Ich erinnere mich nicht, dass er jemals ein Wort an mich gerichtet hätte. Ich saß als letzter am Frühstückstisch, mümmelte vor mich hin, während hinter mir eins der Telefone klingelte. Vater nahm den Telefonhörer ab, nuschelte was hinein. Kam Lisa hinzu, wurde es um mich lebendig. Der schweigsame Herr war aufgesprungen, als wollte er meinem Kindermädchen etwas tun. Lisa stieß Laute aus, die ich an ihr sonst nicht kannte. Musste ich sie beschützen? Sie rüttelt mich: »Sag deinem Vater, du bist eklig! Sag Vati, du bist eklig!« Aber wie kam ich dazu, einem Mann in Reitstiefeln und Breecheshose zu sagen, dass er eklig ist?

Lisa als echte Kaffeesächsin verstand sich auf Gemütlichkeit. Sie hatte Bett und Kleiderschrank im Kinderschlafzimmer. Das hieß aber nicht, dass die Eltern ihr nicht noch eine Mansarde als Wohnzimmer eingerichtet hätten. Auch einen schwarzen Spaniel hatte ihr Vater geschenkt. Der saß in seinem Körbchen und muckste sich nicht. Bei Lisa am warmen Kachelofen traf sich Sonntagnachmittag eine fröhliche Kaffeerunde zum gemeinsamen Singen. Aber erst das Kaffeegeschirr weggeräumt! Es schneit Broschüren mit Liedern, Faltblätter mit Liedern, Hefte mit Liedern, ganze Liederbücher. Um den Tisch Kochfrau Auguste Müller in gebügelter weißer Sonntagsschürze, Küchenhilfe Gerda, ein, zwei landwirtschaftliche Lehrlinge, Stubenmädchen Ella, Lisa selbst, die drei Kinder des *Chefs*. Schulmädchen Angela spielt auf der Quetsche, greift sich dazu die Bässe, wie sie sagte, »frei nach Schnauze«, während sie sich mit einem Kopfruck die widerspenstigen Zöpfe nach hinten jagt. Diese schmissigen Marschlieder! Macht es doch Spaß, Soldat zu sein?

Dass solcher Sirenengesang trog, von dieser frühen Erkenntnis wurde ich endgültig eingeholt, als ein *Schwarzbraun ist die Haselnuss* frohlockender uniformierter Männerchor eines Sonntags auf einem laubgeschmückten Bulldog-Anhänger in den Hof einfuhr. Das Esszimmer dröhnte von Männerstimmen wie nach einer Hasentreibjagd. Und schon sehe ich Lisa und Ella hinter den vor ihrem Gedeck fröhlich plaudernden Männern stehen, um ihnen, wie sonst nur mir, auf dem Teller das Hammelfleisch klein zu schneiden. Die platt vom Körper abstehenden Uniformärmel verrieten mir die krasse Ursache. Restlos kuriert war ich, als nach der Mahlzeit alles aufstand, dabei einige der Gäste zu ihren Krücken griffen, um sich mit eingeschlagenem leeren Hosenbein dem gemeinsamen Besichtigungsrundgang anzuschließen. Frisch Genesene aus einem nahen Lazarett sollten einen Sonntag lang Landluft und reichlich Landkost genießen.

Vorwerk Werder.

Der Sachsendorfer Pfarrerssohn Martin Dürr erinnert sich, als er 14 war: »Ich wollte wie manch andere endlich eingezogen werden, dabei sein, wo was geschieht.«[1] Ich nicht. Soviel war mir mit sechs Jahren klar. Arm ab? Bein ab? Was war schlimmer? Für mich kam beides nicht in Frage. Wenn ich groß würde, sie mich holen kämen, würde ich mir in Werder eine einsame Feldscheune suchen, mich tief im Stroh eingraben. Keiner würde mich finden.

Anders verhielt es sich mit den Soldatenliedern. Ich kannte sie und sang sie glockenrein beim Anziehen, beim Ausziehen, beim Waschen, beim Gang zum Klo … Das lag nicht einzig an Bruder Kurts kleinem Grammophon. Im Wohnzimmer gab es noch ein ganz großes. Was immer es an neuen Schlagern gab, der Teller drehte sich nachmittags, abends … Es gab noch eine dritte Gesangsquelle: den schwarzen *Volksempfänger* im Kinderzimmer. Der tönte mit Richard Taubers Stimme, wann immer Fräulein Lisa mit verdampfendem *Schmurkskaffee* ihre Röcke aufbügelte. *Alle Tage ist kein Sonntag – Heimat, deine Sterne…* Es kam

Erika von Ostrowski.

vor, dass ich stehenden Fußes in die Küche rennen musste: »Hol Ella! Hol Gerda – *Die weiße Taube*!« Und helle Schürzen standen im Türrahmen, lauschten einer versoffenen Männerstimme, die mehr stammelte als sang. Ganz egal – Lisa, Ella, Gerda zerflossen im Terzett. Den Abgesang dieser Seemanns-Habanera trällerte ich draußen auf dem Hof.

Meine Singerei sprach sich herum. Abends kam der ganze Besuch herauf, stellte sich erwartungsvoll um mein Bett, während ich das Lied vom einsamen Edelweiß erschallen ließ oder – zur Weihnachtszeit – *Hohe Nacht der klaren Sterne*. Dabei hatte ich mich auf die Flanke gelegt und schunkelte mich im Liedrhythmus hin und her. Unter den andächtigen Tanten gab es in seltenen Glücksfällen eine bildschöne Dame im Reisekostüm: Erika von Ostrowski, *Tante Annchens* älteste Tochter. Sie reiste noch bei Kriegsende mit Standarte quer durch Deutschland. Als Chefsekretärin des Großadmirals Raeder, in diesen letzten Kriegsjahren längst schon von dessen Nachfolger Karl Dönitz, hatte sie eine glanzvolle Karriere gemacht. Als Jost Ritter noch die

Offiziersschule bei Berlin absolvierte, ließ er sich von ihr in exquisite Lokale ausführen. Marlene berichtet darüber: »Er hat gern davon erzählt, was für ein tolles Gefühl das war, eine so schöne und elegante Frau an seiner Seite zu haben, und welche Genugtuung für ihn, wenn er mit ihr durchs Restaurant ging und die Köpfe der Männer ruckartig herumflogen.«[2]

Man könnte fragen, ob man in Sachsendorf sich durch solche Verwandtschaft nicht doch einen Blick in höhere politische Zusammenhänge verschaffen konnte. Aber Erikas Besuche, die im Wesentlichen ihrer Mutter galten, geschahen viel zu selten und fielen allzu kurz aus. Über Internes aus dem politischen Geschäft wird Erika wie ein Grab geschwiegen haben.

Vom Schwiegersohn des Barons, der sich als Generalstabsoffizier zum Adjutanten hoher Generäle um Hitler heraufgedient hatte, wird die stehende Redensart überliefert: »Wenn das unser Führer wüsste!« *Onkel Rudi*, wie er für uns Kinder hieß, brachte die Wochen vor Kriegsende im Führerbunker zu, erlebte den Diktator täglich. Kam Rudi nach Rathstock, belustigte er die Gesellschaft mit Kuriositäten. Etwa mit Hitlers legendären Wutausbrüchen, dessen Angewohnheit, bei Besprechungen Schokolade zu konsumieren, und wie der Führer höchstselbst unter den Tisch kroch, wenn ihm ein Stück auf die Erde gefallen war. Auch zu Rudi mochte passen, was der Altbundespräsident Richard von Weizsäcker über seinen eigenen Vater schrieb, SS-Uniformträger und Staatssekretär in Hitlers Außenministerium: »Über den wahren Charakter der Nazis wusste mein Vater zu wenig, und von den unsäglichen Verbrechen, die kommen sollten, ahnte er so gut wie nichts. In seinem ganzen Weltbild fehlte es an Vorstellungskraft, die Dämonie des Bösen zu begreifen, wie sie bereits am Werke war.«[3]

Erika von Ostrowski wird im Juli 1945 im Flensburger Internierungslager Selbstmord begehen, um den ihr drohenden Verhören aus dem Weg zu gehen. Man wird sie auf einem Soldatenfriedhof beisetzen, auf dem sich ihr Grabstein leicht ausfindig machen lässt: Sie ist die einzige Frau auf dem reinen Männerfriedhof.

Nach dem gescheiterten Hitler-Attentat vom 20. Juli 1944 bekam meine Mutter Besuch von einer Gräfin aus der Nachbarschaft. Ihr Mann, von den Nazis beschuldigt, in die Sache verwickelt zu sein, war verhaftet worden. Die Gräfin hoffte, dass meine Mutter sich in ihrer Stellung als Bereitschaftsdienstleiterin des Kreises Lebus für die Freilassung des zu Unrecht Festgenommenen verwenden könnte. Meine Mutter hätte der Nachbarin liebend gern geholfen, das erwies sich freilich als Illusion. Jahre nach dem Krieg gestand mir meine Mutter: »Weißt du, damals hatte man ja gar nicht den Überblick. Und wir waren ehrlich gesagt entsetzt: Jetzt, so dachten wir, wo Deutschland so in Not war, wir unseren Führer besonders brauchten, da mussten Verschwörer einen Anschlag gegen ihn verüben!«

Mein Vater war mit seinem Entschluss, Fräulein Lisa in den landwirtschaftlichen Betrieb hineinzunehmen, so schlecht nicht beraten gewesen. Ich galt mit meinen sechs Jahren inzwischen als *groß*, und es gab genügend ausgebombte Tanten, die mich nebenbei beaufsichtigen konnten. Beispielsweise Ursel, Giselas jüngste Schwester, die mit dem SA-Mann Verheiratete. Sie erwartete ein Kind. Die Tante nörgelte zwar beim Frühstück, weil ich von der Brotscheibe erst rings herum die Rinde abknabberte, ehe ich mir das Innere, auf das es mir eigentlich ankam, schmecken ließ, haute mir aber nicht auf die Finger.

Lisa war lernbegierig, dazu intelligent, fleißig und beherzt. Seit ihrer Einstellung waren vier Jahre verstrichen. Das hatte sie reifer gemacht, ihr waren Fähigkeiten zugewachsen, die sie sich möglicherweise selbst kaum zugetraut hätte. So war es bald ein vertrautes Bild, dass sich der Chef, als habe er sich eine persönliche Assistentin herangezogen, von Fräulein Lisa überall hin begleiten ließ – zu wichtigen Besprechungen, zu Kontrollbesuchen der arbeitenden Kolonnen, zu den Ämtern … Dabei verhielt sie sich keineswegs stumm, führte teilweise die Verhandlung, ohne sich dabei Kompetenzen anzumaßen. Die bevorzugte Stellung stieg ihr nicht zu Kopf. Sie blieb bescheiden, verstand sich auf die Menschen, wusste mit schwierigen Leuten umzugehen. Das war vor allem im Dorf wichtig, wo Ortsgruppenleiter, Parteifunktionäre kritisch über die Linientreue der Gutsleitung wachten, schnell bereit, dieser was ans Zeug zu flicken, etwa hinsichtlich allzu guter Behandlung polnischer oder russischer Kriegsgefangener. Fräulein Lisa wusste die Wichtigtuer zu bändigen, indem sie sie bei ihren eigenen Widersprüchen ertappte und überführte. Klugheit allein genügte dazu nicht, ihr half auch die feste Überzeugung, dass in Hinblick auf sozialen Fortschritt – sie kam aus Sachsen – die Schmelzerschen Betriebe einsame Spitze waren. Wo zum Beispiel gab es das, dass Landarbeiter in den Friedensjahren nicht bloß ihren geregelten Urlaub bekamen, sondern auch für Wochen verreisen konnten? Und zwar – nicht bloß bescheiden an den Ostseestrand oder ins Riesengebirge, nein, zu Schiff in ferne Länder!

Freilich gab es auch Gerede im Dorf über die *Schwatte* (Schwarzhaarige) aus Dresden. Warum musste der Chef egal mit der aufs Feld fahren, warum nicht mal mit der *Nedijen* (Ehefrau des Chefs)? Indessen ließ die schwarzhaarige Sächsin ihre erlernten Befähigungen nicht brach liegen. Sie erweiterte den Kindergarten, sorgte dafür, dass er reichlich mit Spielzeug beliefert wurde. Sie aktivierte die Kinder für Vorführungen, zu denen das ganze Dorf eingeladen wurde. Dazu zog sie sich eine Tanzgruppe heran, der sie aus buntem Krepp rauschende Röckchen fertigte. *Bin ein Tirolerbub, hab immer frohen Mut* tanzen sie auf der Bühne und lassen sich beklatschen. Sie übt mit der kleinen Gesellschaft die *Vogelhochzeit* ein. Großes Hallo im Saal. Wer ist der Amselbräutigam im schwarzen Fräckchen? Natürlich der jüngste Filius des Chefs. Und wer ist die Drosselbraut? Dessen Sandkastengespielin Heidi, die jüngste Tochter von Pfarrer Dürr. Und wer ist die Eule, die, beide Hände vorm Gesicht, Abschied nimmt mit Geheule? Die kleine Rollhagen aus dem Dorf, die natürlich wie so viele kleine Sachsendorferinnen Angela heißt … Fräulein Lisa öffnet für den Kindergarten den ganzen Gutspark, nicht bloß den darin vorhandenen Sandplatz. Was spielen die Kinder, wenn die Leiterin die Bande tun und machen lässt: Schmelzers aus Tucheband kommen bei Schmelzers in Sachsendorf zu Besuch!

Und wieder fremde Gesichter auf dem Hof, an die man sich gewöhnen musste. Familie Westrick aus Posen – ein älterer Herr, eine mir groß und hager vorkommende Dame, *Tante Hasi*, geborene Kühne-

Wanzleben, also verwandt. Was indes viel wichtiger war: Sie brachte drei Söhne mit. Der Älteste das Bild eines nordisch blonden Jungen, der dem Gespannführer André in Angelas Herzen ernstlich Konkurrenz zu machen drohte. Peter mochte sich mehr mit Kurt verstanden haben. Für mich kam nur Jens, ein weißblonder *Murkel*, in Frage. Nicht als Spielkamerad – man war ja jetzt *groß*, vielmehr als Selbstzucht einforderndes Korrektiv. Etwa so: Man war hingefallen, hatte sich zum x-ten Mal das nackte Knie aufgeschlagen. Gott, was möchte man da von Herzen losgreinen! »Da haben wir ja den plärrigen Jens! Schämst du dich nicht?« Eines Sonntagnachmittags – Chauffeur Müller hatte wohl vergessen, uns aufzulesen – liefen wir Kinder die wenigen Kilometer von Rathstock nach Sachsendorf zu Fuß zurück, als uns ein Gewitter übelster Sorte überraschte, gefolgt von einem wüsten Wolkenbruch. Es gab am Wegesrand kaum Deckung. Monika, Veras älteste Tochter, wenig jünger als ich, bekommt das laute Heulen. Sogar Kurt heult. Ich stimme mit der Genugtuung, es endlich mal zu dürfen, voll mit ein. Nass wie triefende Badeschwämme treffen wir im Gutshof ein. Lisas erste Frage: »Sag bloß, du hast geweint?« Wie sollte ich das leugnen. »Warst du wieder Jens?«

Die Geschwister hatten zu Weihnachten jeder ein schwarzes Russenpferdchen bekommen, Nora und Niki. Die wurden im Park ausgeführt und geritten. Auch Klaus ritt seine Runde, rutschte vom Pferderücken, knallte auf die Erde. Klaus heulte nicht, stand auf, griff den Zügel, saß wieder auf. Alle Achtung! Klaus war nicht Jens.

In Warschau hatte es im Sommer einen Aufstand gegeben. Dem Gut wurden vom Arbeitsamt 20 Frauen zugewiesen, die aus der brennenden Stadt geflohen waren. Zerlumpt, ohne Schuhwerk, ohne Habe. Hans-Adolf Schmelzer fährt mit Lisa nach Berlin, besorgt Textilien und Schuhe, um die Menschen zunächst einzukleiden. Es war nicht das erste Mal, dass Hans nach Berlin aufbrach, um Kleidungsstücke für Gefangene zu besorgen. Wusste oder ahnte er, woher die Sachen, die scheinbar ohne großes Problem zu beschaffen waren, stammten?

Wie aber sollte man die Warschauerinnen beschäftigen? Als Lehrerinnen, Opernsängerinnen, Beamtenfrauen, Verkäuferinnen waren sie harte Feldarbeit gar nicht gewohnt. Hans ahnte nicht, dass keine zwei Jahre später seine eigene Frau wie die 20 Polinnen vor dem gleichen Problem stehen würde.

Und wieder tauchen Gesichter auf. Diesmal nicht aus dem Osten, sondern aus dem Westen. 40 Fliegergeschädigte aus dem rheinischen Bonn müssen vorläufig untergebracht und vom Gut versorgt werden. Im Pfarrhaus wohnt Professor Pfeiffer, ein ausgebombter Berliner Kunstmaler. Tag für Tag überquere ich die Dorfstraße, um in seinem Behelfsatelier Modell zu sitzen, ich soll in Pastellfarben verewigt werden. Maler Pfeiffer sagt, damit mir die Zeit nicht lang wird, den ganzen Struwwelpeter auf. Der bereitet mir wegen Suppenkaspers selbstverschuldeten Hungertods tiefstes Unbehagen. Womit der Künstler mich ködert und täglich zu sich ins Haus lockt, ist die Belohnung am Schluss. Er spendet ein Blatt leeres Papier, zaubert darauf aus freier Hand einen Vierbeiner nach meinen Wünschen. Ich liebte Tiere, wollte mal Zoowärter werden. Dem Elefanten folgt tags darauf der Tiger, am dritten Tag das Zebra, am vierten ein Kamel, am fünften ein Wolf, ein Wisent, ein Braunbär, ein Eisbär … Triumphierend breite ich die farbigen Blätter im rosa Salon aus. Entzückt ruft lieb' Mami aus: »Da hast du ja einen richtigen Zoo!«

Seit die drei kleinen Thorner Koerner-Kinder mein Spielzimmer bevölkerten, durfte ich mit meiner Freundin die Kemenate der Pferdenärrin stürmen. »Heidi, sollen wir wieder Türmen spielen?« – »Ja, Türmen!« – Irgendwo mussten wir das Wort aufgeschnappt haben. Türmen hieß: Puppen aus dem Dauerschlaf gerissen, aus den Betten geholt. Hopphopp angezogen … Koffer gepackt. Puppenwagen vollgeladen mit Puppengeschirr, Puppenkleidern, Puppenküchengeräten … »Dalli, dalli, der Russe kommt!« Jetzt nichts wie auf die Straße! Zwei Puppenvehikel eiern über den Korridor. »Achtung, Flieger! Licht aus!« Weiter, holper-holper, durch den Flur. Halt vor der Schwelle zum Kinderschlafzimmer … »So, Leute, wir sind in Sicherheit. Über die Oder kommt der Russe nicht!«

Immer mehr für den Sachsendorfer Gutsbetrieb unentbehrliche Arbeitskräfte wurden von der Wehrmacht eingezogen: Dampfpflugführer, Obergärtner, der bereits für Hofarbeiten eingesetzte Diener Alfred Löffler, Förster Drews, drei Pferdegespanne samt Gespannführer, Schäfermeister Schüler … Als Ersatz schickte das Arbeitsamt 14 gefangene russische Partisanen.

Meine Mutter steigt ins Auto, nimmt mich mit. Auf geht's aus irgendeinem Grund zu den Großeltern nach Rathstock. Es ist noch hell draußen. Als wir vor dem Rathstocker Haus aussteigen, höre ich es zum ersten Mal: Geschützdonner aus der Ferne. Die nächtlichen Fliegerangriffe nehmen in beängstigender Weise zu. Alle Fenster müssen dicht verhängt werden. Stiehlt sich bei Dunkelheit auch nur das Körnchen eines Lichtschimmers ins Freie, schlägt draußen der Luftschutzwächter Wilhelm Kranz Alarm. Im Westen wird es nicht mehr dunkel. Der Feuerschein des brennenden Berlin leuchtet aus 80 km Entfernung. Kinder werden mitten in der Nacht geweckt. Man zieht sich notdürftig an, kommt herunter, setzt sich zu den Erwachsenen ins warme Wohnzimmer, wo Tanten bei Tee oder Rotwein erzählen, Patiencen legen, Bridge spielen. Wie schön man das mit sechs Jahren fand! Auf sein dürfen wie die Erwachsenen mitten in der Nacht …

Aus der Nachbarschaft sind zwei Schulz-Wulkow-Jungen herübergekommen. Beide im Alter meiner Geschwister. Haben eine ladenneue Grammophonplatte mitgebracht. »Na dann leg auf!« Alles lauscht gespannt einer Frauenstimme so tief, wie ich sie nur meiner Großmutter Rathstock zugetraut hätte: *Es wird noch einmal ein Wunder geschehen.* Auf der umgedrehten Seite basshauchte die Vulkanstimme ihr zweites Lied: *Davon geht die Welt nicht unter.* Was mir gegen den Strich ging, war Teufel noch mal! dass nun immerzu die gleiche Platte laufen musste. Gab es nicht noch *Nordseewellen*? *Erika*? *Lili Marleen*? Und – Lisas *Weiße Taube*? …

Heiligabend 1944

Es ist überliefert, dass mein Vater, noch bevor es Heiligabend zu dämmern anfing, immer erst nach Rathstock fuhr, wo der Baum der Großeltern zwar schon geschmückt, doch noch ohne Lametta stand. Dieses fein dosiert und in einzelnen Silberfäden Zweig für Zweig anzubringen, gehörte von jeher zur Aufgabe des Sohnes. Der Baron saß, Zigarre paffend, im Sessel, gab Anweisungen. Es halfen dabei: Agnes, die unverheiratet gebliebene Schwester des Barons, in früheren Jahren auch noch *Elvirchen*, eine Klawitersche Anverwandte im Alter gemütskrank, weshalb sie von den Nazis als *lebensunwert* vergast wurde. Beide Damen hatten lediglich Befugnis zur Dekorierung der Baumrückseite.

Am Heiligen Abend des Jahres 1944, gegen 17 Uhr, ist es in Sachsendorf stockdunkel, das schon wegen der feindlichen Flieger. Alles strömt in die Kirche. Diesmal wird die Patronatsloge seitlich des Altars bis auf den letzten Platz gefüllt – Eltern, Kinder, Fräulein Lisa, Fräulein Margot mit Albrechtchen und Giselchen, *Tante Annchen*, Ella. Ich sitze neben meiner Mutter, blicke in einen riesigen Lichterbaum, davor im Profil ein zierlicher Mann im Talar – Pfarrer Dürr, der Gemeinde aus einem aufgeschlagenen Buch von Friede verkündenden Engeln vorlesend. Und schon stimmt alles mit der Orgel an: *Vom Himmel hoch, da komm ich her.* Gegenüber auf der Empore ein Gemeindekinderchor, davor eine Dame mit riesigem Hut – Frau Pfarrer, die den Gesang dirigiert: *Schlaf wohl, du Himmelsknabe du.* Und immer der einlullende Refrain: *Schlahaha-fö-hö-hö – schlahaha-fö-hö-hö.* So war das Jahr für Jahr, während man selbst auf der Kirchenbank erwartungsvoll und artig die Füße herunterbaumeln ließ. Niemals wieder würde es so sein.

Nach der Rückkehr aus der Kirche kurzweiliges Warten im Kinderzimmer. Ja, man hatte irgendwas für Eltern und Geschwister gebastelt, sollte auch etwas vor dem Weihnachtsbaum aufsagen: *Denkt euch, ich habe das Christkind gesehen* oder *Von draußen vom Walde komm ich her.* Doch wurde man mit solchen Dressurnummern hierzulande nicht gegängelt – von wegen: Ja nicht stecken bleiben! Haltung annehmen! Leute angucken! Mich beschlich eine ganz andere Befürchtung. Würde Fräulein Lisas Prognose, dass ich wegen Feuchtmatratze und Dauermäkelei beim Essen möglicherweise gar nichts vom Weihnachtsmann bekäme, tatsächlich eintreffen? Dieser dunkle Moment verflog spätestens beim Betreten des Weihnachtszimmers, wo der erste Blick auf einen bergevollen Gabentisch direkt neben dem Weihnachtsbaum

Die Sachsendorfer Kirche, Blick nach Osten.

geradezu prahlend verkündete, dass Knecht Ruprecht sich um Fräulein Lisas Drohungen den Dreck geschert hatte.

Der Baum reicht bis zur Decke, füllt eine Seite des Salons aus. Unser Vater hat auch ihn mit Lametta behängt. Sparsam, jeden Glimmerfaden einzeln; denn es musste noch immer die Tanne aus dem Wald zu erkennen sein, dass man den Eindruck bekam, als glitzere der Nadelbaum im Mondlicht aus aberhundert Tautropfen. Die zweiflüglige Schiebetür zum Esszimmer ist weit aufgetan. Davor Menschen. Festlich gekleidet – Chauffeur Müller, Kutscher Fröhlich, Waschfrau Frieda, Kochfrau Auguste Müller, Hausdiener Alfred Löffler, Torpförtner Kranz …, alle versammelt, um dem Baum gemeinsam mit uns, die wir aus einer anderen Tür eingetreten waren, etwas vorzusingen: *O Tannebaum, Stille Nacht, Süßer die Glocken* und als Krönung: *O du fröhliche*. Kutscher Fröhlich sang seine Namenshymne mit einer durchdringenden Kraft, dass ich Jahre lang glaubte, es sei der schwarz verkleidete Weihnachtsmann, bis Fräulein Lisa mir erklärt hatte, dass sich Weihnachtsmann und Christkind – beide waren hier tätig gewesen – genau dahinter versteckt hielten.

Nun werden zuerst die Allerjüngsten an die Gabentische geleitet: Albrechtchen, der über ein Steckenpferd mit echter Rosshaarmähne jauchzt, Giselchen, das sich wie klein Resi im Waldibuch über einen Puppenherd freut. Und jetzt – *lieb Mami* nimmt mich an die Hand. War das die Möglichkeit? Nein, das konnte doch nicht wahr sein! Professor Pfeiffer hatte mir die Tiere doch auf Papier gemalt! Was war denn das für eine Zauberei? Alle diese Tiere standen jetzt aus Holz gesägt und genau so, wie Professor Pfeiffer sie für mich gemalt hatte, vor mir. Ich konnte sie umdrehen, da waren sie auch gemalt. Vorderseite, Hinterseite wie in der Natur. Und jedes auf ein Steckholz geklemmt, dass es von selbst stand, ich jedes einzelne Stück nehmen und damit spielen konnte – Tiger, Kamel, Giraffe, Zebra, Schimpanse, Vogel Strauß, Krokodil, Wisent, Hirsch, Wolf, Eisbär, ein aufrecht stehender Braunbär … und, das Volk der Tiere in Größe, Würde und Schönheit überragend – ein indischer Elefant!

Auf Kurtchens Gabentisch stampft, schnauft, zischt eine Dampfmaschine. Schlossermeister Behnisch und Édouard von der Firma Renault hatten dem geborenen Techniker einen Traum erfüllt. Angela schnallt sich einen gewaltigen Quetschkasten um, dass sie mit Kleid und Zöpfen dahinter fast verschwindet. Sie jubelt: »80 Bässe! Vier Register!« Grethe Ritter hatte sich das Königsberger Instrument des gefallenen Afrika-Kämpfers von der Seele gerissen, aus Dankbarkeit gegen die Sachsendorfer Verwandten, die ihr in schweren Tagen beigestanden hatten.

Die Leute beugen sich über die Geschenke auf dem lang ausgezogenen Esszimmertisch, wo sich zwischen Pfefferkuchentellern, Weinflaschen, Zigarrenkistchen, Tabakpäckchen, grauen, roten, blauen Wollknäueln in regelmäßigem Abstand malerisch der kuschelige Balg eines geschossenen Hasen hinstreckte. Nun sind auch die Rathstocker Großeltern eingetroffen. Wie hätte ich es vermisst, wenn sie mich in meinem Glück nicht besucht und meine Holztiere nicht Stück für Stück bewundert hätten!

Festliches Abendessen. Langes Aufbleiben. Duft der abgebrannten Kerzen. Gelächter. Lebkuchen knabbern. Zoo aufbauen. Spielen, Spielen … Und im Ohr Jost Ritters Hohner-Instrument. Angela ist außer sich. »Hör doch mal, wie edel das klingt, wenn ich auf das dunkle Register schalte!« Das war Weihnachten in Sachsendorf 1944. Ob wohl einer von uns, einer der Leute, die inzwischen beglückt nach Hause gegangen waren, an diesem Abend ahnte, dass es ein solches Weihnachten nie wieder geben würde?

Der große Aufbruch

20. Januar 1945. Vaters Felder liegen weiß verschneit. Gräben und Teiche zugefroren. Auf der Oder Treibeis. 10 Grad unter Null. Hans-Adolf notiert: »Seit dem 12. Januar befindet sich der Russe auf der ganzen Front im Vormarsch auf die Grenzen des Reiches. Seine unvorstellbaren Mengen an Menschen und Material wälzen sich westwärts, den deutschen Widerstand überrollend.«[1] Ostpreußen ist eingeschlossen. Die Rote Armee hat sich bis Oberschlesien, Posen und östlich Thorn vorgeschoben. Fazit für den Tag: »Da keine Aussicht auf ein Halten dieser Frontlinie besteht, muss mit einem weiteren Vordringen der Sowjets gerechnet werden.«

Am 26. Januar feiert Käthe Schmelzer-Tucheband ihren 62. Geburtstag. Hans fährt hin. Das Gespräch kennt nur ein Thema: Wie wird man die schwere Zeit, die nun unweigerlich allen droht, bestehen? Seit Tagen kommen aus den Ostprovinzen Flüchtlingsströme an. Sie ziehen mit Gespannen bei starkem Frost durch tiefen Schnee. Wollen weiter, doch sind die Straßen von zurückgehenden Militärautos der Etappe verstopft.

Hans ist am selben Tag noch in Manschnow gewesen. Gespräch mit dem Kreisbauernführer. Was sollte mit den 4 000 Zentnern Weizen, den 600 Zentnern Erbsen und anderen Nahrungsgütern geschehen, die gedroschen und eingesackt auf Gut Sachsendorf bereit liegen? Wäre es nicht ratsam, alles angesichts der vorrückenden Russen abzutransportieren? »Nicht nötig«, bedeutet ihm der Funktionär, das Oderbruch würde sowieso Aufmarschgebiet, da käme das Vorhandene den eigenen Truppen zugute. Und die Bonner Flüchtlinge? Wäre ihr Rücktransport nicht geboten? »Noch zu verfrüht!«

Hans sitzt noch bei der Tuchebander Geburtstagsrunde, als ihm telefonisch ein neuer Flüchtlingstreck gemeldet wird. Obendrein sind Kosaken der General Wlassowchen Armee eingetroffen, die auf deutscher Seite kämpfen. Wie soll er sie nach Einquartierung von 500 Flüchtlingen noch unterbringen? Er fragt zurück und ist erleichtert, dass der angesagte Treck erst Tage später eintreffen soll. Die Schwadron findet Unterkunft in der ausgeräumten Schule, die Pferde kommen in leer gemachten Fohlen- und Schafställen unter. Drei Kosakenoffiziere wohnen mit ihren Burschen im Gutshaus. Sie sprechen kaum Deutsch, verstehen es aber gut. Sie haben Vorräte bei sich, die sie irgendwo gestohlen haben, und bereiten sich in der Küche das Essen selbst zu. Sie verfügen über einen batteriebetriebenen Radioapparat, der es Hans nach Tagen anhaltender Stromausfälle erlaubt, Nachrichten zu hören. Demnach stehen russische Truppen bereits vor Breslau. Zum Abend vernimmt man im Osten Geschützdonner von der Front.

29. Januar. Verwandte aus dem Gut Jablonowo nahe Schneidemühl treffen ein – von Scharnweber-Kegel. Eine junge Frau mit vier Kindern und vier Dienstboten werden in den Haushalt aufgenommen. Die Dame glaubt, bei der Kusine bleiben zu können, bis der Krieg zu Ende ist.

30. Januar. Vier vierspännige Transporte starten mit Spiritus aus der Brennerei Richtung Küstrin zum Monopolamt. Fuhrwerk 1 fährt zehn Minuten voraus. Nummer 2 gerät kurz vor dem Ziel in das Feuer überraschend vorgedrungener russischer Panzer. Der Fahrer macht umgehend kehrt, während die Geschosse neben ihm einschlagen. Er findet heil nach Sachsendorf zurück. Von den beiden letzten Transporten keine Nachricht, Kutscher und Zugtiere bleiben verschollen. Das Auftauchen der russischen Panzerspitze vor Küstrin treibt die Kosaken zum unverzüglichen Abmarsch. Sie haben Schlitten, und Hans vermag sie zu bewegen, einige Bonner Familien mitzunehmen. Nach ihrem Abzug bleibt ein Pferd zurück sowie das batteriebetriebene Radio.

Flüchtlinge aus dem Osten

Der Strom der durch das Dorf flutenden Flüchtlingstrecks verstärkt sich. Hans vermerkt: »Wagen an Wagen ziehen diese Unglücksmenschen – nun schon seit gut zwei Wochen unterwegs – durch das Dorf.

Es ist schon lange nicht mehr möglich, sie alle unterzubringen. Bei uns im Gutshaus sind alle Fremdenzimmer längst belegt, das Esszimmer ist Strohlager geworden. Alle übrigen Räume voller Menschen … Furchtbar das Elend dieser von Haus und Hof Vertriebenen, die kaum mit dem Nötigsten versehen, einem ungewissen Schicksal entgegenziehen.«

Zwei Wochen Flucht bei Schnee und Kälte. Die rollenden Feindpanzer hinter sich her, so dass man keine Nacht rastet, um ja noch vor den Russen die Oder zu erreichen. Mehr tot als lebendig sinken die Menschen in ihren Quartieren auf das Strohlager, schwören sich, auch keinen einzigen Schritt mehr weiterzuziehen, und müssen den Weg doch schon am nächsten Tag fortsetzen, um nachfolgenden Schicksalsgenossen Platz zu machen. Der Ansturm wird so groß, dass man nur noch diejenigen behält, die bei Eintritt der Dunkelheit eingetroffen sind. Hans bewundert diese Menschen: »Rührend ist die Bescheidenheit dieser Leute, die mit allem zufrieden und für alles dankbar sind. Und man kann ihnen nur so wenig bieten, da sie in diesen Massen auftreten. Nur wärmende Nahrung, Futter für ihr übermüdetes Zugvieh, Ruhe für Mensch und Tier.«[2]

Haarsträubendes ist von den Aufgenommenen zu erfahren. Hals über Kopf habe man aufbrechen müssen, überraschend seien die sowjetischen Soldaten mitten im Ort aufgetaucht. Vergeblich hatte man auf Bescheid der Behörden gewartet. Noch grauenhafter das Schicksal derjenigen, die mit der Bahn fliehen mussten. Auch hier waren behördlicherseits kaum Vorkehrungen getroffen worden. Die Menschen mussten in Güterzügen herausgeschafft werden. Das in offenen Waggons bei Frosttemperaturen. Hunderte Kleinkinder waren auf dem Transport erfroren. Familienangehörige hatten einander verloren.

Immer näher schiebt sich die russische Front an die Oder heran. Nun bekommen auch die Sachsendorfer Angst und denken an Flucht. Schauernachrichten zurückflutender Soldaten, aufleuchtende Brände jenseits der Oder, Gräuelgeschichten der Flüchtlinge versetzen die Bevölkerung in große Unruhe. Hans notiert: »Ich lasse die Ackerwagen nachsehen.

Vorerst nur aus Vorsicht ›für den Fall dass ---‹; denn man will es nicht glauben, dass auch wir unsere Heimat verlassen müssen.«[3] Im Haus lässt Hans packen. Für jeden einen Rucksack und einen Koffer.

Die letzten Tage

1. Februar 1945. Der Geschützdonner im Osten wird immer lauter. Brände von jenseits der Oder färben den Himmel rot. Die Stadt Landsberg an der Warthe, so ist zu erfahren, wurde überrollt, Küstrin umgangen, bei Kienitz der Brückenkopf verstärkt. Feindliche Panzer werden vereinzelt diesseits der Oder gemeldet. Bei Letschin wird ein Kleinbahnzug beschossen. Tags darauf rückt die Wehrmacht in Sachsendorf ein. Eine ganze Abteilung fordert Quartier, Hans kann es den Soldaten in Werder zuweisen. Das Militär beansprucht Schreibtisch und Telefone, so dass Nachbarn, die telefonisch anfragen, wie man sich verhalten solle, nicht verständigt werden können. Am Mittag des 3. Februar treffen Bauerngespanne aus dem nur zwei Dörfer entfernten Reitwein ein. Bauer Gars Gehöft befindet sich dem jenseitigen Ort Göritz gegenüber dicht am Oderufer. Über das Treibeis gedrungene Sowjets haben es besetzt. Familie und Nachbarn, die im Luftschutzkeller Zuflucht gesucht hatten, waren einen ganzen Tag lang in russischer Hand gewesen.

Tauwetter ist eingetreten. Man hofft, dass dies den Vormarsch der Russen über den Fluss aufhalten wird. Doch schon hat sich eine kleinere Infanterieabteilung in den bewaldeten Hügeln des diesseitigen Oderufers festgesetzt. Sie lässt sich durch einheimischen Widerstand nicht vertreiben. Bevor nun Reitwein durch Einsatz von Artillerie und Sturzkampffliegern zur Front wird, brechen Gut und Dorf westwärts auf. Sie erreichen gegen Abend Sachsendorf, wo weitergeschickte Flüchtlinge für sie Platz gemacht haben. Auch der Rathstocker Baron hat gerüstet. Mit dem ihm im Blut steckenden militärischen Organisationstalent hat er seinen Treckzug, man würde heute sagen – profihaft aufgestellt. Sich Knall und Fall von der Heimatscholle zu trennen, fiel ihm längst nicht so schwer wie dem Sachsendorfer Stiefsohn. Auch mochte ihn die Zuversicht begleitet haben, dass es sich ja eher um einen vorübergehenden Trip nach Westen handelte. Ewig könne der Krieg nicht mehr dauern, dann würde man unverzüglich wieder zurückkehren. Entsprechend wird gepackt. Geschirr? Nur robuste Keramik. Bestecke? Nur die mit Holzgriff! Das Silber vergraben wir …

Die Rathstocker rücken am gleichen Tag wie die Reitweiner in Sachsendorf ein, ziehen aber am nächsten Morgen gleich nach Dolgelin weiter Richtung Elbe. Großmutter Rathstock hat in der Magdeburger Börde einen Bruder – Ernst Speichert, Besitzer des Gutes Etgersleben. Dort hofft man unterzukommen.

Hans ärgert sich über die Behörden: »Bemerkenswert ist, dass sich weder der NS-Amtsverwalter noch der Ortsgruppenleiter, schon gar nicht die Frauenschaftsleiterin sehen ließen. Ich musste sie aus dem Gemeindebüro holen, wo sie zusammen schöne Reden schwangen. Ich versuchte sie nun aufzumuntern, sich zu betätigen.« Der Erfolg bleibt aus: »Die Frauenschaftsleiterin hat während des ganzen Flüchtlingsstromes jämmerlich versagt und sich um nichts bekümmert.«[4]

Letzter Gottesdienst vor der großen Flucht

In diesen Tagen nimmt Pfarrer Dürr das Fahrrad. Er muss nach Alt-Tucheband einen Verstorbenen beerdigen. Als er eintrifft, sind bis auf eine 90-jährige Bäuerin die Bewohner geflohen. In den Ställen herrenloses Vieh. Der Pfarrer ist auf dem Friedhof allein mit dem Toten. Die Beerdigung kann nicht stattfinden. Auf dem Rückweg nach Hause spricht den Radfahrer jemand an: »Der Pastor hat aber Mut! Wenn er sich nicht beeilt, sind die Russen eher in Sachsendorf als Sie!«[5]

4. Februar 1945. Sonntag vor der Flucht. Pfarrer Dürr besteigt noch einmal die Kanzel der Sachsendorfer Kirche, die bald danach eine Ruine sein wird. Er predigt: »Im Westen und besonders im Osten stehen unsere Soldaten in unerhört schwerem Kampf. Mit einer Härte, für die in der Geschichte jeglicher Vergleich fehlt, wird dort um jeden Kilometer Landes gerungen.« Er zählt mit wenigen klaren Worten das Elend der Menschen auf, mit dem es fertig zu werden gilt, auch Verlust von Haus und Heimat, der Prediger fragt: »Und da wollen wir von Gottes Wort reden. Ist das nicht wirklich ein Gespräch, das wir uns für ruhige Zeiten

Sachsendorfer Kastenwagen.

aufsparen sollten?« Der Mann auf der Kanzel sagt energisch nein. Gerade in solchen Zeiten müsse dem Christen das Wort Gottes ein Licht werden, » das da scheint am dunklen Ort«. Es lenke keineswegs von den Dingen dieser Welt ab, sondern helfe dem Menschen, sie zu meistern. Wie schrecklich schwer muss es dem Sachsendorfer Pfarrer an diesem Tag gefallen sein, den Gläubigen angesichts dessen, was sie erwarten würde, ein wenig Mut zu machen. Unbeirrt gibt er den Versuch nicht auf, auch den Verzagtesten mit Worten der Bibel aufzuhelfen: »Gedenke an den Herrn, deinen Gott, denn er ist's, der dir Kräfte gibt.«[6]

Die Vorbereitungen

So sieht für Hans-Adolf Schmelzer der Plan für die Beladung jedes einzelnen Fluchtwagens aus:[7]

»Die mit Pferden bespannten (28) Wagen sollen laden:

A) 4,-- Ztr. Hafer

B) 1,-- Ballen Heu

C) 1,-- Sack Häcksel

D) 0.50 Ztr. Erbsen
E) 1,-- Ztr. Kartoffeln
F) 1 Beutel Zucker
G) 1 Sack Briketts

1 Bündel Hufstollen (vom Schmied) Wagenschmiere
1 Futterkrippe
1 Stalleimer
1 Decke für jedes Pferd
1 Strick als Reservestrang

Jeder Fahrer soll dafür sorgen, dass von seinen Insassen mitgenommen wird (nicht von jedem; aber auf jedem Wagen muss so etwas sein):
1 Kochtopf für 8 Personen
1 Wassereimer
1 Axt zum Holzmachen
1 Säge
1 Hammer

Jeder Insasse darf nicht mehr als 50 Pfund Gepäck mitnehmen. Große Familien mit vielen kleinen Kindern pro Kind evt. etwas weniger. Es dürfen keine Möbel mitgenommen werden
Jeder Fahrer ist dafür verantwortlich, dass die ihm vorgeschriebenen Personen auf seinem Wagen mitkommen. Nur bei genauester Einhaltung der Einteilung ist Gewähr geboten, dass niemand zurückzubleiben braucht. Ein vielleicht gewünschter Austausch der Wagenplätze kann unterwegs bei nächster Gelegenheit vorgenommen werden. Sachsendorf, den 4. Februar 1945«

»Die mit Ochsen bespannten (18) Wagen sollen laden:
3,-- Ztr. Gerste oder Gemengeschrot oder ungeschrotet
2,-- Säcke Kaff (Spreu)
1,-- Sack Zuckerschnitzel

Für Heu ist ein besonderer Wagen bestimmt.
1 Stalleimer
1 Krippe, soweit diese nicht für die Pferdewagen benötigt werden.
1 Anbindekette (am besten gleich umgehängt lassen)

Für die Fahrer der Ochsengespanne gilt in Bezug auf mitzunehmende Personen, Gepäck und alles andere das Gleiche wie für die Fahrer der Pferdegespanne.«

Tag vor dem Treck

4. Februar 1945. Ein Tag vor dem Treckaufbruch. Hans-Adolf Schmelzer notiert: »Artilleriefeuer und Stuka-Einsatz auf Reitwein, schweres Artilleriefeuer aus der Gegend Genschmar/Kienitz ließen uns Sachsendorfer nun stark überlegen, ob wir uns selbst auch auf den Weg machen sollen. Viele Nachbarn haben dieserhalb schon angerufen und mir und Gisela zugeredet, die Kinder in Sicherheit zu bringen bzw. überhaupt selbst abzureisen. Ich vertrat jedoch den Standpunkt, dass ich nur zusammen mit meinen Leuten abrücken würde. Ich wollte weder durch Abreisen meiner Familie das Signal zu haltloser Flucht geben noch meine Leute ihrem Schicksal überlassen.«[8]

Den Russen scheint das kniehohe Wasser über dem Odereis nicht viel auszumachen. Sie dringen diesseits des Stromes vor. Flüchtlingsgespanne, die aus Tucheband und Golzow durch das Dorf kommen, wollen wissen, dass der Feind schon an der Straße von Golzow nach Tucheband stehe. Höchste Zeit für die Sachsendorfer, sich auf den Weg zu machen. Schier endlose Kolonnen westwärts geleiteter politischer Gefangener, unterbrochen durch Kriegsgefangenentrupps, sind an diesem Tag durchs Dorf gezogen. Flüchtende Soldaten verbreiten unglaubliche Nachrichten über den sowjetischen Vormarsch, dem von deutscher Seite nur unzureichend Widerstand geleistet werden kann.

Bis in die Nacht des Sonntags wird in den Sachsendorfer Häusern gerüstet und gepackt. Meine Mutter führt mich in Angelas Mädchenzimmer, wo wir alle drei in den letzten Wochen gehaust haben, reicht mir meine hellederne Schulmappe, die mir der Gutssattler zum Schuleintritt gefertigt hatte. »Raus mit den Schulsachen! Rein alles, was du an Holztieren mitnehmen willst! Nicht alle, so viel Platz ist nicht!« Giraffe bleibt wegen zu langen Halses draußen. Vogel Strauß, vor einem Zweiradkarren gespannt, scheidet gleichfalls wegen Sperrigkeit aus. Ebenso das 50 Zentimeter lange Krokodil. Und der herrliche Elefant? Um ihn zu retten, hätte ich auf alles übrige Tiervolk verzichtet. Man wird ihn in den Wäschekoffer ganz zuunterst legen. Die Mappe lässt sich vor Fülle nicht zuschnallen. Hirsch und Wisent fliegen wieder raus. Wer noch? Ich weiß es nicht mehr.

Elfriede Dürr, Ehefrau unseres Pfarrers, Mutter von fünf Kindern, schreibt in ihren Erinnerungen: »Herr Hans-Adolf Schmelzer, der Besitzer des Rittergutes, hatte vorbildliche Arbeit geleistet. Seine Kastenwagen waren mit gespannten Bögen versehen. Möglichst jede Familie bekam 1 Kutscher, 2 Pferde und Futter im Sack auf den Wagen, der eine Nummer hatte. Einen Teppich, möglichst den besten, musste man selbst darüber spannen, gegen Regen, Schnee und Kälte. Unsere beiden jüngsten Kinder (Heidi 5 u. Hansi 3 J.) hatten zu der Zeit hohes Fieber. Sie bekamen von der Leibwäsche alles 3-mal an. Auf Herrn Schmelzers Rat wurde jedem Bett und Nachtzeug in eine Decke gerollt. So konnte man schnell sein Bett überall aufschlagen, es gab keine Sucherei.«[9]

Es galt die Anordnung, den Ort nicht ohne Räumungsbefehl zu verlassen. Flüchtlinge hatten immer wieder berichtet, dass sie diese Anweisung viel zu spät, oft gar nicht erhalten hätten. Hans-Adolf Schmelzer hält fest: »Das Vertrauen der Bevölkerung in die Fürsorge der Partei war restlos erschüttert. Am liebsten wäre jeder, kaum dass er den Wagen bestiegen hatte, auf und davon gefahren. Es bedurfte großen Zuredens, die Leute zu bewegen, bis zum Morgen zu warten, damit alle geschlossen abrücken könnten.« In jedem Fall, soviel steht für Hans fest, werden die Sachsendorfer ohne empfangenen Räumungsbefehl lostrecken.[10]

Um 21 Uhr erhält er einen Anruf von der Nachbarschaft aus Podelzig. Frau Bethge, Pächterin der dortigen Domäne, ist im Begriff, mit ihrer Tochter auf einem Gummiwagen ins Magdeburgische zu flüchten. Es sei im Wagen noch Platz für Gisela und alle drei Kinder. »Gib sie uns doch mit!« Hans überlegt ernsthaft, ob dieser Schritt am Ende nicht ratsam wäre, lässt schließlich seine Frau entscheiden. »Kommt nicht in Frage«, so Giselas Antwort, »wir bleiben zusammen und lassen die Leute nicht im Stich.« Hans ist erleichtert und sagt der Anruferin guten Gewissens ab.

5. Februar 1945

Pfarrer Georg Dürr in seinen Aufzeichnungen am Abend des 4. Februar: »Waffen-SS rückt ins Dorf. Starkes Feuer unserer am Dreikantschen Wege [Richtung Dolgelin] aufgefahrenen Flak. Am Abend rät Hauptmann Wentzlaff, das Dorf zu räumen, wegen Gefahr feindlichen Artilleriebeschusses. Herr Schmelzer ordnet für Montag früh den Abmarsch an. Wir verladen unsere Sachen auf Wagen 9.«[11]

In der Nacht hat man vor Spannung kaum geschlafen. Dann heißt es Aufstehen! bei verhangenem Lampenlicht. Leib und Glieder hopphopp in hundert Hüllen gezwängt. Hier das Leinentäschchen noch – 1 000 Reichsmark sollen dringesteckt haben – häng es dir um den Hals! Mehr ein Kullern als Klettern in den Planwagen. Sitzen auf einem Kleiesack vor hängenden eingenähten Schinken. *Mir wird nichts mangeln.* Die Familie des Hofschmieds Andree ist zugestiegen. Das Mädchen kenne ich von der Schule. Die Gespanne der dörflichen Bauern starten als erste. Pfarrer Dürr notiert die Abfahrtszeit: Halb sechs Uhr. Gegen sieben Uhr, so lese ich es bei meinem Vater, fahren die letzten Fuhrwerke des Gutes zum Tor hinaus. 50 Gespanne, 395 Menschen. Kein Jammern bei den Erwachsenen, als man das Heimatdorf hinter sich lässt. Eher ein erleichtertes: *Endlich!* Denn im Nacken sitzt allen *der Russe,* über dessen Grausamkeiten man sich Unvorstellbares erzählt.

Vergebliches Getobe eines Esels von Kreisbeamten, der kurz vor dem Nachbarort Dolgelin den gesamten Zug stoppt, alle Fuhrwerke nach Sachsendorf zurückpfeifen will. Dem zu Pferde sitzenden Treckführer gelingt es, den Landrat einzuschalten. Menschen und Gespanne in das von Flakgeschützen umstellte Dorf zurück? Nicht zu verantworten! Dolgelin wird die erste Treckstation. Kaum vier Kilometer westwärts

Sachsendorfer Gutshof, Blick auf Scheune und Futterspeicher.

sind zurückgelegt. Trotz leer stehender Schulen und Gasthöfe kommen längst nicht alle Menschen unter. Viele werden im Wagen übernachten.

Hans, in Gedanken an den zurückgelassenen Hof, ist voll Unruhe. Sein Entschluss steht fest: »Nachdem alles untergebracht worden war, fuhr ich mit meinem Auto nach Sachsendorf zurück, da mir der Gedanke an die dort zurückgebliebenen ca. 2000 Schafe, 350 Rinder, 300 Schweine und die vielen Ausländer keine Ruhe ließ. Lisa K. begleitete mich.«[12] Das Auto hatte er während des Trecks an eins der Fuhrwerke angehängt, in ihm die Kochfrau Auguste Müller untergebracht, während Paul Böhme am Steuer saß.

Das Dorf ausgestorben. Der bei Dunkelheit zurückgelassene Hof verwüstet. Ochsen stehen herum. Zurückgelassene Wagen kreuz und quer. Türen und Tore von Scheunen, Schuppen, Speichern, Ställen weit aufgerissen. Hans und Fräulein Lisa verschließen alles, was offen steht, bringen das Vieh in den Stall zurück, lassen melken und füttern, wozu sich zurückgebliebene *Zivilpolen* ohne weiteres bereit finden.

Kontrollgang durchs Haus, sperrangelweit aufstehende Fenster und Schranktüren eiligst zugeworfen, verriegelt. Bei Einbruch der Dunkelheit Marsch durchs Dorf zur Schäferei. Dort scheint alles in Ordnung, der weiße Hund des Schäfers bewacht das Gebäude. Die Dorfstraße verödet. Kein Huhn, keine Kinderstimme, kein Geräusch. Ausländer stehen da und dort vor ihren Unterkünften. Ihre Gesichter leuchten auf, als sie den zurückgekommenen Chef erkennen.

Man bleibt die Nacht am Ort. Nachdem der Flakhauptmann Wenzlaff versprochen hat, bei Gefahr die Erschöpften zu wecken, sinkt Hans wie tot in den Schlaf. Sechs Tage lang hatte er kaum ein Auge zugetan. Sorgen um Einquartierungen, Flüchtlinge, die Zukunft des Gutsbetriebes ließen ihn nicht zur Ruhe kommen. Der östliche Himmel über Reitwein rot von Bränden. Man hört die Abschüsse leichter und schwerer Geschütze der Flak. Einschläge russischer Granatwerfer im Umkreis des Lehngutes Hathenow liefern die Antwort. Hans bemerkt: »Und so sehr man an den Tagen zuvor voll Sorge auf das Geschützfeuer lauschte, war man jetzt beruhigt, wenn die Salven unserer schweren Geschütze über den Hof dröhnten.«[13]

Der Tag nach dem Aufbruch

6. Februar 1945. Hans konnte trotz des Geschützlärms ausschlafen. Noch immer feuert die Artillerie aus allen Rohren ostwärts auf Reitwein. Dort werden starke Kräfte der Russen vermutet. Am Morgen stellen sich arbeitswillige Polen auf dem Hof ein. Hans lässt sie den Hof säubern und aufräumen. Dann wird das Vieh gemolken. Da die strombetriebene Pumpe ausgefallen ist, muss das Wasser zum Tränken der Tiere in Fässern aus dem Dorfbach Seelake herangeschafft werden. Alles das wird von den Polen gewissenhaft und zuverlässig geleistet.

Gegen elf Uhr fährt Hans mit Lisa nach Dolgelin zurück. Dort ist der Sachsendorfer Treck unter Giselas Leitung längst abgezogen, in südwestlicher Richtung. Das von der Kreisbehörde angewiesene Ziel heißt Döbberin. Hans fährt hinterher, holt den Zug ein, als dieser den Ortseingang gerade passiert. Das Dorf ist viel zu klein, um 50 Gespanne aufzunehmen, so dass dort nur der Bauerntreck verbleibt. Man

Sachsendorfer Ochsengespann.

strebt das nächste Dorf an: Falkenhagen. Hans fährt mit dem Auto voraus, muss den nachkommenden Zug jedoch gleich weiterleiten – Falkenhagen ist überfüllt. Es geht weiter südlich nach Petershagen. Besitzer des dortigen Rittergutes ist der Freund Günther Schulz-Wulkow. Der hat Platz, will den ganzen Sachsendorfer Treck aufnehmen. Es ist höchste Zeit. Einige Ochsengespanne brechen unterwegs zusammen. Es ist zuviel für die Tiere. Bei einbrechender Dämmerung fahren die Sachsendorfer Gespanne in Petershagen ein, als sie eine Hiobsmeldung trifft: Eine SS-Einheit hat die Petershagener Quartiere für sich beschlagnahmt. Wohin jetzt bei der Dunkelheit? Es ist verboten, den Heimatkreis zu verlassen. Man ist nicht mehr sehr weit von Fürstenwalde und erreicht zu später Stunde Alt-Madlitz. Tagesstrecke von fast 30 Kilometern! Die armen Ochsen! Zwei müssen notgeschlachtet werden. Hans wird das nah gegangen sein, hat er doch auf einfühlenden Umgang mit Hunden, Pferden, Rindern, Schafen immer großen Wert gelegt.

Der Treck bleibt hängen

Der Ort Madlitz nimmt den Sachsendorfer Treck auf. Die Pferde finden auf dem Gutshof Quartier, die Ochsen im nahen Vorwerk Wilmersdorf. Die Leute kommen teils in Arbeiterwohnungen teils bei Bauern unter. Hans' eigene Familie, die des Pfarrer Dürr, Fräulein Margot mit den drei Thorner Kindern verbringen die Nacht im gräflichen Schloss. Madlitz liegt so weit entfernt vom Kampfgeschehen, dass man, wie schon lange nicht mehr, ruhig, ohne nahen Geschützdonner schlafen kann.

7. Februar 1945. Gegen 10 Uhr begibt sich Hans wiederum nach Sachsendorf zurück. Hauptmann Wentzlaff hat seinen Gefechtsstand vom Gutshaus an den Dolgeliner Bahnhof zurückverlegt; denn die Russen dringen vor, haben die Straße Lebus–Podelzig überschritten, die heutige B 112, Richtung Mallnow. Der Offizier rät Hans, der um jeden Preis nach Sachsendorf will, zur Vorsicht. Feindliche Panzer könnten unverhofft auftauchen. Das Dorf liegt wie am Vortag verödet da. Neues Militär versucht sich im Gutshaus einzurichten. Ins Kavalierhaus ist eine Abteilung der Fahnenjunkerschule Potsdam eingezogen. Der Kommando führende Hauptfeldwebel Kiese erweist sich als umgänglich. Die Polen versorgen weiterhin das Vieh. Gegen 20 Uhr kehrt Hans mit Fräulein Lisa nach Madlitz zurück und erfährt böse Neuigkeiten. Das Tagebuch vermerkt: »Ich erfahre, dass sich die Besitzerin des Gutes Gräfin F. und ihr Inspektor E. wenig gastfreundlich gegen uns und unsere Leute zeigen. Es muss um jede Kleinigkeit gebeten werden. Für die Leute wird nicht gekocht. Sie bekommen kaum und nur ungern Kartoffeln, obwohl das Gut 60 000 Ztr. in Mieten liegen hat. Keine Milch für die Kinder, kein Holz zum Kochen, obwohl zum Gut 12 000 Morgen Wald gehören. Man wäre froh, uns wieder los zu sein.«

Hans muss feststellen, dass in einigen Quartieren die Menschen in unzumutbarer Enge liegen müssen und empört sich: »Unsere Leute, die in den letzten Wochen Hunderte von Ostflüchtlingen in ihren eigenen Wohnungen aufgenommen und versorgt und gesehen hatten, wie Hunderte von Menschen und Pferden auf dem Gut aufgenommen, verpflegt und gefüttert wurden, ohne dass jemand bitten musste, sind entsetzt über dieses Verhalten der Gräfin und ihrer Verwaltung.«[14] Als sich auch noch ein höheres SS-Kommando im Schloss ankündigt, das die von etwa 30 Sachsendorfern bewohnten Räume für sich beansprucht, bietet die Gutsverwaltung den Flüchtlingen die Straße zur Übernachtung an. Das, so schreibt Hans in einem Brief an meine Patin Helga Hille, »obwohl an die 80 Räume im Schloss leer standen«.[15] Hans wendet sich an den Inspektor, der zugleich Bürgermeister des Ortes ist. Ohne Erfolg.

Sachsendorf unter der Deutschen Wehrmacht

8. Februar 1945. Hans ordnet an: Gespanne marschfertig machen! Aber nur abrücken, wenn neue Quartiere gestellt werden. Er selbst fährt nach Seelow sich bei Kreisverwaltung und NSDAP über die Gräfin beschweren. Anschließend zurück nach Sachsendorf, wo sich die Kriegslage beruhigt zu haben scheint. Doch welches Chaos bietet sich dem Besitzer! Neue Truppen hatten sich im Haus einquartiert und alle Räume in eine stinkende Wüstenei verwandelt. Stuben, Kammern geplündert, beschweinigelt, unbewohnbar gemacht. Schränke, Kommodenfächer aufgebrochen, ausgeraubt, den Inhalt mutwillig umhergestreut, verdorben. Türen von Vorratskellern und Kammern eingetreten. Einmachgläser aufgerissen, probiert, stehen gelassen. Hans bemerkt: »Die Russen könnten nicht schlimmer gehaust haben.«[16] Wie die Vandalen haben deutsche Landser auch im Dorf gewütet. Leutewohnungen durchwühlt, ausgeräubert, vollgeschissen. Brauchbare Gegenstände mutwillig zerstört und unbrauchbar gemacht. Die Wohnung des Schäfers total leer geräumt. Sein Gänserich brutzelt herrenlos in der Pfanne. Der Urheber auf und davon. Aus einer Herde mit 700 Schafen wurde ausgerechnet der Zuchtbock geschlachtet …

Hans trifft zufällig einen Schulfreund seines an Tuberkolose verstorbenen Tuchebander Vetters Reimar. Gemeinsam mit ihm versucht er im Haus Ordnung zu schaffen. Von ihm erfährt er näher, wer die Vandalen sind: eine Formation der Division *Großdeutschland*. Einzelne Soldaten kommen dem Besitzer unverschämt, sie verlangen Spiritus und jede Menge Schlachtvieh. Was sie nicht erhalten, stehlen sie. Von 35 Zuchtsauen in Werder sind 15 übrig geblieben. Wenigstens eine tröstliche Nachricht gibt es festzuhalten: Die Polen versorgen nach wie vor unaufgefordert das Vieh und den Hof. Einige Sachsendorfer sind zurückgekehrt. Darunter Schäfer- und Melkermeister, ebenso die Aufseher Kaul und Neitsch, die abwechselnd die Verantwortung für den Hof übernehmen. Eine in Gold gefasste Verdienstmedaille käme *Mutter Willy* zu, die die Milchwirtschaft mit einer Pflichttreue versieht, als habe es in Sachsendorf nie eine Evakuierung gegeben. Durch ihren Einsatz kommen täglich 600 Liter Milch aus dem Kuhstall dem gesamten Treck zugute. Butter und Milch werden nun im Pendelverkehr nach Madlitz abgefahren.

Am Nachmittag kehrt Hans zum Treck zurück. Die Nachrichten bessern sich: Die Leute müssen nun doch nicht auf die Straße, sie bekommen eine leere Schule und auch Wohnungen zugewiesen. Die Familie Schmelzer zieht mit der Pfarrersfamilie in das Ziegelhäuschen des Schuhmachermeisters Böse: zwei Zimmerchen mit den Maßen dreieinhalb mal vier Meter, eine Küche. In der einen Stube schlafen auf Strohschütten die Eltern und drei Kinder Schmelzer, Frau Andree mit zwei Kindern, Ella, Lisa, Gerda, Frau Auguste Müller, drei Pfarrkinder und zwei Hunde. Die Eltern Dürr mit den zwei kleinen, noch immer hochfieberkranken Kindern schlafen in dem Raum nebenan. Wie die Heringe liegen auch die Leute in der Schule. Niemand kocht für sie, niemand versorgt sie.

Das Oderbruch wird Front

9. Februar 1945. Hans ist in Dolgelin. Die militärische Lage hat sich verschärft. Die Russen geben Reitwein nicht her. Es gelang ihnen obendrein, bei Göritz eine tragfähige Brücke zu schlagen, die von den Deutschen nicht eingesehen und darum auch nicht beschossen werden kann. Fliegerbeobachtung wird von starker Abwehr total verhindert. Rathstock leidet unter feindlichem Granatwerferbeschuss, ebenso das Lehngut Hathenow. Auf dem Sachsendorfer Friedhof wurden erste Gefallene beigesetzt. Endlich sind sogenannte *landwirtschaftliche Son-*

derführer eingetroffen, die den Abtransport von Vieh und Vorräten bewerkstelligen.

10. Februar 1945. Die Strecke zwischen Madlitz und Sachsendorf ist inzwischen voller Panzersperren. Trotzdem gelingt es einer Treckerfuhre zur Freude der Leute, Briketts, Gemüse, Milch und Butter aus dem Heimatdorf bis zum gräflichen Gut zu schaffen. Überdies gibt es für alle Fleischzuteilung, weil ein Ochse notgeschlachtet werden musste. Nun überlegt Hans, ob er nicht seine in Sachsendorf und Werder verbliebenen Schafe in der Nähe des Trecks unterbringen könnte, und hat Glück. Im nahen Behlendorf, dereinst Familienbesitz der Baaths, sagt ihm ein Inspektor Schulze zwei leer stehende Scheunen zu.

Die Gräfin hat ein energisches Schreiben von der Kreisverwaltung erhalten. Nun ist sie freundlicher geworden und zeigt sich entgegenkommend. Das ist sehr wichtig; denn der Sachsendorfer Treck wird in Madlitz noch viele Wochen liegen bleiben. Gräfin F. lädt die Gutsbesitzerfamilie ein, wieder ins Schloss zu ziehen. Hans und Gisela lehnen ab, sie wollen mit der Frau nichts zu tun haben. Es bietet sich eine andere Lösung: Hans schreibt an Helga Hille: »Inzwischen ist es uns gelungen, die Pfarrers wieder ins Schloss zurück zu quartieren, so dass wir nun die eine sehr kleine Stube als Tageswohnzimmer herrichten konnten. Nun lässt es sich aushalten.« Noch etwas Positives kann er der Berliner Medizinstudentin vermelden: »Das Schlafen auf dem Haferstroh hier hat mir anscheinend mein elendes Reißen aus dem Arm genommen. Nach 4 bis 5 Tagen war es verschwunden. Mag doch sein, dass das Zeug solche Wirkung hat.«[17]

Retten, was noch zu retten ist

Im Grunde ist Hans heilfroh, dass er in Madlitz bleiben muss. So kann er täglich nach Sachsendorf fahren und retten, was noch nicht geraubt oder zerstört worden ist. Wäsche, Geschirr, Gläser, Ledersachen verstaut Lisa im Keller, damit sie vor Beschuss sicher sind. Sie findet einen riesigen Flachkoffer, in den packt sie wahllos hinein, was greifbar ist. Der Koffer wird mitgenommen, am Abend ausgepackt. Was kommt zum Vorschein: ein Regiment Eierbecher, die sich als Likör- und

Schnapsgläser noch jahrelang bewähren werden. Auch etwas Langes, Grünes mit Sägezähnen im offenen Rachen kommt ans Licht – mein Krokodil. Der Weinkeller war mehrfach gestürmt, aber nicht gänzlich geleert worden. Hans sichert sich die noch verbliebenen Flaschen, um sie gegen Zigaretten und Benzin einzutauschen. Von Madlitz nach Sachsendorf und zurück sind – das erfordern oft nötige Umwege – jedes Mal 50 bis 80 Kilometer zu fahren.

Inzwischen sind nicht nur Männer, auch Frauen und Kinder ins Dorf zurückgekehrt. Sie versuchen ihre verwüsteten Wohnungen wieder in Ordnung zu bringen. Es wird eine Küche eingerichtet zur Beköstigung der im Dorf Arbeitenden. Die Tochter des Schlossers Behnisch kocht. Obendrein organisiert Hans mit Hilfe seiner Aufseher einen Transfer vom Heimatort zum Fluchtort. Alles, was brauchbar ist – Futterraufen, Stall- und Ackergeräte wird verladen, fortgeschafft. Vor allem Vieh darf nicht zurückbleiben, wenn es nicht durch fremde Kommandos abgetrieben und geschlachtet werden soll. Immer finden sich unerschrockene Belegschaftsmitglieder, die unter Lebensgefahr herdenweise Tiere herausholen und bis nach Madlitz schaffen. Allen voran die Schäfer, die ohne einen einzigen Verlust 1 300 Schafe ins nahe Behlendorf führen. Hans kann eine Liste der nach Madlitz geretteten Tiere zusammenstellen:

52 Milchkühe
14 Zugochsen
3 Bullen
61 Fersen (1 bis 3-jährige junge Kühe)
26 Kälber
2 Eber
38 Zuchtsauen
168 Ferkel
85 Läuferschweine
4 Mastschweine.[18]

Er muss auch Enttäuschungen hinnehmen. So von seinem Chauffeur, der sich, sobald man mit ihm an Ort und Stelle ist, zurückzieht, keinen

Handschlag tut. Dessen Frau, für den Hühnerstall zuständig, liefert keine Eier mehr. Kein Wunder. Die Legehennen liegen tot umher. Madame hat sie verhungern und verdursten lassen. Hans resümiert: »Die Frau war offenbar zu faul, etwas zu tun, und zu feige, zu sagen, dass sie es nicht tun wollte.«[19] Versagt hat auch der Oberinspektor. Ohne sich um Leute und Vieh zu bekümmern, hat er sich im Vorwerk Wilmersdorf bei einem Kollegen abgesetzt. Kommen Lieferungen von Kohle und Nahrungsgütern aus Sachsendorf, meldet er sich prompt zur Stelle, um seinen Anteil einzufordern. Über kurz oder lang wird er mit Sack und Pack machen, dass er fortkommt – nach Braunschweig, wie es heißt.

Durch die täglichen Heimatbesuche erlebt Hans aber auch den kläglichen Niedergang seines vor Tagen noch blühenden kleinen Königreiches. Mehr und mehr Militär geht dort in Quartier, 14 Batterien sind in Stellung gegangen. Das Haus ist in einem fürchterlichen Zustand, das Wohnzimmer völlig leergeräumt. Der Hof verdreckt, voller Gerümpel und Abfälle, die ausgestopfte Großtrappe liegt vor dem Misthaufen. Dutzende streunender Hunde treiben sich herum. Eine herrenlose Schafherde irrt, nach Futter blökend, durch das Gutsgelände. Spiritusbehälter sind aufgebrochen, beschlagnahmte Autos in Klump gefahren: »Es wird unglaublich viel Brauchbares an Material und Nahrungsmitteln nutzlos vertan. Die Dorfstraße ist eine Morastfläche.« Man hat alle Ausländer der frontnahen Orte hier zusammengezogen. Sie lungern herum, durchstöbern verlassene Bauernhöfe nach Nahrungsmitteln.

Streit gibt es mit den eingesetzten Sonderführern, die ihren Ehrgeiz in der Beschlagnahme einer möglichst hohen Anzahl Rinder, Schweine, Schafe legen, damit sie vor höherer Stelle prahlen können. Unversehens sieht sich Hans um 50 Kühe beraubt, die ihm über Nacht fortgetrieben wurden. Ihm wird mit Verhaftung gedroht, wenn er nicht unverzüglich Hunderte Schafe zum Schlachten abliefert. Wieder spricht Hans bei der Kreisbehörde vor, zumal der Landwirtschaftsrat Schley den Abtransport des gesamten Kuhbestandes, der Lebensgrundlage seiner Leute also, ebenso aller Zugochsen verlangt. Hans hängt sich an den Landrat, erreicht, dass ihm Zugochsen und 30 seiner besten Milchkühe verbleiben. Tage drauf will man sie ihm doch wegnehmen, so dass er sich schließlich eine Bescheinigung ausstellen lässt, damit man ihm wenigstens einen Teil des Bestandes zugesteht.

Die Sachsendorfer Hofscheune fängt Feuer

15. Februar 1945. Wenige Tage, nachdem bei Friedersdorf der berühmte Fliegeroberst Rudel abgeschossen und verwundet wurde – man sagte ihm die Vernichtung von 500 Feindpanzern nach –, geschieht in Sachsendorf etwas Verhängnisvolles. Russische Flieger machen mit Bordwaffen auf der Dorfstraße Jagd nach dem dicken Auto eines Zahlmeisters. Sie treffen es nicht, stecken stattdessen die Sachsendorfer Hofscheune in Brand. In ihr lagern 5 000 Zentner ungedroschener Weizen, 500 Zentner Häcksel, 1 500 Zentner Steinkohle. Unter einem der Pfeiler hatte Hans zwei Kisten vergraben, die eine mit Silber, die zweite voller Gutsdokumente. Am Tag vor dem Aufbruch hatte er Gisela, den Kindern Angela und Kurt sowie Fräulein Lisa die Stelle gezeigt. Die Kiste mit den Dokumenten wird er wiederfinden und damit dereinst seinen verlorenen Besitz vollständig beweisen können. Von der Silberkiste wird jede Spur fehlen. Die Scheune brennt acht Tage lang, den Fliegern Orientierung für ihre nächtlichen Bombenabwürfe liefernd.

Immer gefährlicher gestaltet sich die Fahrerei zwischen Sachsendorf und Madlitz. Einmal geraten Hans und seine Begleiterin auf der Rückfahrt über Seelow in einen Angriff feindlicher Flieger auf eine Fuhrkolonne, den man glimpflich übersteht. Die brennende Scheune hindert Gespanne und Trecker nicht, weiterhin Nahrungs- und Futtermittel abzufahren.

18. Februar 1945. Am Bahnhof Dolgelin rechnet Hauptmann Wentzlaff mit einem baldigen Angriff der Russen aus ihren Brückenköpfen bei Reitwein und Kienitz. Während der Hauptmann Hans die Lage auseinandersetzt, segnet ein feindlicher Flieger die Plaudernden mit Garben von Maschinengewehrfeuer, ohne Schaden anzurichten. Über Nacht schlägt eine Granate in das Dach des Wirtschaftshauses

ein, ohne zu explodieren. Etliche kleine Bomben regnen auf das Pfarrhaus, bleiben als Blindgänger stecken. Auf dem Gutshof haben sich als Ersatz für die nach Madlitz getriebenen Kühe 20 herrenlose neue eingefunden, so dass Frau Willy ihre Milchwirtschaft wieder aufnehmen kann. Nach Madlitz zurückgekehrt, neues Tauziehen der Behörden: Ein Schreiben des Landschaftsrats Schley fordert Verladung der Schafe auf bereitstehende Waggons bis zum nächsten Mittag. Bei Nichtbefolgung des Befehls droht dem Eigentümer Verhaftung. Die Kreisbauernschaft wiederum nimmt diesen in Schutz. Niemand anderes als Hans-Adolf Schmelzer habe Verfügungsrecht über die Schafe.

22. Februar 1945. Auf dem Weg von Seelow nach Sachsendorf sehen Hans und seine Gefährtin auf beiden Seiten hingerichtete deutsche Soldaten an den Straßenbäumen hängen. Schweres Artilleriefeuer lässt Hans befürchten, dass in Sachsendorf kaum noch etwas stehen geblieben ist. Doch sind lediglich ein paar Granaten in der Nähe der Zuckerfabrik niedergegangen. Es werden nun alle Frauen und Kinder, die sich im Heimatort wieder eingefunden hatten, aufgefordert, das Dorf zu verlassen. Der Kommandant der Fahnenjunkerschule ist jetzt Ortskommandeur. Ortsbauernführer Schöne und Bürgermeister Herfert sind funktionslos geworden. Ein Divisionsbefehl vom 24. Februar untersagt Zivilpersonen das Betreten des Ortes Sachsendorf. Damit ist auch die Futterabfuhr eingestellt. Vom Bahndamm bis zum östlichen Horizont stehen schwere Geschütze. Sachsendorf soll auf jeden Fall gehalten werden. Man erwartet einen Großangriff der Russen. Hans-Adolf Schmelzer schreibt an diesem Tag: »Wie dem auch sei; auf alle Fälle werden sich um Sachsendorf schwere Kämpfe entwickeln, die den Ort sehr in Mitleidenschaft ziehen werden. Und wenn schon --- die Hauptsache bei allem wäre, dass Grund und Boden erhalten bleiben und somit die Heimat. Und blieben nur ein Kellerloch und der nackte Boden übrig, so sollte es schon gut sein. Nur nicht heimatlos im Lande umherirren müssen!«

Trennung und Gefangennahme

Der Fluchtmonat Februar geht zu Ende. Milder Frühling ist ausgebrochen. Haselsträucher blühen, Schneeglöckchen sprießen in den Gärten. Meine Mutter sitzt vor dem Haus des Schuhmachermeisters Böse, stopft Strümpfe. Ich hocke daneben im Sandboden, spiele mit meinen Holztieren, die ich nach draußen nehmen durfte. Fremde Kinder kommen vorbei, hocken sich zu mir, gucken zu, dürfen nichts anfassen.

Seit dem 25. Februar versucht mein Vater immer wieder vergeblich, in den Heimatort zurückzugelangen, während der Trecker nach wie vor Futtermittel abfährt und damit unversehrt nach Madlitz zurückkehrt. Fast alle Männer wurden zum Volkssturm einberufen, so dass es kaum noch jemanden gibt, der die Gespanne ausfahren kann. Hans liegt dem Kreisleiter in den Ohren, bis der nachgibt, den Befehl für einige der Verpflichteten rückgängig macht. Die in Vorwerk Wilmersdorf eingestellten Kühe geben 300 Liter Milch, obwohl sie unter Mangel an Raufutter leiden. Es gibt weder Stroh noch Heu.

Hans kann es nicht lassen. Er bricht nach Sachsendorf auf, wird aber schon im nächsten Ort von der Feldgendarmerie aufgehalten. Mit einem Passierschein, den er sich in Seelow ergattert, erreicht er schließlich die Libbenichener Höhen. Von hier blickt er über die Oderbruchebene, die der Familie drei Generationen lang Heimat und Goldgrube gewesen ist. In Vorwerk Werder schlagen Rauch und Flammen hoch. Dorf Rathstock brennt. Die Straße zwischen Dolgelin und Sachsendorf liegt unter Dauerbeschuss. Am Abend kehren Leute vom Volkssturmdienst zurück. Sie berichten von starken Zerstörungen der Sachsendorfer Wohnhäuser. Granatwerferbeschuss habe auf dem Fabrikhof zwei Pferde zerrissen. Bei Hathenow sei *der Russe* durchgebrochen und bis ins Dorf gekommen. Wenigstens eine erfreuliche

Nachricht. Der Sachsendorfer Kommandant Fischer ist selbst Gutsbesitzer, er schafft Ordnung, lässt die Zimmer des Gutshauses reinigen und verschließen, duldet kein Gesindel im Ort.

Was gibt es für einen Gutsbesitzer zu tun, der nicht mehr zurück auf seine Scholle kann? Er gibt Lebensmittelkarten an die Leute aus. Besorgt sich mit Hilfe des Landrates 5 000 Mark bei der Kreissparkasse, um den Leuten ihren Lohn auszuzahlen. An Verheiratete 30 Mark, für Ledige 15 Mark. Wer in Madlitz gearbeitet hat, erhält zusätzlich weitere 30 Mark, wer im gefahrvollen Heimatdorf tätig war, 60 Mark. Alle 395 Treckangehörigen bekommen die ihnen pro Kopf zustehende Menge an Butter und Fleisch aus den Schlachtungen.

Eine Rückkehr nach Hause nicht mehr möglich. Endlich kann Hans in Madlitz ein bisschen herumsitzen und verschnaufen. Er nimmt Stubenmädchen Ella auf die Schippe, die am Himmel Russen fliegen sehen will. »Ick willen Iwan sehen. Zeigense mir 'nen Iwan am Himmel!«, hört man die *Pusche* herumgackern. (Spitzname von lateinisch »pu-ella« ›das Mädchen‹ abgeleitet). Hans geht auf die Straße zu seinen Leuten, Gisela tut es ebenfalls. Man klönt miteinander, schlägt sich aufs Knie über das, was man inzwischen alles erlebt hat. Eine trauliche Gemeinschaft hat sich entwickelt. »Wir Sachsendorfer! Haben wir die Flüchtlinge nicht bei uns aufgenommen wie Verwandte? Und die hier? Sollen sich doch schämen … Und unser Chef? Mit dem gehen wir durch Dick und Dünn!«

Hans hat nun Zeit, in diesen frühen Märztagen an die Medizinstudentin Helga Hille zu schreiben. Sie wurde einst als Schulfreundin von einer Rathstocker Kusine mitgebracht, hat seitdem fast jedes Jahr in Sachsendorf Ferien gemacht und den jüngsten Schmelzer einst über das Taufbecken gehalten. Hans berichtet Helga von den Leuten: »Sie sind glücklich, dass man für sie sorgt, und freuen sich, dass man bei ihnen geblieben ist … Sie tun auch in Bezug auf Bergung aus Sachsendorf ihr Möglichstes und scheuen nicht vor dem Beschuss zurück. Und trifft man sich hier auf der Dorfstraße, ist alles eine Freude und eine Zusammengehörigkeit.«

Er führt ein Gespräch mit dem Kreisbauernführer Bredow. Der scheint noch an den *Endsieg* zu glauben. In Kürze werde man im Oderbruch mit der Frühjahrsbestellung beginnen können. Neueste militärische Aktionen würden das möglich machen. Habe der Russe doch hinter seiner Front kaum noch Truppen stehen. Losgeschickte Panzer wären weit in die Neumark gestoßen, ohne auch nur einen Russen anzutreffen. Hans bemerkt dazu in seinem Brief: »Schön wärs ja! Näheres mag ich nicht schreiben, da man nicht weiß, in welche Hände solch Brief gelangen kann. Jedenfalls hoffen wir, obwohl wir wenig haben, worauf sich diese Hoffnung stützen könnte.«[1]

Der Gespannführer Hermann Sydow, aus Sachsendorf zurück, weiß anderes zu erzählen: Zwei Tage sei er mit den Pferden dort gewesen, habe mit drei anderen im Esszimmer des Gutshauses kampiert. Plötzlich heftiger Beschuss am Wachlokal. Niemand hätte gewusst, was das bedeutete. Helle Aufregung: Die Russen waren von Hathenow aus durchgestoßen. Sydow nutzt eine kurze Feuerpause, läuft über den Hof, um die Pferde anzuschirren. Da explodiert eine Granate im Dunghaufen, beschädigt Wagen und Pferdestränge. Im selben Moment erhalten Gutshaus und Nachbargebäude Treffer, die zum Glück keine Brände entfachen. Hermann Sydow nimmt sein Gespann, macht dass er fortkommt. Als er sich umdreht, sieht er Viehställe und Scheune von Hathenow und Werder lichterloh brennen.

Briefe an einen jungen Soldaten

Auch die *Nedije,* so der unveränderte Code für meine Mutter im tuschelnden Küchenbereich, auch die *Nedije* fand Zeit zum Briefeschreiben. Sie blieb, wann immer der *Chef* abwesend war, beim Treck, kümmerte sich um die Menschen: »Da man um Milch für die Kinder, Stroh und Futter fürs Vieh, soweit man es nicht selber aus Sachsendorf mitbringen kann, Kartoffeln und Feuerung für die Menschen bitten und reden muss und auch die Quartierfrage recht schwierig war, habe ich ganz schön Beschäftigung – was auch nur gut ist.«[2] Ihr Hauptaugenmerk richtet sie auf die Ernährung aller Treckangehörigen. Sie triumphiert: »Zu unserem Stolz haben wir ganz schön für unsere Leute sorgen können. 3mal konnte ich ihnen Fleisch austeilen, und zwar nicht zu knapp: 1 Pfd. pro Erwachsenen und ½ Pfd. pro Kind, aber anständig gewogen. Und das will bei 397 Menschen was heißen. Einmal verteilten wir einen Ochsen, dann eine Kuh, dann 2 Hammel und morgen sollen 4 kleine Schweine dran glauben ...«. Es gibt neues Federvieh zu betreuen: »Wir haben uns inzwischen auch wieder 23 Hühner und 3 Hähne angeschafft, -- aber die sind mit ihrem zu engen Quartier weniger zufrieden [als die zwölf Menschen in der Böseschen Zwei-Zimmer-Wohnung] und haben erst 1 Ei gelegt; aber wir sind Optimisten und bilden uns ein, wir werden bald in Eiern schwimmen.«[3] Das klingt fast vergnügt. Man lässt sich nicht unterkriegen, stimmt keine Klagegesänge an – denn wo müsste man da anfangen? – und macht, so gut es geht, das Beste aus der Lage.

Was Gisela eine weit größere Unruhe bereitet, ist die Sorge um ihre Thorner Schwester Annelise. Sie ist, soviel weiß sie, mit drei Kindern von elf, zehn und sechs Jahren und einem Säugling Richtung Sachsendorf aufgebrochen. Zu spät. Die Rote Armee wird sie überrollt haben. Sind Annelise und ihre vier überhaupt noch am Leben? Gisela ist heilfroh, dass sie die drei kleineren Kinder, die ihr die Schwester schon letzten Sommer anvertraut hatte, bei Verwandten südlich Magdeburg in Sicherheit weiß.

Der junge Mann, dem sie den Brief schreibt, ist ein kaum 22-jähriger Oberleutnant, der als Panzergrenadier an der italienischen Front kämpft – Eberhard von Block, Giselas Lieblingsvetter. Er war zehn Jahre alt, als er seine lungenkranke Mutter verlor, und hatte außer einer zwei Jahre älteren Schwester eigentlich niemanden, der ihm mit dem Herzen so nahe stand wie die Sachsendorfer Kusine. Sie schickte ihm Briefe und liebevoll bereitete Päckchen ins Feld. »Mein liebes, gutes Kerlchen!«, redet sie ihn an und meint es so. Es ist jener spätere Bundeswehrgeneral, aus dessen Brief im Zusammenhang mit Jost Ritters Tod weiter oben zitiert wurde.

27. März 1945. Gisela schreibt Eberhard vom Frühling und sorgt sich um ihren Lebenskameraden: »Am schlimmsten ist's schon für Hans, was hätte es zu Hause jetzt zu tun gegeben! Getreide wäre sicher schon im Boden. Die Kartoffeln werden auswachsen unter der dicken Winterdecke in den Mieten. Die Wintersaaten bekommen keine Pflege.

--- Ach, und mein Hühnerstall, ich hätte jetzt schon so schöne Küken, 400 sollten am 15.3. kommen.« Gisela schließt diesen letzten Brief aus Madlitz an Eberhard: »Wie mag es Dir gehen, liebes Kerlchen?«[4] Sie kann nicht ahnen, dass er gerade in diesen Tagen von drei seiner Soldaten schwer verwundet zur Verwundeten-Sammelstelle getragen wird. *»Bei jedem Feuerüberfall, bei dem wir zu Boden mussten, gaben sie mir Schutz mit ihren Körpern. Es war Ende März 1945. Der Krieg war längst verloren, die Kameradschaft hielt.«*[5] Eberhard von Block hatte bei dieser letzten von drei erlittenen Verwundungen beide Beine verloren.

Pfarrer Dürrs Familie im gräflichen Schloss

Die siebenköpfige Sachsendorfer Pfarrerfamilie hat es im gräflichen Schloss gut angetroffen. Man bewohnt ein geräumiges Zimmer mit Blick in den Park. Hansi, der Kleinste, bekommt ein altersgemäßes Bettchen. Die Gräfin schenkt den Kindern Äpfel. Christel, die Älteste, darf in der Schlossküche für die Familie kochen. Man scheint zu schätzen, was man an einem Pfarrer hat. Der erteilt Jugendlichen des Dorfes Konfirmandenunterricht. In einem Durchgangszimmer kann Familie Dürr beobachten, wie angesichts des immer lauter werdenden Geschützdonners auch unter gräflichem Dach Vorkehrungen getroffen werden. Kostbares Meißener Tafelgeschirr, ein Geschenk Friedrichs des Großen, wird sorgfältig in Kisten verpackt. Sie sollen im Wald vergraben werden.

Jeden Montag begibt sich Pfarrer Dürr mit seinem ältesten Sohn Martin per Fahrrad nach Sachsendorf, um Gefallene zu beerdigen. Der Kompaniehauptmann Fischer hat im Pfarrhaus seine Schreibstube. Die dort einquartierten Kameraden verewigen sich mit Zeichnungen ihrer Porträts im Gästebuch. Überschrift: *Die letzten Gäste.* Schon Tage später sind vier von ihnen gefallen. Die Toten liegen, als der Pfarrer eintrifft, auf Stroh gebettet hinterm Haus. Die Beisetzung erfolgt, während feindliche Flieger am Himmel kreisen und feuern, der nahe Flaklärm jedes Wort verschluckt. Pfarrer Dürr notiert: »Es ist ein eigenes Empfinden, eine Beerdigung in so schlichter Form – auch rein äußerlich – vorzunehmen. Wieviel Hoffnungen sinken da ins Grab. ›Wie gar nichts sind alle Menschen‹.«[6]

Madlitz wird Front

4. März 1945. Sowjetische Panzer stehen in Rathstock, nehmen Sachsendorf unter Beschuss. Tage später zählt man an der Straße zwischen beiden Dörfern 17 zerschossene Panzer. In Madlitz werden alle Frauen bis 50 Jahre sowie Kinder ab zwölf zu Schanzarbeiten herangezogen. Auch meine 13-jährige Schwester Angela, »Pferdemeister, die über jedes Pferd Bescheid weiß und darüber Bericht erstattet«, so beschreibt Gisela sie dem Vetter, saust mit fliegenden Zöpfen zum Schanzen, munter und stolz, dass auch sie für den *Endsieg* noch gebraucht wird.[7] Man hat erfahren, dass die Amerikaner am Rhein stehen, im Osten Posen eingenommen wurde, Breslau eingeschlossen ist, die Russen im Begriff sind, Küstrin zu nehmen. Immer wieder ruft die Wehrmeldestelle den Sachsendorfer Betriebsführer zum Volkssturm. Das lässt sich mit Hilfe der Leute, die sich ohne ihn schutzlos fühlen, immer wieder abblocken oder zumindest vertagen, durch Vermittlung des Landrates wenigstens bis zum 21. April.

Immer mehr Militär setzt sich in Madlitz fest. Das stimmt Hans und Gisela wieder etwas zuversichtlich. Man wagt, obwohl so viel dagegen spricht, zu hoffen. Gisela schreibt: »Man hängt zu sehr an seiner Heimat und an dem Grund und Boden, der den Kindern mal Glück und Lebensinhalt sein soll wie uns bisher. Und so hofft man immerzu, man könnte doch wieder zurück und braucht nur eine Weile hier auszuweichen.«[8] Ein ganzes Barackendorf entsteht vor dem letzten Haus des Ortes. Schanzgräben werden ausgehoben, mit Kiefernzweigen getarnt. Militärfahrzeuge bilden ganze Straßen. Dazwischen pfeifende Soldaten mit nacktem Oberkörper, die sich den Rasierschaum vom Kinn schaben. Sie schäkern mit Gerda und Ella. Immer enger müssen die Flüchtlinge wegen neuer Einquartierungen in den Unterkünften zusammenrücken.

Die Militärs geben sich optimistisch, machen den Bewohnern für die Zukunft Hoffnungen: »So stark, wie ihr denkt, ist der Russe gar nicht!« Dagegen spricht, dass nun auch das Dorf Dolgelin Front geworden ist. Das bedeutet endgültige Einstellung der Futterbergungstransporte.

Inzwischen wird in allen Häusern gepackt und gerüstet. Wieder fällt in Kindergesprächen auf der Straße das Wort *Türmen*. »Wir türmen morgen. Türmt ihr auch?« Frauen und Kinder sollen weiter westlich ins Havelland geschafft werden. Gisela schreibt an ihren Vetter Eberhard: »Oft überlege ich, ob es nicht doch besser wäre, mit den Kindern in die Magdeburger Gegend zu fahren. Ich habe nun zur Wehrmacht meine Fühler ausgestreckt und hoffe mit deren Lastautos durchzukommen, bisher klappte es aber nicht, doch läuft die Sache noch.«[9]

Hoffnungsträger Major Weber

Ende März stellt sich den Eltern ein aus Königsberg stammender Stabsoffizier vor: Major Weber. In den Kellern des Sachsendorfer Gutshauses verschanzt, hatte er, wohl auf dem Fußboden verstreut, Fotos von seinen Freunden aufgefunden: den Ostrowskis. Von den vier Geschwistern war hauptsächlich Ursula, ein apart aussehendes Enfant terrible, aus fröhlichen Sachsendorfer Tagen nicht wegzudenken. Sie kam oft auf Stippvisite aus Berlin und erschreckte mich mit rot lackierten Fingernägeln, dass ich glaubte, sie käme aus der Küche, hätte dort ihre Fingerspitzen in das aufgefangene Blut einer abgestochenen Gans getaucht. »Was hast du denn da?« fragt sie mich. Ich sehe an meinem Wollpullover abwärts, schon ist sie mir von unten aufwärts mit gekrümmtem Zeigefinger über die Nasenspitze gefahren. *Ulla,* die wilde Tante, die sich selbst *Sonnenstrählchen* nannte, war beim Film, wollte sich mit dem Schauspieler Werner Hinz auf die Insel Sylt zurückziehen, dort mit ihm wie eine vorübergehende Regenhusche den bösen Krieg abwarten.

Major Weber? War das der kleine Bruder von Ullas *Weberchen?* Dem Zweimeterzehn-Mann, von dem sie sich auf dem Kurfürstendamm begleiten ließ, begierig zu hören, was so die Passanten über das Pärchen tuschelten: »Ob die wohl verheiratet sind, die so kleen und der so lang?« Für *Weberchen* musste Gisela, wenn Ulla ihn nach Sachsendorf mitbrachte, zwei Betten zusammenstellen, damit er wenigstens diagonal lang liegen konnte. Ein anderes Mal erschien Ulla in der Heimat mit Mister Wang, einem Chinesen aus der Botschaft. Und die Verwandtschaft rätselte: »Wie kann sie den bloß küssen? Ist doch 'ne andere Rasse!« Hatte Major Weber wohl das großformatige Foto gefunden, auf dem Ulla »Na dann Prost!« den perlenden Champagner ansetzte, selber ein lebender sprühender Champagnerkelch? Oder war der Major auf Fotos des in Russland gefallenen Walther von Ostrowski gestoßen mit Christine, seiner lebenslustigen Frau, die eine Nacht lang einen Oderkrebs im Sachsendorfer Hausflur herumkriechen ließ, den Hans ihr ins Bett gesetzt hatte?

Doch jetzt war sicher nicht die Stunde, in heiteren Erinnerungen zu schwelgen. Major Weber hatte noch vor einer Woche mit seinem Infanterieregiment versucht, den Angriff der Russen auf Sachsendorf und Tucheband aufzuhalten. Zwei Regimenter Infanterie, Artillerie- und Panzerformationen waren dazu angelaufen. Und man war nicht ganz erfolglos gewesen. 55 Feindpanzer seien abgeschossen worden, unter den Russen Massen von Toten, während es unter den eigenen Leuten wenig Verluste gegeben habe.

Und wie war die Schlacht dem Lebenswerk des alten Amtsrates bekommen? Der Gutshof gänzlich niedergebrannt. Neben Hof- und Lehmscheune, auch Pferde- und Kuhställe in Trümmern, ebenso Schlosserei und Brennerei. Wirtschaftsgebäude und Wohnhaus standen noch, wenngleich übel zugerichtet. Feindflugzeuge kreuzen nach wie vor den Himmel, schütten Phosphor auf das Dorf. Hans hatte Wochen zuvor fast prophetisch an Helga Hille geschrieben: »Es wird noch manches nachfolgen. Aber die Hauptsache ist ja, dass einem wenigstens der Boden erhalten bleibt und man wieder zurück kann und nicht heimatlos im Lande umherziehen muss.«[10]

Die Familie trennt sich

27. März 1945. Morgens um sieben Uhr sollen Frauen und Kinder verladen und nach Westen gebracht werden. 130 allein aus dem Sachsendorfer Treck. Zielort: Neuruppin. Gisela schreibt an Eberhard: »Es war von der NSV [Nationalsozialistische Volkswohlfahrt] mal wieder so organisiert, dass die Leute schon um 5 Uhr früh hier fort mussten, um um 7 Uhr auf dem Bahnhof zu sein. --- Sie sitzen aber jetzt –

12.10 Uhr – immer noch auf dem Bahnhof, haben keinen Transportführer, keine Verpflegung, und es sind nicht nur unsere Leute, sondern insgesamt 1 300 Menschen.«[11]

Die Kinder des Chefs sind weiterhin in der sich zur Front wandelnden Gefahrenzone verblieben. Aber Hans ist entschlossen, sich von seiner Familie zu trennen: »Die Gefahr, Gisela und die Kinder in die Hand der Russen fallen zu lassen, ist zu nahe gerückt, als dass man ihr nicht begegnen müsste.« Es gelingt, ein Wehrmachtsauto mit Leerfahrt in den Harz aufzutreiben. Das würde Frau und Kinder, begleitet von Stubenmädchen Ella Kuhnert und Kochfrau Auguste Müller, mitnehmen und bei Verwandten in der Magdeburger Börde absetzen.

1. April 1945, Ostersonntag. Um 5.30 Uhr wird ein überdeckter Treckerwagen beladen: drei erwachsene Personen, drei Kinder, Kisten, Koffer, Säcke mit Vorräten. Hinter dem Drahtgitter eines Kaninchenstalls ein paar verstörte Hühner. Wir hocken uns auf Kisten und Säcke. Der Bulldog donnert durch die Straßen, mein Vater, über einen Krückstock gebeugt, lässt sich durchschütteln, das Gesicht hälftig von der Schirmmütze verdeckt. Die Geschwister haben schon beim Aufstehen zum Gotterbarmen geschluchzt. Die Augen meiner Mutter schwimmen unter geröteten Liddeckeln. Ich passe mich der Stimmung notdürftig an, unterdrücke nur mühsam meinen inneren Jubel, dass es wieder mal auf Abenteuer geht.

Mein Vater hält es für durchaus möglich, dass die Amerikaner schneller an der Elbe sind als der Russe hier. »Doch«, so seine Worte, »wird das eher zu ertragen sein. Der Gedanke, die Familie vielleicht niemals wiederzusehen, liegt nahe, sie jedoch schutzlos den Russen preisgegeben zu wissen, wäre noch ärger«. Er ergibt sich in das Unvermeidliche: »So müssen wir uns in diese Trennung fügen und hoffen, dass ein gütiges Schicksal uns wieder zusammenführen wird.«[12]

Der Trecker macht Halt in Bad Saarow, wo das Wehrmachtsauto bereit steht. »Ist sonst noch was in Saarow zu sehen?«, fragte hier einst der Wanderer Fontane ein Mütterchen, das auf einem Reisigbündel kauerte. Es antwortete dem Dichter: »Ick glöw nich. Veel is hier nich in Saarow. En nijen Kohstall.«[13] Alles wird vom Treckerwagen in das

Wehrmachtsauto umgeladen. Hätte mein Vater mich beim Abschied zum ersten Mal in meinem Leben geküsst, es hätte mich vielleicht erschreckt, wäre mir aber sicher unvergesslich geblieben. Erst sehr viel später musste ich erkennen, dass es nicht Kälte, nicht Mangel an Liebe war, was ihn zurückhielt, sondern eine starke innere Gehemmtheit. Wir reisen mit Ella Kuhnert und Auguste Müller nach Westen, Lisa K. und Gerda Schulz bleiben mit meinem Vater zurück.

Der Gutsbesitzer bleibt beim Treck

Es wird ein warmer strahlender Ostertag. Die Sträucher tragen Grün, die Kastanien treiben Knospen, auf den Feldern sprießen die Saaten. Am Nachmittag erhält Hans Besuch vom Sachsendorfer Bürgermeister Herfert. Sonst bringt der immer Optimismus mit, sprudelt voller Ideen, wie er seinen Acker bestellen werde. Das scheint vorbei, seit er am Karfreitag Sachsendorf besucht hat. Der Ort sei so gut wie total vernichtet. Auch die letzten bisher noch erhaltenen Viehunterkünfte wie Schäferhof, Schäfereischeune, Fohlenstall, großer und mittlerer Schuppen – niedergebrannt. Inzwischen beschießen die Sowjets Seelow und Diedersdorf mit schwerer Artillerie. Man befürchtet auch hier zulande einen Durchbruch des Feindes und rät der Bevölkerung zehn bis 15 Kilometer nach Westen auszuweichen. Als Aufnahmegebiet empfiehlt sich das Havelland. Hans berät sich mit Aufseher Kaul und nimmt eine Einteilung der Leute auf die Wagen vor. Am 8. April muss Hans an einem Geländeschießen des Volkssturms teilnehmen. Den Tag darauf wird Pferdemusterung abgehalten. Von 40 vorgestellten Pferden werden dem Besitzer zwölf abgenommen. Hinsichtlich der Einberufung des Treckführers zum Volkssturm, die bei den Sachsendorfern immer wieder Entsetzen hervorruft, erreicht der Landrat einen Aufschub.

In diesen letzten Kriegswochen wird auch Pfarrer Dürrs ältester Sohn Martin, 15 Jahre alt, zur Musterung und gleich darauf zum *Panzervernichtungskommando* Luckenwalde einberufen. Martin erinnert sich: »Es gab einen Tag Einkleidung und Ausbildung an Beutegewehren, Panzerfaust und Handgranaten.« Und schon folgt der erste Einsatz.

An einer Panzersperre unterbindet eine sogenannte Ordnungsdivision jeden Rückzugsversuch der jungen Soldaten. »Der Scharführer, ein Balte, zog seine Pistole, legte auf uns an und sagte: Wer zurückgeht, kommt nicht weit! – Ein Kamerad aus Jüterbog will ihn im Sommer danach als kommunistischen Parteiredner wieder getroffen haben.«[14]

15. April 1945. Die Front ist inzwischen so nahe gerückt, dass die in Madlitz stationierten Soldaten ihre Sachen packen und machen, dass sie fortkommen. Der Wehrmachtsbericht meldet, dass die Rote Armee zwischen Neiße und Oder zum Großangriff antreten wird. Am nächsten Morgen Punkt vier Uhr setzt ohrenbetäubendes Trommelfeuer ein. Es hält bis sieben Uhr an. Am Himmel zahlreiche feindliche Flieger. Das Haus des Schuhmachermeisters Böse liegt am Westausgang des Dorfes. Davor ein großes Luzernenfeld, dahinter das Barackenlager des Militärs. Es ist verlassen, die Soldaten haben sich mit ihren Fahrzeugen in die umliegenden Waldungen verzogen.

Die russischen Flugzeuge fliegen so niedrig über das Feld, dass man vom Fenster aus die Gesichter der Piloten fast erkennen kann. Die Sachsendorfer packen ihre Habe, machen sich abmarschbereit. Doch nachdem ab sieben Uhr das Trommelfeuer eingestellt ist, trauen sich die Leute doch wieder auf die Felder, um ihrer Arbeit nachzugehen, kehren aber zum Mittag zurück, da sie vor den Maschinengewehren feindlicher sowjetischer Tiefflieger in Deckung gehen müssen. Auch die umliegenden Ortschaften werden von Angriffen nicht verschont. Ständig Fliegeralarm, so dass man gemeinsam mit den Soldaten die Schutzgräben aufsucht.

Gegen neun Uhr abends erneut Angriffe der russischen Luftwaffe. Ihr Hauptziel: der nahe Flugplatz von Fürstenwalde. Sie setzt so zahlreiche Leuchtfackeln, dass es in der Gegend taghell ist. Hans und die beiden jungen Frauen haben die Zeit bis zur Dämmerung genutzt, indem sie sich gemeinsam mit Soldaten mühten, weitere Deckungsgräben in der Nähe des Hauses auszuheben. Sie sind froh, dass sie dort am Abend vor den Bordwaffen der äußerst niedrig fliegenden Feindmaschinen Schutz suchen können. Die niedergehenden Bomben fordern einen Toten. Hans ist erleichtert, dass er vorerst nicht an die Front muss. Es hat sich gezeigt, dass der gräfliche Gutsinspektor sich wenig um die Bergung seiner Leute und des Viehs kümmert, umso weniger würde er sich für Fremde verantwortlich fühlen.

17. April. Die Russen sind bis Seelow, Friedersdorf, Dolgelin, Libbenichen gekommen, stehen auf den Höhen, von denen Hans vor Tagen ein letztes Mal auf das Oderbruch geschaut hat. Sachsendorf ist *tot*, wie die Leute sagen, wenn ein Ort endgültig verloren gegangen ist.

Der Treck zieht weiter

19. April 1945. Die Russen sind mit ihren Panzern längst über die Kreisstadt Seelow hinaus, streben weiter westlich Müncheberg zu. Hans schickt Lisa mit dem Auto nach Hangelsberg zum Landrat Kreuzberger. Hatte er doch mit diesem ausgemacht, dass die Sachsendorfer nicht ohne Absprache mit ihm abrücken würden. Kreuzberger ist entsetzt, dass man aus Madlitz nicht längst losgezogen ist. Um sechs Uhr kommt Lisa zurück. Um sieben Uhr wird gemeinsam aufgebrochen, während die Granaten über den Ort heulen. Es ist der 20. April, Adolf Hitlers 56. Geburtstag. Hans hält fest:

»Unser Treck umfasste nun nur noch 30 Fuhrwerke. Die Fohlen liefen neben den Gespannen. Ochsen und Kühe, soweit sie nicht zum Ziehen benötigt wurden, in einer Herde vereinigt hinter den Fuhrwerken. Marschrichtung Fürstenwalde.«[15] Die Madlitzer selbst haben sich auf die Flucht begeben, Bauern, Gutsangehörige und Bewohner der umliegenden Dörfer. Gisela schreibt später an ihre jüngere Schwester Ursel über Hans: »Auch Madlitzer Leute nahm er unter seine Fittiche; denn der Beamte war mit dem Auto lieber allein getürmt und die Besitzerin längst fort.«[16] Granaten schlagen ein aus Richtung Vorwerk Wilmersdorf, das der Feind längst eingenommen hat. Man durchquert geschlossen das Städtchen Fürstenwalde, das russische Flugzeuge in Schwärmen angreifen. Man lässt die Stadt hinter sich ohne einen einzigen Verlust an Mann und Vieh. Weiter geht es südwestlich Richtung Storkow. In den Rauener Bergen gibt es heftigen Artilleriebeschuss. Auch den übersteht man ohne Verlust. Hans berichtet weiter: »Kurz bevor der Treck die Stadt Storkow erreichte, wurde diese durch einen

Luftangriff völlig zerschlagen, so dass ich den Treck um die Stadt herumleiten musste. Über tiefe Sandwege gelangten wir nach Philadelphia an das kleine Gut Stuttgarten, in welchem sich die Frankfurter Polizei unter ihrem mir gut bekannten Kommandeur Oberstleutnant Kahl einquartiert hatte.« Nicht nur dieser, auch der Gutsverwalter, Förster Wilke, nimmt die Flüchtlinge freundlich auf, beide kümmern sich um sie in vorbildlicher Weise, so dass man länger bleiben kann. Die Leute werden untergebracht und verpflegt. Tags darauf treffen sogar völlig unbeschadet aus Behlendorf und Heinersdorf beide Sachsendorfer Schafherden ein. Auch sie kommen unter.

Hans-Adolf fährt in seinen Notizen fort: »Das Gutshaus in Stuttgarten war ein großes schlossartiges, hellgelb gestrichenes Gebäude. Über Tag war es ein markanter Fleck im Gelände und nachts leuchtete es im Scheine der ständig am Himmel stehenden Leuchtfackeln. Da besonders nachts sehr viele Flieger unterwegs waren, trauten sich unsere Leute nicht, im Hause zu übernachten und lagerten sich im Walde bei den Gespannen.« Auch der Treckführer hält sich mit den beiden jungen Frauen im Freien auf. Man verkriecht sich in die Schutzgräben oder in einen der Gartenbunker. Am 23. April geht rund um den Ort deutsche Artillerie in Stellung. Das ist für die Sachsendorfer das Signal zum Weiterziehen.

24. April. Hans notiert: »Der Treck gelangte über einen guten Tagesmarsch bis zu dem kleinen Ort Schwerin, wo er in spärlichem Walde in Deckung ging. Bombenwürfe in der Nacht, die offenbar einem im Orte untergebrachten Divsionsstabe galten, veranlassten uns, aus der Nähe des Ortes zu ziehen und am 25.4. auf einer wenige Kilometer weiter gelegenen bewaldeten Anhöhe Unterschlupf zu suchen.«

26. April. Der russische Kessel, der sich um die Flüchtenden gebildet hat, droht die Menschen einzuschließen. Radfahrer werden losgeschickt, die erkunden sollen, wo man aus der Umfassung noch heraus kann. Sie kehren zurück mit der Meldung, dass bei Königs Wusterhausen noch ein Entweichen möglich sei. Man zieht gegen 18 Uhr Richtung Münchehofe, erreicht gegen 4 Uhr morgens Hermersdorf, wo man im Wald Deckung sucht, weil bei Tagesanbruch

die Fliegertätigkeit wieder Überhand nimmt. Militärische Trosse, von denen der Wald voll ist, raten den Ziehenden dringend, sich feste Unterstände zu bauen. Es ist höchste Zeit. Hans berichtet: »Kaum waren die Leute fertig eingegraben, wechselten sich Artilleriebeschuss und Bombenwürfe ab, wodurch wir die meiste Zeit des Tages in die Unterstände gezwungen wurden. Einige Leute und Vieh erhielten leichte Treffer.«[17]

Man treckt nur noch bei Dunkelheit weiter. Noch ehe man die rettende Brücke erreicht, ist sie bereits zerschossen. Es bietet sich den Augen der Ankommenden ein unbeschreibliches Inferno, weil Panzergranaten zwischen die flüchtenden Gespanne und Menschenmassen fahren. Ein Ausbruch scheitert. Am 29. April gerät alles, was noch am Leben ist, in russische Gefangenschaft.

Gefangenschaft

Martin Dürr, der mit 15 noch für den *Endsieg* eingezogen wurde, schreibt: »Bei Halbe wurden deutsche Zivilisten – unter ihnen viele Sachsendorfer – und Militär auf engstem Raum eingekesselt und von Artillerie zusammengeschossen. Es gab 40 000 Tote und 60 000 Gefangene! Wofür? – Ein einziger Panzer entkam – in ihm der kommandierende General Busse. Früher blieben Kapitäne bei ihrem sinkenden Schiff, bis der Letzte gerettet war.«[18]

Wie mag meinem Vater zumute gewesen sein, nachdem er sich, seiner Stiefel beraubt und in eine fremde Uniform gezwängt, in ein Kellerloch geworfen sah? Ich erfuhr Jahre später davon mit halbem Ohr, als einer der Schulz-Wulkow-Jungen bei uns zu Besuch war, in einem sicherlich nicht für mich bestimmten Gespräch. Dem fremden Jungen gegenüber war er gegen seine Gewohnheit redefreudig, umriss diesem seine damalige Situation und erklärte, seit er dem Tod so ins Gesicht geschaut habe, schrecke ihn nichts mehr.

So reden nicht selten Menschen, die einer Todeskrankheit eben noch entkommen sind. Bei Tisch sprach er nie darüber, auch nicht viel später, als ich, erwachsen geworden, ein näheres Vertrauensverhältnis zu ihm gewonnen hatte. Natürlich hätte ich ihn fragen können, empfand aber Scheu, fühlte mich, wenn sich die Gunst der Stunde bot, gerade nicht aufgelegt …

Wie allein gelassen muss er sich in den ersten Stunden seiner Gefangenschaft vorgekommen sein. Hatte er nicht immer Menschen um sich gehabt? Menschen, für die er Verantwortung trug, die ihn fragten, die ihn brauchten, zu ihm aufsahen und – um wie viel mehr in diesen letzten Wochen und Monaten – von ihm geführt werden wollten? Mit einem Schlag war das vorbei. Er allein, um sich die Kellerwände, Warten auf die ersten Verhöre.

Er sah Mitgefangene mit blutig geschlagenen Gesichtern herauskommen. Was sollte er den Machthabern sagen? Alles abstreiten? So tun, als sei er ein eigenschaftsloser Irgendwer? Mein Vater war gewiss keine Heldennatur, aber er war vom Scheitel bis zur Sohle redlich. Es widerstrebte ihm, sich auf lange Lügereien einzulassen. Also: Denen ruhig sagen, dass man Gutsbesitzer war, viele Leute unter sich gehabt hatte. Die habe man bis hierher geführt, bis es eben nicht mehr weiterging.

Er wurde nicht geschlagen. Wird auch in Zukunft mit *Iwan* – mein Vater sprach immer von *Iwan,* ganz so als stünde er sich mit dem Russen auf Du und Du – keine schlechten Erfahrungen machen. Russen pflegten Ehrlichkeit durchaus zu honorieren. Er musste ja auch kein schlechtes Gewissen haben, durfte zumindest mit sich selbst im Reinen sein. Was er in all den Wochen geleistet hatte, war ein Beweis hoher menschlicher Bewährung gewesen, wie er sie sich selbst möglicherweise nie zugetraut hätte. Mag sein, dass ihm dieses Selbstgefühl über manchen Tiefpunkt seiner Gefangenenzeit moralisch hinweggeholfen hat.

Ein gutes Vierteljahr sollte dieses neue Dasein dauern. Viele Lagerwechsel mit langen Fußmärschen, Unterernährung werden seiner ohnehin nicht sehr starken Gesundheit zusetzen. Der falsche Kriegsgefangene wird immer schwächer, immer fiebriger, immer siecher, so dass man sich auf dem Transport nach Russland kurz vor Frankfurt des halben Leichnams entledigt. Hans sieht sich auf dem Schotter liegen, ist frei!

Zwischen Elbe und Oder

Schwaneberg, Kreis Wanzleben, in der Magdeburger Börde. 2. April 1945. Ostermontag. Gisela schreibt einen Tag nach der Ankunft an Hans: »Wir sind so schön und reibungslos hier angekommen, dass es mir nur leid tut, dass man Dich das nicht gleich wissen lassen kann … Also wir sind bis Magdeburg auf der Autobahn geblieben. Der Fahrer fuhr sehr ruhig und gleichmäßig. Wir saßen auf unseren Kisten bzw. Bettsäcken sehr schön und die Kinder waren sehr artig und vernünftig.« Hans wird die Nachricht nie erhalten; denn der Soldat, dem Gisela den Brief mitgegeben hat, gelangt gar nicht nach Madlitz, seinem Standort, zurück.

Für mich war es in der Tat eine Traumfahrt. Es herrschte strahlendes Osterwetter, gelegentlich unterbrochen von kleinen Regenschauern, die indes, so betont die Briefschreiberin beschwichtigend, dafür sorgten, dass die Straße nicht staubte, kein Dreck durch die Öffnung der Plane zu uns hineinwehen konnte. Meine Mutter sah mir zu: »Der Kleine war strahlend über die Fahrt, soviel Neues. Er saß die ganze Zeit artig und guckte sich interessiert alles an.« Gleiches war von meinen Geschwistern nicht zu vermelden: »Wenn ich zu ihnen sah, waren ihre Augen ganz nass. Vor allem Angela war sehr verweint – einmal sagte sie nur: ›Ich wäre lieber dort geblieben‹. Sie sorgt sich, glaube ich, um ihre Pferdchen; denn als wir heute durch den Garten gingen, meinte sie: ›Jetzt würde ich gucken, ob Nora und Nicki sich auch nicht irgendwo verwickelt hätten.‹«[1]

Die Fahrt dauerte über sieben Stunden. Einmal machte das Auto auf einem Parkplatz Rast. Ella führte mich an der Hand durchs Gras und siehe da, an einer Baumwurzel in einem kleinen Nest: fünf Schokoladenostereier! Wo meine Mutter die wohl aufgetrieben hatte? Sie schreibt über mich: »Du glaubst gar nicht, wie er jubelte!«[2]

Ökonomierat Moritz August Dietrich, Gründer des Bördegutes Schwaneberg, und Amtsrat Adolph Schmelzer (rechts).

Nach Verlassen der Autobahn näherten wir uns Magdeburg. Beim Durchqueren der Trümmergebirge hielt auch ich die Luft an, vor Angst, es könnten gleich wieder Flugzeuge kommen und Bomben abwerfen. Gisela schreibt: »Ich glaube, wenn man sich Mühe gibt, könnte man die bewohnbaren – nicht etwa heilen – Häuser der ganzen Stadt zählen.« Gisela schaut aus dem offenen Wagen: »Es macht einen recht grotesken Eindruck, wenn die Mauerreste in den Himmel ragen, die Schuttberge bis zum Damm liegen, so dass die Menschen nicht mehr auf dem Bürgersteig gehen können und gut gekleidet, Herren mit langen Hosen, Sommerüberzieher und Stock, die Damen in Stöckelschuhen, Kostüm und schickem Hütchen dazwischen spazieren gehen, wie es ja nun am Ostersonntagnachmittag der Fall war. – Es kam einem der Gedanke, so würden die Amerikaner mal wie die Trümmer von Pompeji die zerstörten Städte in Deutschland begucken.«[3]

Die Magdeburger Börde. Von hier war die Familie hergekommen, hatte neueste Kenntnisse landwirtschaftlichen Fortschritts ins Oderbruch gebracht und umgesetzt. Adolph Schmelzer, der Ahnherr,

Schüler des Magdeburger Domgymnasiums, hatte auf Betrieben des gesegneten Bördebodens gelernt. Ökonomierat Moritz August Dietrich, Gründer des Mustergutes Schwaneberg, hatte er zum Freund, dessen Tochter Anna schließlich zur Schwiegermutter seines ältesten Sohnes Curt gewonnen. Hans-Adolf, der Enkel, hatte als Inspektor Gut Schwaneberg ein Jahr lang verwaltet. Nun war die Familie heimatlos bei Moritz Dietrichs Enkelin Anna, verehelichte Schwechten, untergekommen. Gisela berichtet ein dreiviertel Jahr später an ihre jüngste Schwester Ursel Wildt nach München: »Wir hatten ein schönes großes Zimmer, ein kleineres für Ella und Frau Müller, eine geräumige Küche und ein herrliches eigenes Badezimmer im Haus von Hansens Kusine … für jetzige Verhältnisse war es wirklich gut und ausreichend, zumal wir es schön warm hatten.«[4]

Man wohnte weiter westlich und damit entschieden fortschrittlicher. Es gab im ganzen Wohngebäude, einem Doppelhaus, Zentralheizung, keine Kachelöfen wie in Sachsendorf. Statt Waschschüssel mit Wasserkrug und Eimer für Schmutzbrühe weiße Keramikbecken mit fließend warmem und kaltem Wasser, das in jedem Gästezimmer. In der Badestube musste nicht erst der Ofen geheizt werden, ehe es warm in die Wanne plätscherte …

Hof und Landwirtschaft warteten mit entschieden kleineren Ausmaßen auf als der zurückgelassene dreigliedrige Oderbruchbetrieb, dafür boten die aus einheitlichem Feldstein gemauerten Stallungen, Scheunen, Schuppen, die freundlich grün gestrichenen Türen und Tore einen ästhetischeren Anblick als der mitunter kasernenhaft anmutende rote Backstein der Heimat. Der Hof ein in den Teig des Bördebodens gestochenes großes L. Der kleinere Schenkel hinter Gutshaus-, Garagen-, Beamtenwohntrakt barg das eigentliche Juwel: eine Stammschäferei, deren Zucht zu den besten des Deutschen Reiches zählte. Altes und angrenzendes neues Gutshaus mit Stadtvillencharakter machten ein vornehmeres Gesicht als das niedrige Sachsendorfer Landhaus. Der Park eine Kurgrünanlage aus Stiefmütterchenbeeten, weißen Kieswegen, geschorenen Rasenflächen, einem Teich mit Holzsteg, Entenhäuschen, vier Steinputten.

Die Amerikaner kommen

Am 12. April fürchtete Hans noch in Madlitz um seine Einberufung. An diesem Tag notierte er: »Gegen Mittag meldete das Radio, dass die Amerikaner bis in die Gegend südlich Magdeburg gelangt sind. Sie müssen also Schwaneberg erreicht haben.«[5] Vom gleichen Tag datiert auch der dritte Brief Giselas, der Hans nie erreichen wird. Sie gab die Post dem Vetter Hans-Christoph Schwechten mit, der überraschend in Schwaneberg auftauchte und sich nun wieder zu seiner Formation durchschlagen wollte. Dazu schreibt Gisela: »Als ich gestern Abend mit den Kindern betete, weinte Kurtchen. – Er meinte ganz von sich aus, es würde wohl für lange der letzte deutsche Soldat gewesen sein, den wir heute sahen. Er ist doch sehr vernünftig und nachdenklich, und es schien uns beiden die Hauptsache, dass wir wieder mit Dir zusammenkommen, dann wird schon alles gut werden!«[6]

In der Tat hielten an diesem Tag amerikanische Truppen südlich Magdeburg Einmarsch. Völlig ungestört rollten ihre Panzer die Chaussee entlang: »Wir konnten sie von den Fenstern der oberen Etage genau fahren sehen. Es waren gar nicht mal so große Brocken, im Gegenteil. Es waren viele Kettenfahrzeuge und auch Pkws dabei. Sie fuhren bei strahlendem Sonnenschein in ausgerichtetem Abstand, als wenn sie zum 20. 4. [Hitlers Geburtstag] zur Parade fahren wollten.«[7]

An der Straßenkreuzung gab es vor einer Panzersperre Schießereien aus Maschinengewehren. Man flüchtete in den Keller. Ella und Frau Müller begannen zu murren, zumal jener Soldat aus Madlitz versichert hatte, es ginge dort alles ruhig seinen Gang, und die Front werde gehalten. Das machte auch Gisela unsicher: »Vielleicht wäre es besser gewesen, dort zu bleiben oder nicht gleich bis über die Elbe zu fahren.« Hatte sie doch leise befürchtet, es würde sich auch hierzulande ein ernster Kampf entfesseln und an der Elbe eine neue Front entstehen. »Das wäre für uns persönlich dann hier in der Nähe wahrscheinlich schlimm geworden.« So aber schien es gottlob beim Rollen von Panzern, Kanonendonner, Maschinengewehrfeuer aus der Ferne und gelegentlichen Tieffliegern zu bleiben, die im Unterschied zu den sowjetischen nicht mit Bordwaffen angriffen. So, wie es jetzt aussah, konnte man nur abwarten, was die nächsten Tage ergaben: »Doch werden ja die Truppen erst anrollen und die Besatzung beginnen, von der man nicht im Geringsten weiß, was sie bringt.«[8]

Hans soll sich über die Seinen keine Sorgen machen. Man war ja nicht allein, wenn man sich auch im Notfall, das räumt Gisela ein, auf Verwandte nicht groß verlassen konnte. »Wenn Anni auf ihrer Wirtschaft bleiben darf, wird es schon irgendwie gehen.« Vorräte hatte man ja noch. Gisela würde die Sachen an die Müllerin, Ella, die Kinder und sich selbst sorgfältig verteilen, so dass bei amtlicher Abgabepflicht, wie sie in dieser Notzeit bestand, immer noch etwas übrig blieb. Und das mitgebrachte Federvieh? »Schön untergebracht in einem kleinen sauberen Stall mit eigenem Auslauf, das Futter gibt mir Anni ohne irgend welches Bitten, sie legen 6 bis 7 Eier pro Tag.«

Im Dorf viele Flüchtlinge. Evakuierte noch und noch aus dem zerbombten rheinischen Duisburg. Jeder versuchte einzukaufen, was irgend zu bekommen war. Lange Schlangen vor Fleischer, Bäcker, Feinkostladen. Brot kaum noch zu beschaffen: Der altersschwache Bäckermeister sah sich dem Ansturm nicht gewachsen, seit der ihm beigegebene französische Kriegsgefangene das Weite gesucht hatte. Die Knetmaschine arbeitete nicht wegen Stromausfall. Der würde vor einem Friedensschluss kaum wiederkommen, das Elektrizitätswerk hatte der Feind besetzt. Nicht enden wollende Konzertabende im Dunkeln kündeten sich an. Das Mädchen mit den langen Zöpfen sollte Jost Ritters große Orgel aus der Pferdedecke befreien, alle Lieder, die es kannte, viermal durchspielen – so viele Klangfarben erzeugten die verschiedenen Register. Programmwiederholung erübrigte sich bei einem Naturtalent. Angelas Liederschatz war unerschöpflich.

Gisela sorgt sich um ihren Kleinsten: »Er hat drei Tage hohes Fieber gehabt ... Der Arzt kam nicht und die hier die Gemeinde betreuende DRK-Helferin – sehr zuverlässige und erfahrene ältere Frau – meinte, es könne wohl nur eine Erkältung sein.« Murkels Zustand will einfach nicht ins Programm passen: »An sich ist die Krankheit wohl nicht so schlimm, aber gerade jetzt, wo wir wegen Fliegeralarm egal in den Keller müssen.« Ella nimmt ihn, in Decken verpackt, auf den Schoß.

Der Kellerflur voll krakeelender fremder Kinder in allen Alterspreislagen. Die dürfen in den langen Gängen rumtoben, fangen spielen, der kranke Murkel nicht.

Was für ein Briefschluss findet sich an einem solchen Tag? Gisela an ihren Hans: »Ja, liebes Kerlchen, wie das nun alles werden wird und wann und wie man sich wiedersieht, man weiß es nicht. Und das ist es wohl, was einen am meisten bedrückt. Aber es hilft ja nun nichts und da heißt es Zähne zusammenbeißen und – etwas Glück haben. Es kann ja nun mit dem Zusammenbruch nicht mehr allzu lange dauern.«[9]

Die Amerikaner kamen, stellten ihre Jeeps auf dem Hof ab, ließen sich bestaunen. Gisela schärfte mir ein, die Khaki-Soldaten bloß nicht mit *Heil Hitler!* zu begrüßen. Die würden mich dafür grün und blau schlagen. Die Besatzer machten es sich in Tante Annis Gemächern bequem, gaben ihre nackten Oberkörper der Terrassensonne preis und ruhten von ihren Siegen aus.

Lebendig wurde es am westlichen Dorfausgang in den *Polenkasernen*. Ein Pulk Männer ließ die verlausten Unterkünfte hinter sich, stürmte den Gutshof zur großen Abrechnung. Inspektor, Aufseher, soweit sie sich nicht rechtzeitig auf freiem Feld in einen Heuschober verkriechen konnten, wurden der Reihe nach verprügelt, die Beamtenwohnungen durchwühlt, ausgeräubert, im Gutshaus die Keller und Vorratsräume geplündert. Man drohte damit, den Hof anzustecken. Den Ruf einer überaus befähigten Landwirtin sprach der Besitzerin niemand ab. Woran sie es wohl hatte fehlen lassen, war Großherzigkeit. Man sagte ihr Geiz nach. Das mochte den Hass der Polen geschürt haben. Gisela erinnert sich, wie die Kusine ihr erklärt hatte: »Backpulver für die Polen? Die brauchen doch kein Backpulver!« Das nährte den Verdacht, dass sie den Menschen in den Kasernen so manche reguläre Zuteilung vorenthalten hatte. Von der ungezieferverseuchten Unterkunft ganz zu schweigen.

Nachts war der Teufel los. Alle Frauen flüchteten in den Park. Kinder schliefen im Kabuff unterm Dach. Da war man sicher, ärgerte sich allenfalls, wenn die eingefangenen Maikäfer im Dunkeln aus der Schachtel gekrochen waren und frei herumsummten.

Hinter dem Haus zwischen Blumenbeeten hatten die Khaki-Soldaten eine rechteckige Grube ausgehoben, da kam nun alles hinein, was nicht mehr gebraucht wurde. Es wurde Ellas große Stunde. Ella war ein munteres, bauernlistiges Geschöpf mit pfiffigen schwarzen Augen. Sie war Schnittermädchen gewesen, bis Hans sie vom Feld geholt und Gisela sie zum Stubenkätzchen erkoren hatte. Jetzt hatte sie dem *Schwatten* schöne Augen gemacht, der den Essenskübel verwaltete. Dann Murkel einen Henkelmann verpasst, den kleinen Döskopp vor sich her geschoben, bis zu der Grube. Murkel kannte den schokoladenhäutigen Burschen, der zum Vergnügen jeden Tag seine prallen Muskeln übte – boff-boff mit den Fäustlingen gegen den aufgebammelten Medizinball. Schon zeigt er Ella die schneeweißen Zähne und eine Suppenkelle leert sich schwapp in das Familienkochgeschirr, das Murkel ihm entgeistert noch immer hinhält. Erst danach wird der Bottich umgestülpt, der verbliebene Inhalt der Erde überantwortet. Hmmm! macht die ganze Familie um den Tisch herum. Den nächsten Tag gleich mit zwei Gefäßen angestellt! Es gibt Eierkuchen. Wie sich das herumgesprochen hat! Schon steht das halbe Dorf vor der Grube Schlange, Ellas *Schwatter* teilt aus wie Jesus an die Fünftausend.

Abends kommt Tante Anni rot geheult, mit fliegenden weißen Strähnen zu Gisela ins Zimmer gestürzt. Die *Amis* haben sich in ihren Schränken bedient, vom KPM-Geschirr gespeist. »Und denk dir, sie waschen nichts ab. Sie schmeißen alles in die Grube!«

Sowjetische Zone

1. Juli 1945. Ein Anschlag im Dorf verkündet: »Provinz Sachsen-Anhalt wird russisch«. Panik bricht aus. Menschen auf wilder Flucht nach Westen. Gisela berät sich mit den Rathstocker Schwiegereltern, die es mit ihrem Treck bis zum Bruder Ernst Speichert in den Nachbarort Etgersleben geschafft hatten. Die beiden frönen im Exil ihrer gewohnten herrschaftlichen Lebensführung mit Patiencenlegen, Nichtstun, Nörgelei am fremden Essenstisch über des Schwagers *poplige* Äcker und Stallungen. Eigentlich, so gibt der Baron zu bedenken, sei die Neuigkeit doch gar nicht so übel. Verschiebe sich doch auf die Weise die

Grenze nach Osten. Sachsendorf, Rathstock, da wie Schwaneberg und Etgersleben russisches Besatzungsgebiet, wären sozusagen ein Land, die Oderbruchdörfer also ohne Problem zu erreichen. Drum nichts wie zurück in die Heimat! 15 Rathstocker Gespanne werden in Kürze Richtung Oderbruch zurücktrecken und die Sachsendorfer Flüchtlinge selbstverständlich mitnehmen.

Fieberhafte Vorbereitungen. Ich brauche warme Wollstrümpfe – die Müllerin bestrickt mein linkes, meine Mutter das rechte Bein. Frau Klammer, eine Duisburger Schneiderin, fertigt aus einer Lodendecke einen molligen Kapuzenmantel. Auch für Kurt reicht der Stoff. Die vier Gänse, die die Geschwister wochenlang als *Gössel* auf dem Anger gehütet hatten, waren längst groß. Die Müllerin hat auf dem Kuchenblech lehmige, braune, mit Spreu vermischte Würste fabriziert. Sie geht damit in die Scheune zur Gänsebox. Nimmt sich ein Vieh nach dem anderen zwischen die Knie, sperrt den Schnabel des Tieres auf und stopft Wurst für Wurst hinein, schiebt mit dem Stiel des Kochlöffels kräftig nach. So hätte man mir seinerzeit die Grützwurst mit Sauerkraut in den Rachen schieben müssen, dann wäre vielleicht was durchgerutscht. Der Reisetermin, kurz nach dem Schlachttag der Gänse, steht fest: der 20. Juli. Ich habe nichts gegen neue Abenteuer.

17. Juli 1945. Drei Tage vor dem großen Start. Auf dem Schwaneberger Gutshof steht eine junge Frau. Hellgraues Kostüm, schwarze Stiefel, schwarzes Haar, blass und mager. Fragt nach Familie Schmelzer. Es ist Lisa! Ich schlinge die Arme um sie wie um einen Baum, schluchze in das Kostüm hinein, beiße mich an dem grauen Stoff fest, um vor Zuckkrämpfen im Brustkorb nicht auseinander zu platzen. Mit Lisa an der Hand wandere ich durch das ganze Dorf. Da ist das Entenhäuschen! Da ist die Schule! Da auf dem Berg steht die Klappermühle! Und siehe da, die großen Geschwister, hoch auf dem holpernden Erntewagen. Haben sich auf der Fuhre Nester gegraben. »He, hier ist Lisa! Lisa ist da!« Sie haben Lisa gesehen, winken lässig herab, steigen nicht vom Wagen, kommen nicht guten Tag sagen.

Lisa hatte Vater vor der Gefangenschaft als letzte gesehen, ihm Päckchen mit Brotstücken in den Kellerschacht geworfen, solange das

Lager zugänglich war. Sie erfuhr, dass man ihn in eine Soldatenuniform gesteckt und verschleppt hatte. Auf dem Schwaneberger Gutshof stehend, schwärmt Lisa: »Schlaraffenland! Schlaraffenland! Ihr wohnt ja in Schlaraffenland!« Lisa war mit einer einzigen Botschaft zurückgekommen: »Bloß nicht in die Heimat zurück! Die Menschen dort hungern, sterben wie die Fliegen. Die Rathstocker Gespanne, damit fallt ihr ja gleich auf. Bis aufs Hemd plündert man euch aus. Alle Sachsendorfer, die zurückgingen, sind ausgeplündert worden. Manche vom russischen Kommandanten persönlich ...« Wir trecken nicht. Meine Kindheit wird Schwaneberg gehören. Unsere Mutter schmiedet mit Lisa einen Plan: Zu zweit nach Osten, den Vater suchen. Reden mit den maßgeblichen Stellen. Vielleicht kann man ihn irgendwie aus der Gefangenschaft herausbekommen.

Zwei Frauen kehren zurück in die Heimat

3. August 1945. Nach abenteuerlicher Fahrt sieht Gisela Sachsendorf wieder. Sechs Monate seit der Flucht. Sie schreibt darüber an ihre Münchner Schwester Ursel: »Die Tränen sind mir über die Backen gelaufen, als ich am Dolgeliner Grenzgraben stand und nach so langer Sehnsucht wieder auf »unserem Boden« stand. Der Wind trieb die Distelsamen von den verunkrauteten, brach liegenden Feldern über die Dolgeliner Chaussee. Reste von Geschützen und Panzern steckten im Feld und Sachsendorf lag ach so fremd dort hinten. Die Kirchturmspitze, der Schornstein der Brennerei, die Zuckerfabrik waren nicht mehr zu sehen – Trümmer und Ruinen.«

Immerhin ist für Gisela in Sachsendorf zu erfahren, dass Hans nicht weit von Berlin in Kriegsgefangenschaft ist. Der Ort des Gefangenenlagers: Trebbin. Gisela macht sich klar, dass für den Fall, dass man für Hans und die Kinder auch nur etwas von Sachsendorf erhalten wollte, einer aus der Familie sich dort aufhalten müsse. Sie greift sich ein paar heil gebliebene Möbel, verschließt sie im Keller des Gutshauses und fährt mit Lisa nach Schwaneberg zurück, Sachen holen. Sie ist fest entschlossen, die nächste Zeit in Sachsendorf zu wohnen. Lisa bleibt in Schwaneberg bei den Kindern, Ella mit Rucksack begleitet ihre *Nedije*.

Die Reise mit der Eisenbahn ist ein lebensbedrohender, gespenstischer Albtraum. Die Abteile überfüllt, dass man auf abgedeckten Puffern sitzt, sich auf Kartoffelloren einbuddelt, um nicht unterwegs herunterzukollern. Der Zug bleibt mitten auf der Strecke für Ewigkeiten stehen. *Uhri–uhri* schreiende russische Soldaten überfallen die Wartenden, tasten jeden Einzelnen nach Schmuck und Armbanduhren ab. »Das war das einzige Mal, dass mich ein Russe angefasst hat«, erinnert sich Gisela. Gefunden hatte der in seiner gierigen Hast nichts: »Ich hatte mein goldenes Ührchen im Büstenhalter versteckt.«

Man kommt nach Trebbin. Nichts zu erfahren, das Lager leer. Gisela will sich Totenlisten zeigen lassen. Kann sich kaum vorstellen, dass Hans die Entbehrungen überlebt hat. Es gibt keine Totenlisten. Von Berlin nach Frankfurt geht die Fahrt auf Güterplattenwagen weiter. Arbeitende Kriegsgefangene, die man überholt, sind dabei, für die Sowjets die S-Bahngeleise auszumontieren. Gisela entdeckt darunter den Gutsnachbarn Keunecke. Sie winkt, Keunecke reagiert nicht, erkennt sie von weitem nicht. Am 25. August, nach zwölf Kilometern Fußmarsch ab Müncheberg, Ankunft in Sachsendorf, wo Gisela gleich zwei Enttäuschungen erwarten: Das Gutshaus empfiehlt sich nicht zum Wohnen, weil es durchregnet, kein Raum abzuschließen ist. Der Gärtner Rohte, der mit Gisela gemeinsam in Sachsendorf wieder anfangen wollte, ist nicht eingetroffen. Da tönt über den Hof eine Frauenstimme: »Herr Schmelzer ist da!«

Gisela berichtet Ursel über das Wiedersehen: »So trafen wir uns denn vor unserem Hause, zwei Stunden, nachdem ich angekommen war, wieder. – Trotz aller Trümmer ringsum war das ein wunderschöner Augenblick. Und Hans war so voller Pläne und gar nicht niedergeschlagen.«[10]

Sachsendorf in Ruinen

Hans ist von der Gefangenschaft physisch geschwächt. Die wenigen Tage, die er sich kurz nach Wiedererlangung der Freiheit bei Göttels, den Eltern von Giselas Berliner Schulfreundin Ruth, aufhielt, haben ihn halbwegs wieder auf die Beine gebracht. Er wusste wieder, wie ein

Handtuch, wie saubere Wäsche aussieht. Göttels hatten Hans wie einen Sohn aufgenommen, ihm reichlich zu essen gegeben, obwohl sie selber sich in der zerbombten Hauptstadt durchhungerten. Erst am 23. August war Hans Richtung Heimat abgereist, hatte wegen katastrophaler Bahnverhältnisse von Eberswalde aus den Weg zu Fuß zurücklegen müssen, was seiner miserablen Konstitution schwer zugesetzt hatte.

Er steht in seinem Dorf und zieht Bilanz: 80 Prozent aller Gebäude des Ortes können Totalschaden melden. 20 Prozent würden sich kostenaufwändig flicken lassen. Da es aber an Ausbesserungsmaterial mangelt, werden Witterungseinflüsse dafür sorgen, dass auch dieser Rest gnadenlos verrottet. Im ganzen Ort nicht eine heile Fensterscheibe, keine Tür, kein Tor. Die Bevölkerung, auf 350 Seelen geschrumpft, vegetiert in feuchten Kellern ohne Licht. Die Ernährung eine einzige Katastrophe. Obst, gezogenes Gartengemüse kann nicht geerntet werden, da von durchziehenden russischen Truppen geraubt oder zertrampelt. Das Brot aus geschrotetem Getreide ist feucht und kaum genießbar. Wenig Kartoffeln, kein Fleisch, kein Fett.

Die Bevölkerung, vom Morgengrauen bis zur Dunkelheit von den neuen Machthabern zur Arbeit gepresst, bei zerrütteter Gesundheit, zumal man sich zum Salzen der Mahlzeiten mit rotem Viehsalz aus der Gutsschäferei behilft. Die Menschen zum Teil nur noch lebende Skelette. Kein Wunder. Die geringen Nahrungsmittel reichen nicht, um den Hunger zu stillen. Hans trifft viele seiner Getreuen wieder, um Jahrzehnte gealtert, bis zur Unkenntlichkeit abgemagert. Typhus und Diphtherie wüten, fordern ihre Todesopfer. Gerda Schulz, das frische Sachsendorfer Küchenmädchen, hat kein einziges Haar mehr auf dem Kopf. Ein Arzt nicht aufzutreiben, Medikamente nicht erhältlich. Es sterben innerhalb von vier Monaten mehr Menschen im Dorf als zu normalen Zeiten im Verlauf von zwei Jahren, das bei nur noch halb so hoher Einwohnerzahl.

Von Gut Sachsendorf steht noch das Wohnhaus, wenn auch gelöchert durch Granateinschüsse. Mit Treffern versehen auch das Wirtschaftsgebäude, in dem der Keller und einige Räume inzwischen leidlich bewohnbar hergerichtet wurden. Als drittes erhalten geblieben – die Stellmacherei. Der Rest des Ortes ein Trümmerfeld, einschließlich der Leutewohnungen. Nahezu unversehrt ein kleines Arbeiterhaus am westlichen Dorfeingang. Hier residiert der neue Bürgermeister, der den heimgekehrten Gutsbesitzer mit den beiden Frauen anstandslos bei sich aufnimmt.

Die neuen Machthaber

Siegfried Behnisch, der alte Gutsschlossermeister, war der erste Dorfbewohner gewesen, den der sowjetische Kommandant angetroffen hatte. Er hatte Behnisch angesprochen: »Du Bürgermeister.« Hans bescheinigt ihm: »Er war immer ein ehrlicher, anständiger Schlossermeister, mit dem ich gut zusammengearbeitet hatte.« Auf dessen Rat meldet Hans sich am Tag nach seiner Ankunft beim Kommandanten in Dolgelin. Der registriert ihn und ist zwei Tage später selbst im Dorf. Es kommt zu einer Unterredung. Wieder macht Hans im persönlichen Umgang mit Russen gute Erfahrungen: »Ist doch dein Besitz und musst du wieder bestimmen, was Leute arbeiten sollen, und kontrollieren.«[11] Wilhelm Kaul, Hans' bewährter Aufseher, der zum Gutsverwalter aufgestiegen ist und seine Sache nicht schlecht gemacht hat, will davon nichts wissen. Gisela schildert es in einem Briefbericht an ihre Schwester Ursel so: »Zuerst wollte der russische Kommandant, dass Hans die Wirtschaft weitermache, aber die damaligen führenden Männer, Schlossermeister Behnisch als Bürgermeister und Kaul als Wirtschaftsführer, wollten von ihrer Würde nichts abgeben und steckten sich hinter den Landrat, so dass diese Anordnung unter den Tisch fiel.«[12]

Die Voraussetzungen für eine leidlich ergiebige Sachsendorfer Betriebsführung sind allerdings miserabel. 20 Paar kleiner, halbverhungerter russischer Pferde, kaum imstande einen leeren Wagen fortzubewegen, sollen als Bespannung 4500 Morgen Guts- und 1500 Morgen Gemeindefläche bearbeiten. Regnerisches Wetter hat die Erntearbeiten von Juni bis August blockiert. Hinzu kommen unsinnigste Anordnungen der sowjetischen Kommandantur: So muss bei strömendem Regen Getreide gemäht werden. Garben binden, zu Mandeln aufstellen unmöglich. Das Gemähte bleibt am Boden liegen, wächst sich auf der nassen

Erde fest und fault. Mitten beim Rübenhacken befiehlt die Besatzung Heuernte bei Wolkenbruch. Das Gemähte klatschnass und verdorben.

Feldarbeit wird ohne Entgelt, nur gegen Ausgabe von Brot und anderen nur spärlich gelieferten Lebensmitteln geleistet. Wer nicht arbeitet, bekommt nichts. Hans vermerkt: »So arbeiten jetzt 70 Frauen, darunter viele, die noch knapp vor einem Jahr entrüstet jede Aufforderung zur Arbeit abgelehnt hatten … und zwar arbeiten sie heute nicht 10 Stunden, sondern vom Hellwerden bis in die Dunkelheit … weil der Hunger sie zwingt und der Russe rücksichtslos alles aus den Wohnungen jagt, das ihm gesund erscheint.«[13]

Vaters Felder

Hans sieht sich auf seinem Grund und Boden um. Der Gutsgarten wirkt gespenstisch mit seinen durch Beschuss verstümmelten bzw. zur Tarnung für Stellungen abgehackten Bäumen. Wege und Flächen kaum passierbar, mannshoch verkrautet. Die Feldmark eine von Gräsern und Disteln überwucherte endlose Brache. Artilleriestellungen, Bunkeranlagen, Lauf- und Splittergräben haben das Land zerwühlt. Für den Aushub von Unterständen waren Gräben zugeschüttet worden. Gesprengte Brücken und Übergänge liegen zertrümmert im Wasser. Die Dränageanlagen des Amtsrats wurden durch Befestigungswerke, Granateinschläge und riesige Bombentrichter zu einer Wüste der Zerstörung. Hans schreibt: »So befindet sich auf Schlag XI ein Trichter mit einem Durchmesser von 60 Schritten bis fast an den Rand mit Wasser gefüllt. Trichter gleichen Ausmaßes finden sich überall. Eine ganze Anzahl von Schlägen ist noch vermint, mit Stacheldraht überzogen.« Bei dem Versuch von Sprengkommandos, dergleichen Gefahrenquellen zu beseitigen, kommen Gespanne und Menschen zu Tode. Äcker und Gräben sind übersät von weggeworfenem, zerschossenem Kriegsgerät. Dutzende geknackter deutscher wie sowjetischer Panzer stehen wie stumme expressionistische Mahnmale mitten in der Landschaft.

Obwohl unzählige gefallene Soldaten bereits bestattet wurden – 80 deutsche allein auf dem Sachsendorfer Friedhof – liegen noch immer tote Kameraden auf den Feldern. Den gefallenen russischen Soldaten wurde im Dorf vor dem Haus des Försters Drews eine Begräbnisstätte errichtet, über deren sorgsame Pflege die Besatzer wachen. Deutsche wurden in der Regel dort vergraben, wo man sie auffand. »So finden sich«, beendet Hans die apokalyptische Beschreibung, »an jedem Weg- und Grabenrand Grabstätten deutscher Soldaten, die nur an dem auf einem Holz hängenden Stahlhelm erkennbar sind.«[14]

Der enteignete Gutsbesitzer bleibt in seinem Dorf

3. September 1945. Hans begibt sich nach Seelow zum neuen Landrat Papke, einem früheren Abgeordneten der Kommunistischen Partei. Der scheint über den zu ihm Eingetretenen im Bilde und eröffnet ihm sogleich die per Gesetz angeordnete Enteignung allen Großgrundbesitzes. Bis die Aktion im Spätherbst durchgeführt sei, würden die Güter gemeinschaftlich bewirtschaftet. Papke fertigt dem abgehalfterten Besitzer von Sachsendorf ein Schreiben an den Bürgermeister aus, das diesen anweist, den landwirtschaftlichen Fachmann und Spezialisten Hans-Adolf Schmelzer zum Wohle des Ortes zu verwenden. Davon will die Gutsverwaltung nichts wissen. Hans legt sich mit den Wortführern nicht an: »Da Kaul und Genossen offenbar keine Neigung verspürten, den Anordnungen ihres Genossen Landrat nachzukommen, ich wiederum keine Lust hatte, mich mit ihnen auseinanderzusetzen, zudem durch Gefangenschaft krank und elend war, drängte ich mich ihnen nicht auf, sondern befasste mich damit, uns dreien eine geeignete Unterkunft zu suchen, wozu ich des guten Willens der Machthaber bedurfte.«[15] Man findet eine Bleibe parterre in der ehemaligen Kükenstube des Wirtschaftshauses, deren Bewohnbarkeit bisher niemand im Dorf entdeckt hatte. An sie grenzt ein zweites Gelass mit Gutsbackofen aus dem Ersten Weltkrieg. Dort führt ein eigener Ausgang auf den Hof. Bürgermeister Behnisch gibt sein Plazet. Er lässt die drei Fenster verglasen, die Wände kalken, aus der Schnitterkaserne einen Grudeofen aufstellen. Notwendiges Mobiliar sucht man sich aus mehr oder weniger lädierten Restbeständen des Wohnhauses zusammen. So ist man glücklich untergekommen. Gisela an ihre Schwester Ursel: »Doch sind wir froh, so 1 ½ Zimmer und eine kleine Küche zu

haben, wenn es auch durch die löcherigen Türen und Fensterrahmen und dadurch, dass die Stubendecke als einziges Dach dient, kalt ist, aber die anderen haben meistens noch viel elendere Behausungen.«[16]

Wie nun unter solchen Bedingungen kochen und heizen? Hans notiert: »Den notwendigen Grudekoks wühlten wir uns aus den Trümmern unseres früheren Grudeschuppens heraus. Das Feuerholz für den Stubenofen gewannen wir durch Zerschlagen zerschossener Möbel und Dielen des früheren Gutsbüros.«[17]

Und die Nahrungsbeschaffung? Als ehemaliges NSDAP-Mitglied erhält Hans keine Arbeit. Er nutzt die Zeit des Herumsitzens zur Holunderbeerensuche. Die reichliche Ausbeute wird als Saft in Flaschen eingekocht. In der Unkrautwüste einst mit Hülsenfrüchten bestellter Flächen findet Hans im Überfluss grüne Pferdebohnen. Sie bestreiten nicht nur Mahlzeiten, man kann auch davon einmachen. Die Kartoffelmieten waren im Frühjahr nicht angerührt worden. Man buddelt und erntet; denn es sind inzwischen massig neue Knollen gewachsen. Im früheren Geräteschuppen stößt man auf die arbeitende Schrotmühle für die Brotbereitung. Sie wird nie gereinigt, so dass pfundweise Schrot darin verstreut ist. Man schleicht sich bei Dunkelheit an und räumt das Gerät aus. In der Wohnung wird das Diebesgut gesiebt, gereinigt – für die morgendliche Mehlsuppe.

Am 1. September hatte Gut Sachsendorf sein *Soll* abgeliefert. Im Unterschied zu vielen anderen Wirtschaften stellte die Lieferung die Besatzer zufrieden, was die Betriebsführung dazu anspornt, noch mehr für sie zu dreschen und abzuliefern. Hans fällt darüber ein vernichtendes Urteil: »Durch die aus der Herbstbestellung 1944 erwachsene Ernte, die einen überraschend guten Ertrag gebracht hat, haben sich die Machthaber des Dorfes bei ihren vorgesetzten Kreisbehörden – als ob das allein ihr Verdienst gewesen wäre – einen guten Namen gemacht, den sie durch weitere Ablieferungen zu festigen bestrebt sind, ohne dabei an die spätere Versorgung der Dorfbevölkerung zu denken. In Wirklichkeit ist durch Lotterei während der Erntearbeiten so viel an Nahrungs- und Futtermitteln verkommen, dass jene Leute eher zur Verantwortung gezogen werden müssten.«[18]

Am 1. November fährt Hans mit Gisela und Ella Kuhnert nach Schwaneberg, kehrt jedoch am Folgetag, diesmal in Begleitung von Lisa K., nach Sachsendorf zurück. Trotz des neuen Bodenreformgesetzes will er, solange es möglich ist, die Stellung in der Heimat halten.

Lisa wandelt sich zum Kameraden

Lisa hatte in den beiden Monaten, die sie uns in Schwaneberg versorgte, eine Veränderung durchgemacht. Die Weinkrämpfe, die mich noch unlängst vor Freude beim Wiedersehen mit ihr durchrüttelt hatten, schienen sie angerührt zu haben. Freilich war sie nach dem Inferno im russischen Spreekessel, der wochenlangen Suche nach Vater, dem Wiedersehen mit der nicht mehr wiederzuerkennenden Heimatstadt Dresden, dem Besuch des Trümmerfeldes Sachsendorf mit den Nerven völlig herunter. Sie legte sich abends, wenn ich schon im Bett lag, auf mich und hauchte: »Mein Lieber! Ach mein Lieber!«

Zwischen Lisa und meinen Geschwistern gab es Spannungen. Beide gingen ihrer Wege, fanden, dass mein Kinderfräulein ihnen nichts zu bestellen hätte, zum Verkloppen und Rummaulen besäße sie ja mich … Angelas Kleid roch wieder nach Pferdestall, nachdem sie mit *Onkel Joseph,* Tante Annis Pferdefütterer, Freundschaft geschlossen hatte. Kurt mochte sich im Schlosser-Schmiede-Bereich herumtreiben. Gänge, die beiden aufgetragen waren, wurden säumig oder gar nicht erledigt. Als die Pferdemutti sich zum Abendessen arg verspätete, bekam sie von Lisa mit dem Teppichklopfer eine Tracht Prügel auf den Popo, obwohl sie schon ein großes Mädchen war. Wimmernd ließ sie sich aufs Bett fallen, dass ich kaum noch etwas essen mochte.

Zwischen Lisa und mir hingegen hatte sich über Nacht eine Kameradschaft angebahnt. »Pisseimer auskippen, Brot holen, Schuhe zum Reparieren bringen, das kannst du doch alles …« Das klang anders als das Gehätschel meiner Mutter, die sich an meine Hilflosigkeit klammerte und mich dabei so liebte, dass ich die Babyrolle an mir bewusst kultivierte. »Das kannst du, und das kannst du auch!« hieß jetzt die Parole. Und wie ich es konnte! Ich konnte mich sogar am Sonnabend im Büro in die Schlange stellen und für Lisa die Lohntüte abholen …

Ausharren in der Heimat

Schwaneberg, 14. Dezember 1945. Gisela schreibt an ihre Schwester Ursel: »Und nun kurz: Sachsendorf ist enteignet. Es soll aufgeteilt werden, 1 500 Morgen sind auf dem Papier gesiedelt, das heißt, die Parzellen sind schon verlost. 3 000 Morgen sind also noch herrenlos. Wir sollen kein Restgut behalten, nur 20 Morgen wohl siedeln dürfen. Paul Böhme (Waschfrau Frieda Böhmes Mann) ist der Bürgermeister und sein Bruder Ernst (unser alter Treckerfahrer) ist der Wirtschaftsführer. Es wird alles gemeinsam bearbeitet unter Paul Böhmes Leitung. Hans hat nichts zu sagen.«[1]

Die Bodenreform – unter dem Motto »Junkerland in Bauernhand« – gilt für die ganze sowjetisch besetzte Zone, auch für Sachsen-Anhalt. Gisela berichtet: »Mit Alten und Kindern mussten die Familien nur mit Handgepäck entweder bei Nacht und Nebel fliehen oder, wenn ihnen das nicht glückte, sich in ein Speziallager abtransportieren lassen, von denen es hieß, sie sollten zum Arbeitseinsatz nach Polen. Hansens Kusine [Anni Schwechten, die Besitzerin von Schwaneberg] machte einen Selbstmordversuch im Gartenteich, der halb zugefroren war. Und als das nicht glückte, versuchte sie sich in einem entlegenen Hühnerstall zu erhängen. Man fand sie rechtzeitig, und sie lebt nun vorläufig bei Bekannten in Magdeburg. Ihre Leute besuchen sie rührend und bringen ihr die herrlichsten Dinge zu essen mit. Das spricht wirklich kolossal für diese tüchtige und sehr fleißige Frau.« Sohn Hans-Christoph mit Frau und dem ein Jahr alten Baby mussten gleichfalls verschwinden. Der junge Vater war bereits fort. Gisela half Mutter mit Kind und Handgepäck hinten zum Garten hinaus auf einen Feldweg, wo ein paar Kilometer weiter ein Bauer mit einem Wagen bereit stand. Die junge Frau rettete sich in englisch besetztes Gebiet.[2]

Schlimm ergeht es dem Rathstocker Baron. Obwohl weit weg von der Heimat, hat man ihn wegen der geretteten Gespanne samt gummibereifter Ackerwagen wiederum zum Großgrundbesitzer erklärt und kurzerhand ins Gefängnis gesteckt. Die Zelle misst ein mal vier Meter. Großmutter Rathstock und Gisela liegen den Verantwortlichen so lange in den Ohren, bis es gelingt, den Eingelochten wieder herauszuholen: Flüchtlingsgut, so war der Behörde klarzumachen, fiel laut Gesetz nicht unter Enteignung; das Rittergut hat der *Junker* ja weit genug hinter sich gelassen. Baron und Baronin von der Goltz dürfen zurück in den Fluchtort. Doch niemand will sie haben, da sie sich durch »allzu barönliches Auftreten«, so die Briefschreiberin, mit aller Welt verzankt haben. Also muss Gisela beide zu sich nehmen, unmöglich kann man die Schwiegereltern auf der Straße sitzen lassen. Gisela schreibt: »Schlafen tue ich mit den Kindern zusammen im großen Zimmer, das ist so nett gemütlich, vor allem sonnabends, wenn wir in unserm Badezimmer, was wir allein benutzen, gebadet haben, dann früh ins Bett gehen und ich noch vorlese. – Also da wohnen jetzt die Eltern und sind natürlich meine Logiergäste … Frau Müller und Ella wuschen jetzt ihre Wäsche mit, ich werde sie mit der unseren plätten. – Hätte das je einer gedacht, dass ich mal die Oberhemden unseres verwöhnten Onkel Curt [er ist der Bruder ihrer Mutter] und die Leibwäsche meiner noch verwöhnteren Schwiegermutter plätten würde? – Na ja, ich will darüber nicht stöhnen – nur, so ganz einfach ist es nicht.«[3]

Hans warnt seine Frau vor allzu großem Opfermut gegenüber den Rathstocker Schwiegereltern. Sorge um die Kinder, Schonung der eigenen Nerven hätten in solchen Notzeiten unbedingten Vorrang. Um Gisela die Skrupel zu nehmen hält er kurz Rückblick: »Es gab einmal auch Zeiten, da der Baron stur und berechnend seinen Weg ging, ohne sich die geringsten Hemmungen aufzuerlegen, ob er anderen damit materiell oder seelisch wehe tat. Und er befand sich damals in keiner Notlage. Hätte dieser ganze unselige Rathstocker Streit, der uns und meiner Mutter das Leben mehr als einmal schwer gemacht und das ganze Verhältnis zwischen uns und Rathstock verbitternd bestimmt hat, nicht Zeit gehabt? So viel Zeit, dass er nie hätte zu entstehen brau-

Käthe von der Goltz-Rathstock nach dem Verlust der Heimat.

chen? Verbünde Dich mit dem Bürgermeister! Betone ihm gegenüber unsere Stief-Verwandtschaft mit dem Baron!«[4]

Mit einem Schreiben des Landrates erhoffen sich die Rathstocker Herrschaften Aufnahme in die Schwaneberger Gemeinde. Der Bürgermeister, eigentlich ein verständiger, hilfsbereiter Mann, explodiert: »Nicht mit mir! Unliebsame Leute an uns abschieben, soweit kommt's!« Es findet sich nach langem Gezerre schließlich eine Lösung: *Barons* ziehen nahe Magdeburg nach Groß-Ottersleben in ein Gutshaus. Sie haben ein großes Zimmer. Hier wird man bis zum Tod der Rathstocker Großmutter 1951 wohnen bleiben.

Am 22. November 1945 war Hans nach Sachsendorf zurückgekehrt. Er gab Gisela sogleich Bericht: »Zunächst eine wichtige Information: Es soll neues Geld geben – entweder neue Scheine oder bisherige Scheine mit Aufdruck.« Er rät ihr, einen Teil ihres Bargeldes – er schätzt es auf 20 000 Mark – auf eine Bank zu geben, besser noch auf zwei, damit die Summe nicht so groß erscheint. Bar würde es über kurz oder lang nicht mehr gültig sein.

In der Wohnung der Berliner Freunde Göttel, den Eltern der Schulfreundin Ruth, wo Hans mit Lisa unterwegs Station gemacht hatte, war es bitter kalt gewesen. Alles hatte im Mantel gesessen, Göttel selbst sogar mit Mütze. Zur Feier des Tages – der Hausherr hatte Geburtstag – war im Esszimmer geheizt worden. 13 (!) Grad, das empfand man schon als relativ warm. Die Familie hatte einen Zentner Kartoffeln gekauft für 200 Mark. In der U-Bahn boten amerikanische Soldaten 25 Gramm Schokolade für 50 Mark an, erzielten damit reißenden Absatz.

Die Fahrt von Berlin bis in die Heimat in überfüllten Zügen dauert fast einen Tag. 16.30 Uhr in Dolgelin, will man mit Gepäck zu Fuß weiter nach Sachsendorf. Am Grenzgraben überholt Pfarrer Dürr die beiden Rucksackträger auf seinem kleinen Pferdewagen. Der nimmt das Gepäck mit. So trifft man ohne Beschwerlichkeiten ein, wenn auch reichlich durchkühlt. In den Zügen war es lausig kalt gewesen, da fast überall die Fenster fehlten.

Hans meldet sich bei Bürgermeister Paul Böhme zurück. Der ehemalige Dampfpflugführer begegnet seinem Ex-Chef freundlich wie immer. Man betritt die zurückgelassene Wohnung und trifft bis auf Berge von Mäusedreck alles unversehrt an. Angela erhält einen Brief von Vater. Er weiß, dass sie sich für alles interessiert, was vier Beine oder zwei Flügel hat: »Nachdem ich bis gestern 14 Mäuse gefangen hatte, sind heute früh schon wieder 4 in die Falle gegangen. Sie freuen sich wohl, dass sie nach den 3 Wochen [der Abwesenheit] nun endlich wieder Speck in der Wohnung riechen, und gehen wie toll danach an die Fallen.« Er berichtet ihr, dass Roggen gedrillt wurde auf Anordnung der russischen Kommandantur. Von neun Pferden, die das Gut bekommen hat, die aber nicht viel taugen. Hingegen seien zwei gute mit Geschirr über Nacht gestohlen worden. Der Nachtwächter hatte nichts bemerkt. Nun passen zwei Nachtwächter auf und verrammeln derartig die Tür, dass der Pferdefütterer morgens Mühe hat, in den Stall zu gelangen; denn beide Nachtwächter schlafen so fest, dass er sie kaum wach bekommt. Eine frohe Nachricht gibt es: Förster Drews ist aus russischer Gefangenschaft zurück. Mit schlimmem Fuß habe er meist im Lazarett gelegen, sähe aber wohl aus. Johanna Schulz, eine junge Sachsendorferin, ist nach langer Krankheit wieder erstanden, »aber so dünn, wie man kaum glaubte, dass so ein Mensch werden kann«. Kutscher Fröhlichs Frau ist gestorben.[5]

Auch Zeilen von Lisa für die gnädige Frau liegen bei. Diese hatte ja die Wohnung, die die Briefschreiberin noch nicht kannte, eingerichtet, die Fenster mit freundlichen Gardinen versehen. Lisa gerät ins Schwärmen. Man hatte sich von Schwaneberg mit Vorräten versorgt, das bestimmt den Speisezettel. Die junge Frau berichtet: »Früh gab es Süppchen, mittags Erbsensuppe, abends Rest Erbsensuppe mit Mehlplinse. Sonntag: Kartoffelklöße und Backobst, morgens Brot, abends warmen Kartoffelsalat. Montag mein erster Arbeitstag, wir haben Löcher zugeschippt, diese Arbeit tun wir jeden Tag.« Aus der Baumschule stibitzt man sich ein Tannenbäumchen für die Advents- und Weihnachtszeit. Es wird ringsum gemunkelt, der Russe zöge sich ab Februar hinter die Oder zurück, man will es in den Zeitungen gelesen haben. Lisa: »Wir wagen es nicht zu hoffen. Die Leute sind der Meinung, so geht es nicht weiter.«[6]

Heimatwinter 1945

Sachsendorf, 9. Dezember 1945. Die Post von hier nach Schwaneberg braucht 14 Tage. Darum will Hans den Seinen schon heute zu Weihnachten schreiben. Noch früh am Tag, ist er vor die Tür getreten: »Heute ist so ein richtiger, schöner Wintermorgen. Die Sonne ging erst rot und dann goldgelb über der Schneelandschaft auf und der Schnee schreit unter jedem Schritt. Man möchte heute den Hund und die Flinte nehmen und an der Seelake [Dorfbach] nach Wildenten sehen. Aber das ist nicht und vieles andere auch nicht. Und auch der Schnee und die Eisblumen am Fenster wollen einem die Weihnachtszeit gar nicht näher rücken«.[7]

Hans wird die Feiertage getrennt von der Familie in Sachsendorf verbringen. Lisa wird um ihn sein. Ob das so unweigerlich sein musste, mag man heute fragen. Die Zusicherung, er käme natürlich sofort, wenn er unbedingt gebraucht würde, verleitet zu der Gegenfrage: Brauchst du uns denn nicht unbedingt um dich? Diese erste Weihnacht nach der Flucht? Erträgt man gemeinsam erlittenes Schicksal nicht viel besser, wenn man an solchen Tagen beisammen ist? Findet der Briefschreiber doch gerade Worte für die Todesgefahren, denen man durch eine gnädige Fügung entronnen war: »Was hätte Euch allen zustoßen können. Dir selbst und den Kindern, und was hätte einem selbst passieren können. Damals schon, als wir hier unter Beschuss in Sachsendorf arbeiteten, auf der Flucht bei dem häufigen Artilleriefeuer und erst bei Halbe im Walde, wo wir eigentlich nur durch ein Wunder unverletzt davon gekommen sind.« Mein Vater sprach in solchen Fällen gern vom Schicksal, das ihn und uns vor dem Schlimmsten bewahrt habe. Meine Mutter redete vom Herrgott. Ohne Gottesfurcht waren unsere Eltern beide nicht, ihnen war lediglich das liturgische *Brimborium* zuwider, das *Theater*, das, wie sie meinten, der Pfarrer darum mache. Mein Vater vergisst auch nicht den Blick auf diejenigen, die es so viel schlechter getroffen hatten: »Wenn man nur schon hier die Menschen ansieht, in welch bitterer Not und Armut sie der Festzeit entgegen gehen. Kein Gedanke, den Kindern eine Freude zu machen. Sie sind froh, wenn sie ihnen eine warme Stube machen können, Kartoffeln und Salz nicht alle werden.« Er denkt an die toten Soldaten, von denen noch so viele auf den Feldern liegen und deren Angehörige nichts von ihrem Schicksal wissen, nach wie vor hoffen, sie kehrten bald zurück.[8]

Bei dem harten Wintereinbruch hielt Hans eine Rückkehr zu Weihnachten nach Schwaneberg für zu riskant. Reisen in fensterlosen Zügen bei zwölf Grad unter Null, das konnte todbringende Folgen haben. Von robuster Gesundheit war man ja nicht. Darum redete er Gisela zu, sich an uns Kindern zu freuen, wenn es auch sicher nicht viel sei, was sie uns geben könne. Etwas wäre schon dabei, worüber wir uns freuen würden. »Kinder brauchen nicht viel, um glücklich zu sein.«[9] Darin mochte er Recht haben. In Tränen war die Familie trotzdem, als man sich um den Weihnachtsbaum versammelte und der Vater fehlte.

Dass Hans zu Weihnachten fern sein würde, war nicht das einzige, was Gisela in diesen schweren Tagen schlucken musste. Sie sollte auch noch mit einer anderen recht heiklen Nachricht zurechtkommen. Hans informierte sie von einer grundlegenden Wohnungsumgestaltung, die er vorgenommen hatte: »Das eine Bett [in dem hatte vor Monaten Ella geschlafen, als man zu dritt gehaust hatte] habe ich rausgetan. Die beiden anderen Betten habe ich etwas auseinander gerückt und den Nachttisch dazwischen gestellt. Wo dieser bisher stand, schob ich den Schrank mit dem flüssigen Eingemachten, das uns draußen sonst gefriert … .« In einem der Betten würde künftig Lisa schlafen, die bisher zur Nacht im Pfarrhaus untergekommen war, wo sie, nur in Pelz und Decke gehüllt, entsetzlich fror. Hans schreibt: »Da sie ohne Federbett verklammt und kein Auge zumacht, will ich sie, ehe sie nun ernstlich krank wird, hier lassen. Ob die Leute nun reden oder nicht, sie helfen mir jedenfalls nicht, wenn Lisa auf der Nase liegt.«[10] Wie Gisela das innerlich verkraftete, darüber kann man nur Vermutungen anstellen. Sie wird dabei das wichtigste Ziel nie aus den Augen gelassen haben: Sachsendorf. Um das zu halten, musste einer aus der Familie dort die Stellung halten. Sie selbst konnte uns Kinder nicht im Stich lassen. Mit uns in den verelendeten Heimatort umziehen, wäre fahrlässig, ja geradezu lebensgefährlich gewesen. Also konnte nur Hans der *eine* sein, der, wie er es ausdrückte, sich in der Heimat *durchhungerte und fror.* Freilich konnte er das nicht ganz alleine. Einer musste um ihn sein, der den Haushalt führte, kochte, die Wäsche in Ordnung brachte und, was fast noch wichtiger war – dem Ausharrenden immer wieder Mut machte. Hans, weiß Gott keine geborene Heldennatur, konnte tagelang wie ein Kind verzagen und trauern. Ihn in solchen Momenten aufzumuntern, auf neue Gedanken zu bringen, dafür schien niemand geeigneter als Lisa, die Schuhmachermeisterstochter aus Sachsen, die selbst kein rechtes Zuhause mehr hatte, seit der Vater mit einer anderen Frau verheiratet war. Lisa ging für ihren alten Chef durchs Feuer, half auch seiner Familie, so gut sie konnte. All das fest im Auge behaltend, leistete Gisela mit zusammengebissenen Zähnen ihrem Hans einen hochherzigen Vertrauensbeweis.

Wie dankbar Hans ihr dafür war, zeigen die langen Briefberichte, die im Dreitagesabstand mit großer Regelmäßigkeit nach Schwaneberg flatterten. Auch Lisa richtet an die *gnädige Frau* gedankenschwere Zeilen: »Was für einem traurigen Weihnachten gehen hier die Menschen entgegen, nicht einmal die warme gemütliche Stube ist da. Der Weihnachtsbaum wird auch fehlen, und viele Menschen liegen krank … .«[11]

Man hatte am Sonntag Frau Keunecke aufgesucht, Besitzerin eines kleinen Hofes nach Dolgelin zu, im Volksmund *Hungriger Wolf* genannt. Hans vermerkt dankbar: »Wieviel besser geht es uns als der Thea. Ein Kind gestorben, keine Nachricht von [ihrem Mann] Fritz. Was ist dann Weihnachten!«[12] Lisa bemitleidet den kleinen Sohn: »Ach wie so arm lebt der kleine Albrecht! Nicht ein Zweiglein, kein Vorweihnachten. Wie schade, dass Frau Keunecke es nicht schafft, wenigstens ihrem Kinde eine Freude zu machen, mich hat das auf dem ganzen Heimweg beschäftigt.« Ihr Entschluss ist schnell gefasst: »Frau Keunecke hat uns gebeten, an einem Weihnachtstag nach dort zu kommen. Ich werde mir für den kleinen Albrecht eine Bastelei ausdenken und ihm ein kleines Weihnachtspäckchen mitnehmen.«[13]

Die Siedlergemeinschaft Sachsendorf plant im Gutshaus eine Weihnachtsfeier. Die Frauen sollen Geschenke für ihre Kinder fabrizieren. Es würde Musik geben und keine Polizeistunde. Hans höhnt: »Das wird eine schöne Kommune-Feier werden. Musik und Tanz am Heiligen Abend! Die Leute schimpfen auf dem Feld darüber.«[14]

Rechtlos

20. Dezember gegen Abend. Hans unterbricht seinen angefangenen Brief. Lisa ist von der Arbeit zurück und schlägt Alarm: Klawohn, der Dorfpolizist, geht mit zwei uniformierten Kollegen von Haus zu Haus. Man ist – zweifellos auf höhere Anordnung – dabei, die Wohnungen ehemaliger *Parteigenossen* durchzuplündern. Die beschlagnahmten Sachen schmeißen die Kerle auf einen mitgeführten Wagen. Förster Drews Sohn Hubertus, *Dicker* genannt, haben sie die Stiefel ausgezogen, der Oma den Mantel weggenommen, der Frau den Sommermantel, der Tochter einen Muff. Bei Chauffeur Müllers kassieren die Halunken zwei Fahrräder und einen Fahrpelz. Die eine Straßenseite haben sie gleich durch, sie kommen auf der anderen Seite den Weg zurück. Die Tür zu Hans wird aufgestoßen: »Einer war ein ganz übler Rowdy. Aber er fand nichts Rechtes. Nahm nur den Militärmantel und

einen Rucksack als Wehrmachtssachen fort. Lisas Pelz, den er schon am Wickel hatte, konnten wir ihm abschwindeln. Hätte Lisa nicht alles versteckt, wäre ich wohl alles, was doppelt war, losgeworden…« Es war schon gut, dass unser Vater Lisa bei sich hatte. Sie verlor die Nerven nicht, bot den Eindringlingen geistesgegenwärtig die Stirn. Man ist für die Zukunft gewarnt. Hans setzt am nächsten Tag den angefangenen Brief fort: »Bei der durch die gestrige Polizei bewiesenen Unsicherheit darf man möglichst wenig in der Wohnung haben. Ich fürchte, dass diese Rechtlosigkeit noch lange bleiben wird.«[15]

Wie nutzt Hans seine Tage? Arbeiten darf er als ehemaliges NSDAP-Mitglied nicht. Er nimmt sich auf dem Dorffriedhof der Familiengrabstätte an, entfernt das Unkraut, verstreute Holzsplitter, sucht Stücke der durch Granattreffer beschädigten Kreuze zusammen. Er hackt und harkt, dass nur noch der Stamm der umgeworfenen Linde liegen bleibt, die müsste von einem Pferdegespann fortgezogen werden …

Er besucht die Siedlerversammlungen, um sich auf dem Laufenden zu halten. Niemand hat dort etwas gegen ihn. Im Stillen hofft er, in die Siedlergemeinschaft einbezogen zu werden, weshalb er ordnungsgemäß bei der Kreis-Bodenreform-Kommission einen Antrag auf Landzuweisung stellt. Wenn man ihm erst einmal Land zugewiesen habe, so seine Spekulation, werde man ihn kaum noch ausweisen. Und einmal zur Siedlergemeinschaft gehörend, könnte er auch gegen Missstände angehen. So lange er stattdessen abseits stehen muss, kann man ihm antworten: »Wat jeit dich dat an!« Augenzwinkernd tuschelt er Gisela aus der Ferne zu: »Man soll mit den Wölfen heulen, sagt man doch, wenn es sein muss. Und ›Mitmachen‹ war für mich schon immer das Beste.« Dieses freimütige Geständnis sollte man nicht missverstehen. Hans hatte unter der NS-Diktatur keineswegs zu den Mitmachern gezählt, wenn es beispielsweise um die anständige Behandlung von Menschen anderer, meist feindlicher Nationen ging.[254] Wie bereits erwähnt, hatte ihm deswegen ein Gerichtsverfahren gedroht. Auch war er von den Parteioberen des Ortes mit Misstrauen beäugt worden, weil er sich eben nicht an den demonstrativen Schautänzen und Machtparaden der Nazis beteiligte.

Erste Weihnacht nach dem Krieg

Sachsendorf, 24. Dezember 1945. Hans schreibt an Gisela: »Wir waren um 17 Uhr zum Gottesdienst und haben seitdem hier gesessen, Vergangenes, Gegenwärtiges und Zukünftiges zu bedenken und zu besprechen. Es war die Stunde, da in früheren Jahren noch einmal schnell mein Blick über die Gabentische ging, die Lichter des Baumes entzündet wurden und die Bescherung dann ihren Verlauf nahm. Heute nun alles ganz, ganz anders. – Den Gottesdienst hielt der Pfarrer in unserem Esszimmer, dessen Fenster teils mit Holz, teils mit Glas geschlossen sind. In der Ecke, wo das Eisbild [ein Wintergemälde des Malers Ernst Koerner] hing, steht ein Tannenbaum zum Zeichen der Weihnacht mit breit gepflücktem Bindegarn geschmückt. Vor der Tür zum Salon steht der einfache Altar mit beleuchtetem Krippenbild. Der Raum steht voller Tische und Bänke, die schon für die morgige Feier dorthin gebracht wurden. Es sind etwa 40 Erwachsene und 50 bis 60 Kinder zum Gottesdienst gekommen. Der Pfarrer steckte eine brennende Kerze an den Baum, um seinen Bibeltext besser lesen zu können, doch bringt kurz vor Beginn der Andacht [Dorfpolizist] Klawohn noch 2 Karbidlampen, deren eine auf den Ofen, die andere auf den Altar gestellt wird. Der Pfarrer sprach gut, mir und wohl auch anderen fehlten zur Christandacht die Gedanken, die weit fort waren, wo man selbst zu dieser Stunde am liebsten gewesen wäre.«

Inzwischen sitzt Hans mit Lisa in der leidlich geheizten Stube. Ein kleiner Tannenbaum steht mit Lametta behängt am Fenster. Er trägt auch ein paar Schmuckbasteleien von uns Kindern, einige von Lisa gebackene Pfefferkuchen sowie eine angezündete Kerze. Hans fährt in seinem Brief fort:

»Wir saßen auf dem Sofa und auf dem Tisch vor uns der Holzteller voll Weihnachtsgebäck. Wir haben an Euch gedacht und von Euch gesprochen und uns glücklich gepriesen, dass wir so ruhig und ohne Sorge diesen Gedanken nachhängen konnten.«[17]

25. Dezember 1945, erster Weihnachtstag. Weihnachtsfeier im Gutshaus Sachsendorf. Hans berichtet am Tag darauf: »Die Feier stand etwa unter dem Motto ERSTE FRIEDENSWEIHNACHT.

Wenn auch die Umstände schlecht sind, so doch eine Weihnacht ohne Fliegerangst, nicht im verdunkelten Raum, bei hellem Licht und offenen Fenstern. Und ein Hoffnungsschimmer, dass es nun wieder besser werden wird.«

Beginn 13 Uhr. Vor der Tür zu Giselas Damenzimmer mit Front zum Esszimmer ist im Salon eine Bühne errichtet. Daneben Paul Böhmes Klavier, auf dem die Lehrerin spielen wird. Böhme begleitet sie auf der Geige. Zunächst aber wird Theater gespielt. Die vorgeführten Schwänke ernten Gelächter und Beifall. Hans interessiert das, was auf der Bühne vorgeht, kaum, er beobachtet die Menschen, freut sich, dass sie ihren Spaß haben und dabei ihr Elend zu vergessen scheinen. Nach den Darbietungen werden im Salon die Kinder beschert, im Esszimmer die Kaffeetafel hergerichtet. Hans erzählt: »Wir lustwandelten draußen mit [Förster] Drews, der mir erzählte, dass er in Werder Schlag VI im Schilf auf 30 Schritte eine Sau, durch den Dackel gestellt, vor sich gehabt hätte und ihn der Kugellauf leider im Stich gelassen hätte. Auf die kurze Entfernung einen Schrotlauf zu benutzen, darauf sei er gar nicht gekommen.« Für Hans ein Grund, Gisela um einen Gefallen zu bitten: »Ob Du von Eurem Feldhüter Hardegen wohl eine Handvoll loser Schrotkugeln bekommen kannst? Das wäre ganz hübsch.«

Ist Drews bei seinem alten Chef zu Besuch, werden Jagderinnerungen ausgekramt. Hans und Emil Drews werden gerade in dieser haarsträubenden Zeit zu wahren Komplizen und zusammen ihre Späßchen haben.[18]

Um 17 Uhr macht das Musikduo Tanzmusik. Hans beobachtet: »Es tanzten in der Hauptsache nur Frauen miteinander, da ja kaum Männer hier sind. Den Schlosser in Werder hatte man einige Flaschen Schnaps brennen lassen, von denen hier und da glasweise ausgegeben wurde, was auch zur Belebung, aber zu keinerlei Ausschreitung beitrug.« Während sich anfangs nur wenige Paare auf die Tanzfläche trauen, wird es mit der Zeit so voll, dass man kaum noch vorwärts kommt. Eine Art *Erntefeststimmung* entwickelt sich, in die auch die Alten hineinfinden …[19]

Am nächsten Tag wird Lisa von der Frau des Arbeiters Otto Seelbinder angesprochen. Sie und einige Sachsendorfer hätten den früheren Chef beobachtet, wie auch er an den feiernden Menschen seinen Spaß gehabt und sogar manchmal gelacht hätte. Es wären ja eben doch »dem alten Chef seine Leute« – wenn es auch anders wäre als früher, aber so bliebe es auch nicht. Einen Tag später bekommt Hans von Paul Böhme 100 Gramm Zigarettentabak zugesteckt, bester Feinschnitt. 80 bis 90 Zigaretten würde das mit Sicherheit ergeben. Er geht zu Pfarrer Dürr hinüber, weil er irgendwoher erfahren hat, der habe nur ein Viertel der Menge erhalten. Hans rät ihm, unverzüglich Böhme aufzusuchen, der sei heute äußerst leutselig gestimmt. Hans schreibt an Gisela: »Eben kam der Pfarrer, sich für den Hinweis zu bedanken, und hielt erfreut 50 Gramm Tabak in der Hand. Neben den Feiertagspredigten hat er sieben Beerdigungen gehabt.«[20]

Arbeit für den früheren Chef

Hans ist es leid, Tag für Tag tatenlos herumzusitzen. Er meldet sich bei Wirtschaftsführer Ernst Böhme, greift sich einen Spaten und geht Löcher zuschippen. Man lässt ihn. Die Leute sind baff. Politischen Hetzern, die sich einen ehemaligen Ausbeuter, der sich vor keiner Drecksarbeit scheut, nicht vorstellen können, ist der Wind aus den Segeln genommen. Lange schon ist Hans-Adolf Schmelzer der einzige enteignete Gutsbesitzer weit und breit, der noch immer in der Heimat aushält. Selbst der wegen des Hitler-Attentats vom 20. Juli von den Nazis in KZ-Haft gehaltene Fürst Hardenberg hatte Schloss und Wald verloren und war westwärts geflohen.

Hans muss sich nicht beklagen. Die Dorfoberen begegnen ihm mit ausgesuchter Freundlichkeit, lassen ihm außer der Reihe Tabak, Kaffee, Mehl zukommen. Paul Böhmes Frau Frieda, für die Dorfzuteilungen verantwortlich, bringt Milch vorbei, Hans zahlt mit Handelsgold aus der Börde: Zwiebeln. Gisela schickt fleißig Päckchen. Das ist bitter nötig. Hans braucht eine neue Uhr. Wochenlang muss er sich die Tageszeit aus Nachbargeräuschen, Himmelsfärbungen, Sonnenstand zusammenreimen. Der Zylinder der Spirituslampe – man füttert sie mit

Treckerbrennstoff – ist in Scherben, dass man wie die Kellerbewohner im Dunkeln bei offener Ofenklappe oder mit brennendem Kienspan in der Linken zu Abend speist. Es fehlt an allem: Hosenknöpfe, Stopfnadel, Scheuersand, Dochte, Gummiband, Schuhputz, Birne für die Taschenlampe …

Lisa ist tagsüber auf Arbeit. Man schickt sie nicht ständig zu den Bombenkratern, sie darf auch den Stall ausmisten, Getreide umschippen, Getreide sacken … Sie hört die Frauen auf die Betriebsleitung schimpfen. »Habt man keine Sorge«, beruhigt eine von ihnen die Gruppe, »der uns ernähren kann, lebt ja noch und der wird es auch wieder tun. Wenn der umgekommen wäre, dann sähe es schon schlimmer aus.« Lisa geht das Elend der Dorfkinder nah, sie schnappt vor dem Haus ein Kindergespräch auf: »Heidchen, deine Mutti ruft!« Heidchen: »Das ist nicht meine Mutti, meine Mutti ist tot, mein Papa auch, das ist meine Oma, aber die stirbt auch bald.« – »Ja«, erklärt eine Nachbarin, »seit einiger Zeit redet sich das Kind ein, dass die Oma bald stirbt, sie hat in einer Ecke alles zusammengepackt, was ihr lieb ist, und ist reisefertig, wenn die Oma tot ist.« Lisas Herz zieht sich zusammen: »Ich muss sehr oft daran denken und in mir ist ein großes Verlangen, all die armen kleinen Wesen zusammenzunehmen und mit ihnen zu spielen, ihnen schöne Dinge zu erzählen, zu singen und ein wenig Sonne in die kleinen Herzen zu bringen.«[21]

Hans hat mit Emil Drews seinen Spaß, davon berichtet er Tochter Angela: Zu sieben Mann müssen sie einen Bombentrichter zuschippen, dicht nebenan verrichten Frauen und Mädchen zu acht in einem zweiten Trichter die gleiche Arbeit. Beide Löcher so tief, dass man kaum hinaussehen kann. Die Nachbarinnen arbeiten nicht. Sie stehen zusammen und singen. Drews und Hans formen sich Erdkügelchen und bombardieren die Sängerinnen. Gekreisch und großes Gewundere nebenan, bis auch von dort die erste Salve Klüter herüberfliegt. Damit hatten die Männer gerechnet, die sich vorsorglich einen schusssicheren Unterstand gegraben hatten: »Und es war eine Schlacht mit Erdklumpen wie sonst mit Schneebällen und eine große Alberei. Es muss ja auch mal Spaß bei der Arbeit sein.«[22]

Das Leben im Dorf

Mitte Januar großer Schreck. Paul Böhme beordert den gewesenen Besitzer Sachsendorfs in sein Büro. War das die Ausweisung? Keineswegs. Man wollte lediglich wissen, wie viele Ausländer in den Schmelzerschen Betrieben beschäftigt gewesen waren. Böhme resigniert schon: »Sie sollen ja namentlich mit Geburtsdatum usw. angegeben werden, aber das kann ja keiner wissen.« »Wieso nicht?« entgegnet Hans. »Die Listen sind da.« Die Kiste mit den Betriebsdokumenten hat er mit Lisa vor Wochen bei Mondschein unter den Trümmern der Hofscheune wieder ausgegraben. Paul Böhmes Miene erstrahlt: »Die in Seelow werden ja Augen machen, wenn wir das alles haben.« Hans über Paul Böhme: »Da wird er dann wohl wieder an ›vorderster Spitze‹ stehen und sich noch einbilden, dass es sein Verdienst ist.«[23]

Am 31. Januar gibt es aus Sachsendorf allerlei Neuigkeiten. Zum Beispiel dass Lieschen Ploke in diesen Tagen, ihr – wie es im Dorf heißt – *Iwan-Kind* erwartet. Es gab 1945 noch keine Pille, mit der eine junge Frau sich gegen unerwünschte Schwangerschaft nach einer Vergewaltigung schützen konnte. Der Ort selbst hat einen Ehrentag erlebt: Hohe Herren der Partei waren erschienen. Wie miserabel mussten Betriebe ringsum abgeschnitten haben, wenn Sachsendorf trotz verkrauteter Ernten, unsachgemäßer Feldbestellung, sinnloser Vergeudung von Lebensmitteln und Arbeitsmaterial die goldene Palme in Gestalt dreier funkelnagelneuer Pflüge erhielt – gestiftet vom obersten Kommunisten Wilhelm Pieck zu dessen 70. Geburtstag. Warum ausgerechnet einer der Faulsten im Betrieb zu den drei Ausgezeichneten zählte, bleibt Hans unbegreiflich. Dieser Simpel von Mitläufer sollte auch noch die Dankesrede halten, »stammelte aber nur wenige Worte, um dann ganz zu verstummen. Seinen Zettel konnte er wohl nicht lesen, und Paul Böhmes helfende Flüsterworte konnte er nicht verstehen. Hässlich so was.«[24]

Hans hatte zunächst Bedenken gehabt, ob er dem Festakt beiwohnen sollte. Diese Anpöbelungen gegen den ehemaligen Besitzer, sollte er sich das anhören? Kneifen und dem Ganzen fernbleiben sähe aber auch nicht gut aus. Hans beehrt den Festakt mit seiner persönlichen

Sachsendorfer Schulkinder im zertrümmerten Heimatdorf, 1945/46.

Anwesenheit, und siehe da, auch nicht ein einziges abwertendes Wort fällt über den enteigneten Gutsbesitzer. Lisa klagt lediglich über die Festvorbereitungen: »Dazu mussten sämtliche Sträucher im Garten verschwinden, weil es im Freien stattfinden sollte und der Platz besser reichte. Heulen könnte man, der schöne alte Flieder, und wie sieht es jetzt aus! Für Girlanden brauchte man Tannen, nun mussten auch noch die wenigen im Park genommen werden, aber sehr klug: die Beschädigten blieben stehen und die besten mussten dran glauben.«[25]

Misswirtschaft

Große Unzufriedenheit unter den Siedlern. Sie sollen Steuern zahlen. Wovon? Sie hatten Kredite aufnehmen müssen, um Vieh zu kaufen. Von einer erworbenen Kuh sollen sie 80 Pfund Fleisch und täglich zehn Liter Milch abliefern. Sie erhalten sogenannte Selbstversorgerkarten, haben also auf viele Zuteilungen keinen Anspruch, da sie als selbstständig gelten. Betriebsratsvorsitzender Ernst Böhme hat kein Problem. »Ich

Vor der zertrümmerten Schule.

weiß genau, dass ich alle Schulden im Herbst wieder los bin und darum kaufe ich jetzt eben auf Pump.« Hans sieht das anders: Nur ein Bruchteil des nicht aufgesiedelten Ackers ist bestellt. Die Hälfte wird durch falsche Behandlung verderben, das Übrige im Unkraut ersticken. In den Getreidemieten haben die Drescher in jeder Garbe 30 bis 40 Mäuse aufgescheucht, Ratten zu Dutzenden erschlagen. Schwärme von Krähen haben riesige Löcher in die Mieten gerissen. Regen und geschmolzener Schnee sind eingeflossen, so dass vieles aus- und zusammengewachsen ist. Rotten von Wildschweinen bevölkern die Schläge. Und wie will man in diesem Jahr überhaupt 3000 Morgen Ackerboden bewältigen? Zwei klapprige Trecker stehen dafür zur Verfügung![26]

Am 8. Februar 1946 berichtet Gisela ihrer jüngeren Schwester Ursel von Hans in Sachsendorf: »Er arbeitet jetzt auf dem Acker Granattrichter zuschippen, Drews immer treulich an seiner Seite, Lisa führt ihm rührend besorgt den Haushalt, und ich bin ihr so von Herzen dankbar. Und was andere darüber denken oder sagen mögen, ist mir ganz gleich, ich kenne meinen guten Hans, da kann mir keiner was vorquatschen. – Schließlich sind wir jetzt 17 Jahre verheiratet.«[27] Ob Gisela sich mit ihrer Zuversicht an die richtige Adresse gewandt hat, ist eine andere Frage. Die Empfängerin der Zeilen hat die *glänzende Partie* ihrer Schwester mit Skepsis und nicht ganz ohne verhaltenen Neid all die Jahre, die sie im Hause Sachsendorf geweilt und zu Ende des Krieges auch gewohnt hat, verfolgt und war noch in späteren Jahren nicht von ihrer Überzeugung gewichen, eine Scheidung wäre zu normalen Zeiten unausweichlich gewesen. So betrachtet, könnte man behaupten, Zusammenbruch und Heimatverlust hätten sich auf den Lebensbund meiner Eltern geradezu positiv ausgewirkt. Immerhin wird er 50 Jahre halten.

Lebenszeichen einer Verschollenen

Gisela wird seit Anfang des Jahres 1946 von etwas ganz anderem in Atem gehalten. »Ist das nicht allein schon ein Wunder?«, schreibt sie an Ursel.[28] Sie hat ein Lebenszeichen von der Schwester Annelise erhalten. Unweit Thorn auf *Hofleben*, einem blühenden Gutsbetrieb mit See, verheiratet, war sie mit vier Kindern im Alter von elf, zehn, sechs Jahren, das jüngste zehn Monate alt, zu spät nach Westen mit dem Ziel Sachsendorf aufgebrochen. Man geriet abwechselnd in die Hände rachewütiger Polen und siegreich nach Berlin stürmender russischer Soldaten. Die Hölle, die die Schwester mit ihren Kindern hinter sich hatte, muss so grauenvoll gewesen sein, dass die Vettern in all den Jahren, die wir Brüder mit ihnen zusammen waren, uns kaum ein Wort darüber verraten haben. Zu fünft bei Treibeis über die Weichsel Richtung Oder und wieder nach Osten in den Heimatort zurück, hat Annelise für Polen genäht und auf dem Feld gearbeitet, bis sie nach dem Potsdamer Abkommen vom 2. August 1945 das Los von Millionen ostdeutscher Landsleute teilen musste und ausgewiesen wurde. Sie schrieb Gisela am 5. Januar 1946 aus dem Auffanglager Groß-Lüdershagen, Stralsund-Land: »Wir sind sehr schlecht untergebracht. Friederike (1 ¾) habe ich in Stralsund im Krankenhaus und wir andern sind auch bald so weit. Weihnachten war trostlos. Aber man darf den Mut nicht verlieren.«[29]

Auf einer zweiten Karte vom 12. Januar teilt sie der Schwester mit: »Meine drei Großen und ich sind in sehr schlechtem Futterzustand und das Riekchen ist am 7.1. in Stralsund im Kinderkrankenhaus an Unterernährung gestorben. Nun fehlt mir schon eines von meinen 7.« Sie bittet um ein bis zwei Päckchen Scheuersand »für meine schwarze Wäsche, das löst den Schmutz besser als Waschpulver. Meine Wäsche ist in einer unglaublichen Verfassung.« Die Nachricht schließt: »Seit Ende Oktober sind wir unterwegs, liegen auf Stroh und wissen nicht mehr, wie es ist, am Tisch zu essen, und sind Tag und Nacht in den Kleidern.«[30]

Gisela besinnt sich nicht lange. Schon fünf Tage später schreibt sie der Schwester: »Komme doch hierher!!! Ich war heute beim Bürgermeister, und da er ein besonders anständiger und guter Mensch ist, hat er mir, trotzdem es nicht erlaubt ist, eine Zuzugsgenehmigung für Dich gegeben.« Sie kennt Annelises Stolz, auch jetzt im Elend noch, und taktiert behutsam: »Du musst nun nicht böse sein, wenn ich Dir das Reisegeld in den Brief einlege. Ich kann ja nur annehmen, dass Deine Finanzverhältnisse schlecht sind und daran darf mein schöner Plan nicht scheitern.«[31] An Ursel schreibt sie: »Bitte den Herrgott, dass ich sie und die Kinderchen gesund hierher bekomme!«[32]

Hans macht sich in der Ferne Sorgen, dass Giselas übereifrige Hilfsbereitschaft sowohl ihrem Nahrungsmittelvorrat als auch dem Zahlungsmittelbestand unzuträglich werden könnte. »Schreibe bitte unser Geld in Hannover [auf den aus Frankfurt (Oder) dorthin übertragenen Konten] völlig in den Wind und denke daran, dass die Kinder etwas lernen wollen und sollen.«[33] Er warnt: »Pass auf, dass sie Dir vom Lager kein Ungeziefer ins Haus bringen!«[34]

Annelise hat kein Geld. Sie muss das tote Kind ohne Sarg beerdigen. Frau Thiess, die Inspektorsfrau, die mit ihr den Fluchtweg geteilt hat, warnt Gisela in einer Mitteilung vor dem ersten Wiedersehen. Annelise sei nicht wiederzuerkennen, die Kinder völlig herunter, hätten nichts anzuziehen. Gisela denkt an goldene Tage zurück: »Denke mal, als wir Annelischen das letzte Mal auf dem Bahnhof in Thorn sahen –. Wie stolz waren wir damals alle drei auf uns gegenseitig, wahrscheinlich sollte man das nicht sein.«[35]

Annelises Ankunft

Am 17. Februar treffen vier Schatten, bis zum Gerippe abgemagert, die Leiber aufgetrieben, von Kopf bis Fuß zum Himmel stinkend, in Schwaneberg ein. Gisela an die Schwester Ursel: »Gott sei Dank habe ich schon viele Flüchtlinge gesehen und in Sachsendorf erfahren, wie Menschen herunterkommen können – aber wenn es die eigene Schwester ist ... Doch ich habe nicht geweint, denn Annelischen selber ist so ungebrochen und mutig, dass man dazu nicht kommt, sondern lieber zupackt und ihr hilft.«[36] Gisela teilt mit der Schwester alles, was sie hat: Wäsche, Kleidung, Bestecke, Geschirr, von den Vorräten ganz zu schweigen. Da die Familienmitglieder der Schwaneberger Gutsbesitzerin Hals über Kopf getürmt sind, kann man alle fünf sogar im Gutshaus unterbringen, sie können das Bad benutzen. Das zwölfjährige *Karölchen* sieht ein sauberes Hemd vor sich liegen und staunt: »Kuck mal, Mutti, so weiß!« Berliner Konfektion ließ sich wie neu vererben: Vom großen Bruder auf den kleinen, von diesem auf die allzu schmächtigen, kleinwüchsigen Vettern. Über die Mutter macht sich Gisela ernste Sorgen: »Annelise sieht entschieden am elendsten aus, sie ist wirklich nur noch Haut und Knochen – wie Muttchen damals [kurz vor ihrem Krebstod]. Selbst wenn sie sich auf ein weiches Sofa setzt, tut es ihr weh, weil sie gar keine natürliche Polsterung mehr hat. Dass man so dünn sein kann und so zähe dabei, habe ich nie für möglich gehalten.«[37] Der von Gisela herbeigerufene Arzt gibt der Unterernährten Herztropfen, weil ihr zum Abend die Füße anschwellen – dem geschwächten Herz fehlt das Fettgewebe. Für die Bekleidung der zerlumpten Kinder lässt sich Gisela allerhand einfallen: »Karölchen bekam jetzt ein Sommerkleid von Angela kleiner gemacht, Angela kriegt dafür einen Dirndlrock aus einer Tischdecke – weißt Du, der Hirschchendecke von der Diele, die ich zufällig mithabe. Die Jungen haben je eine Leinenhose und dazu zwei Blusen und ein Hemd von Kurtchen für den Sommer, – es ist recht knapp, und Annelise wäscht jede Woche.«[38]

Die ausgehungerten Vettern erholen sich schnell. Sie sind fröhlich, Gisela freut sich über die gesunde Haut der Jungen, ihre frische Gesichtsfarbe. Das Mädchen ist still, hilft der Mutter im Haushalt. Annelise lebt sich ein, erwirbt sich mit ihrem Gleichmut, ihrer ruhigen Gelassenheit große Hochachtung bei Nachbarn und Verwandten. Nach Monaten körperlicher Erholung fühlt sie sich gesundheitlich so gefestigt, dass sie die drei Kleinen von sechs, fünf und drei Jahren aus Holstein zurückholen kann. Dorthin hatte sie das Fräulein Margot zu ihren Angehörigen mitgenommen.

Osterhoffnungen

Es wird allmählich Frühling im Lande und Hans in Sachsendorf ist guter Dinge. Lisa hatte es unserer Mutter Ende Februar schon verraten: »Wie glücklich wird es auch Sie machen, zu wissen, dass die ›Ausweisung‹ auch hier in Kraft treten sollte, Böhmes haben aber Einspruch erhoben und der Landrat und was damit in Verbindung steht, haben nichts dagegen, dass Herr Schmelzer in seinem Heimtort bleibt.«[39] In der Tat hat Hans ein sehr gutes Gespräch mit Paul Böhme führen können, der ihm versicherte, dass er bleiben und mitarbeiten könne. Hans schreibt: »Ich sagte, dass ich das sehr anständig von ihm fände und ihm danke. Er erzählte und erzählte und freute sich, und unsere Freundschaft scheint sehr gekräftigt.«[40]

Die Nächte sind noch kalt. Hans besieht sich seine Felder. Er vermisst weit und breit fällige Frühjahrsarbeiten. Es wird überhaupt nicht gepflügt. Stattdessen werden die Gespanne mit Schutt- und Sandfahren beschäftigt. Er schreibt: »Ich kann die Menschen nicht verstehen, die der 15. März nicht mehr zu drängen scheint.«[41] Dabei herrscht schönstes Frühlingswetter. »Normalerweise würde man jetzt suchen, welcher Schlag schon Bestellungsarbeiten zulässt. Die hier vergessen so etwas über ihren Parteikram.«[42]

Er beobachtet mancherlei Schildbürgereien auf dem Gut und gibt der Tochter Angela davon eine muntere Beschreibung: »Die Arbeitspferde hier auf dem Hof waren so verlaust, dass man sie mit Treckerbrennstoff eingerieben hat. Den Läusen hat das wenig geschadet, aber den Pferden sind die Haare ausgegangen, dass sie sich fast nackend fortbewegen wie die Elefanten. Nun haben sie keine Haare und kein Fleisch und laufen wie die Kleiderständer herum, so mager sind sie.«

Wenn es auch noch kalt ist, der Winter scheint vorbei. Hans beobachtet Stare und Finken. Er berichtet dem Mädchen, dass auch schon die Drossel abends ihr erstes Lied singt, »das heißt, sie übt erst noch und bringt noch manch falschen Ton. Pass mal auf: abends ca. ½ Stunde vor Dunkelwerden sitzt sie auf den höchsten Bäumen im Garten und singt ¼ Stunde. Auch nicht länger. Den letzten Ton singt sie schon im Wegfliegen.«[43]

Um die Osterzeit kommt Hans mit Lisa für drei Wochen nach Schwaneberg. Gisela gibt der jüngeren Schwester eine Kurzschilderung: »Durch Angela [wohl auf Drängen der Konfirmandin] war ich vormittags zum Gottesdienst, und in dieser Zeit versteckte Hans für unsere und Annelises Kinder Zuckerzeug, was es hier auf Zuckerkarte gab. So haben wir dann in alter Sachsendorfer Tradition getreu Ostereier gesucht. Die Kinder strahlten dankbarer wohl noch als früher.«[44]

»Muss weg in andere Dorf!«

28. April 1946. Hans ist mit Lisa wieder in Sachsendorf. Als er den Gutshof betritt, laden zwei Männer Mehlsäcke vor dem Speicher ab. »Hermann, der Chef ist wieder da!«, ruft der eine.« – »Ach, unser Chef, da sind Sie ja wieder!«, freut sich der andere, »wie geht es denn?« Das scheint nur der Auftakt. Alle freuen sich. Die Zurückgekehrten sehen sich von den Dörflern empfangen wie von einer großen Familie. Nachbarn haben sich um das Stück Gartenland gekümmert, das Hans von einem Bauern bekommen hatte. Ein kleiner Nachbarsenkel hatte ganz von sich aus die Blumenkästen gegossen. Emil Drews und der ehemalige Gutsbuchhalter Heinrich Scharnagel haben zugeteilte Frühkartoffeln für die Abwesenden gepflanzt …

Man hat wieder eine abenteuerliche Reise heil überstanden. Die Züge überfüllt, die Trittbretter behängt mit Menschen. Von dem Ort Werbig, nördlich von Seelow, war man zu Fuß gegangen. Niederschmetternder Blick über die verwüsteten Felder! Die Frühjahrsbestellungen noch viel schlechter, als der erfahrene Landwirt erwartet hatte: »Die Vorbereitung der Saatäcker ist unglaublich schlecht. Das Unkraut wird alles totmachen. Ganz wenige Morgen Kartoffeln sind gelegt. Für weitere ist noch gar kein Land vorbereitet.«[1]

Der 1. Mai verläuft klanglos. Eine Rednertribüne ist vor dem Esszimmer errichtet. Die Gebrüder Böhme sprechen belanglose Worte. Der Umzug geht ohne Musik vonstatten. Die Leute hadern. Früher ja, da war es schön gewesen am 1. Mai. Da gab es Musik, Bezahlung, Bier und Kuchen. Und jetzt? »Sollen uns lieber arbeiten lassen und zu fressen geben!« Abends: »GEMÜTLICHES BEISAMMENSEIN mit Tanz. Ausgeschenkter Schnaps zu 2,50 das Glas hatte bald alles besoffen gemacht. Als Lisa und ich gegen 20 Uhr hinsahen, torkelte alles.«[2]

Bonzenwirtschaft und ihre Folgen

Die miserable Wirtschaftsführung führt zu katastrophalen Engpässen: Es gibt keine Kartoffeln mehr. Sie sind buchstäblich alle. Die Fleischzuteilungen kümmerlich. Die Portionen voller Maden. Die Menschen drohen an Unterernährung zu sterben. Mehrere Frauen rennen in Seelow der Kreisleitung die Türen ein. Sie beschweren sich über die Gebrüder Böhme, über Schummeleien bei Nahrungsmittellieferungen und allgemeine Not. Hans hat schon lange den Verdacht, dass die oft allzu dürftigen Zuteilungen auf Schiebungen basieren. Den Reitweiner Bürgermeister wollen die Leute aufhängen. Er hatte Kartoffeln in den Mieten gehabt, sie den Einwohnern vorenthalten und eigene Geschäfte damit betrieben. Bei Paul Böhme klopft nachts um elf Uhr die sowjetische Kriminalpolizei an. Noch sperrt man ihn nicht ein, anderen Kollegen geht es schlechter. Sie werden wochenlang eingebuchtet. Paul Böhme, dem die Verantwortung über den Kopf zu wachsen droht, flüchtet in den Alkohol. Mitten im Suff soll er ausgerufen haben: »Schießt mich doch tot! Ich kann das nicht mehr mitmachen, werde verrückt dabei.« Seinem ehemaligen Chef klagt er: »Ich schaffe es nächstens nicht mehr.«[3] Unverständlich mag es erscheinen, dass Böhme sich nicht den einen oder anderen Abend zu diesem hin stiehlt, um ihn, der 17 Jahre alle drei Betriebe erfolgreich geleitet hatte, um ein paar Tipps zu bitten. Hans hätte ihm seinen Rat schwerlich verweigert, auch dafür gesorgt, dass niemand davon erfuhr.

Es ist nicht nur die sich in unzähligen Situationen herausstellende Unfähigkeit der Böhmes, einen landwirtschaftlichen Betrieb zu leiten, was die Sachsendorfer aufbringt. Regelrecht verhasst machen sie sich durch Vorrechte, die sie sich auf Grund ihrer Stellung einfach einräumen. So benutzen sie Kartoffeln und Getreidegut, die der hungernden Siedlergemeinschaft gehören, für private Tauschgeschäfte. Kaum erhellt einige Häuser wieder elektrisches Licht, beschenken sich Paul und Ernst mit dicken Radiokästen. Angereiste Verwandte erschnorren sich auf Kosten der Bevölkerung Lebensmittel und ziehen mit prall gefüllten Rucksäcken wieder ab. Jeder Siedler darf nur ein Stück Großvieh haben. Paul Böhme besitzt ein Pferd, drei Kühe, eine Färse, ein

Schwein, ein Schaf, eine Ziege, drei Gänse. Ebenso gut hat sich auch der Bruder Ernst mit Vieh eingedeckt. Da die Menschen vor Hunger nachts in Gärten, Feldern, türlosen Schuppen und Viehunterständen wie die Raben stehlen, wird reihum jeder Mann im Dorf zur Nachtwache abgestellt. Die fünf KP-Oberen nehmen sich von dieser Pflicht aus. Und obwohl sie kaum arbeiten, haben ausgerechnet sie sich mit einer Schwerarbeiterzulage versorgt. Aus Hans' Aufzeichnungen: »Es erregt Unwillen, dass von den nachts eingeteilten Wachen die Böhmes sowie Otto und Wilhelm Seelbinder befreit sind … Bis in den Morgen gehende Geburtstagsfeiern mit Trinkereien von Bier und Schnaps, das Verschicken von Kartoffeln und Getreide an den Betrieb nichts angehende Verwandte, während hungernden Arbeitern der Zukauf von Kartoffeln verweigert wird, offen zur Schau getragene neue Schuhe und Kleidung erregen berechtigten Ärger.«[4]

Chaos statt Neuaufbau

Die Motivation der Leute, die von 6.30 bis 19 Uhr auf die Felder gejagt werden, ist gleich Null. Hans schreibt: »Ist es warm, legen sie sich schlafen. Vorgestern liefen sie um 10 Uhr vom Felde. Frieda Böhme, die mit ihnen Erbsen pflückte, ermahnte sie. ›Halt die Schnauze, olle Kuh!‹ erhielt sie zur Antwort. Frieda: ›Det sag ick dem Bürgermeister!‹ – Die Frauen: ›Sag's ihm doch, der kann uns mal am ---!‹«[5]

Es ist Mitte Mai. Eine Kolonne Frauen soll tausend angelieferte Kohlpflanzen in den Boden setzen. Sie fragen den Aufsichtführenden: »Wie denn? Wie breit soll der Abstand zwischen den Pflanzen sein?« Der Administrator antwortet: »Dett weeß ick nich. Ick bin doch keen Kohlbauer.« Auf Schlag VIII hatte man bei Regen gepflügt, aber das Eggen versäumt. Der Boden war dadurch so verklütert, dass die Frauen gar keine Reihen ziehen konnten. Wochen später muss Lisas Kolonne auf dem gleichen Schlag Tabak pflanzen und Kürbiskerne legen. Aufseher Schulz brüllt: »Macht bloß, dass der Dreck reinkommt! Wie ist ganz egal.« Die Frauen streuen Hände voll Kürbiskerne in die Löcher. Hauptsache fertig werden! Hans findet kaum Worte: »Ja, es ist toll, was da gesündigt wird.«[6]

Sachsendorfer Frauen und Männer schuften auf dem Acker zwischen Panzern.

Im Juli fängt der Dreschkasten Feuer, brennt aus. Wo steckt der Betriebsführer? Er kommt aus Frankfurt zurück und ist derartig blau, dass er seine Haustür nicht findet. Bruder Paul sitzt im Gemeindebüro. Dort sind für den Tagesdurst zwei Fass Bier aufgestellt. Eine Rumäniendeutsche aus Werder stürzt herein: »Herr Böhme, auf Schlag zehn die Miete brennt!« – Paul Böhme: »Watt‹se nich sagen!« Lacht die Frau aus und bleibt sitzen. Erst als der zweite Hiobsbote hereinplatzt, bequemt er sich, an die Unglücksstelle zu radeln.

Sowjetisches Verhör

Hin und wieder wird der alte Sachsendorfer Schmied Gädicke von den Sowjets vernommen. Man ist ihm wohlgesonnen, reicht ihm Zigarette, will ihn nur *freundschaftlich ausforschen.* Etwa über den ehemaligen NSDAP-Ortsgruppenleiter Schulze oder andere profilierte *Parteigenossen.* Kürzlich sollte der alte Mann beim Kreiskommandanten in Seelow vorsprechen. Gädicke, eine grundehrliche, biedere Haut, erzählt dem enteigneten Gutsbesitzer, wie es ihm dabei ergangen war. Hans hat das Gespräch mit dem Russen, der gut Deutsch sprach, in einem Brief vom 15.Juni 1946 nachgezeichnet.

»Kommandant: ›Du bist mit deinem Gutsbesitzer gut ausgekommen?‹ Gädicke: ›Ja, sehr gut, und auch alle Leute im Betrieb.‹ Kommandant: ›Ich weiß, dass du die Wahrheit sagst. Das Gleiche haben mir schon viele Leute gesagt. Und doch gibt es welche, die auf ihn schimpfen, obwohl er zu allen gut war, auch zu euren Ausländern. Was mögen das für Leute sein, die so reden, und warum?‹ Gädicke: ›Das will ich Ihnen sagen. Es können nur welche sein, die früher Nazi waren und da jeden schlecht gemacht haben, und jetzt KPD sind und auch wieder jeden schlecht machen, um sich selbst gut zu machen. Schweinehunde sind das.‹ Kommandant: ›Ja, deutsche Schweinehunde. Du hast Recht. Opa, wir wissen, dass dein Chef gut ist. Und was macht dein Chef jetzt?‹ Gädicke: ›Er arbeitet am Graben.‹ Kommandant: ›Und vorher?‹ Gädicke: ›Da hat er alles gemacht in der Landwirtschaft.‹ Kommandant: ›Das ist sehr gut.‹«[7]

Kameradschaften am Graben

Die Arbeit am Graben ist recht anstrengend. Es geht darum, sämtliche Wasserläufe von Verschilfung und nahezu hoffnungsloser Verkrautung freizumähen, die Grabenrinne von Leichen, Hunderten von Gebrauchsgegenständen zu reinigen, die fliehende Soldaten angesichts nachrückender feindlicher Verbände noch fortgeworfen hatten. Neben Munition, Waffen, Gasmasken finden sich Gebrauchsgegenstände wie Spaten, Schippe, Petroleumlampe, Fernglas, Gewehre, Kochgeschirr, Kochtöpfe, Essbesteck, Brotmesser, Sägen, Porzellan, Tafelsilber, edle Tassen, Waschschüsseln, ganze Fahrräder. Es lassen sich Wurst- und Fleischkonserven, Wehrmachtbüchsen mit Käse aufstöbern, deren Inhalt noch vollkommen genießbar ist … An Hans' Seite Förster Emil Drews, der Arbeiter Paul Krüger, der Sattler Max Lorke. Man steht sich gut, lässt sich Zeit, um die Kräfte zu schonen. Wird der Sommertag knochenwarm, gönnt man sich eine Siesta im Schatten. Das überschilfte Grabengelände birgt auch ein kleines Gewehr, das Hans sorgfältig im Kraut versteckt hält und das ihm ausschließlich dazu dient, Hechte zu schießen. Er erlegt sie zu Dutzenden.

Lisa rackert sich ab, weil sie nicht nur ganztags arbeiten geht, sondern nach Feierabend noch den Haushalt führt, die Wäsche macht, kocht. Die Mittagspause ist ihr schon dadurch verkürzt, dass sie Hans am Graben das Kochgeschirr mit dem warmen Essen bringt. Die Äcker ersticken unter einem Dschungel aus Beifuß, Schachtelhalm, Melde, Wildhafer, Disteln, Klettengewächsen, einem Dickicht aus Brombeergestrüpp und mannshohem Schilf, dass die Betriebsleitung es mit der Angst zu tun bekommt. Öffentlich wird bekannt gemacht: Alle im Dorf sind aufgerufen, von 6.30 bis 19 Uhr draußen zu jäten, zu hacken, zu pflanzen: Männer, Frauen, Kinder. Auch der Sonntag gilt bis 13 Uhr als Arbeitstag. Wer nicht erscheint, wird aufgeschrieben und bestraft, beispielsweise indem man dem vermeintlichen Drückeberger die Ziege oder die Kuh aus dem Stall holt. Die Wut der Menschen ergießt sich über die KP-Oberen, zumal diese selbst sich von allem ausnehmen, keine Hand rühren, von den mageren Zuteilungen das Beste für sich behalten und ständig irgendwelche Vergünstigungen einstreichen. Das Dorf soll endlich wieder mit elektrischem Strom versorgt werden, doch längst nicht alle Wohnungen. Erste Masten werden schon errichtet – vornehmlich für die Häuser der regierenden Genossen.

Am 22. Juni gibt Hans nach Hause einen Lagebericht: »Die Ernte steht saumäßig. Dieser Tage drillt man noch Zuckerrüben. Gepflügt (jetzt!), geeggt, gedrillt. Was soll da werden? Die ersten Rüben stehen derart im Unkraut, dass Maschinenhacke nicht geht, Handhacke kaum möglich sein wird … Herbst- bzw. Winterfutter für die Kühe wird kaum heranwachsen. Unsere alten Schnitzel hat man in und vor vier Wochen vergeudet. Das noch vorhandene Rapskuchenschrot holen die Leute sackweise vom verschlossenen Speicher. Es wird jetzt trotz Grünfutter den Kühen eingepumpt … Die verkommenen Kühe sind jetzt alle schlachtreif fett. Können vor Fett kaum laufen.«[8]

In jenen Junitagen hört man aus der Ferne, Richtung Dolgeliner Berge, eine heftige Detonation. Waren die zwei Jungs, der von Bauer

Dreikant und der von Förster Drews, nicht zu den Höhen unterwegs gewesen? Man fährt hin, sucht das Gelände ab, findet die beiden Fünfzehnjährigen von Minen zerfetzt, verbrannt im Gras liegen. Die Beerdigung vollzieht sich auf dem Sachsendorfer Friedhof. Man senkt die Leichen in eine gemeinsame Gruft auf Bauer Dreikants Erbbegräbnis. Dessen erster Sohn war in Polen am ersten Kriegstag gefallen. Hans schreibt nach Schwaneberg: »Ich war gleich am Abend, nachdem man die beiden in die Friedhofshalle gebracht hatte, zu Drews gegangen, um ihm so in den allerschwersten Minuten beizustehen. Ihm ist mit dem Jungen ja nun das Letzte genommen, was ihm Freude war auf dieser Welt.« Emil Drews führte keine glückliche Ehe. Das anmutige Mädel, das der Arglose einst geheiratet hatte, wurde vorher nicht von ihm, sondern von einem Gutsbesitzer aus naher Nachbarschaft geschwängert. Das Kind, das vor dem gemeinsamen Sohn Hubertus zur Welt kam, war infolge eines Schlittenunfalls verwachsen. Der Eckstein, der die Ehe überhaupt noch zusammengehalten hatte, war nun weg. Hans versucht Drews auf andere Gedanken zu bringen: »Für den übernächsten Tag – am nächsten Abend war er hier bei uns – hatte ich ihn zu uns an den Graben bestellt [Drews war zu der Zeit krankgeschrieben]. Da habe ich ihm mein Gewehr gegeben und bin mit ihm gegangen, Hechte zu schießen. Das half ihm sehr. Half ihm so, dass er lachte und über sich selbst erstaunt sagte: ›Ich dachte, ich würde nie wieder lachen können …‹«[9]

In diesen Tagen klagt ihm der Arbeitskollege Max Lorke, er habe eine schlimme Nacht gehabt. Mal in Schweiß, dann Frösteln, fast hätte er sich übergeben. Dann Schmerzen abwechselnd im rechten und linken Arm, schließlich in den Füßen. Was das bloß zu bedeuten hatte! Um 11 Uhr setzt Max Lorke sich an den Grabenrand, um auszuruhen, schläft ein und ist tot. Hans holt sich von Bauer Dreikant, der ganz nahe wohnt, eine Leiter. Man bettet den Toten wie auf einer Bahre darauf und trägt ihn zum Dreikantschen Gehöft. Hans berichtet: »Dreikant fuhr ihn ins Dorf, und ich hatte die wenig schöne Aufgabe übernommen, der gar nichts Böses ahnenden Frau Mitteilung zu machen. Ich habe es so schonend getan, wie es das Tempo des nachkommenden

Wagens zuließ. Aber es war doch sehr schlimm. Und so werden wir morgen Lorke beerdigen, der in diesen Wochen ein guter Arbeitskamerad war.«[10]

Minen räumen

Endlich traut Hans sich, nach Hause auf möglichst schonende Weise zu berichten, zu welch reizenden Verrichtungen er und andere ehemalige *Parteigenossen* schon seit einer Weile ausersehen waren. Sie sollen eine Ackerflur von 500 Morgen, die die Sowjets landwirtschaftlich genutzt sehen wollen, von Minen säubern. Lisa bekommt große Angst, als Hans mit fünf anderen Himmelfahrtskandidaten, darunter Emil Drews, Bauer Dreikant, der Lebensmittelkaufmann Pattke, loszieht. Hans beruhigt die Familie: »Es ist diese Arbeit, wenn man aufpasst und darauf achtet, dass die anderen vorsichtig sind, nicht so schlimm.« Stolz vermeldet er, dass er am ersten Tag schon 15 Minen entschärft habe, und erstaunt über sich selbst: »Es ist ulkig, obwohl ich in meinem Leben nie mit derlei zu tun hatte, haben sich die beiden mitarbeitenden Weltkriegs- und Jetztsoldaten, Pattke und Bauer Dreikant, meinem erdachten System, die Minen zu suchen, völlig angeschlossen und mich arbeiten lassen … Wir haben den Schlag gesäubert und die Minen gesprengt.«[11]

Einem der Gruppe – es ist der Bruder der mit Hans' Familie nach Schwaneberg geflüchteten Kochfrau Auguste Müller – war in den gefahrvollen Tagen durch Unachtsamkeit ein Sprengstück an den Schädel geflogen. Man hatte den stark Blutenden ins Krankenhaus nach Fürstenwalde transportiert. Glücklicherweise war Augustes Bruder von dem Splitter am Kopf bloß gestreift worden.

Nach perfekter Reinigung des Minenfeldes wartet eine Schwerarbeit auf die amtlich Geächteten: Das Zuschippen der zahllosen für den Frontkrieg ausgehobenen Laufgräben. Erleichterung verschafft Hans dabei einzig der menschliche Kontakt mit den schlichten Menschen, die sein Los teilen. Sie sind dem enteigneten Gutsbesitzer tief ergeben, so als sei er noch immer ihr Chef. Paul Krüger, der eingesetzte Kolonnenführer, einst Arbeiter auf dem Gut, strahlt, wenn Hans nach einem Fehltag wieder am Graben erscheint. Im Brief charakterisiert dieser ihn so:

»Krüger ist arbeitsmäßig, gefühlsmäßig, hinsichtlich Bildung ein weit über das ihm zuzudenkende Niveau hinausragender Mensch. Vielleicht wäre er im Gutsbetrieb **der** jeden anderen übertreffende Mensch. Außerdem an sich peinlich sauber und anständig denkend, wenn auch völlig naturmäßig und bar jeder Hemmung.« Als sich die zu erwartende Erntekatastrophe immer deutlicher abzeichnet, triumphiert Krüger: »Mensch, jetzt haben wir gewonnen. Die Hunde haben verspielt, und nun richten Sie die Wirtschaft wieder auf.« Schön wär's. Der Ex-Chef glaubt nicht dran. Trotzdem suggeriert ihm eine innere Stimme: Hier bleiben, ausharren!

Verkommene Feldflur

Seit dem Frühjahr bestellt er mit Lisa zwei kleine Streifen Gartenland. Inzwischen erntet er Frühkartoffeln, Spinat, Salat, Kohlköpfe, Mohrrüben, Tomaten, grüne Bohnen ... Das ist bitter nötig; denn Ernährung bleibt der Schwachpunkt des unlängst noch blühenden Kulturlandes. Lisa hat Garben gebunden, wurde dabei von hundert Disteln gestochen. Viele der Stacheln lassen sich nicht aus Händen und Armen herausziehen, fangen an zu eitern. Die Eiterstellen wollen nicht abheilen. Hans hat keine heilen Schuhe mehr. Bauer Dreikant tritt ihm die Holzschuhe des verunglückten Sohnes ab, bis Gisela ihrem Mann ein Paar seiner alten Stiefel geschickt hat. An die müssen die Füße sich erst wieder gewöhnen, er holt sich Blasen, die gleichfalls vereitern und nicht abheilen wollen. Der Arzt führt beides auf Unterernährung zurück.

Lisa kommt von der Gartenernte zurück. Frieda Böhme steht draußen und staunt: »Wo haben Sie denn die großen Karotten her? Lisa: »Von unserem Land.« Frieda: »Du meine Güte, so'ne großen Karotten, wie Hühnereier! Und so'ne großen Kohlrabi! Mutter, komm es her, kiek mal, watt die for große Kohlrabi haben! – Wo haben Sie denn bloß die Pflanzen her?« Lisa: »Hat der Chef in der Stube im Kasten gezogen.« – Frieda: »Wattse nich sagen. Watt der so alles kann! Und so große Zwiebeln habense.« Paul kommt hinzu, macht große Augen, ist voller Anerkennung: »Wir haben schon immer gesagt, Sie haben Ihr Gartenland am besten in Ordnung und gehen doch beide ganze Tage arbeiten.«[12]

Lisa kommt mit Frieda Böhme hin und wieder ins Ratschen. Einmal geht es um die Frage: Soll der enteignete Gutsbesitzer Land bekommen? Frieda: »Er [Paul] wird ihm schon gern wat jeben. Und die Leute sagen auch alle: Er war doch so'n guter Chef, und er muss schon eine Siedlung haben ... Wenn der Russe man nich wäre!« Lisa: »Der Russe? Mit dem ist der Chef gut ausgekommen. Hat denen gleich seine Papiere gegeben, gesagt, ich bin Gutsbesitzer und PG, und die Russen haben ihm nichts getan.« Frieda kommt aus dem Staunen nicht heraus: »Wattse nich sagen, datt hat er jesagt? Und ist jut einig mit sie jeworden?«

Hans will vorläufig noch kein Land haben, möchte lieber bis kurz vor dem Winter 1947 abwarten. »Aber geben sie uns mal, dann sollen die doch erleben, wie Landwirtschaft betrieben wird!« Doch schon kommen ihm Zweifel: »Ich sagte schon früher zu Lisa, davor fürchten sie sich hier, so glaube ich.«[13]

Der frühe Gang zum Graben lässt ihn die Morgenluft genießen. Sein Auge gehört der Natur. Er sieht Trappen über das Feld wandern, freut sich, dass es sie wieder gibt. Er beobachtet den Fuchs, der im Klee Mäuse jagt. Sogar ein Sechserbock überrascht ihn. Was für ein Prachtkerl! Vermehre dich brav, dass es bald noch mehr stramme Burschen deiner Sorte gibt! Am liebsten möchte er im späten August mit Hund und Flinte auf Hühnerjagd gehen; es quirlt geradezu von Rebhuhnvölkern. Aber es gibt auch über und über Ungeziefer auf den Äckern. Erdflöhe, Käfer, die die Rübenpflanzen wegfressen. Es wimmelt von Mäusen. In allen Häusern, Kellerstuben, unter Holzstößen und Kaninchenställen Ratten! Sie schleppen Typhus ein.

Und wie sehen die Erträge auf Hans' Feldern aus? Die Sommergerste Schlag XI ergibt ein bis zwei Zentner, sonst nur Disteln. Die mangels heiler Scheunen angelegten beiden Mieten, dunkel wie Heumieten, werden jetzt schon grün, weil sie nicht abgedeckt wurden. Strömender Regen lässt die Erbsen auswachsen. Weiteres Getreide hat man zwischen Lehmscheune und Schuppen zu Mieten auf so engem Raum zusammengefahren, dass ein Streichholz genügt, um alles in Flammen aufgehen zu lassen.

Hans ist fassungslos: Welch bodenloser Leichtsinn, nachdem kürzlich eine Weizenmiete bereits abgebrannt war! Schlag II sind Kartoffelpflanzen 20 cm hoch gewachsen, blühen schon. Kein Mensch hat sie gehäufelt. Den zweiten hohen, üppigen Luzerneschnitt lässt man in Samen schießen. Eine Unmöglichkeit! Kolonnen aus Berlin, aus Frankfurt strömen als Schotenpflücker über die Felder, hoffen, dass sie sich auf dem Land mal sattessen können. 160 Zentner gepflückte Schoten füllen abends einen ganzen Kastenwagen, werden von innen heiß, fangen zu kochen an. 4000 Kohlrüben total verdorrt, da nie gegossen. Kohlpflanzen nicht gehackt, von Distelkraut hoffnungslos überwuchert. Junge Rüben, nicht gedüngt, vor Disteln kaum zu sehen, ersticken unter dem Fremdwuchs.

Es ist der 27. August. Hans notiert: »Ende August muss der Raps in die Erde, den sie anbauen müssen, obwohl ja feststeht, dass Käfer und vorher schon Mäuse ihn nicht hochkommen lassen. Unter jeder liegenden Getreidegarbe finden die Leute 4 bis 6 Mäuse und große Haufen abgefressener und zusammengetragener Ähren. Der Mohn keimt in geschlossenen Kapseln, da sie durchfeuchtet sind…« Und das Ablieferungssoll? Woher nehmen? Nur einen Bruchteil, so glaubt Hans, wird man »als Wasserschaden ablügen« können.

Russischer Kommandant in Sachsendorf

Und schon trifft Freund Iwan, wie Hans ihn vertraulich nennt, ein und sieht nach dem Rechten. Hans kommt barfuß in Latschen von der Wiese, schlägt die Dorfstraße ein, als ein Gespann mit zwei Rotarmisten ihn überholen. Einer von ihnen der eingesetzte neue Ortskommandant aus Dolgelin. Hält an, winkt den Passanten zu sich, spricht kein Deutsch. Der Kutscher schaltet sich ein. Hans sagt seinen Namen. Scheint dem Offizier bekannt. »Wo wohnst du? Wo arbeitest du? Und warum heute nicht?« Hans zeigt sein verbundenes Bein. »Oh, oh krank!« So viel Deutsch beherrscht der Kommandant. Ob er Land habe? Nein, sagt Hans, er sei der frühere Besitzer gewesen. »Ach so. Wieviel Leute waren hier beschäftigt?« – Hans gibt die Zahl seiner früheren Belegschaft an. »Nun gut. Wiedersehen!« Hans bemerkt: »So dreckig und unrasiert, so höflich war er.«

Der Kommandant lässt sich den Hof zeigen, die Kellerwohnungen, auch Hans' Behausung will er sehen, dann lässt er sich übers Feld fahren. Von seiner Besichtigung zurück, bekommt er einen Tobsuchtsanfall; denn er hat unter den Mieten völlig grün überwachsene Wintergerstefuhren entdeckt. Und dieser Dreck, diese Unordnung auf dem Hof! Paul Böhme als Verantwortlicher bekommt nicht nur einen Stiefeltritt in den Hintern, der Kommandant schlägt ihn links und rechts ins Gesicht. Ganz Sachsendorf reibt sich schadenfroh die Hände. »Das muss anders werden!« hatte der Offizier beim Abschied gesagt und: »Ich komme bald wieder.«

Kaum ist er fort, munkelt man im Dorf, der Russe werde die Brüder Böhme einsperren und den alten Chef wieder einsetzen. Der allein verstehe was von der Sache. Hans selbst dazu: »Vielleicht wird Ernst Böhme nun auch daran arbeiten, mich zu entfernen. Mag sein, aber dann würde ich evtl. zum Russen gehen und mit ihm über die Sachlage sprechen. Mal abwarten. Auf jeden Fall ist die ganze Situation etwas verworren.«[14]

Hans muss gehen

Die *Situation* entwirrt sich wider Erwarten schnell: ohne Gnade und unausweichlich.

Brief XXI vom 7. September 1946: »Meine liebe Gisela! Wir stehen hier unmittelbar vor der Ausweisung.« Der russische Kommandant war ins Dorf zurückgekehrt, begleitet von Hans' früherem Aufseher Kaul, der sich offensichtlich das Vertrauen der Machthaber erworben hatte. Nach einem Donnerwetter im Hause Böhme ließ der Russe sich in Hans' Wohnung führen, traf aber nur Lisa an, während Hans am Graben arbeitete. Dieser berichtet später: »Er war sehr freundlich. Obwohl er vorher mit Paul Böhme übelst getobt hatte, war er mit allem einverstanden, was Lisa ihm antwortete, sagte aber trotzdem: ›Muss weg. Muss in andere Dorf!‹ Wenn auch Paul Böhme, der sich allerdings vor Angst kaum zu regen wagte, mehrmals beteuerte, ich ginge immer zur Arbeit usw. – ›Ja gut, gut; aber muss weg.‹ Was auch Kaul – offenbar freudig – immer wieder versicherte: ›Ich schreibe sofort den Befehl.‹«

Lisa schickt Drews zu Hans an den Graben. Der kehrt heim, erkundigt sich bei Paul Böhme, der die Ausweisung bestätigt. Der Grund für diese plötzliche Aufforderung sei, dass die Leute zu gut von ihrem alten Chef sprächen. Da mochten die Russen befürchten, dass dieser sie ungünstig beeinflussen könnte. Hans selber und in die Sache Eingeweihte werden den Vorgang so deuten: »Kaul braucht ein Opfer und Erklärung dafür, dass sein berühmtes Sachsendorf von der vordersten Spitze auf ziemlich den letzten Punkt gesunken ist, und da ist diese dem System der Russen sehr einleuchtende Erklärung sehr billig.«[15] Im Dorf herrscht allgemeines Entsetzen. Die Menschen vor den Kopf gestoßen. Paul Krüger am Graben ist den Tränen nah: »Nun geht es mir doch am schlechtesten«, wiederholt er immer wieder. »Nun habe ich niemand mehr, mit dem ich reden, mich verstehen kann.«[16]

Nun heißt es bloß noch packen und wegschaffen. Ein befreundeter Händler transportiert in seinem Lieferwagen diverse Lebensmittel und Gebrauchsgegenstände nach Berlin zur Familie Göttel. Ein mit Hans befreundeter Frankfurter Konservenfabrikant namens Heine schickt seinen Neffen mit Lastwagen, der aus dem Gutshaus gerettete Gegenstände und Bilder zur Aufbewahrung nach Frankfurt holt. Man ist reisefertig.

Der sowjetische Kommandant macht am gleichen Tag auch noch Besuch bei Sachsendorfs größtem Bauern Gräbert. Alles Scharwenzeln um die KP-Führer, alle Sympathiebekundungen für deren Parolen – Hans mochte ihn deswegen nicht – haben ihm nichts genutzt. Auch er wird vom russischen Kommandanten ohne Wenn und Aber ausgewiesen. Kurz darauf erhängt Gräbert sich. Während Hans auf den Empfang des amtlichen Ausweisungsbefehls noch wartet, wird der Tote auf dem Sachsendorfer Friedhof beerdigt.

Zeugnisse

Ein halbes Jahr später wird Hans sich vom Sachsendorfer Bürgermeister ein Führungszeugnis ausstellen lassen. Darin heißt es: »Herr Hans-Adolf Schmelzer war Gutsbesitzer in der Gemeinde Sachsendorf und bewirtschaftete eine Ackerfläche von über 1 000 ha. Über sein damaliges Verhalten der ganzen Jahre ist Folgendes vom Antiblock festgestellt worden.

»Herr Schmelzer war von 1927 (an) ein tüchtiger Landwirt und achtete stets darauf, dass die Wohnungen seiner Arbeiter in guter Ordnung blieben. Soweit wir alle übersehen können, hat er keinen Arbeiter misshandelt, wir möchten sogar betonen, dass auch die ausländischen Arbeiter nichts Schlechtes reden können, denn er hat diese Arbeiter in den ganzen Kriegsjahren unterstützt und auch für Kleidung gesorgt. Herr Schmelzer ist erst 1938 der NSDAP beigetreten, da der Druck der Parteileitung gegen ihn immer größer wurde. Es wurden ihm des Öfteren von der Parteileitung Vorwürfe gemacht, dass er alle Arbeiter gleich behandelt, ganz gleich welcher Parteirichtung sie angehörten, und deswegen brachte ihn die Parteileitung der NSDAP 1944 vor das Parteigericht. Als wir im Februar 1945 durch die Kriegseinwirkungen Sachsendorf verlassen mussten, ist er stets bei seinem Treck verblieben und hat für seine Arbeiter und Angestellten bis zum Schluss gesorgt. Herr Schmelzer hatte in der NSDAP keine Funktion und kümmerte sich fast gar nicht um die Partei. Als er nach Kriegsende wieder zurückkam, setzte er sich sofort ein und arbeitete mit für den Neuaufbau.

Das alles, was hier aufgeführt ist, sind Tatsachen und sind vom Antiblock geprüft und befürwortet.

Sachsendorf, den 26.4.47

Unterzeichnet von Bürgermeister P. Böhme

[Stempel der Bürgermeisterei Sachsendorf Kr. Lebus]

Unterzeichnet vom Antiblock durch E. Böhme, F. Andree. H. Schirm

[Stempel der SED Ortsgruppe Sachsendorf]«

In einem gleichfalls beglaubigten Zeugnis bescheinigt der Sachsendorfer Bauer Paul Günther dem ausgewiesenen Gutsbesitzer Hans-Adolf

Schmelzer unter anderem: »Er war jederzeit für uns kleine Landwirte zu sprechen und hilfsbereit, sei es durch Hilfe mit Gespannkraft und Leute, kostenlose Leihung von Maschinen, Reinigen von Saatgetreide und durch Geben von Futter, wenn wir kleinen Besitzer mit unserem nicht auskamen … Wenn sein Oberinspektor uns oder seinen Arbeitern eine Bitte verweigerte, so gingen wir zu Herrn Schmelzer und waren gewiss, dass er sie erfüllte.«

Der Brennermeister Erich Hensel bezeugt in einem gleichfalls amtlich beglaubigten Schreiben: »Noch während des Krieges hat Herr Schmelzer mit dem Juden Seelig Frankfurt/Oder in geschäftlicher Verbindung gestanden, um für seine Leute Vorteile zu haben, und war Juden gegenüber nie feindlich eingestellt. Dieses Verhalten hat Herrn Schmelzer durch den Ortsgruppenleiter der NSDAP große Unannehmlichkeiten bereitet und noch 1944 wurde er vor das Parteigericht gestellt …«[17]

Abschied für immer

Als das amtliche Ausweisungsschreiben nicht eintreffen will, mag Hans nicht länger darauf warten. Lisa, für die der Befehl nicht gilt, will allein nicht zurückbleiben. Man macht gemeinsam einen Abschiedsbesuch bei Thea Keunecke, die zwei Tage zuvor von einem mitgefangenen Kameraden erfahren hat, dass Fritz, ihr Mann, in einem Lager in Russland gestorben ist. Dann begibt man sich zu Bauer Dreikant. »Er hatte gerade Geburtstag und bekamen wir sehr schönen Pflaumenkuchen zu essen.« »Nix anjeriert hatta, Ihr Vater. Ick weeßet janz jenau!« versicherte mir Dreikants Tochter Anneliese Stephan auf meinem ersten Sachsendorfer Besuch 1990. Sie war 18, als mein Vater die Heimat endgültig verlassen musste.

Kurz vor dem Abschied noch eine letzte Nachricht über Betrieb Sachsendorf: »Gestern kamen die letzten Erntefuhren herein. Winterweizen von Schlag IV je Fuhre knapp 1 Ztr. Erdrusch. Manche Fuhren nur Disteln. Zusammengefahren als Futter für die Kühe.« Um Mitternacht versucht Hans noch ein letztes Mal, unter der abgebrannten Hofscheune nach der vergrabenen Kiste mit Silbersachen zu buddeln.

Paul Krüger ist ihm dabei behilflich. Drews traut sich nicht mehr. Der Buddelei ist kein Erfolg beschieden. Am nächsten Morgen macht Hans sich endgültig fort. Er wird die Heimat nie wiedersehen. An Gisela schreibt er: »Was ich bei Euch tue, werde ich sehen, irgendetwas wird schon werden. Ich kann ja nichts dagegen tun, wenn man mich hier rauswirft.«[18]

Wer weiß, ob mein Vater dem Beispiel des Bauern Gräbert nicht gefolgt wäre, hätte er nicht die 25-jährige Dresdnerin an seiner Seite gehabt, die ihm nicht nur Klagemauer war, sondern auch nie ermüdete, ihm wie einem unendlich verzagten Kind wieder und immer wieder geduldig zuzureden. Ob mein Vater aus dem Griechisch-Unterricht die Sage vom Riesen Antaios kannte? Dieser entnahm seine ganze Kraft dem Erdreich, auf dem er stand. Von den Armen seines Verderbers vom Boden auf und lange genug in die Luft gehoben, ging dem Riesen für immer der Odem aus.

Heimatlos

Hans ist mit Lisa nach Schwaneberg gekommen, und Gisela schreibt an ihre Münchner Schwester Ursel: »So sind wir also heimatlos geworden und was das bedeutet, wenn man eine so schöne Heimat besaß,– nun wir denken nicht darüber nach und sprechen nicht davon, sondern hoffen ganz im Stillen, dass doch das Rechte noch mal siegt und man uns vielleicht sogar wieder braucht, das total verwüstete Oderbruch wieder urbar machen zu helfen.«[1]

Platz gibt es in Anni Schwechtens Gutshaus genug für die Familie. Allerdings ist inzwischen ein von den sowjetischen Siegern eingesetzter Güterdirektor eingezogen, Herr Göldel, ein hoher Herr, der im Umkreis über 47 Wirtschaften gebietet. Doch benötigt er mit Frau und kleiner Tochter nur das Parterre des Haupttraktes. Wir selbst, Annelise samt Kinderschar dürfen im alten Flügel wohnen bleiben, genießen Zentralheizung und eigenes Bad. Herr Göldel, Grandseigneur alter Schule, küsst Gisela die Hand und will sich innerhalb seines Machtbereichs persönlich bemühen, für Hans eine Anstellung als Verwalter oder Beamter zu finden. Doch selbst dem lieben Gott wäre unter Stalin in solchen Angelegenheiten kein Erfolg beschieden gewesen: »Ehemalige Großgrundbesitzer und PGs sind halt unmögliche Menschen und zu allem total ungeeignet«, erbittert sich Gisela. Doch wer weiß, wozu das letztlich gut war. Einem Betriebsleiter blühte, wenn das Ablieferungssoll nicht erfüllt werden konnte, ein Weiterleben hinter Gittern.[2]

Annelise bedauert ihre Schwester und schreibt nach München: »Hans hat keine Arbeit und Gisela hat ihr Päckchen; denn Lisa lebt auch hier. Ein Mann ohne Arbeit ist doch eine große Belastung.«[3] – Für mich hatten sich die Familienverhältnisse eher normalisiert, denn ein intaktes Zuhause stellte ich mir stets als eine Erwachsenendreiheit vor: Vater, Mutter, Lisa und als Ergänzung uns drei Kinder. Letztlich hatte ich es dem politischen Zusammenbruch zu danken, dass ich meine Mutter nun täglich hautnah um mich hatte. Heute bezweifle ich, dass mich das glücklich gemacht hat. Die Schläge, die meine Mutter mir aus Erziehungsgründen mitunter versetzte, brannten zwar nicht auf der Haut, umso mehr schlugen sie meinem Selbst ins Gesicht.

Mütterliche Erziehung

Mir fallen dazu drei ganz verschiedene Erlebnisse ein. Das erste lag noch in der Zeit, die Vater mit Lisa in Sachsendorf ausharrte. Ich wurde dazu angehalten, ihm einen Brief zu schreiben. Was schrieb ich einem Mann, den ich nicht kannte? Der mir nie im Leben die Hand auf die Schulter gelegt, geschweige je ein persönliches Wort mit mir gewechselt hatte? Meine Mutter am Bügelbrett hilft mir auf die Sprünge: »Schreibe ihm, wie artig du jetzt immer alles aufisst, dass du im Tellerleeren sogar König bist, ein Krönchen verliehen bekommst!« Ungelogen. Die Bauchbinde einer Rauchware, mattgold und aus Papier, durfte ich mir als Trophäe vor den Teller legen, wenn ich noch vor meinen untergewichtigen Vettern, die sich die verwässerte Kartoffelsuppe wie Wölfe hineinschlangen, als Sieger hervorging. »Und dann schreib noch, dass du dich über Vatis Briefe immer freust, du sie fein aufhebst und nicht fürs Klöchen nimmst!« – mangels Klopapier. Mein Vater, der täglich in die tiefen Augen hungernder Sachsendorfer Kinder blickte, kanzelt mich in einem hohngewürzten Antwortbrief mit sarkastischer Schärfe ab, dass es mich tief verstörte und mir der schweigsame Mann in den schwarzen Langschäftern noch fremder, noch unnahbarer wurde, als er es für mich schon immer war. »Schäm dich!« hieß das wieder, zumal der Mahner, als ob die Sehschärfe des im Graben aufgefischten Fernglases vom Oderbruch bis Schwaneberg reichte, mir obendrein das Nasebohren als Lieblingsbeschäftigung unterstellt hatte. Nein, auch diesen Brief, darüber wollte schon die Familie wachen, würde ich nicht zum Klöchen tragen. Aber die Geschichte ist noch nicht zu Ende. Mein Posttag bekam noch eine besondere

Spitze. Denn beim nächsten Mittagessen hatte ich den Fetzen vor versammelter Runde laut vorzulesen, also auch vor unterernährter Tante, hohläugiger Kusine, klapperdürren Vettern. Als mir das nicht so recht gelingen wollte, nahm meine Mutter mir die Mühe ab und gab das väterliche Urteil über allen von mir geschriebenen Unsinn zum Besten, zu dem sie mich vor 14 Tagen – so lange ging die Post – Plätteisen schiebend selbst angestiftet hatte. Dass ich mich nach über einem halben Jahrhundert an diese Begebenheit in allen Einzelheiten erinnere, mag zeigen, wie sie mir als Kind zugesetzt hat.

Das zweite Erlebnis reicht noch weiter zurück, und zwar bis in die Tage der amerikanischen Besetzung. Vor der dorfzugewandten östlichen Flanke des städtisch stolzen Schwaneberger Gutshauses erstreckte sich ein grüner Anger, auf dem die halbe Dorfjugend teils Gänse hütete, teils herumtollte. Die große Edith, Tochter des Feldaufsehers, beaufsichtigte Hahnenkämme und Schmutznasen, unter denen ich mich selbst kurzweilig herumwälzte. Welches Insekt mochte Edith gestochen haben, dass es sie plötzlich anwandelte, sich laut über meine *Pischmatratze* lustig zu machen, die gelegentlich zum Trocknen in unserem Fenster lag – wir wohnten noch in dem großen Zimmer mit Blick auf den Anger. Edith kreischt auf: »Du strullst ja noch ins Bett, hihi!« – »Nee, stimmt nicht«, sage ich, »das war mein Bruder.« Mir schallt Ediths Pferdewiehern im Ohr. »Der hat mir ja selbst gesagt, dass du ins Bett strullst, ätsch!« – »Der lügt eben. Jawohl, mein Bruder lügt alle Leute an!« Das war stark und konnte weder Gottvater noch unserer *Müllerin* wohlgefallen, die unter offenem Kellerschacht in der Grude stocherte und der *Nedijen* prompt Meldung machte. Das ergab am Abendbrottisch eine kurze, klanglose Anweisung: »Du gehst morgen zu Edith und sagst ihr die Wahrheit! Ich werde mich erkundigen.« Ich sehe mich vor dem Hutzelhaus des Feldaufsehers Rupsch stehen, das über eine Pflasterstraße, die zum Gutshof führte, mit zwei Puppenfenstern auf den Anger schaute. Dahinter sollte ich den wahren Sachverhalt über meine nächtliche Schande unterbringen. Ich mache Kehr-um und behelfe mich mit der Ausrede: »Edith war gar nicht da.« Man beharrte, fragte mich nach jeder Familienmahlzeit … Bis der Tag kam, als die Amerikaner abzogen. Dieses Datum hatten sich die Polen ausersehen, um noch einmal so richtig auf den Putz zu hauen. Zwölf Stunden lang Glas splittern, Türen eintreten, Schränke durchwühlen, Schubfächer rausreißen, Truhen, Kisten, Kasten lüften und alle Beute in die Kaserne schleppen. Die Frauen nehmen Reißaus in den Park bis auf die Felder. Männer gab es nicht. Uns Kinder hatte man »zur Vorsicht« (!) im Büro eingesperrt – sollte der Hof nicht angesteckt werden? Nachmittags großes Besäufnis in Anni Schwechtens Weinkeller, bis gegen sechs britisches Militär eintrifft, die Plünderer aus dem Gutshaus herausholt und in den nächsten Tagen Richtung Heimat karrt. Meine Mutter folgt mit anderen Frauen zwei englischen Sergeanten in die Kasernen – unsere Vorräte hatten Einbußen erlitten … Ich dankte hinterher gleich drei fremden Nationen: den Engländern, unter deren Schutz unser Kinderkakao wieder heim ins Reich gelangte, den Amerikanern, deren Abzug den Polen Gelegenheit gegeben hatte, sich einen Tag lang in Schwaneberg weidlich auszutoben, schließlich den Polen selbst, die mit ihrem Strafgericht so viel Schrecken und anschließendes Durcheinander verbreitet hatten, dass sich über den mir auferlegten Bußgang für alle Zukunft der Schatten des Vergessens breitete.

Das dritte Erlebnis spielte sich gleichfalls auf dem Anger ab, wo wochenlang nachmittags und abends ein Karussell dudelte. Manfred, der Sohn des Inhabers, ging mit mir in die Schule. Ein robuster, rauflustiger Kerl, der vor dem Zelt plötzlich Klopperei anfing und mir dabei eine Ladung Rippenpüffe versetzte. Ich blieb unbeweglich, zahlte nicht zurück, um nicht noch weitere Salven einstecken zu müssen. Reichlich schlapp, das sei zugegeben. Was den Vorfall verschlimmerte, war, dass man ihn daheim hinter der Gardine verfolgt hatte. Es gab keine Szene, nur das zu Tode vergrämte Gesicht meiner Mutter, die meine Tapferkeit vermisst hatte, an der es Onkel Eberhard, ihr Lieblingsvetter, mit Sicherheit nicht hätte fehlen lassen. Der war kürzlich auf Besuch gewesen – auf seinen frischen Prothesen.

Hans-Jürgen Schmelzer als Flüchtlingsjunge in Schwaneberg.

Keins der drei Erlebnisse machte es mir so deutlich wie das letzte, dass meine Mutter mich in zärtlichen Momenten zwar gern wie ein Baby hätschelte, sich aber im Stillen, so schien es mir, einen ganz anderen Jungen als mich wünschte. Dieser Eindruck verstärkte sich mit dem Auftreten meiner vier Thorner Vettern, die ich zeitweise hasste, weil Vater und Mutter nicht müde wurden, sie gegen mich auszuspielen – waren sie nicht klüger? gewitzter? pfiffiger? flinker? Vor allem waren sie – so viel sei zugestanden – im Gegensatz zu mir nicht feige.

Der Kumpel

Lisa tat mir gut in den Jahren 1946 bis 1948. Sie machte mich weder zum Baby noch zum dummen *Murkel*. Für sie war ich brauchbarer Kamerad. Während sie draußen in der Feldkolonne Garben aufstellte, brachte ich ihre Schuhe zum Schuster, gab Päckchen und Briefe in ihre Dresdner Heimat zur Post, stellte mich sonnabends für Lisa in die Schlange der Lohnabholer, sammelte dabei für mich abfallende Pfennige, für die ich mir im Dorf süßes Brausepulver kaufte. Lisa begleitete mich zum Zahnarzt, dem ich vor Panik fast das Besteck aus der Hand riss. Lisa hielt dicht, behauptete zu Hause, ich sei sehr tapfer gewesen. Sie nörgelte nicht an meinem Zeugnis wegen *genügend* in Schreiben und Lesen. Die mütterliche Zeterei wollte mir nicht in den Kopf, wo doch der Lehrerin meine Leistungen *genügten!* Dass hinter Zeichnen und Singen gut stand, darauf musste mich Lisa erst aufmerksam machen, andere schienen das vollkommen übersehen zu haben. Noch etwas war gut an Lisa. Sie sorgte für eine fröhliche Runde am Abend. Hieß alle um den Tisch sitzen zum Rommé-Spiel. Ich erlebte meinen Vater so nahe, dass er allein schon durch seinen Tabakgeruch endlich für mich Mensch wurde.

Nimm doch endlich ein Gespann!

Zu Hause saß Hans herum, hatte keine Aufgabe. Gisela, sonnenverbrannt vom Felde kommend, beklagt seine Schwunglosigkeit: »Melde dich beim Inspektor und nimm dir ein Gespann!« Wenn das so einfach wäre! Sie muss erkennen, dass die Zeitläufte gegen ihren Mann arbeiteten: »Hans würde das Geld von einem Bekannten geliehen bekommen, um etwas Landwirtschaftliches zu kaufen oder zu pachten und versucht das mit allen Mitteln, aber es ist bisher an nichts heranzukommen. Und hier im Betrieb als Landarbeiter anzufangen, wurde ihm bisher als ehemaligem PG nicht erlaubt. – Na ja, zum Mistladen muss man ja auch würdig genug sein.« Andererseits mochte das auch wieder gut sein; denn, so überlegt sie: »Solche sture Arbeit, ohne den Geist anzustrengen, ist schwer, zumal sie nicht fürs Eigene ist, wie er ja doch letzten Endes in Sachsendorf erhoffte.« Gisela macht sich auch keine Illusionen über Hans' gesundheitliche Konstitution: »Es ist so, dass Hans durch 4 Monate russische Kriegsgefangenschaft gesundheitlich mehr heruntergekommen ist, als man erst dachte. Er ist recht steif – mehr als es sonst in seinem Alter (44) der Fall sein würde – und natürlich auch schlapper als normalerweise.«[4]

Hans' Arbeitsausfall drückt die Familie wirtschaftlich. Gisela klagt ihrer Schwester Ursel: »Die Bestände im Koffer schrumpfen merklich zusammen und was ich im Sommer dazuverdiene, ist der reinste Hohn im Vergleich zu dem, was wir verbrauchen. Es ist nur die Notwendigkeit meiner Landarbeit darin begründet, dass wir Wohnung, Stall und Futter fürs Vieh und das Gartenland sonst nicht haben würden.«[5]

Was die Sachsendorfer Barbestände allmählich aufzehrt, sind Ausbildungskosten für Bruder und Schwester. Kurt war zwölfjährig in einem zu der Zeit noch existierenden Herrenhuter Internat untergekommen, Angela, die, lange Zugfahrten in Kauf nehmend, auf die Oberschule ging, musste, um mitzukommen, teure Nachhilfestunden nehmen. Gisela sieht den großen Jungen jeden zweiten Sonntag strahlend nach Hause kommen, entzückt sich an seiner Erscheinung – »Er ist ein hübscher, ernster Junge« – Sie möchte weinen: »Es wird einem so wehmütig, wenn man ihn ansieht und dabei denken muss, dass er nie der Erbe von Sachsendorf werden darf, was gewiss an ihm keinen schlechten Erben gefunden hätte --- soweit man so was überhaupt so früh und noch dazu als Mutter beurteilen kann.« Kurt hat sich zu einem perfekten Elektrobastler entwickelt. Alles reißt sich im Gutshaus um ihn, wenn es um defekte Kochplatten, Tischlampen, Staubsauger geht.[6]

Kaum zu fassen, wie meine Mutter in ihren Briefen mit der eigenen Brut protzt, selbst mit mir, was sich so gar nicht mit ihrer mir im täglichen Umgang bezeigten strengen Skepsis vertrug: »Er ist ein rechter Schlauberger und auch ihm macht, Gott Lob, die Schule keine Schwierigkeiten. Mit dem Güterdirektor hat er dicke Freundschaft geschlossen, sonntags gehen sie immer zusammen im Garten spazieren.«[7] War das die Möglichkeit? Gutsbesitzer-Sprössling dicke befreundet mit *Iwans* wichtigstem Mann im Landkreis? Direktor Göldel fuhr als einziger im Dorf zwei Autos. Mit dem schöneren, einem BMW, nahm er mich mit bis nach Magdeburg.

Fehlte noch, dass ich ihn als Maskottchen auf seinen Sitzungen begleitete. Ich wartete lieber, bis der Herr aus dem rot beflaggten Gebäude wieder herauskam. Das Warten zwischen Ruinen und sowjetischen Militärmützen nahm man in Kauf, wenn es hinterher wieder eine lange Reise über Land gab. Auto fahren! Jeder Junge im Dorf beneidete mich.

Hirsch erlegt – 30 Pluspunkte

Gisela berichtet ihrer Schwester Ursel am 6. Juni 1947 zu deren bevorstehendem Geburtstag: »Annelischen und ich gehen seit dem 30.4. treulich jeden Nachmittag auf den Acker und da wir so Seite an Seite gegen Unkraut und Disteln, Hitze und Sorgen ankämpfen, ist es nicht so schwer.«[8] Sorge macht ihr Hans. Man wollte ihn noch vor Weihnachten nach Magdeburg zur Demontage ordern. Im Januar des neuen Jahres musste er tatsächlich hin. Helene Raffauf, Josts Großmutter, wohnte noch immer in Magdeburg. Hans konnte dort nächtigen. Die Villa schien unter den Bomben gelitten zu haben. Hans schlief bei sibirischer Kälte, seine Zudecke morgens weiß bereift von seinem Atem. Wie mochte er erst auf der Arbeitsstelle gefröstelt haben. Nicht lange und er kam mit hohem Fieber und, am ganzen Leibe zitternd, nach Hause. Gisela ließ ihn in die heiße Wanne steigen, dann nur noch ins Bett. Viele Tage. Lange Zeit krankgeschrieben, saß er nun wieder ohne Arbeitserlaubnis herum, wohl den ganzen Sommer, bis im Herbst mein neunter Geburtstag nahte. Da wurde mein Vater einige Tage oder gar Wochen zum Künstler. Und was immer ich von ihm gedacht haben mochte, bewies er mir einmal ganz unmissverständlich, wie sehr er mich doch lieb hatte. Er malte mir auf einem alten Aktendeckel mit Buntstiften – später mit Wasserfarbe aufgefrischt – ein komplettes Jagdwürfelspiel, in dem man bei entsprechend erzielter Augenzahl Hirsche, Rehböcke, Keiler, Füchse, Hasen, Kaninchen, Rebhühner … schießen konnte. Marken, rund wie eine Münze, mit der Abbildung des zur Strecke gebrachten Wildes legte man als Spieler wie eine Trophäe vor sich hin, die Rückseite zeigte die Punktezahl an: Rothirsch erlegt: 30+, Keiler erlegt: 40+, Fuchs erlegt: 20+, Wildernde Katze erlegt: 15+. Man konnte auch Pech haben: erlegte Bache mit Frischlingen 40–, erlegter Kranich 15– usw. Die Jagdkulisse ein Stück Oderbruch mit Feld, Wiese, Oderarm, Hochwald für die Hirsche. Alles stimmte: Gehörn, Decke, Läufe, Gefieder. Man sah den Fuchs mit angespannten Lauschern den Feldrain entlang schnüren. Die vom Flintenschuss auffliegende Kette Wildenten, das getroffene Stück mit schlaff herabbaumelndem Kopf bodenwärts sausend. Und wie geruchsorientiert Mutter Bache ihren kegelspitzen Rüssel in die Armee Kopf an Kopf stehender Getreidehalme taucht; gleich wird sie mit ihren vier gestreiften Trabanten darin verschwunden sein. Das Feld steht in Blüte. Blauhauch der Getreideähren – das kann nur Roggen sein … Wer nicht Rommé spielt, geht auf die Jagd. Nein, alle gehen auf die Jagd: Eltern, Lisa. Geschwister … Sommer und Winter, zu allen Jahreszeiten. Ein epidemisches Jagdfieber hat uns in den Fängen: Vettern, Schulfreunde, Nachbarskinder, mich am allermeisten.

Hans' Flucht in den Westen

Im Frühjahr 1948 ein amtliches Schreiben. Der explosive Inhalt geht über meinen Kopf hinweg, erreicht meinen Verstand erst viele Jahre später. Mein Vater sieht sich genötigt, eine alte Jagdfreundschaft wieder aufzufrischen, sucht Kontakt mit dem Kreisarzt Dr. Hager. Der bescheinigt ihm nach gründlicher Untersuchung schwere Erkrankung und einstweilen Arbeitsunfähigkeit, womit Aufschub gewährt ist. Diesen muss Vater nutzen, wenn er der endgültigen Abkommandierung für den Uranbergbau im Erzgebirge noch entkommen will. Also Bündel gepackt und bei Nacht ab in die Britische Zone. Es ist der 7. März 1948. Erste Post aus Niedersachsen meldet geglückte Flucht in den Westen. Lisa an Vaters Seite. Meine Mutter lässt den Sprachgebrauch der Behörden: »Ehemann mit der Freundin in den Westen abgehauen« auf sich beruhen. Es erleichtert ihr den Umgang mit ihnen.

Hans ist in Freiheit. Verwandte? Freunde? Wo soll er sie im Westen finden? Diejenigen, die er antrifft, sind selbst Flüchtlinge. So die Schneidemühler Zwillinge, die mit fünf Pferden die Flucht bis in den Kreis Springe geschafft hatten. Sie hielten sich über Wasser, indem sie ihre Pferde gegen Geld und Naturalien beim Bauern arbeiten ließen. Hans besucht die Kusinen, lebt zeitweise bei ihnen, obwohl sie selber notdürftig untergeschlüpft sind. Er möchte Land ankaufen, eine kleine Pacht erwerben oder als landwirtschaftlicher Verwalter fungieren. Er könnte sich in der Oldenburger Region ankaufen. Da macht am 20. Juni 1948 die Währungsreform einen Strich durch seine Pläne. Er erhält wie jeder Bewohner der Britischen Zone ein Kopfgeld von 40 DM

Arnold-Udo Willemsen und Jost Ritter bei Hans in Sachsendorf, 1933.

und nach Ablauf eines Monats noch einmal 20 DM in Bar ausgezahlt. Das ist alles. Die alten Scheine, die er noch im Rucksack hat, sind kein Zahlungsmittel mehr. In seiner Not wendet er sich an einen Freund im Rheinland – Arnold-Udo Willemsen. Der hatte Gisela auf der Hochzeit als Neunjähriger die Schleppe getragen, als Schuljunge die Sommerferien in Sachsendorf verbracht und zu den drei Trabanten gehört, die Hans wie junge Hunde auf Schritt und Tritt gefolgt waren.

Arnold war im Krieg nicht gefallen, der Vater hatte dem verwundet, aber lebend Zurückgekehrten mit einer guten Geldsumme zum Teilhaber einer frisch gegründeten Stahlfensterfabrik gemacht. Arnold hatte Hans, nachdem er ein erstes Lebenszeichen von ihm erhalten hatte, davon geschrieben, ihm Päckchen mit Proviant, Zigaretten, warmen Strümpfen geschickt. Hans klagt dem jungen Mann sein Leid: »Alle nur irgend möglichen Versuche, irgendwie in Arbeit und Verdienst zu kommen, sind fehlgeschlagen. Hier [im Kreis Springe] sowohl wie auch bei Bekannten in Oldenburg, wo ich von Hof zu Hof, von Amtsstelle zu Amtsstelle gelaufen bin, um auch nur irgendetwas zu bekommen.«

Die Bauern schrecken zurück, weil sie sich bei Flüchtlingen amtlich verpflichten müssen, deren Familien mit aufzunehmen. Die Möglichkeit, Pferdepfleger eines britischen Majors zu werden, scheitert an Hans' mangelnden Englischkenntnissen. Er hofft noch immer auf eine Pacht in der Oldenburger Region: »Wird es nichts, weiß ich überhaupt keinen Ausweg mehr. Ohne Unterkommen, ohne Geld, nicht einmal imstande, die Lebensmittelkarte abzukaufen [durch entsprechende Einkäufe zu nutzen], ist die Lage fast zum Verzweifeln.« Was er im Leben noch nie musste – er verlegt sich auf dringendes, flehendes Bitten. Was blieb ihm anderes übrig? »Solltest Du irgendeinen Rat wissen, aus dieser Situation herauszukommen, eventuell eine Beschäftigungsmöglichkeit … so wäre ich Dir sehr dankbar, wenn Du es mich wissen ließest.«[9]

Neustart im Rheinland

Arnold lässt nicht auf Antwort warten. »Komm zu mir! Du kannst in meiner neuen Firma arbeiten. Für Deine Unterkunft sorge ich.« Arnold freut sich, dass er dem Mann, den er in seiner Jugend vergöttert hat, helfen darf, schickt ihm Reisegeld und kann es kaum erwarten, seinen Hans wiederzusehen. Reiseziel Uerdingen am Rhein. Hans berichtet darüber: »In Uerdingen kam ich vor Erwachen der Stadt in den frühen Morgenstunden an. Schon wie alle durch Bombenangriffe und Kriegshandlungen zerstörten Städte des Ruhrgebietes, durch welche der Zug mich in mondheller Nacht brachte, machte auch Uerdingen einen trostlosen Eindruck … Noch schlimmer sah Krefeld aus.«[10]

Arnold-Udo, eigentlich ein ausgebombter Berliner, lebte mit seinen Eltern im Hause der Großeltern, diese betrieben eine eigene Ölmühle, waren Besitzer einer Margarinefabrik. Die Willemsens – jeder kannte sie – genossen im ganzen Ort außerordentlich hohes Ansehen. Arnold holt Hans vom Bahnhof ab, bringt ihn am Markt im besten Hotel unter, lässt ihn, solange er selbst für die Firma auf Reisen ist, im eigenen Zimmer schlafen. Hans stellt sich Herrn Kaether, dem Betriebsleiter, vor und wird von diesem eingestellt – als Hilfsarbeiter mit der Nummer 21.

Die Leute in der Halle, überwiegend Einheimische, erkennen schnell, dass der Neuling die Griffe einfachster Verrichtungen nicht kennt, stehen ihm an der Farbanlage, beim Bohren von Nieten, Entrosten von Stahlstücken helfend zur Seite. Sie haben Sympathie für den stillen, bescheidenen Neuling, von dem sie nur wissen, dass er Ostflüchtling ist. Seine Hände werden von der Beize so unansehnlich, dass er sich scheut, bei Arnolds Angehörigen am Tisch zu speisen, er lässt sich, um der vornehmen Gesellschaft den Anblick zu ersparen, lieber im Keller von der Köchin versorgen.

Monate vergehen, da erlebt Hans seine biederen Mitarbeiter in der Frühstückspause beim Gespräch über Gutsbesitzer aus dem Osten. Die hätten drüben alles im Stich gelassen, um im Westen ein bequemes Leben zu führen, ließen sich vom Steuerzahler durchfüttern. Der wortkarge neue Arbeitskollege wird lebendig. »Habt ihr 'ne Ahnung! Die schuften wie ihr in der Industrie, dazu als Ungelernte oft für einen Hungerlohn!« – »Hö, hö, hö! Wat du nich sagst!« – Hans wird energischer: »Kennt ihr denn so jemand überhaupt?« – »Nö dat nich, aber man hört und liest ja so allerhand.« – »Was haltet ihr davon, wenn ich euch morgen den Beweis dafür liefere, dass ihr Unrecht habt?« – »Ach Hans! Komm, lass wieder an die Arbeit gehen.« So ungefähr ist nach den Unterlagen meines Vaters das Gespräch abgelaufen. Am nächsten Tag zur Frühstückspause hält Hans den rheinischen Kollegen seine eigenen Papiere unter die Nase. Sprachloses Staunen. Und nun musste Hans erzählen, erzählen. Würde sich zwischen ihm und den Leuten nun eine Scheidewand aufrichten, wie er immer befürchtet hatte, wenn er ins Plaudern käme? Ganz im Gegenteil. Er hatte ihre Herzen gewonnen, wurde den Kameraden doch auch bewusst, was dieser Mann alles hinter sich hatte. Einer von ihnen tritt Hans ab sofort ein Stück seines Gartens ab: »Du musst doch wieder Kartoffeln bestellen können!« Ein anderer schäumt über: »Solche Leute, wie du sie im Oderbruch hattest, die sich bei Beschuss noch opferten, um deine Schafe, deine Dreschmaschine zu retten, die müssten wir hier haben, die sollte der Chef einstellen!«

Monate später durfte Hans für die Firma einen vier PS starken Opel-Lieferwagen fahren, weil er als einziger in der Belegschaft einen gültigen Führerschein besaß. Er schaffte Sauerstoff, Gummidichtungen,

Beschlagteile für den Betrieb heran und bemerkt dazu: »So kam ich mehrmals in der Woche auf solchen Fahrten über Land und lernte die nähere und weitere Umgebung Uerdingens kennen. Wenn dieser Opel eigentlich auch schrottreif war« – dem Auto fehlte eine Tür – »und mir durch seine häufigen Pannen unterwegs viel Ärger machte, war ich doch zufrieden, häufiger der sturen Fabrikarbeit enthoben zu sein.«[11] Erst Jahre später darf er sich in der Buchhaltung anlernen lassen, bis er eines Tages Lohnbuchhaltung und Kasse in einer Person führte. Beides, ohne deswegen wesentlich besser bezahlt zu werden. Nach wie vor galt er als ungelernte Kraft.

Heimatverlust verwächst sich nicht

Solange ich Schüler war, grollte die Familie dem smarten Firmenteilhaber, weil Vater nicht von Anfang an eine leitende Anstellung erhalten hatte. Schließlich hatte er hinlänglich bewiesen, dass er Menschen führen konnte. Das brachte mich in Konflikte. Denn als wir, die Familie, Vater zwei Jahre später nach einer abenteuerlichen Flucht über die Zonengrenze ins Rheinland gefolgt waren, hatten mich Arnolds Angehörige wegen Wohnungsnot über ein Jahr lang als Kind des Hauses aufgenommen. Ich hing an Arnolds Stiefmutter. Sie erschien mir als der erste und einzige Erwachsene, die mir geistig etwas zutraute, aber ich musste immer wieder zur Kenntnis nehmen, dass mein Vater gerade von ihr nicht viel hielt.

Vier Jahrzehnte später, als Arnold-Udo, noch nicht achtzigjährig, im Sterben lag, erfuhr ich von seiner Frau, dass er ständig von Sachsendorf erzählte. Daraufhin fertigte ich ihm auf einem Bogen eine Montage aus gelaserten Sachsendorfer Fotos und schickte ihm diese ins Krefelder Spital. Darüber muss der Kranke Tränen vergossen haben. Ich besuchte ihn schließlich und ließ mir Folgendes von ihm erzählen: »Weißt du, als ich deinen Vater nach so langer Zeit wiedersah, bekam ich einen Schock. Ich erkannte ihn gar nicht wieder. Das sollte der Mann gewesen sein, den ich als kleiner Bengel so angehimmelt hatte? Das Gesicht schien mir so ausgebrannt, völlig ausgebrannt, verstehst du? Dann stellte ich deinen Vater dem Herrn Kaether vor. Der hatte ja das Fabrikationspatent erfunden, und der leitete auch das ganze Unternehmen. Herr Kaether nahm sich also deinen Vater vor. Geradezu entsetzt trat er hinterher in mein Bürozimmer: »Nu sagen Sie mal, Willemsen, wen haben Sie mir denn da geschickt? Was soll ich mit dem denn anfangen? Der beherrscht ja noch nicht mal schriftlich die vier Grundrechenarten!« – Arnold hätte seinem Hans liebend gern geholfen. Doch der hatte nicht nur ein ausgebranntes Gesicht, es schien so manches in ihm erloschen zu sein. Nicht nur seinem Wohltäter, auch uns Kindern, vor allem mir, dem Jüngsten, machte er es manchmal nicht leicht. Wie sollte ich Wurzeln fassen, wenn ich wusste, dass die Menschen, an die ich mich nun anlehnen wollte, vor seinen Augen moralisch nicht gut abschnitten? Das galt auch für meinen Pfarrer und dessen Gemeindehelferin, die ich als Konfirmand hochschätzte und für die mein Vater nur beißenden Spott übrig hatte!

Die Familie akklimatisiert sich

Besser schien sich meine Mutter in unsere neue Existenz hineingefunden zu haben. Sie war ihrem Herrgott dankbar, dass er sie von der Schwaneberger Feldarbeit erlöst hatte, die sich von Jahr zu Jahr härter und unmenschlicher gestaltete. Wie entzückt war sie von der neuen Wohnung, die der Familie nach eineinhalb Jahren Wartezeit endlich zugesprochen worden war. Stolz berichtet sie ihrer vorläufig noch drüben verbliebenen Schwester: »Ja, Annelischen, Du müsstest mal zu uns gucken können und Du würdest Dich mit mir freuen, dass wir nicht nur eine Wohnung haben und alle wieder geordnet beieinander sind, sondern dass es auch eine sehr hübsche Wohnung ist und recht kultiviert aussieht. Das machen eben unsere (geretteten) Teppiche, Ölstudien von Großvater, etwas Silber, das nun wieder blitzblank zu Ehren gekommen ist.«[12]

Für mich sah die Sache anders aus. Mir fiel nachmittags die Decke auf den Kopf; denn auch meine Mutter hatte – anders wäre der Haushalt finanziell nicht zu schultern gewesen – als Schreibkraft bei Kaether angefangen. Meine Geschwister waren fort. Alleinsein, wann sollte ich das gelernt haben? In Schwaneberg hatte ich meine Vettern, im Haus Willemsen wimmelte es von Tanten, Dienstmädchen, Gespielinnen.

Hans-Adolf Schmelzers Familie im Rheinland, 1950/51.

Davon abgesehen hatte ich einen treuen Kameraden verloren: Lisa. Sie war nach unserem Einzug in die Uerdinger Wohnung für immer fort, weit fort. Sie hatte nicht bei Kaether gearbeitet, sondern hoch bezahlt in einem chemischen Labor. Wegen hoher Gesundheitsgefährdung hatte Lisa schon ab 15 Uhr Dienstschluss. Ich wartete am Fabriktor, bis sie blass, in ihrem blauen Wollmantel, die braune Aktentasche unter dem Arm, herauskam. Wir gingen in ihr möbliertes Zimmer, wo sich in der wohnungslosen Zeit am Wochenende die ganze Familie traf. Wir beide machten es uns gemütlich, tranken Kaffee, hörten Radio, Lisa fragte mich Vokabeln ab ... Hatte ich nicht viel auf, machten wir zu zweit kleine Ausflüge, oder – höchste Himmelswonne – Lisa nahm mich mit ins Kino.

Abschied

Es blieb nicht aus, dass Spannungen zwischen den drei Erwachsenen das Zusammenleben allmählich trübten. Lisa machte dem ein Ende, indem sie sich schweren Herzens – denn sie liebte meinen Vater – von

Hans-Adolf Schmelzer mit seinen Söhnen Hans-Jürgen (links) und Kurt (rechts), 1951/52.

der Familie für immer trennte und in ihre sächsische Heimat zurückkehrte. Das versetzte mir einen Tiefschlag. Wie es mir am Sachsendorfer Mittagstisch als kleines Kind auf Teufel komm heraus nicht schmecken wollte, so widerte mich in meiner Wohnungseinsamkeit jetzt alles an: das Essen, das Lernen für die Schule, meine Arbeitsecke, unser Jungenzimmer … Um nicht das Kotzen zu bekommen, schnappte ich mir Jost Ritters Akkordeon, phantasierte darauf und träumte, bis der Nachmittag herum war.

Meine Mutter, so euphorisch heiter sie manches Mal sein konnte, hatte, sicherlich auch angeheizt durch meine schlechten Leistungen, ihre Depressionen, bei denen mir vor allem mein Vater leid tat. Und ich begann zu ahnen, warum er sich mit Lisa so lange und so gut verstanden hatte. Wäre sie doch bei uns geblieben!

Damit bin ich am Ende meiner Sachsendorfer Familiengeschichte angelangt. Oder soll ich noch nachtragen, dass mein Vater am Rande der

Stadt nach zehn Jahren ein sehr bescheidenes Häuschen erwarb mit Obstbäumen und reichlich Gartenland, das er in ein Blumenparadies verwandelte? *Klein Sachsendorf* nannten es lieb meinende Verwandte. Und doch kam mir der alte Gutsbesitzer immer vor wie ein wilder Schwan, der sich in ein Putenrevier eingesperrt sah, das zwar Auslauf und Nahrung zur Genüge bot, wo aber das große Wasser fehlte auf dem allein ein Schwan sich auch als Schwan fühlen konnte.

Hans-Adolf Schmelzer starb mit 76 Jahren am 3. November 1978 an einer durch übermäßiges Rauchen vollkommen zerfressenen Lunge.

Besuch bei Mister Stone

Als ich wie durch ein Wunder doch noch mein Abitur bekam, mit Ach und Krach auch noch ein fertiges Studium hinlegte, reiste ich, da zunächst ratlos, was ich werden sollte, etwas umher und besuchte in London unseren Tuchebander Viehhändler Seelig, der sich seit seiner britischen Emigration Mister Stone nannte. Er schrieb uns regelmäßig zur Weihnachtszeit, weil er meinem Vater dankbar war für die Bürgschaft, die dieser ihm seinerzeit für das ihm verloren gegangene Tuchebander Geschäft geleistet hatte. In unseren Abendgesprächen fiel mir ein, dass mein Gastgeber mehrmals Sachsenhausen erwähnt hatte. Wenn meine Großmutter ihm rechtzeitig noch Dampf gemacht hatte und er sich vor der Verhaftung gerade noch nach England einschiffen konnte, so meine Überlegung, wieso hatte er trotzdem mit dem KZ Sachsenhausen Bekanntschaft gemacht? Mister Stone nickte verständig: »Das will ich dir erklären. Ein Empfang mit Blumen erwartete uns heimatlos Gewordene natürlich nicht, was bei den Massen von Asylsuchenden ja auch nicht verwunderlich war. Kaum stand ich also auf englischem Boden, wurde ich in eine britische Uniform gesteckt. Und ehe ich mich versah, befand ich mich wieder auf dem Schiff, Richtung bretonische Küste. Dort sah ich mich in ein ziemlich ungeordnetes Sammelsurium von Truppeneinheiten gepfercht, dass ich mir innerlich sagte: Watt denn? Mit dem disziplinlosen Verein wollt ihr siegen? Und dann konnten wir gar nicht so schnell weglaufen, wie die Deutschen uns eingeholt hatten. Wir wurden gefangen genommen. Und ich als Jude kam nach Sachsenhausen.« Ich fragte Mister Stone, ob er mir erzählen könnte, was er dort erlebt hatte. Er schüttelte den Kopf: »Erlass mir das, mein Lieber.« Er stand auf, ging an einen Schrank, holte eine Schachtel heraus und setzte sich wieder zu mir. »Ich zeige dir mal meine Schätze.« Nach über 40 Jahren weiß ich mich nur an eine Einzelheit gut zu erinnern. Es waren Goldmünzen aus dem deutschen Kaiserreich. Ich durfte sie in die Hand nehmen. Auf der einen Münze war rückseitig ein Mann mit Vollbart abgebildet. »Kennst du den?« Es war der 99-Tage-Kaiser Friedrich. »Ja mein Lieber«', Mister Stone legte mir die Hand auf die Schulter, seufzte dabei: »Wenn der doch nicht sooo früh gestorben wäre! Ich sage dir, dann wärst du heute Herr auf Sachsendorf!«

War es an diesem Abend oder am Abend danach? Wir sahen uns einen Film von der deutschen Olympiade 1936 an. Ich erinnere mich besonders an den Moment, wo der Athlet Jesse Owens als Sieger geehrt wurde und Hitler dem Farbigen nicht die Hand gab. Mister Stone sah mir meinen Abscheu an und bedauerte: »Schlimm, dass ein solcher Verbrecher zwölf Jahre lang über 80 Millionen Deutsche gebieten konnte. Aber wie es auch sei, Jürgen [wir hatten viel und lange über diese Dinge geredet. Ich war es, der immer wieder damit anfing, nicht er.], lass es sein wie es ist, ich bin und bleibe deutscher Patriot!«

Nachwort

Im Juni vergangenen Jahres erhielt ich einen Anruf von Frau Madlen Benthin, Doktorandin an der Universität Leipzig. Gebürtig aus einem der Oderbruchdörfer, in denen meine Familie drei Generationen lang wirksam war, teilte mir die junge Historikerin mit, dass sie über ihre Heimat und den dort zu beobachtenden kulturellen Wandel im vergangenen Jahrhundert wissenschaftlich arbeiten wolle. Sie bat mich zu diesem Zweck um Einsicht in Unterlagen aus der Geschichte der von meinen Eltern und Verwandten bis 1945 geführten landwirtschaftlichen Betriebe. Bei meiner häuslichen Wühlerei wurde mir wieder einmal bewusst, wie viel wertvolles Material in Form von Tagebüchern, Chroniken, Briefsammlungen, Nachrufen, amtlich beglaubigten Zeugnissen, Fotos … im Laufe von Jahrzehnten auf mich gekommen ist, so dass ich daraufhin den Entschluss fasste, selbst daraus eine umfassende Darstellung zu geben. Zwar hatte ich die Idee schon länger, doch schwebte mir eher eine romanhafte Beschreibung vor, bis in mir die Erkenntnis reifte, dass das Schicksal meiner ehemaligen Landsleute, die das Oderbruch über Generationen zum Blühen brachten und auch dann nicht aufgaben, als sie ihr Heimatdorf in die Steinzeit zurückgebombt, ihr Feld in eine Mondkraterlandschaft verwandelt vorfanden, vielmehr alles taten, um wieder aufzubauen, neue Äcker anzulegen, bis ein unversöhnliches System sie zu Hunderten auswies, einsperrte, für alle Zeiten wegekelte, dass dieser tatkräftige, leidensfähige Menschenschlag also eine dokumentarische, an der Wahrheit des wirklich Geschehenen orientierte Würdigung unbedingt verdient habe. Die Landwirtsfamilie, um die sich die Ereignisse ranken, dient lediglich als Gerüst, an dem sich die Leistungen und Schicksale so vieler tüchtiger, opferbereiter Menschen aufhängen ließen, ohne deren bereitwilligen

Einsatz die Eigentümer des Grund und Bodens auch nicht einen Morgen Rübenertrag geerntet hätten.

Was mir die Benutzung meiner Quellen erheblich erleichterte, war die geleistete Vorarbeit meiner Mutter, die sämtliche handgeschriebene Briefe und Tagebuchaufzeichnungen auf Maschine tippte, wobei sie sehr gewissenhaft vorging, das heißt, nichts ausließ, nichts stilistisch abänderte und Namen gewöhnlich in Klammern erläuterte, zum Beispiel »Güldenpfennig (Oberinspektor von Gut Schwaneberg)«.

Zu Dank bin ich meinem jüngsten Vetter Andreas Koerner verpflichtet, der in zwei akribisch geordneten und gleichfalls getippten Sammlungen sowohl den Briefwechsel seiner Eltern als auch den seiner Mutter mit ihren Schwestern, Tanten, Freunden für die Nachkommen bequem lesbar festgehalten hat. Verdient machte sich um die Familiengeschichte auch die verstorbene Nichte Dr. Marianne Koerner, die für ihre wissenschaftliche Arbeit die Großmutter und deren beiden Schwestern gründlich befragte und die Gespräche hinterher aufzeichnete. Desgleichen danke ich meiner inzwischen verstorbenen Kusine Marlene Richter, die mir einerseits Briefe ihres Bruders Jost Ritter und ihrer Mutter Grethe Ritter zur Einsicht überlassen, andererseits in vielen eigenen Briefen Einzelheiten aus dem Leben des in Afrika Gefallenen geschildert hat.

Entscheidend half mir schließlich Martin Dürr, pensionierter Pfarrer aus dem Raum Güstrow und ältester Sohn des ehemaligen Sachsendorfer Pfarrers Georg Dürr, indem er mir Aufzeichnungen und Predigten des Vaters aus jener Zeit zugehen ließ, ebenso eine persönliche Erinnerungsschrift mit dem Titel *Wie ich als Schüler das Tausendjährige (Dritte) Reich erlebte.* Erinnerungsblätter an die Familie Dürr von Pfarrer Georg Dürrs Frau Elfriede waren mir schon vor Jahren durch die Tochter Adelheid Glöckl geb. Dürr zugegangen. Auch sie vermitteln wertvolle Einblicke in Sachsendorfer Lebensverhältnisse. Mit Rat und Briefen halfen mir ebenso mein Onkel Eberhard von Block, Brigadegeneral der Bundeswehr a. D., meine Patin Dr. med. Helga Otto geb. Hille. Schließlich durfte ich unzählige Gespräche führen mit teils ehemaligen, teils noch in der alten Heimat wohnenden Sachsendorfern, viele von ihnen inzwischen verstorben. Ich denke an Pfarrer Dr. Horst Krüger, an seine Frau Ursula Krüger, an Anneliese Stephan geb. Dreikant, Frau Scharnagel, Hildegard Kranz …, um nur ein paar aufzuzählen. Das vermittelt mir den Eindruck, als hätten meine eigene Familie, Anverwandte, alte Nachbarn, alte Freunde, viele Sachsendorfer um mich gesessen, mir die Feder zu führen und mir dabei Erinnerung um Erinnerung ins Ohr zu raunen, was mir wiederum das Gefühl eingibt, dieses Buch nicht selbst geschrieben zu haben, sondern mit ihm nur Überbringer eines großen gemeinsamen Geschenks zu sein, das nicht der alten Heimat allein zukommen soll, vielmehr einem ganzen Land, damit dieses seine Geschichte niemals vergesse: Ich meine – Deutschland!

Hans-Jürgen Schmelzer
Hameln, im Herbst 2013

Anhang

Anmerkungen

Das Wiedersehen

1 Knabe, Unterwanderte Republik, S. 176.
2 Vgl. Gersdorff, Ernst von Pfuel.
3 Vgl. Märkische Oderzeitung vom 15.9.1990.
4 Bibach, Das auferstandene Dorf.
5 Ebd.
6 Vgl. Heimatkreis Lebus, Leidgeprüftes Land, S. 111–132, sowie Tagebuchnotizen H.-A. Schmelzers vom 20. Januar bis 29. April 1945.
7 Ebd.
8 Ebd.
9 Ebd.
10 Ebd.
11 Bibach, Das auferstandene Dorf.
12 H.-A. Schmelzer, Lebenslauf.
13 H.-A. Schmelzer, Brief vom 26.12.1945.

Die Ära der bahnbrechenden Landwirte

1 Fontane, Wanderungen, Bd. 2, S. 24.
2 Ebd., S. 127.
3 Ebd., S.122
4 Ebd., S.123
5 Vgl. Amtsrat Koppe, Gedächtnisrede für Wilhelm Ludwig Baath, 1842
6 Fontane, Wanderungen, Ergänzungsband, S. 344.
7 Vgl. Deutsches Geschlechterbuch Bd.160, S.15–24.
8 Tagebuch der Anna Schmelzer, Bl. 1.
9 Ebd., Bl. 3.
10 Ebd.
11 Ebd.
12 Ebd., Bl. 4.
13 Ebd., Bl. 6.
14 Ebd., Bl. 15.
15 Ebd., Bl. 5.
16 Ebd., Bl. 8.
17 Ebd., Bl. 7.
18 Ebd.
19 Ebd.
20 Ebd., Bl. 9 u. 10.
21 Ebd.
22 Ebd., Bl. 13/14.

In Zeiten des Amtsrates

1 Deutsches Geschlechterbuch, Bd. 150: Brandenburg, S. 421–451.
2 Ebd.
3 Tagebuch der Anna Schmelzer, Bl. 14.
4 Ebd.
5 Plötz, Deutsche Geschichte S. 204.
6 Von der Marwitz, Laudatio, S. 3.
7 Tagebuch der Anna Schmelzer, Bl. 20.
8 Ebd., Bl. 16.
9 Ebd. – Bei den Versen ist vermerkt: »Aus dem Englischen von Miss Lacoste«.
10 Ebd., Bl. 17.
11 Ebd., Bl. 19.
12 Ebd.

13 Ebd.
14 Ebd., Bl. 22.
15 Ebd., Bl. 15.
16 Heimat(s)kalender für den Ks.Lebus 1914, S. 11–18.
17 Von der Marwitz, Laudatio, S. 4.
18 Tagebuch der Anna Schmelzer, Bl. 26.
19 Ebd., Bl. 22.
20 Ebd.
21 Ebd., Bl. 23.
22 Ebd., Bl. 25.
23 Ebd., Bl. 4.
24 Ebd., Bl. 27.
25 Ebd., Bl. 28.
26 Norbert Schmelzer, Pro memoria.
27 Von der Marwitz, Laudatio, S. 3.
28 Norbert Schmelzer, Pro memoria.
29 Von der Marwitz, Laudatio, S. 3.
30 Ebd., S. 8.
31 Ebd., S. 9.
32 Tagebuch der Anna Schmelzer, Bl. 37.
33 Ebd. Bl. 38.

Oderbruchkönig

1 Ebd., Bl. 43
2 Von der Marwitz, Laudatio, S. 5.
3 Norbert Schmelzer, Pro memoria.
4 Von der Marwitz, Laudatio, S. 3.
5 Norbert Schmelzer, Pro memoria.
6 Ebd.
7 Heimat(s)kalender für den Ks. Lebus 1914, S. 16.
8 Norbert Schmelzer, Pro memoria.
9 Heimat(s)kalender für den Ks. Lebus 1914, S. 15.
10 Von der Marwitz, Laudatio, S.6.
11 Von der Marwitz, Laudatio, S. 15.
12 Ebd., S. 7.
13 Norbert Schmelzer, Pro memoria.
14 Tagebuch der Anna Schmelzer, Bl. 59.
15 Norbert Schmelzer, Pro memoria.
16 Ebd.
17 Heimat(s)kalender für den Ks. Lebus 1914.
18 Norbert Schmelzer, Pro memoria.

Die Söhne

1 Tagebuch der Anna Schmelzer, Bl. 32.
2 Heimat(s)kalender für den Ks. Lebus 1914, S. 17.
3 Von der Marwitz, Laudatio, S. 16.
4 Tagebuch der Anna Schmelzer, Bl. 63.
5 Tagebuch der Anna Schmelzer, Bl. 61.
6 Ebd., Bl. 63a.
7 Ebd., Bl. 64 a–d.
8 Ebd., Bl. 66.
9 Ebd., Bl. 68.
10 Ebd., Bl. 67.
11 Ebd. Bl. 68
12 Ebd., Bl. 69.
13 Ebd., Bl. 68a.
14 Ebd., Bl. 70.
15 Ebd., Bl. 72.
16 Ebd.
17 Ebd., Bl. 73.
18 Ebd., Bl. 74.
19 Ebd., Bl. 75.
20 Ebd., Bl. 69.
21 Norbert Schmelzer, Pro memoria.
22 Hans-Adolf Schmelzer, Nachrichten über das Bestehen des Gutes Sachsendorf.
23 Vgl. Genealogisches Handbuch des Adels, Freiherrliche Häuser, 1956, S. 175.

Der Enkel

1 Hans-Adolf Schmelzer, Zeugnisse, beglaubigte Abschrift.

2 Hans-Adolf Schmelzer, jurist. Unterlagen von 1924.
3 Ebd.
4 Martin Luther, Kleiner Katechismus.
5 Hans-Adolf Schmelzer, Aufzeichnungen über Sachsendorf.
6 Theodor Fontane, Von zwanzig bis dreißig, S. 104.
7 Interview mit Marianne Koerner.
8 Goethe Ballade, Der Gott und die Bajadere.

Harte Jahre – Goldene Jahre

1 Andreas Koerner, Gesammelte Brautbriefe seiner Eltern, Brief 10.
2 Pfarrer Georg Dürrs Predigten, Nr. 1, 1926.
3 Elfriede Dürr, Lose Blätter, S. 8/9.
4 Hans-Adolf Schmelzer, Nachrichten über das Bestehen des Gutes Sachsendorf.
5 Gisela Schmelzer Briefe an Ruth Göttel, 7. Oktober 1930.
6 Elfriede Dürr, Lose Blätter, S. 8/9.
7 Hans-Adolf Schmelzer, Nachrichten über das Bestehen des Gutes Sachsendorf.
8 Sebastian Haffner Anmerkungen zu Hitler, S.41.
9 Hans-Adolf Schmelzer, Nachrichten über das Bestehen des Gutes Sachsendorf.
10 Ebd.
11 Ebd.
12 Sebastian Haffner Anmerkungen zu Hitler S.41.
13 Gisela Schmelzer, Interview mit Marianne Koerner.
14 Hans-Adolf Schmelzer, Nachrichten über das Bestehen des Gutes Sachsendorf.
15 Vgl. Sachsendorfer Gästebuch 1928–1940.
16 Vgl. Führungszeugnis durch Administrator August Hoffmann, 14. April 1947.
17 Hans-Adolf Schmelzer, Nachrichten über das Bestehen des Gutes Sachsendorf.
18 Ebd.
19 Ebd.

Krieg

1 Marlene Richter, Briefe an H. J. Schmelzer, 25. Februar 2002.
2 Ebd., Brief vom 1. Mai 2002.
3 Ebd.
4 Ebd.
5 Hans-Adolf Schmelzer, Nachrichten über das Bestehen des Gutes Sachsendorf.
6 Ebd.
7 Pfarrer Georg Dürr, Predigt vom 3.9.1939.
8 Marlene Richter, Briefe an H. J. Schmelzer, Brief vom 13. Februar 2002.
9 Jost Ritter, Briefe an seine Schwester Marlene, 15. August 1939.
10 Marlene Richter, Briefe an H. J. Schmelzer, Brief vom 3. Februar 2002.
11 Gisela Schmelzer, Aufgezeichnetes Gespräch mit ihrem Sohn Hans-Jürgen Schmelzer.
12 Hans-Adolf Schmelzer, Nachrichten über das Bestehen des Gutes Sachsendorf.
13 Ebd.
14 Grete Ritter, Briefe an Freundin Trude, 13. Januar 1942.
15 Marlene Richter, Briefe an H. J. Schmelzer, Brief vom 1. Mai 2002.

16 Hans-Adolf Schmelzer, Nachrichten über das Bestehen des Gutes Sachsendorf.
17 Ebd.

Wachsende Kriegslasten

1 Gisela Schmelzer, Aufgezeichnete Gespräche mit ihrem Sohn.
2 Hans-Adolf Schmelzer, Nachrichten über das Bestehen des Gutes Sachsendorf.
3 Vgl. Prof. Dr. E. Dolezal, Otto Koerner Lebensbild, März 1940.
4 Gisela Schmelzer, Aufgezeichnete Gespräche mit ihrem Sohn.
5 Gisela Schmelzer, Bericht über ihre Rot-Kreuz-Tätigkeit.
6 Hans-Adolf Schmelzer, Nachrichten über das Bestehen des Gutes Sachsendorf.
7 Ebd.
8 Jost Ritter, Briefe an seine Schwester Marlene.
9 Ebd.
10 Martin Dürr, Wie ich als Schüler das Tausendjährige Reich erlebte.
11 Hans-Adolf Schmelzer, Nachrichten über das Bestehen des Gutes Sachsendorf.

Die letzten Jahre

1 Anna-Margarethe Ritter, Briefe an die Freundin Trude.
2 Marlene Richter, Briefe an H. J. Schmelzer, Brief vom 15. September 2008 bzw. 28. Januar 2002.
3 Martin Dürr, Wie ich als Schüler das Tausendjährige (Dritte) Reich erlebte.
4 Marlene Richter, Briefe an H. J. Schmelzer, Brief vom 1. Mai 2002.
5 Martin Dürr, Wie ich als Schüler das Tausendjährige (Dritte) Reich erlebte.
6 Hans-Adolf Schmelzer, Nachrichten über das Bestehen des Gutes Sachsendorf.
7 Martin Dürr, Wie ich als Schüler das Tausendjährige (Dritte) Reich erlebte.
8 Ebd.
9 Ebd.
10 Hans-Adolf Schmelzer, Nachrichten über das Bestehen des Gutes Sachsendorf.
11 Marlene Richter, Briefe an H. J. Schmelzer, Brief vom 9. März 2002.
12 Marlene Richter, Briefe an H. J. Schmelzer, Brief vom 14. September 2008.
13 Unterlagen zu Jost Ritter.
14 E. v. Block, Brief an H. J. Schmelzer, 16. Juni 2002.
15 Marlene Richter, Briefe an H. J. Schmelzer, Brief vom 14. April 2002.
16 Ebd., Brief vom 25. Februar 2002.

Weihnachten 1944

1 Martin Dürr, Wie ich als Schüler das Tausendjährige Reich erlebte.
2 Marlene Richter, Briefe an H. J. Schmelzer, Brief vom 19. Juli 2002.
3 Richard v. Weizsäcker, Vier Zeiten, S. 63.

Der große Aufbruch

1 Vgl. Heimatkreis Lebus, Leidgeprüftes Land, S. 111–132, sowie Tagebuchnotizen H.-A. Schmelzers vom 20. Januar bis 29. April 1945.
2 Ebd.
3 Ebd.
4 Ebd.
5 Elfriede Dürr, Lose Blätter.

6 Pfarrer Georg Dürr, Predigt am 4. Februar 1945.
7 Listen und dokumentarische Unterlagen zu Gut Sachsendorf.
8 Hans-Adolf Schmelzer, Tagebuchnotizen vom 20. Januar bis 28. April 1945.
9 Elfriede Dürr, Lose Blätter.
10 Hans-Adolf Schmelzer, Tagebuchnotizen vom 20. Januar bis 28. April 1945.
11 Georg Dürr, In schwerer Zeit.
12 Hans-Adolf Schmelzer, Tagebuchnotizen vom 20. Januar bis 28. April 1945.
13 Ebd
14 Ebd.
15 Hans-Adolf Schmelzer, Briefe an Helga Hille vom 5. März 1945.
16 Ebd.
17 Ebd.
18 Ebd.
19 Ebd.

Trennung und Gefangennahme

1 Vgl. Heimatkreis Lebus, Leidgeprüftes Land, S. 111–132, sowie Tagebuchnotizen H.-A. Schmelzers vom 20. Januar bis 29. April 1945.
2 Gisela Schmelzer Briefe an Eberhard v. Block Bf. v. 15.02.1945.
3 Ebd., Brief vom 2. März 1945.
4 Ebd., Brief vom 27. März 1945.
5 Vortrag als Brigadegeneral an der Führungsakademie der Bundeswehr in Hamburg. Zitiert aus der Festschrift der Führungsakademie der Bundeswehr zum 80. Geburtstag E. v. Blocks, 2003.
6 Pfarrer Georg Dürr, In schwerer Zeit.
7 Gisela Schmelzer Briefe an Eberhard v. Block Bf. v. 15.02.1945
8 Ebd.
9 Ebd.
10 Hans-Adolf Schmelzer, Briefe an Helga Hille.
11 Gisela Schmelzer Briefe an Eberhard v. Block Bf. v. 15.02.1945.
12 Vgl. Heimatkreis Lebus, Leidgeprüftes Land, S. 111–132, sowie Tagebuchnotizen H.-A. Schmelzers vom 20. Januar bis 29. April 1945.
13 Hans-Jürgen Schmelzer, Theodor Fontane, S. 176.
14 Martin Dürr, Wie ich als Schüler das Tausendjährige (Dritte) Reich erlebte.
15 Hans-Adolf Schmelzer, Tagebuchnotizen vom 20. Januar bis 28. April 1945.
16 Ebd.
17 Ebd.
18 Martin Dürr, Wie ich als Schüler das Tausendjährige (Dritte) Reich erlebte.

Zwischen Elbe und Oder

1 Gisela Schmelzer, Brief an H. A. Schmelzer vom 2. April 1945.
2 Ebd.
3 Ebd.
4 Gisela Schmelzer, Brief an Urula Wildt.
5 Vgl. Heimatkreis Lebus, Leidgeprüftes Land, S. 111–132, sowie Tagebuchnotizen H.-A. Schmelzers vom 20. Januar bis 29. April 1945.
6 Gisela Schmelzer, Brief an H. A. Schmelzer vom 12. April 1945.
7 Ebd.
8 Ebd.
9 Ebd.

10 Gisela Schmelzer Brief an Ursel Wildt vom 14. Dezember 1945.
11 Hans-Adolf Schmelzer, Sachsendorf nach dem Kriege.
12 Gisela Schmelzer, Brief an Urula Wildt.
13 Hans-Adolf Schmelzer, Sachsendorf nach dem Kriege.
14 Ebd.
15 Ebd.
16 Gisela Schmelzer, Brief an Urula Wildt.
17 Ebd.
18 Hans-Adolf Schmelzer, Sachsendorf nach dem Kriege.

Ausharren in der Heimat

1 Gisela Schmelzer, Brief an Urula Wildt 14. Dezember 1945.
2 Ebd.
3 Ebd.
4 Hans-Adolf Schmelzer, Sachsendorfer Briefe 1945/46, Brief 16 vom 26. Januar 1945 u. Brief 20 vom 14. Februar 1945.
5 Ebd., Brief 2 vom 25. November 1945.
6 Ebd., Brief 1 vom 25. November 1945.
7 Ebd., Brief 6 vom 9. Dezember 1945.
8 Ebd.
9 Ebd.
10 Ebd.
11 Hans-Adolf Schmelzer, Brief vom Dezember 1945.
12 Ebd.
13 Ebd.
14 Ebd., Brief Nr. 3 vom 28. November 1945.
15 Ebd., Brief Nr. 9 vom 20. Dezember 1945.
16 Ebd.
17 Ebd., Brief Nr. 10 vom 24. Dezember 1945.
18 Ebd., Brief Nr. 11 vom 26. Dezember 1945.
19 Ebd.
20 Ebd.
21 Brief von Lisa vom 31. Januar 1945.
22 Hans-Adolf Schmelzer, Brief vom 13. Januar 1946 an Tochter Angela.
23 Ebd., Brief Nr. 14 vom 06. Januar 1945.
24 Ebd. Brief Nr. 16 vom 26. Januar 1945.
25 Hans-Adolf Schmelzer, Sachsendorfer Briefe 1945/46.
26 Vgl. Brief Nr. 20 vom 14. Februar 1945.
27 Gisela Schmelzer, Brief vom 8. Februar 1946 an Ursula Wildt.
28 Gisela Schmelzer, Brief vom Januar 1946 an Ursula Wildt.
29 Annelise Koerner, Karte an Gisela Schmelzer vom 5. Januar 1946.
30 Brief von Annelise Koerner an Gisela Schmelzer vom 12. Januar 1946.
31 Brief vom 17. Januar 1946, Gisela an Annelise.
32 Brief vom 17. Januar 1946, Gisela an Ursel.
33 Hans-Adolf Schmelzer, Brief an Gisela vom 26. Januar 1946.
34 Ebd., Brief Nr. 18 vom 03. Februar 1946.
35 Brief vom 25. Januar 1946, Gisela an Ursel.
36 Brief vom 19. Februar 1946, Gisela an Ursel.
37 Ebd.
38 Brief vom 08. Mai 1946, Gisela an Ursel.

39 Brief von Lisa vom 21. Februar 1946.
40 Hans-Adolf Schmelzer, Brief 21 vom 13./20. Februar 1946.
41 Brief Nr. 24 vom 16. März 1946.
42 Ebd., Brief vom 17. März 1946.
43 Brief an Angela vom 09. März 1946.
44 Gisela Schmelzer,Brief an Ursula Wildt vom 8. Mai 1946.

»Muss weg in andere Dorf!«

1 Hans-Adolf Schmelzer, Brief II vom 1. Mai 1946.
2 Ebd.
3 Ebd., Brief III vom 18. Mai 1946.
4 Ebd.
5 Ebd., Briefe XIII vom 20. Juli 1946.
6 Ebd., Brief IV vom 18. Mai 1946.
7 Ebd., Brief VII vom 14./15. Juni 1946.
8 Ebd., Brief IX vom 22. Juni 1946.
9 Ebd., Brief VIII vom 14. Juni 1946.
10 Ebd.
11 Brief VII vom 09. Juni 1946.
12 Ebd., Brief X vom 29. Juni 1946.
13 Ebd., Brief XV vom 01. August 1946.
14 Ebd., Brief XX vom 31. August 1946.
15 Ebd., Brief XXI vom 7. September 1946.
16 Ebd.
17 Amtliche Führungszeugnisse Sachsendorf 1947.
18 18 Hans-Adolf Schmelzer, Brief vom 7. September 1946.

Heimatlos

1 Tagebuch der Anna Schmelzer, Bl. 6; Brief von Gisela Schmelzer an Ursula Wildt vom 30. Dezember 1946.
2 Ebd.
3 Brief von Annelise Koerner an Ursel Wildt vom 12. Dezember 1947.
4 Gisela Schmelzer, Briefe an Eberhard v. Block, Brief IV vom 18. Mai 1946.
5 Gisela Schmelzer, Brief an Ursula Wildt vom 30. Dezember 1946.
6 Ebd.
7 Ebd.
8 Brief von Gisela Schmelzer an Ursel Wildt vom 6. Juni 1947.
9 H.-A.Schmelzer, Brief an Arnold-Udo Willemsen vom 3.Juli 1948.
10 Hans-Adolf Schmelzer, Mein Leben nach 1946.
11 Ebd.
12 Brief von Gisela Schmelzer an Annelise Koerner vom 04. Dezember 1951.

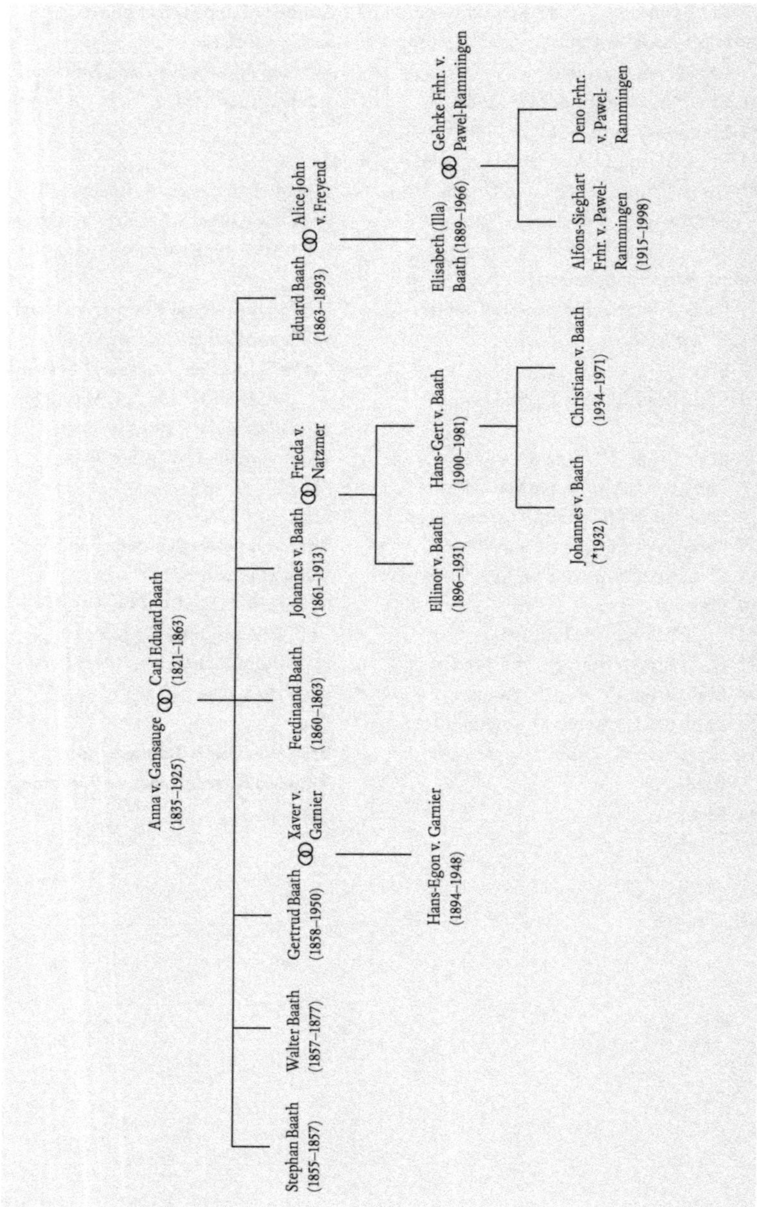

Stammtafel 1: Erste Ehe der Anna v. Gansauge

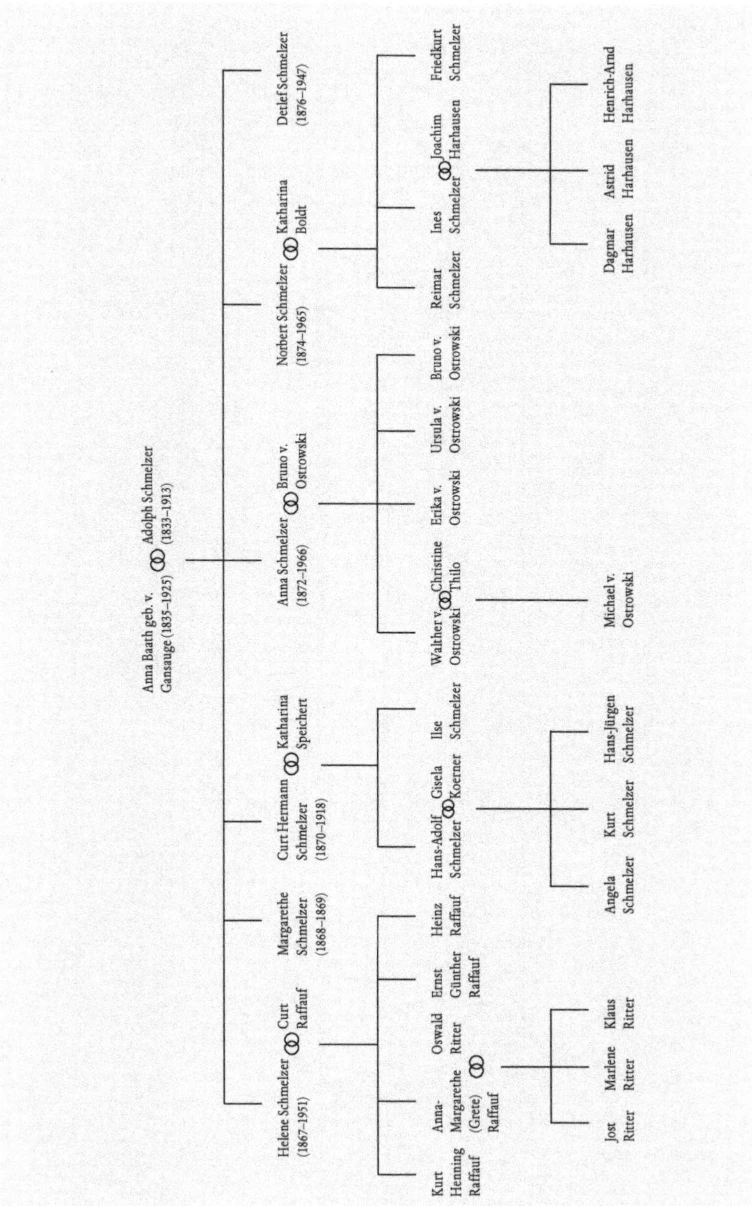

Stammtafel 2: Zweite Ehe der Anna v. Gansauge

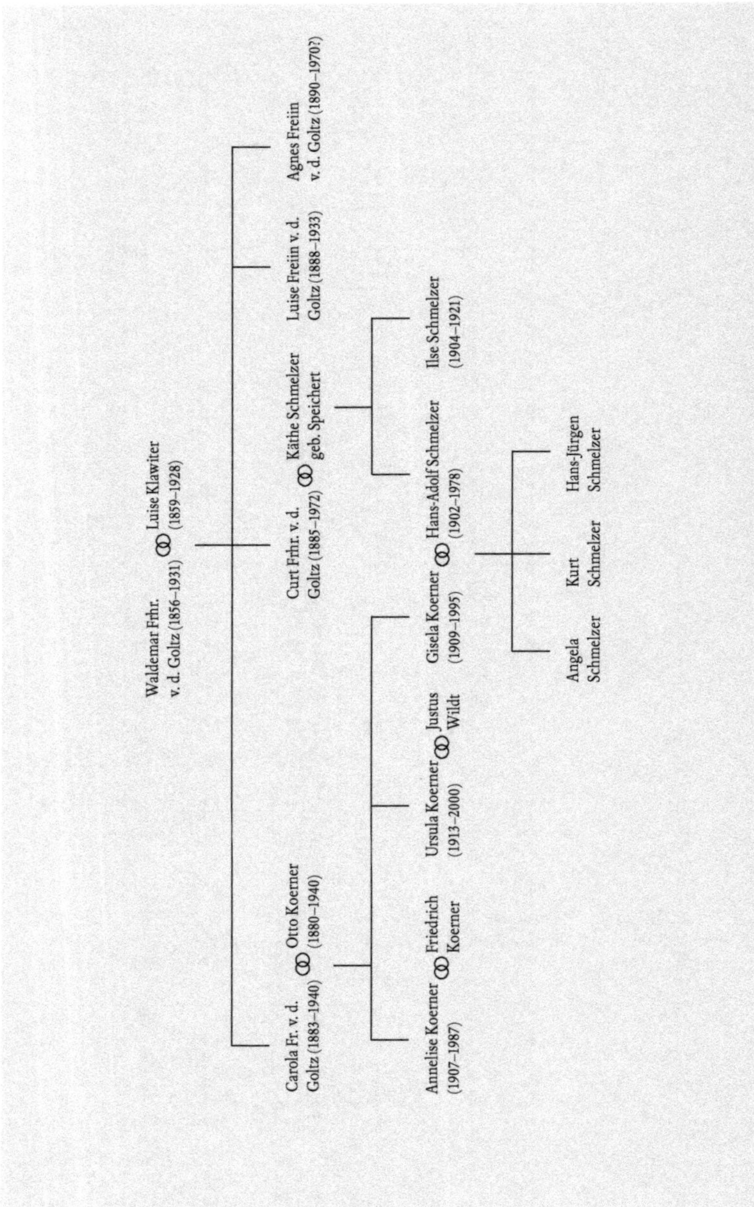

Stammtafel 3: Stammfolge Waldemar v.d. Goltz

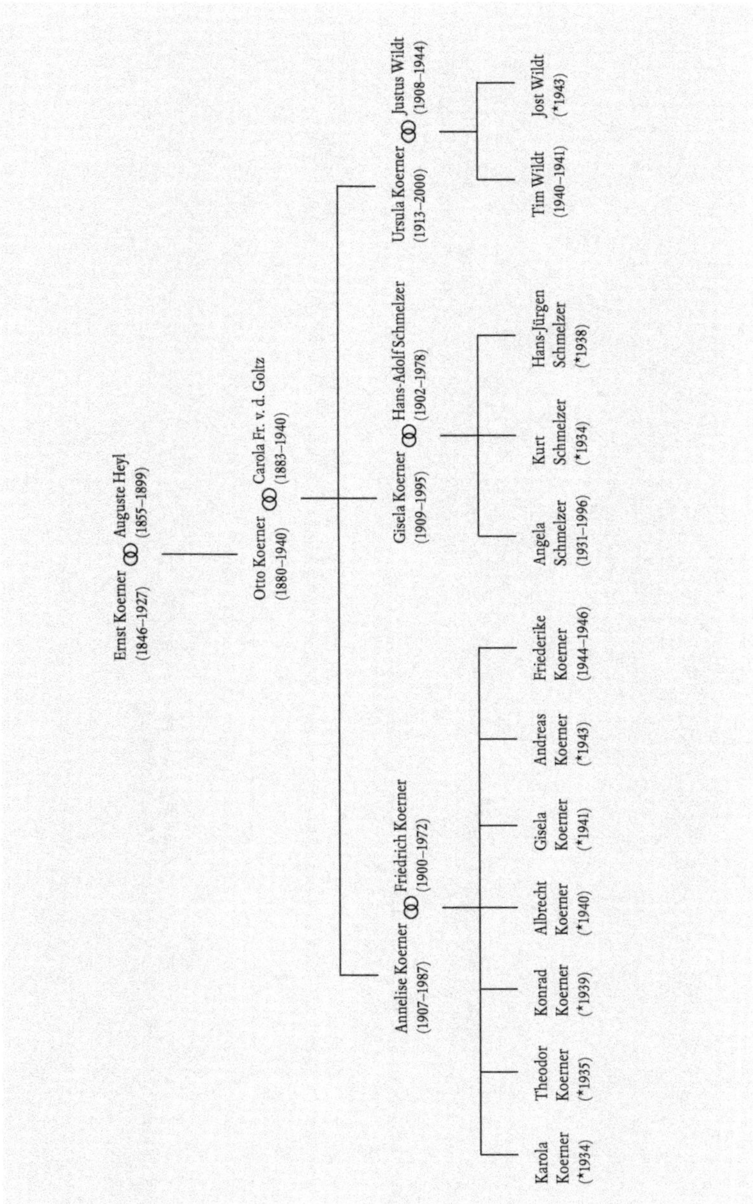

Stammtafel 4: Nachkommen und Eltern von Otto Koerner

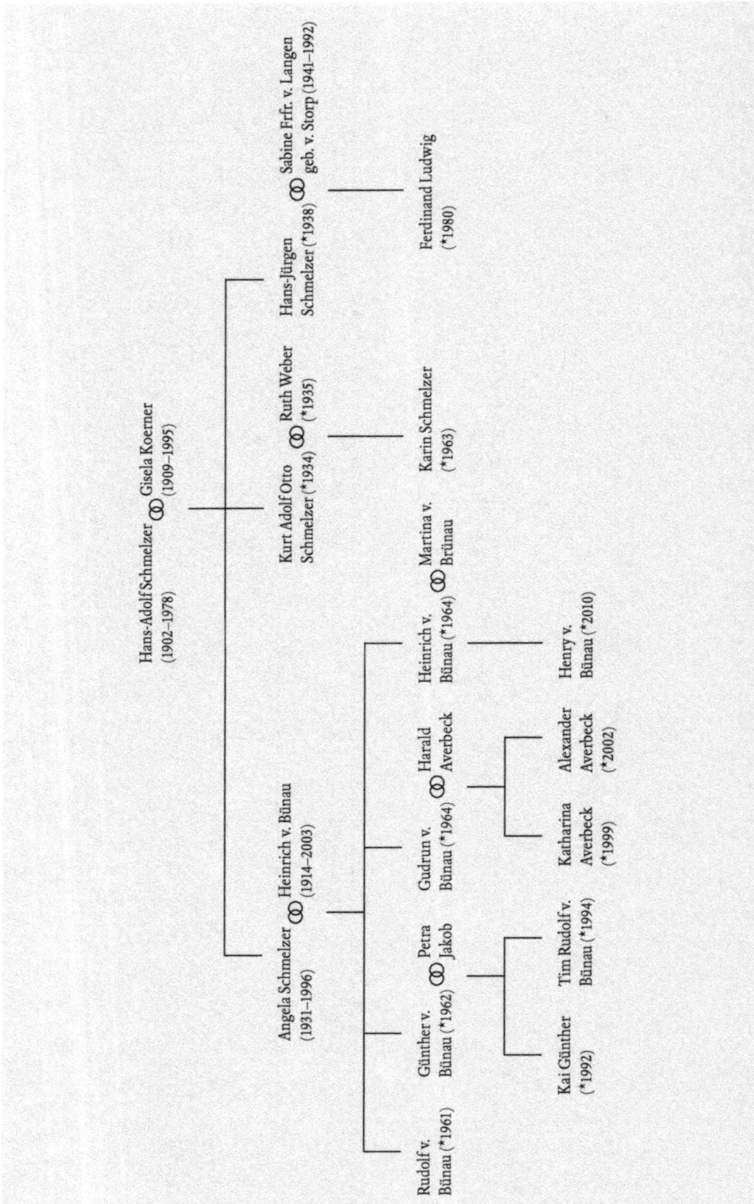

Stammtafel 5: Hans-Adolf Schmelzers Nachkommen

Quellen- und Literaturverzeichnis

Bibach, B.: *Das auferstandene Dorf*, Zeitungsbericht aus: *Der freie Bauer*, Frankfurt (Oder) 1955.

Block, Eberhard von: *Zwei Briefe an Hans-Jürgen Schmelzer,* 3. und 16. Juni 2002.

Block, Eberhard von: *Zur Verantwortung des militärischen Führers*, Hamburg 2003.

Churchill, Winston S.: *Der Zweite Weltkrieg*, Bern 1954

Deutsches Geschlechterbuch, Bd. 150, Limburg 1969.

Deutsches Geschlechterbuch, Bd.160, Limburg 1972.

Dürr, Elfriede: *Lose Blätter. Aus der Geschichte der Familie Georg und Elfriede Dürr.* Unveröffentlichtes Manuskript, 1976.

Dürr, Georg: *Predigten in das 20. Jahrhundert,* Abschrift durch Martin u. Amos Dürr Grieve 2010

Dürr, Georg: *In schwerer Zeit.* Persönliche Aufzeichnungen 1945-1946 Abschrift durch Martin Dürr Grieve 2010

Dürr, Martin: *Wie ich als Schüler das Tausendjährige (Dritte) Reich erlebte,* Grieve 2010

Fontane, Theodor: *Wanderungen durch die Mark Brandenburg,* Bd. 2: *Oderland*, Berlin 1984.

Fontane, Theodor, *Wanderungen durch die Mark Brandenburg*, Ergänzungsband: *Nachlese*, Berlin 1998

Fontane, Theodor: *Von zwanzig bis dreißig*, Berlin 1980.

Genealogisches Handbuch Freiherrliche Häuser, Bd.13 der Gesamtreihe, Glücksburg 1956.

Gersdorff, Bernhard von: *Ernst von Pfuel*, Berlin 1987.

Goethe, Johann Wolfgang von: *Gedichte*, Frankfurt/Main 1992.

Haffner, Sebastian: *Anmerkungen zu Adolf Hitler*, München 1978

Heimatkalender Krs. Lebus 1914.

Heimatkreis Lebus (Hrsg.): *Leidgeprüftes Land*, Eckerde 1988.

Klemperer, Victor: *Tagebücher*, 8 Bde., 1933–1945

Knabe, Hubertus: *Die unterwanderte Republik*, Berlin 1999.

Koerner, Andreas: *Annelises Brautbriefe.* Unveröffentlichte Abschrift Essen 1993

Koerner, Andreas: *Von Hofleben u. Sachsendorf ... nach Krefeld.* Briefe u. Karten aus dem Nachlass von Annelise Koerner und Briefe von Ursula Wildt abgeschrieben u. zusammengestellt, Essen 1995.

Koerner, Marianne: *Gespräch mit Gisela Schmelzer.* unveröffentlichte Kassetten-Abschrift, Bonn 1986

Koerner, Marianne: *Gespräch mit Ursula Wildt,* unveröffentlichte Kassetten-Abschrift, Bonn 1993.

Koppe, Johann Gottlieb: *Mitteilungen aus meiner Lebensgeschichte,* Breesdau Ks. Luckau 1860/63. Unveröffentlichte Abschrift in Aufbewahrung von Prof. Dr. Christoph Lucke, Isernhagen.

Mann, Golo: *Deutsche Geschichte des 19. und 20. Jahrhunderts*, Frankfurt am Main 1969.

Marwitz, Bodo von der: *Laudatio auf Amtsrat Adoph Schmelzer*. Unveröffentlichtes Manuskript, 1963.

Ploetz. *Deutsche Geschichte*, Freiburg 1991.

Richter, Marlene: *Briefe über Jost Ritter* an Hans-Jürgen Schmelzer, 2002.

Ritter, Anna Margarethe: *Briefe an Freundin Trude* 1942.

Ritter, Jost: *Briefe an seine Schwester Marlene* 1939/1942.

Schmelzer, Anna: Tagebuch *Aus meinem Leben*. Unveröffentlichtes Manuskript, Abschrift durch Gisela Schmelzer, Krefeld um 1970.

Schmelzer, Hans-Adolf: *Aufzeichnungen über Sachsendorf*. Unveröffentlichtes Manuskript, Krefeld-Uerdingen 1952/53.

Schmelzer, Hans-Adolf: *Lebenslauf*. Unveröffentlichtes Manuskript, Krefeld-Uerdingen 1958.

Schmelzer, Hans-Adolf: *Leben nach 1946*. Unveröffentlichtes Manuskript, Krefeld 1972

Schmelzer, Hans-Adolf: *Briefe aus Sachsendorf*, 1945/1946.

Schmelzer, Hans-Adolf: *Nachrichten über das Bestehen von Gut Sachsendorf*. Gesammelte Briefe von Sachsendorfern und Zeitungsausschnitten aus der Heimatpresse, 1950-iger Jahre.

Schmelzer, Hans-Adolf: Amtlich beglaubigte Dokumente. Unveröffentlicht, Sachsendorf 1947.

Schmelzer, Hans-Adolf: *Brief an Helga Hille*, 1945.

Schmelzer, Hans-Adolf: *Briefe an Arnold-Udo Willemsen*, 1948.

Schmelzer, Hans-Jürgen: *Theodor Fontane*, Berlin 2004.

Schmelzer, Gisela: *Aufgezeichnete Gespräche mit dem Sohn*. Unveröffentlichtes Manuskript, 1983/85.

Schmelzer, Gisela: *Briefe an Eberhard von Block*, März 1945.

Schmelzer, Gisela: *Brief an Ruth Göttel*, 1930.

Schmelzer Gisela: *Drei Briefe aus Schwaneberg an Hans-Adolf Schmelzer*, April 1945.

Steinkraus, Doris: *Geschichte hautnah*, in: Märkische Oderzeitung vom 6. September 1990.

Weizsäcker, Richard von: *Vier Zeiten. Erinnerungen*, München 2010.

Bildnachweis

Sämtliche nicht veröffentlichten Zeugnisse befinden sich im privaten Besitz des Verfassers bzw. wurden ihm von Verwandten und Freunden zur Verfügung gestellt. Ebenso stammen sämtliche Fotos aus dem privaten Besitz des Verfassers. Die drei Fotos der Dorfruinen und der auf dem Feld arbeitenden Männer und Frauen stellte mir Hildegard Kranz zur Verfügung.